Divorce
Le guide pratique

Emmanuèle Vallas-Lenerz
Ancienne avocate

16e édition

2016

prat éditions

Tous les codes et guides sont disponibles sur :
www.prat.fr

Direction éditoriale : Anne-Laure Marie
Édition : Claire Cabaret
Coordination éditoriale : Maud Taïeb
Création graphique : Julien Josset
Composition : Sylvain Atlan
Crédits photos : © WavebreakmediaMicro - Fotolia.com

52, rue Camille-Desmoulins
92448 Issy-les-Moulineaux Cedex

ISBN 978-2-8095-0815-4
ISSN 1272-4955

Vous avez décidé de divorcer ou votre conjoint vous impose une séparation. Quelle que soit la difficulté de votre situation actuelle, vous devez rassembler vos forces, vous préoccuper des conséquences de cette rupture et vous entourer des meilleurs conseils et appuis.

En effet, **tous les choix que vous ferez** dans le cadre de votre divorce – ou qui vous seront imposés si vous ne défendez pas vos intérêts – **auront des conséquences durables sur votre vie et celle de vos enfants !**

Ce guide est là pour vous accompagner, étape par étape, tout au long de la procédure de divorce :
- Avant la séparation : quelles questions se poser, quels interlocuteurs contacter ?
- Pendant la procédure : quelles sont les obligations respectives des époux ? Quelles mesures provisoires peuvent être prononcées ? Qui peut rester dans le logement ? Une pension alimentaire sera-t-elle due ?
- Après le divorce : quelles sont les conséquences vis-à-vis des enfants ? Quelles sont les conséquences financières pour vous ? Comment obtenir une prestation compensatoire ?

Vous trouverez ici **la réponse aux questions** que vous vous posez :
- Que faire lorsqu'un seul des époux souhaite divorcer ?
- Quel type de divorce privilégier en rapport avec votre situation (consentement mutuel, accepté, pour faute ou pour altération définitive du lien conjugal) ?
- Comment s'organiser pour que l'enfant réside chez vous ?
- Quelles sont les différences entre pension alimentaire ou prestation compensatoire ?
- Comment gérer au mieux de vos intérêts la liquidation de votre patrimoine ?

Nous avons rassemblé pour vous de très nombreux exemples issus de décisions de justice, une large sélection des textes de loi de référence, et des conseils pratiques. Vous pourrez ainsi entamer votre procédure de divorce avec les meilleures armes pour protéger vos intérêts et ceux de vos enfants.

Anne-Laure Marie
Directrice éditoriale

LISTE DES ABRÉVIATIONS

BC	: Bulletin de la Cour de cassation
BOI	: Bulletin officiel des impôts
C. cass.	: Cour de cassation
C. civ.	: Code civil
CPC	: Code de procédure civile
C. pén.	: Code pénal
C. séc.soc.	: Code de la Sécurité sociale
C. trav.	: Code du travail
CA	: Cour d'appel
CAA	: Cour administrative d'appel
CCH	: Code de la construction et de l'habitation
CE	: Conseil d'État
C. com.	: Code de commerce
CFAS	: Code de la famille et de l'aide sociale
CGI	: Code général des impôts
Ch.	: Chambre
Chr.	: Chronique
Civ.	: Chambre civile
CGI	: Code général des impôts
COJ	: Code de l'organisation judiciaire
CPP	: Code de procédure pénale
C. proc. civ. ex.	: Code de procédure civile d'exécution
Crim.	: Chambre criminelle
D.	: Dalloz
GP	: Gazette du Palais
IR	: Informations rapides
JAF	: Juge aux affaires familiales
JCP, G	: Juris-classeur périodique (Semaine juridique), Édition générale
JOAN	: Journal officiel Assemblée nationale
LPF	: Livre des procédures fiscales
Rép. Min.	: Réponse ministérielle
RJPF	: Revue judiciaire droit et famille
S.	: Sommaire
TA	: Tribunal administratif
TGI	: Tribunal de grande instance
TI	: Tribunal d'instance
Urg.	: Chambre des urgences

Pour trouver les coordonnées de vos interlocuteurs, reportez-vous aux pages 419 et suivantes, en fin d'ouvrage.

Les numéros de pourvoi indiqués entre parenthèses dans les textes vous permettent de retrouver plus facilement le cas cité.

Table des matières

Préliminaires

Divorcer : de la décision à l'action

➤ Votre séparation doit être envisagée dans tous ses aspects et conséquences (enfant, patrimoine, logement, coût de la procédure, etc.).
Dans certains cas, la question suivante peut être posée : faut-il privilégier une simple séparation de fait ou bien engager une procédure de divorce ?

➤ Sachez frapper aux bonnes portes : l'avocat, bien sûr, puisque son recours est obligatoire, mais aussi, selon les cas, le médiateur familial, les services de l'aide juridictionnelle, le notaire, ou encore une association en fonction du type de renseignements souhaités (droits des femmes, droits du père, défense des victimes de violences conjugales, etc.).

Se poser les bonnes questions

Les questions que l'on peut se poser sont variées : elles peuvent concerner naturellement le type de divorce, sa durée et son coût mais aussi le choix de l'avocat, le tribunal à saisir et ses chances de succès que l'on veuille ou non divorcer.

Divorce ou séparation de fait ?

› Les différents cas de séparation de fait

Le divorce vient souvent après une période de « séparation de fait », c'est-à-dire une séparation des époux sans autorisation d'un tribunal. C'est particulièrement vrai dans le cas des divorces par consentement mutuel.

Deux types de séparation peuvent se rencontrer :

- la séparation convenue d'un commun accord ;
- la séparation de fait non voulue par un des époux, quand son conjoint quitte le domicile conjugal.

• Dans le premier cas, la question se pose de savoir si, finalement, les époux n'ont pas intérêt à rester seulement séparés de fait plutôt que de divorcer. La situation n'est pas irréversible. Il n'y a pas de grands bouleversements dans leur patrimoine ; ils s'organisent – de façon informelle – entre eux pour la gestion de leurs biens au quotidien.

Toutefois, l'absence de formalisme de cette organisation peut être à l'origine de certains inconvénients, l'absence de contrôle entre époux et le fait que les règles du mariage peuvent paraître inadaptées à la situation ainsi créée (ils restent solidaires pour la plupart des dettes du ménage, une liaison passagère ou stable constitue une violation des droits et obligations du mariage…). En effet, le droit français ne réglemente pas la séparation de fait comme il le fait pour le divorce et la séparation de corps (voir *La séparation de fait*, p. 77 et *Les conséquences de la séparation de fait*, p. 6).

• Dans le second cas, cette organisation de vie n'a pas été voulue. Celui qui part doit savoir qu'il est en tort et que son attitude peut être retenue contre lui si son conjoint engage une procédure de divorce pour faute.

Quel que soit le cas de figure, la séparation de fait est, en théorie, contraire à la loi qui impose aux époux de cohabiter (art. 215, C. civ.), même s'ils peuvent avoir un domicile distinct. En effet, l'article 108 du Code civil précise que le mari et la femme peuvent avoir un domicile distinct sans qu'il soit pour autant porté atteinte aux règles relatives à la communauté de vie, (voir *La séparation de fait*, p. 77 et *Les conséquences de la séparation de fait*, p. 6).

› Les conséquences de la séparation de fait

La séparation de fait n'est pas réglementée, contrairement à ce qui est le cas pour le divorce ou la séparation de corps. Pour les tiers, par exemple, vous êtes toujours mariés (voir *La séparation de fait*, p. 77).
Elle entraîne cependant certaines conséquences juridiques qu'il faut connaître. Notamment, elle permet de demander :
- quand elle a duré deux ans, le bénéfice d'un divorce pour altération définitive du lien conjugal sous certaines conditions ;
- un report de la dissolution de la communauté dans les effets entre les époux. La séparation de fait est donc prise en compte pour la composition des patrimoines de chacun quand il va falloir procéder à la liquidation du patrimoine commun (art. 262-1 et 1442, C. civ.). Ce report peut être demandé dans le cas d'époux mariés sous d'autres régimes matrimoniaux ;
- l'imposition séparée des époux. Cette imposition distincte est applicable de plein droit, quand les époux sont mariés sous le régime de la séparation de biens à compter de la date de la séparation de fait (art. 6-1, CGI) ;
- une majoration du revenu de solidarité active (RSA).

Signalons par ailleurs le fait que la loi prévoit qu'en cas de rejet du divorce, il revient au juge d'organiser la séparation de fait entre les époux (art. 258, C. civ. ; voir *Le rejet du divorce*, p. 59).

À NOTER

Séparation de fait et séparations de biens La séparation de fait n'entraîne pas la séparation de biens. Elle n'a pas d'incidence sur le patrimoine des époux, contrairement au divorce ou à la séparation de corps.

Cas pratique

Mon mari veut prendre un peu de recul. Nous sommes sans enfant.
Moi, je n'ai pas ce souhait et je désire que tout soit fait de façon régulière, devant un représentant de la loi, pour préserver mes droits. Que dois-je faire ?

Vous pouvez le cas échéant signer un écrit dans lequel seront indiqués la décision de votre mari, votre position, les modes d'organisation du quotidien (paiement d'une pension, règlement des prêts en cours…) et qui sera daté et signé par vous. C'est un engagement moral qui ne remplace pas une décision de justice mais qui pourra éventuellement servir en cas de procédure s'il n'est pas exécuté, car il prouvera les mesures prises jusqu'alors d'un commun accord. Sachez que le départ de votre mari pourra, si la séparation perdure, lui être reproché dans le cadre d'un divorce pour faute. Vis-à-vis des tiers, vous êtes toujours mariée. Pour vous, le risque est par ailleurs que votre mari, bien que séparé de vous, continue à vous engager par certains actes. Vous n'avez cependant pas de moyen juridique pour le contraindre à rester chez vous. En revanche, vous pourriez le contraindre à régler les charges du mariage s'il ne le faisait pas. En résumé, vous avez intérêt à régler ensemble tous ces points avant son départ.

L'un des conjoints ne veut pas divorcer

On verra plus loin la notion de demande reconventionnelle (voir *Les demandes reconventionnelles*, p. 52), c'est-à-dire la riposte d'un époux contre l'autre pour obtenir soit le divorce, soit la séparation de corps.
Mais un époux peut parfaitement ne formuler aucune demande reconventionnelle et se contenter de demander un rejet de la demande en divorce, tout simplement parce qu'il désire rester marié. Sa demande peut-elle aboutir ? Que peut faire l'autre conjoint pour obtenir le divorce malgré cette opposition ?

> **Cas pratique**
>
> **Mon mari a quitté le domicile conjugal, me laissant seule et sans ressources. Je ne veux pas divorcer. Est-il possible de proposer une séparation de plusieurs mois en demandant à un juge d'ordonner aux époux d'aller voir un thérapeute, un médecin ou un conseiller conjugal ?**
>
> Sur le premier point, il est toujours possible d'organiser à l'amiable une vie séparée. Sur le second point, il n'est en revanche pas possible de demander à un juge une « injonction de soins », en l'espèce l'obligation pour un couple de consulter un psychologue spécialiste des crises conjugales. Le juge peut en revanche conseiller une consultation ou proposer la médiation, mais il ne peut pas imposer une consultation par un spécialiste, ce qui s'apparenterait à une violation de la vie privée. Cette démarche peut en revanche parfaitement être faite à l'amiable. C'est aux époux de prendre cette initiative pour tenter d'éviter une séparation.

› Quelles possibilités pour l'époux qui ne veut pas divorcer ?

Il est bien entendu toujours possible de refuser un divorce en demandant le rejet (on parle de « débouté ») de la demande de l'autre époux. Plusieurs cas doivent être envisagés.

● La demande principale est une demande en divorce pour faute ou pour altération définitive du lien conjugal

Il faut, dans cette hypothèse, prendre un avocat pour faire valoir ses arguments en contrant, un par un, les griefs énumérés par son conjoint ou l'affirmation de la séparation du couple. Il est parfois tentant de « faire le mort », surtout dans l'état de choc que peut constituer une demande de divorce inattendue. La tentation est forte chez certains de refuser de se faire aider sur un plan juridique ou de se déplacer, notamment à la première audience, dite audience de conciliation. Cette attitude est très dangereuse, compte tenu de l'importance de cette audience au cours de laquelle des mesures peuvent être prises en l'absence d'un des conjoints (par exemple, des décisions sur l'autorité parentale concernant les enfants, le lieu de leur résidence ou d'autres concernant la pension alimentaire entre les époux pendant l'instance ou encore la pension alimentaire pour les enfants).

Par la suite, le divorce lui-même peut être prononcé sans qu'intervienne l'un des conjoints si le dossier que l'époux a présenté est suffisamment solide.

ATTENTION

Si un époux ne veut pas divorcer En cas de divorce pour faute, il existe une disposition importante à connaître pour l'époux qui ne veut pas divorcer puisqu'il est prévu que, même en l'absence de demande reconventionnelle, le divorce peut être prononcé aux torts partagés des deux époux si les débats font apparaître des torts à la charge de l'un ou de l'autre des époux (art. 245, C. civ. ; voir *Le divorce pour faute,* p. 157).

● Le cas du divorce par consentement mutuel

Par définition, ce type de divorce est impossible en cas de refus catégorique de divorce, puisqu'il sous-entend un consentement des époux. Cependant, la réalité est plus nuancée, l'un des époux pouvant se résigner à ce type de divorce en cas d'abandon par l'autre de certaines de ses prétentions.

● La demande principale est une demande en divorce accepté

Comme le divorce par consentement mutuel, ce divorce nécessite l'accord entre les conjoints.

Cas pratiques

Que prévoit la loi quand un conjoint veut divorcer et l'autre pas ? Comment procéder pour divorcer lorsque son conjoint refuse toute idée de divorce et qu'aucune faute ne peut lui être imputée ? Comment peut-on le contraindre ? Dans quels délais ?

En supposant que la décision de divorcer pour un des époux est ferme et irrévocable, il faudrait connaître le motif de l'opposition du conjoint. S'il s'agit d'une opposition sur le principe du divorce, il faut savoir qu'il existe une autre procédure, la séparation de corps, qui conserve le lien du mariage tout en entraînant des conséquences proches du divorce (dispense de cohabitation notamment). En revanche, si vous voulez vous remarier, il ne vous reste plus qu'à engager une procédure de divorce. Sur un plan général, face à une situation de blocage, le lancement de la procédure peut permettre finalement une réaction du conjoint et la conclusion d'un divorce.

La requête en divorce n'ayant pas à être motivée, vous pourrez après l'ordonnance de non-conciliation, lancer l'assignation :

– pour faute en espérant que les juges apprécieront les éléments de son dossier avec une certaine tolérance ou encore que votre conjoint répliquera finalement par une demande reconventionnelle (voir *Les demandes reconventionnelles,* p. 52) ;

– pour altération définitive du lien conjugal si vous êtes parti du domicile conjugal depuis plus de deux ans.

L'opposition de l'époux qui ne veut pas divorcer est peut-être moins affaire de principe que crainte de l'avenir (où iront les enfants, vais-je conserver mon logement ? Je ne gagne pas suffisamment avec mon salaire en restant seul…). Ces différentes questions doivent donc être abordées, dans leur globalité, le cas échéant sous l'égide d'un avocat et d'un médiateur familial.

Que peut-on faire, quand son conjoint veut divorcer, pour faire échouer le divorce ? Quels arguments peut-il apporter au tribunal pour obtenir le divorce alors que l'autre conjoint veut au contraire préserver son foyer ?

Quand un seul des époux veut divorcer, il ne peut engager, en l'état actuel des textes, qu'une procédure de divorce pour faute ou, au bout d'une certaine durée de séparation, engager un divorce pour altération définitive du lien conjugal. Les fautes doivent, au terme de l'article 242 du Code civil, être graves ou renouvelées et rendre intolérable la vie commune. Ainsi, par exemple, une simple « incompatibilité d'humeur » ne suffirait pas au vu de cette exigence.

L'époux contre lequel la procédure est engagée devra prendre un avocat et répondre, point par point, aux griefs qui lui sont imputés, en les contestant et en concluant au débouté du divorce, sans faire de son côté de demande « reconventionnelle » en divorce pour faute.

Il est tout à fait possible dans ces conditions, et si les pièces du dossier de son époux sont faibles, d'obtenir un rejet de cette demande. Il est également possible que le juge prononce le divorce, même sans demande reconventionnelle, aux torts partagés des époux (art. 245, C. civ.).

› Quelles possibilités pour l'époux qui veut divorcer ?

À défaut de convaincre son conjoint du bien-fondé d'une rupture, les seules possibilités de divorce restent, pour celui qui veut divorcer, d'engager la procédure sur le fondement de la faute ou de l'altération définitive du lien conjugal.

On retrouve en pratique une réaction courante d'un conjoint face à la situation de blocage dans laquelle il se trouve. Celui qui se voit opposer un refus ferme de divorcer sera, en effet, tenté de quitter le domicile conjugal, le cas échéant en s'installant en couple avec une autre personne. Il doit savoir que ces faits sont deux infractions aux règles du mariage : résidence commune et devoir de fidélité et qu'ils peuvent être retenus contre lui si son conjoint change d'avis et engage un divorce pour faute. De plus, ce conjoint va créer une situation de fait qui sera prise en considération par le juge et sur laquelle il sera difficile de revenir. Ainsi, le conjoint qui quitte le domicile en laissant l'enfant aura du mal par la suite à obtenir que la résidence habituelle de celui-ci soit fixée chez lui…

En tout état de cause, l'époux qui envisage de partir doit continuer de régler les charges du mariage, c'est-à-dire contribuer aux dépenses communes (art. 214, C. civ.). Il faut conseiller à ce conjoint d'engager une procédure de divorce et d'attendre l'ordonnance de non-conciliation qui entraînera la résidence séparée. Lors de cette première audience, il n'y aura effectivement pas de débat sur la cause du divorce. Le juge, après avoir vérifié qu'il n'y a pas possibilité de concilia-

tion entre les époux, va seulement organiser la vie des époux pendant l'instance en divorce (sur tous ces points, voir *La vie du ménage pendant la procédure de divorce*, p. 67).
Une autre possibilité s'offre au conjoint qui veut divorcer et qui n'est pas séparé depuis deux ans de son conjoint ou ne veut pas invoquer une faute contre son conjoint : il peut lancer une procédure en divorce (depuis la réforme du 26 mai 2004, la requête n'a pas à être motivée) et attendre que soit passé le délai de deux ans après l'ordonnance de non-conciliation pour demander le divorce pour altération définitive du lien conjugal (voir *Le divorce pour faute*, p. 157, *Le divorce pour altération définitive du lien conjugal*, p. 147).

Cas pratique

Quels sont les risques si l'on quitte le domicile conjugal, car son conjoint ne veut pas divorcer ? Une main courante m'autorise-t-elle à partir ?

Il faut différencier deux situations : les situations d'urgence (par exemple, brutalités du conjoint) et les autres. De façon générale, il n'est pas conseillé de partir sans autorisation judiciaire. En cas d'urgence et notamment en présence de violences domestiques, une « main courante », qui est une déclaration unilatérale déposée à la gendarmerie de son domicile, n'est pas une autorisation judiciaire. Elle n'a aucune valeur juridique en soi mais peut être invoquée à l'occasion d'une procédure. Surtout, la loi instaure un régime de protection des victimes de violences envers elles-mêmes ou les enfants : à ce titre, vous pouvez obtenir très rapidement une ordonnance de protection contre votre conjoint qui décidera, avant même l'enclenchement du divorce, notamment de l'attribution du logement (voir *Le cas de la violence du conjoint (le « référé » protection)*, p. 78).
Si la personne qui désire partir n'est pas dans un cas d'urgence, il vaut mieux qu'elle attende la première audience qui a pour conséquence la résidence séparée. Cela évitera à cet époux de se mettre dans son tort au regard des droits et obligations du mariage (obligation de fidélité, devoir de secours, obligation de cohabiter). Si le départ s'impose néanmoins, il faudra que l'époux continue à s'acquitter de sa « contribution aux charges du mariage », c'est-à-dire continuer à régler les charges de la vie courante (enfant, loyer, emprunt, frais de nourriture, etc.).

› La séparation de corps

Le divorce se distingue de la séparation de corps puisque, dans ce dernier cas, les époux restent mariés. En revanche, ils sont automatiquement séparés de biens et dispensés de cohabitation. La séparation de corps nécessite un jugement. Elle peut être convertie en divorce au bout de deux ans par jugement.

Cas pratique

Établir une main courante quand un conjoint quitte le domicile conjugal équivaut-il à une séparation de corps ?

Non, cette déclaration n'a rien à voir avec une autorisation de se séparer, que seul le juge est en pouvoir de faire dans le cadre de l'autorisation de résidence séparée, en revanche elle pourra être invoquée en cours de procédure. Par exemple, une femme déclare à la police qu'elle quitte le domicile conjugal car elle y subit des violences de la part de son mari. Dans l'hypothèse d'une procédure de divorce ultérieure de sa part, elle pourra invoquer la déclaration de main courante qu'elle a effectuée au poste de police lors des faits. Ce document pourra être remis au tribunal qui statuera sur le divorce.

Quel divorce choisir ?

› Quelle spécificité pour quel divorce ?

Les époux qui s'orientent vers un divorce ont tout intérêt à connaître les différents types de divorces existants. Avec l'aide de leur avocat, ils devront en effet opter pour l'un d'entre eux. Il est très utile d'avoir un aperçu des points forts et des caractéristiques de chaque divorce.

Divorce par consentement mutuel(1)	Divorce accepté(2)	Divorce pour faute(2)	Divorce pour altération définitive du lien conjugal(2)
Accord des époux sur le principe et les conséquences du divorce	Accord des époux sur le principe du divorce	Preuve d'une violation grave ou renouvelée des obligations du mariage	Preuve en principe d'une séparation depuis deux ans à la date de l'assignation
- Possibilité de ne prendre qu'un avocat - En principe, une seule comparution devant le juge - Absence de possibilité de faire appel	- Absence de possibilité de se rétracter quand on a donné son accord - Possibilité de remplacer l'assignation par la requête conjointe	- Les conséquences pour les époux sont différentes selon que le divorce est prononcé aux torts exclusifs de l'un d'entre eux ou aux torts partagés : un divorce aux torts exclusifs d'un conjoint peut entraîner sa condamnation à des dommages et intérêts et la suppression du bénéfice de la prestation compensatoire - Le divorce peut être rejeté si les torts ne sont pas prouvés, sont excusés ou s'il y a eu réconciliation entre les époux	- Il s'agit d'un divorce quasi-automatique du moment que la séparation est établie et qu'elle a duré au moins deux ans - Possibilité d'être condamné à des dommages et intérêts si les le divorce entraînent des conséquences d'une particulière gravité pour le conjoint

(1) (Pour plus de détails, voir *Le divorce par consentement mutuel*, p. 119.)
(2) (Pour plus de détails, voir *La procédure (hors divorce par consentement mutuel)*, p. 42 à p. 60.)

› Un divorce à la carte

Il faut préciser ici qu'une procédure se décompose en deux temps :
- le dépôt d'une requête initiale suivi de l'audience de conciliation ;
- puis l'envoi d'une assignation suivi du jugement (voir *Les procédures et règles communes*, p. 37). C'est la date de l'assignation qui est importante pour savoir quelle procédure appliquer.

Comme indiqué sur le tableau précédent, il existe quatre types de divorce :
- le divorce par consentement mutuel (ancien divorce sur demande conjointe mais avec en principe une seule convention et une seule comparution) ;
- le divorce par acceptation du principe de la rupture du mariage (ancien divorce sur demande acceptée mais accordé sur le constat objectif de l'échec du mariage) ;
- le divorce pour faute ;
- le divorce pour altération définitive du lien conjugal (ancien divorce pour rupture de la vie commune mais sur séparation de fait de deux ans).

• Si les époux sont d'accord pour divorcer, il existe pour eux deux possibilités :
- le divorce par consentement mutuel qui nécessite leur accord sur le principe du divorce et sur ses conséquences (liquidation du régime matrimonial intégrée dans la procédure) ;
- le divorce accepté qui nécessite un accord uniquement sur le principe du divorce et non sur ses conséquences.

• En l'absence d'accord entre les époux, il existe deux types de divorce envisageables :
- le divorce pour altération définitive du lien conjugal (ancien divorce pour rupture de la vie commune), qui repose sur une séparation des époux depuis au moins deux ans ;
- le divorce pour faute, qui nécessite la preuve de certaines fautes considérées comme entraînant le caractère intolérable de la vie commune à l'égard de son conjoint.

Les différents cas de divorce peuvent s'adapter à chaque situation. Les époux qui veulent divorcer peuvent donc choisir entre plusieurs types de divorce en fonction de leur dossier (existence ou non d'un accord ou d'une séparation de fait par exemple). Ils ne sont d'ailleurs pas obligés de choisir tout de suite un fondement de divorce (en dehors du divorce par consentement mutuel), puisque la première partie de la procédure ne concerne que les mesures provisoires.

Par ailleurs, la procédure n'est pas figée : les époux peuvent modifier, sous certaines réserves, leur demande en cours de procédure. Ainsi, le divorce pour faute peut devenir un divorce sans énonciation de griefs par souci d'apaisement entre les époux, ce qui conduit à une décision en principe plus rapide (art. 245-1, C. civ.) (voir *Le divorce pour faute*, p. 157).

ATTENTION

Divorce accepté Les époux qui déclarent lors de l'audience de conciliation qu'ils acceptent le principe de la rupture du mariage et le prononcé du divorce pour acceptation définitive de la rupture du mariage ne peuvent engager l'instance ultérieure que sur ce même fondement (art. 257-1, C. civ.) (voir *Le divorce par acceptation du principe de la rupture du mariage (ou divorce accepté),* p. 139).

Le jeu des demandes reconventionnelles (en réponse) peut également changer les données. Si, dans le cadre d'une instance introduite pour altération définitive du lien conjugal, le défendeur (celui contre qui la procédure est dirigée) demande de son côté le divorce pour faute (comme l'abandon du domicile conjugal ou l'adultère), le demandeur peut invoquer les fautes de son conjoint et modifier le fondement de sa demande (art. 247-2, C. civ.).
En revanche, en droit français, il n'existe pas de divorce fondé sur la faillite du mariage, l'incompatibilité d'humeur ou de mode de vie si les époux ne sont pas d'accord pour divorcer (divorce accepté) ou ne sont pas séparés depuis deux ans (divorce pour altération définitive du lien conjugal).
Ce pluralisme dans les cas de divorce a un prix : le fait que la loi distingue plusieurs cas de divorce peut se retourner contre l'époux. On voit effectivement certaines décisions refuser de prononcer des divorces pour faute quand il résulte des faits que le couple aurait dû utiliser un divorce d'accord (voir *Le divorce pour faute,* p. 157).

› Passer d'un divorce à l'autre

Il n'est pas toujours possible de passer d'un cas de divorce à l'autre.

● L'interdiction de substituer un cas de divorce à l'autre

La demande ne peut être fondée que sur un seul des cas de divorce. Les conséquences de cette règle sont les suivantes :
- toute demande formée à titre subsidiaire sur un autre cas est irrecevable (par exemple, impossibilité de demander le divorce pour faute et, si cette demande est rejetée, le divorce pour altération définitive du lien conjugal) ;
- il ne peut pas, en cours d'instance, être substitué à une demande fondée sur un cas de divorce une demande fondée sur un autre cas.

À NOTER

Pas de changement possible Si la procédure a été engagée sur la base d'un divorce par consentement mutuel, il n'est pas possible de changer d'avis et de continuer par un divorce pour faute. Il en serait de même d'un divorce engagé dans le cadre d'un divorce pour altération définitive du lien conjugal : un époux ne peut pas (par exemple, s'il apprend l'adultère de son conjoint) convertir ce divorce en divorce pour faute. Toute la procédure doit être recommencée, c'est-à-dire qu'une nouvelle requête en divorce doit être déposée.

Cependant, ce principe reçoit des exceptions :

Le passage au divorce par consentement mutuel

Un divorce par consentement mutuel peut en revanche toujours se substituer à un divorce fondé sur un autre fondement (art. 247, C. civ. ; art. 1077, CPC). On voit bien, par cette exception à la règle, la préférence du législateur pour ce divorce à l'amiable.

Cas pratique

Un époux commence un divorce pour faute. Lors de la tentative de conciliation, il décide, sous l'impulsion du juge et de son avocat, de transformer son divorce en divorce par consentement mutuel. Son conjoint est d'accord sur ce principe. Cela est possible. Dans cette hypothèse, sera utilisée la « passerelle » prévue par la loi : en vertu de l'article 246 du Code civil, quand aucune décision sur le fond n'a encore été rendue, les époux peuvent demander au juge aux affaires familiales de constater leur accord et d'homologuer le projet de convention réglant les conséquences du divorce. Une procédure de divorce par consentement mutuel est alors appliquée (voir *Le divorce par consentement mutuel*, p. 119).

Le passage au divorce accepté

Les époux peuvent, à tout moment de la procédure, lorsque le divorce a été demandé pour altération définitive du lien conjugal ou pour faute, demander au juge de constater leur accord pour voir prononcer le divorce pour acceptation du principe de la rupture du mariage (art. 247-1, C. civ.).
Ainsi, les époux qui n'étaient d'accord sur rien au départ peuvent opter pour le divorce s'ils parviennent, en cours de procédure (seuls ou avec un médiateur), à s'entendre au moins sur le principe d'un divorce. Cette « passerelle » devrait « mordre » sur les actuels divorces pour faute sans énonciation des motifs.

Le passage au divorce pour faute

Il est possible de substituer à sa demande initiale en divorce pour altération définitive du lien conjugal une demande fondée sur la faute si une telle demande a été présentée par son conjoint à titre reconventionnel (en réponse). L'idée de cette « passerelle » est de ne pas pénaliser le demandeur qui, en un premier temps, avait choisi la voie de la pacification, en lui accordant la possibilité de transformer sa demande en demande pour faute pour répondre à son conjoint (art. 247-2, C. civ.) (voir *Le divorce pour altération définitive du lien conjugal,* p. 147).

L'interdiction de substituer à une demande en séparation de corps une demande en divorce

Le conjoint doit bien réfléchir avant d'engager son action. En effet, s'il lance la procédure sur la base d'une séparation de corps, il ne pourra pas changer d'avis en cours de procédure et continuer sur un divorce. Il devra donc, dans cette hypothèse, demander la radiation de son affaire et recommencer toute la procédure en déposant une nouvelle requête, en divorce cette fois-ci. L'inverse est en revanche possible.

La possibilité de remplacer une demande en divorce par une demande en séparation de corps

Il est toujours possible de substituer une demande en séparation de corps à une demande en divorce initialement formée (art. 1076, CPC). Cette possibilité est prévue même en appel.

Durée d'un divorce

› Une durée parfois subjective

Un des motifs de plainte des époux qui divorcent est la lenteur des procédures. On remarque cependant que l'appréciation de ce facteur peut être totalement subjective, les deux époux n'ayant pas forcément la même notion du temps. L'un peut être pressé d'obtenir le divorce pour de multiples raisons, et notamment parce qu'il a refait sa vie et qu'il veut en finir avec le passé.
L'autre, qui subit la séparation, n'a pas cette urgence, et peut avoir gardé l'espoir d'une réconciliation. Il traîne à prendre acte du fait que la rupture est irréversible.
Ceci étant dit, il y a plusieurs causes objectives de lenteur :
- la première est liée au type de procédure utilisée (le divorce le plus rapide est le divorce par consentement mutuel), aux incidents d'audience (cas des renvois pour non-communication des pièces, par exemple), à l'exercice de voies de recours, à la désignation d'un expert, d'un enquêteur social... Il peut exister aussi une volonté délibérée d'un des époux de freiner la procédure et de s'opposer à tout ;
- la seconde est liée à la surcharge des juridictions et au nombre d'affaires (ainsi, le rythme des audiences de conciliation est impressionnant : parfois plus d'une quinzaine par demi-journée, à raison de quinze minutes chacune...).

› Est-il possible d'accélérer le prononcé d'un divorce ?

Le plus rapide est le divorce par consentement mutuel réglant toutes les conséquences du divorce : le sort des enfants, la pension et la prestation, la liquidation de la communauté.
Le divorce par acceptation du principe de la rupture permet, quant à lui en principe, d'éviter la discussion sur la liquidation du régime matrimonial.
Quand un divorce pour faute est engagé, les époux peuvent opter pour la non-énonciation des griefs, ce qui permet de stopper la discussion sur les torts (voir *Le divorce pour faute*, p. 157).

À NOTER

Durée moyenne des divorces (hors voies de recours : appel…)

La durée moyenne des procédures de divorce a globalement diminué, passant de 13,3 mois en 2004 à 11,6 mois en 2010.
Cette même année, la moitié des affaires ont été traitées en moins de 5 mois, contre 10 mois avant la réforme.
L'écart se creuse entre deux types de procédures :
- d'un côté, une forte accélération du divorce par consentement mutuel, dont la durée moyenne est passée de 8,8 mois en 2004 à 2,6 mois en 2010 ;
- de l'autre, un allongement de la durée moyenne des divorces contentieux, passant de 17,3 mois en 2004 à 22,1 mois en 2010 (« Divorces : une procédure à deux vitesses », *Infostat Justice, n° 117*, mai 2012).

› Est-il souhaitable d'accélérer le prononcé d'un divorce ?

Le divorce est un acte grave. Le temps que prend un divorce est une période qui peut s'avérer nécessaire, car elle permet, dans certains cas, de drainer l'agressivité des époux, d'éviter des violences directes, de cicatriser des blessures subies par l'époux rejeté. La durée de la procédure peut permettre aux époux « de faire leur deuil ». À l'inverse, une procédure plus brève comme le divorce par consentement mutuel peut s'avérer correspondre à des situations où la crise est absente et où l'accord des époux est obtenu.

Quelle procédure pour quel divorce ?

Pour beaucoup de personnes désirant divorcer, le terme « procédure » fait peur. Pourtant, la procédure de divorce obéit à quelques règles simples que vous avez tout intérêt à maîtriser, même si vous êtes accompagné du professionnel qu'est l'avocat. Cela vous permettra de prendre un peu de hauteur par rapport à celle-ci et d'avoir certains réflexes (comme, par exemple, d'éviter de « harceler » votre avocat, s'il attend comme vous le jugement…).

› Schéma de la procédure du divorce accepté, divorce pour faute et divorce pour altération définitive du lien conjugal

Requête en divorce

Elle n'a pas besoin d'indiquer le motif du divorce. Elle est déposée par l'avocat de l'un des époux au greffe (secrétariat) du juge aux affaires familiales (JAF) compétent en fonction de la résidence de la famille.

↓

Audience de conciliation et mesures provisoires

À l'issue de celle-ci, en l'absence de conciliation des époux (ils veulent toujours divorcer), le JAF rend une ordonnance de non-conciliation (ONC) statuant sur les mesures applicables pendant la durée de la procédure (sort des enfants, pensions alimentaires, attribution du logement, etc.). Les époux peuvent la contester.

↓

Assignation ou requête conjointe

La procédure est ensuite poursuivie par une assignation dans le délai de trente mois maximum ; dans les trois premiers mois, seul l'époux qui a présenté la requête peut assigner. Elle peut également être introduite, sous certaines conditions, par une requête dans le cadre d'un divorce accepté.

↓

Jugement

Suite à l'échange des conclusions, communication des pièces et plaidoiries, le jugement de divorce est rendu. Celui-ci peut faire l'objet de contestations.

› Schéma de la procédure du divorce par consentement mutuel

Requête conjointe en divorce par l'avocat ou les avocats

↓

Audience de conciliation et mesures provisoires

À l'issue de celle-ci, en l'absence de conciliation des époux (ils veulent toujours divorcer), le JAF peut homologuer la convention et l'état liquidatif et prononcer le divorce, ou refuser l'homologation et renvoyer à six mois pour permettre aux époux de présenter une nouvelle convention. À la suite d'une seconde comparution, le juge prononce ou non le divorce.

Combien coûte un divorce ?

Il n'est traité ici que des frais et honoraires entraînés par la procédure de divorce (et non des différentes charges, étudiées plus loin, causées par un divorce : pension alimentaire, prestation compensatoire...).

Les frais à prendre en compte pour un divorce sont :
- les honoraires de l'avocat (avocat postulant et avocat plaidant le cas échéant) ;
- les frais d'huissier (sauf en cas de divorce par consentement mutuel où le recours à l'huissier n'est pas nécessaire) ;
- les honoraires et frais d'un notaire dans certains cas ;
- les honoraires, le cas échéant, d'un expert-comptable, les frais d'une enquête sociale, le coût d'un médiateur familial, etc.

› Un avocat à vos côtés

Le divorce fait partie des procédures pour lesquelles l'assistance d'un avocat est obligatoire. En revanche, dans le cadre de l'après-divorce, il n'est pas obligatoire pour les procédures suivantes :
- modification de la pension alimentaire pour les enfants ;
- modification de la prestation compensatoire entre ex-époux ;
- changement des règles concernant l'autorité parentale (art. 1084, CPC).

Il reste obligatoire pour assigner son ex-conjoint en cas de difficultés pour le partage des biens après divorce.

• La compétence territoriale de l'avocat : avocat postulant et avocat plaidant

L'avocat n'est compétent pour accomplir les actes de procédure que dans un certain ressort. Il s'agit de sa compétence territoriale. Pour accomplir les actes de procédure devant un tribunal qui n'est pas de son ressort territorial, l'avocat va choisir un autre avocat appelé « avocat postulant ». L'avocat non postulant s'appelle alors un « avocat plaidant », car il pourra toujours plaider la cause de son client devant tout tribunal, même s'il n'est pas de son ressort territorial. Simplement, il ne peut pas y « postuler », c'est-à-dire effectuer des actes de procédure.

Cas pratique

Une épouse habitant Marseille et divorçant à Marseille va choisir un avocat du barreau de Marseille. En revanche, son conjoint l'a quittée et habite à Paris. Ce dernier ne va pouvoir choisir un avocat près de son domicile que si celui-ci prend un avocat « postulant » sur Marseille. Il n'existe en effet pas de compétence territoriale pour la plaidoirie, l'avocat choisi dans cet exemple se déplacera lors des audiences

> sur Marseille, mais devra prendre un avocat du barreau de Marseille qui sera chargé d'assister aux audiences de pure procédure (où les parties ne sont généralement pas présentes), fera signifier les conclusions, etc.

Le recours à deux avocats est source de frais supplémentaires puisque l'avocat postulant demandera des honoraires pour son travail.

Les honoraires de l'avocat

L'avocat est obligé, depuis le 1er janvier 2013, de vous faire signer une « convention d'honoraires » avant de prendre votre affaire (art. 14 de la loi n° 2011-1862 du 13 décembre 2011 modifiant l'article 10 de la loi du 31 décembre 1971).
Concrètement ce texte ne modifie pas grand-chose dans les habitudes professionnelles puisque, dans la plupart des cas, une telle convention était déjà proposée. Il s'agit d'une sorte de devis qui explique comment sera facturée la prestation. Rappelons que les honoraires d'un avocat sont déterminés par les textes selon certains critères : temps passé, complexité du dossier, notoriété du cabinet, coût de fonctionnement, etc.
Sur cette base, la convention d'honoraires peut être établie, par exemple, en fonction du type de procédure suivie : consentement mutuel ou non.
L'intérêt d'une telle convention, pour les personnes souhaitant divorcer, réside dans le fait que les différentes interventions de l'avocat soient quantifiées.
L'avocat peut par exemple choisir, dans sa convention, un forfait de base auquel s'ajoutera un honoraire complémentaire pour les prestations non incluses dans la mission initiale (expertise, enquête sociale ou toute autre mesure d'instruction), et un honoraire de résultat fixé en considération des enjeux financiers (dommages et intérêts obtenus notamment). Vous trouverez sur le site du Conseil national des barreaux (CNB) des modèles de conventions d'honoraires en matière de divorce.
Par ailleurs, l'avocat doit, avant tout règlement définitif, remettre à son client un compte détaillé faisant ressortir distinctement les postes tels que frais exposés, honoraires et montant des provisions reçues (art. 245, décr. n° 91-1197, 27.11.1991). En cas de contestation, le bâtonnier pourra réclamer cette pièce.
Un certain nombre de précisions doivent également figurer sur les factures de l'avocat telles que le prix unitaire hors taxes et le taux de la TVA (art. 289 et 242 nonies, annexe II, CGI).

> **Cas pratique**
>
> **Les barèmes indicatifs prévus par la loi sont-ils consultables ?**
>
> La loi a effectivement prévu des barèmes des honoraires des avocats en cas de divorce (consentement mutuel et autres divorces). Ces barèmes devaient être publiés par la garde des Sceaux après avis du Conseil National des Barreaux (CNB) à partir du 1er janvier 2013. Pour l'instant, ce conseil n'a pas donné son avis et donc les barèmes n'ont pu être publiés. De toute façon, ces barèmes sont simplement indicatifs. L'avocat que vous aurez choisi est libre de demander des honoraires différents de ceux prévus dans les barèmes à venir.

Cas pratique

Existe-t-il un coût moyen en ce qui concerne les honoraires d'avocat ?

Ce coût moyen est très difficile à déterminer, compte tenu des pratiques très variables en matière d'honoraires d'avocat.

Les divorces pour faute sont des divorces trop contentieux pour qu'on puisse faire une moyenne des honoraires demandés.

En matière de divorce par consentement mutuel, les prix varient entre Paris et l'Île-de-France d'un côté, et la province de l'autre. On peut estimer qu'ils oscillent entre 2 × 1 000 € HT à Paris et 2 × 800 € HT en province.

Rappelons que des barèmes indicatifs doivent être établis à partir des usages de la profession et publiés (voir page précédente).

› L'intervention de l'huissier de justice

L'huissier va avoir à intervenir, dans le cadre des divorces contentieux, pour délivrer l'assignation en divorce, faire signifier le jugement, établir par exemple un constat d'adultère, délivrer une sommation de réintégrer le domicile conjugal, ou encore, dans le cadre de l'après-divorce, pour mettre en place, le cas échéant, une procédure de saisie en cas de non-paiement d'une pension alimentaire.

• La compétence territoriale de l'huissier

Un huissier ne peut pas exercer sur toute la France. Sa compétence territoriale est limitée au ressort du tribunal de grande instance de sa résidence (art. 5, décr. du 29.2.1956).

Ainsi, l'huissier compétent sera celui de la commune où demeure la personne à qui l'acte doit être délivré (ou chez qui l'acte doit être effectué). Si un constat est à dresser sur Versailles, c'est à un huissier versaillais qu'il faudra s'adresser, etc. Cela dit, il est toujours possible de s'adresser à un huissier près de son domicile qui transmettra à l'un de ses correspondants. L'huissier ne peut refuser son concours, sauf dans quelques cas bien précis : empêchement pour cause de lien de parenté ou d'alliance, en cas d'actes contraires à la loi, etc. (art. 66, CPC).

• Quel est le coût d'un huissier ?

Les huissiers peuvent percevoir des rémunérations tarifées et des honoraires libres. Ils ont droit également aux remboursements de leurs frais (décr. n° 96-1080 du 12.12.1996).

Les rémunérations tarifées comprennent :

- une somme forfaitaire, exprimée en « droits fixes » qui rémunère essentiellement les actes de procédure tels que les assignations, les significations de jugement et autres… (art. 6 et 7 du décret) ;
- le « droit proportionnel » qui rémunère le recouvrement des sommes et l'encaissement des fonds. Ce droit est fixé en fonction des sommes recouvrées par l'huissier. C'est une sorte d'intéressement de l'huissier au recouvrement des créances qu'il encaisse. Ce droit n'est pas dû en cas de recouvrement de pension alimentaire (voir *Qui paye les frais d'huissier ?*, p. 21) ;

- un « droit d'engagement des poursuites » qui rémunère certains actes indispensables à l'obtention ou au recouvrement d'un jugement (par exemple, acte de saisie-conservatoire) (art. 13 du décret) ;
- un droit pour frais de gestion du dossier (art. 15 du décret). Ces frais sont dus lorsque le débiteur, poursuivi en vertu d'une décision de justice, obtient des délais de paiement.

Les droits fixes et proportionnels couvrent l'ensemble des travaux et diligences de l'huissier ainsi que ses frais, à l'exception des frais de déplacements et des débours exposés, outre les honoraires libres.

Les rémunérations libres (art. 16 du décret) sont fixées d'un commun accord avec le mandant, c'est-à-dire celui qui requiert les services de l'huissier. Elles peuvent être réclamées lorsque l'huissier est confronté à une situation d'urgence ou à des difficultés particulières, lorsque les actes effectués ne sont pas tarifés, lorsque l'huissier donne une consultation juridique ou rédige un acte sous seing privé, lorsqu'il représente en justice ou assiste son client devant certaines juridictions.

Les frais de déplacement : l'huissier a également droit à une indemnité forfaitaire pour ses frais de déplacement (art. 18 et 19 du décret).

Les débours sont constitués par les droits fiscaux, certains frais d'affranchissement des lettres, les frais de serrurier, indemnités versées aux fonctionnaires de la police ou témoins, et d'une façon générale toute somme due à des tiers et versée par eux à l'occasion de leur activité professionnelle (art. 20 du décret).

Les huissiers doivent, pour chaque acte, mentionner son coût, rubrique par rubrique, avec indication de l'article du tarif concerné. Il est possible d'obtenir l'intégralité du décret n° 96-1080 du 12 décembre 1996 sur le site Legifrance : www.legifrance.gouv.fr.

Tous les actes d'huissier sont soumis à la TVA.

Il est également possible de consulter ce texte sur le site Internet : www.legifrance.gouv.fr.

Qui paye les frais d'huissier ?

Quand les frais sont exposés dans le cadre d'un procès, c'est celui qui est condamné aux « dépens » (c'est-à-dire, en principe, celui qui a perdu le procès) qui doit supporter les frais d'huissier. Cette règle varie suivant la procédure de divorce. Dans les faits, c'est toujours celui qui sollicite l'intervention de l'huissier qui fait l'avance des frais (l'huissier va lui demander une provision), quitte ensuite à se faire rembourser.

En matière de pension alimentaire ou de prestation compensatoire impayée, le principe est que, dès qu'un titre exécutoire (jugement, arrêt) est émis, tous les frais sont à la charge du débiteur. L'article 10 du décret prévoyant des droits proportionnels (voir *Quel est le coût d'un huissier ?*, p. 20) n'est pas applicable aux créanciers d'aliments (décr. n° 2001-212 du 8.3.2001).

En dehors d'une procédure, c'est à celui qui réclame l'intervention de l'huissier d'en assumer les frais (par exemple, pour un constat d'adultère demandé avant la procédure de divorce).

› L'utilité d'un médiateur familial

La médiation familiale (sur cet outil qui peut s'avérer très utile lors d'un divorce, voir *Le médiateur familial,* p. 32, *La médiation familiale,* p. 103) n'est pas gratuite, même si elle est proposée par le juge, et même si l'association sous l'égide de laquelle se fera la médiation est située au palais de justice. C'est aux époux de régler le médiateur. Celui-ci demande souvent à être payé en début de médiation (sachant que la réunion d'information est gratuite). Les frais de médiation ne sont pas tarifés ; on estime actuellement que le coût d'une médiation s'échelonne de 650 € à 1 250 €. Selon un barème établi par la Caisse nationale d'allocation familiale (CNAF), applicable aux services conventionnés, les personnes contribuent à hauteur de 5 € pour les bénéficiaires de minima sociaux (RSA, chômeurs...) jusqu'à 132 € par séance (Fédération nationale de la médiation et des espaces familiaux (FENAMEF), www.mediation-familiale.org/).
Il ne faut pas hésiter à se renseigner auprès de sa caisse d'allocations familiales (CAF). Sachez également que les frais de la médiation peuvent être pris en charge dans le cadre de l'aide juridictionnelle (voir *Le point sur l'aide juridictionnelle,* p. 29).

› Avez-vous besoin d'un notaire ?

Le notaire est un officier public. Il va intervenir, selon les cas, pendant ou après le divorce, pour liquider le régime matrimonial des époux (régime de communauté, indivision en cas de régime de séparation de biens...).
La liquidation et le partage du régime matrimonial vont entraîner un certain nombre de frais :
- les honoraires proprement dits du notaire, calculés sur l'actif brut de la communauté (ces honoraires sont soumis à TVA) ;
- les droits d'enregistrement dus au Trésor public ;
- la taxe au profit de l'État due par les usagers du service de la publicité foncière (art. 879, CGI) ;
- le coût des diverses formalités nécessaires à la préparation de l'acte notarié (demande d'état hypothécaire, extraits d'actes d'état civil, extrait de cadastre...).
Il est donc susceptible de varier d'un patrimoine à l'autre (décr. n° 78-262 du 8.3.1978 sur les frais notariés).

› Le Trésor public et le divorce

Autre source de frais : les droits qu'il va falloir régler au fisc lors du versement d'une prestation compensatoire ou lors de la liquidation et du partage des biens (sur ces différentes questions, voir *Les conséquences fiscales du divorce,* p. 293).

› Les dépens

Les dépens sont les frais judiciaires exposés au cours d'une procédure et dont il est possible de demander le remboursement par la partie qui perd la procédure.

En cas de divorce pour faute aux torts exclusifs, les dépens sont en principe à la charge de l'époux « coupable ».
Ils font l'objet de dispositions spécifiques pour les divorces par consentement mutuel (voir *Qui paie les dépens ?*, p. 131) et pour les divorces pour altération définitive du lien conjugal (voir *La charge des dépens*, p. 155).
Les dépens sont différents de ce que l'on appelle les frais irrépétibles, c'est-à-dire notamment les honoraires d'avocat, les honoraires libres d'un huissier et autres. Ces frais doivent faire l'objet d'une demande séparée si une partie veut en obtenir le remboursement par application de l'article 700 du Code de procédure civile qui comprend *« les frais exposés non compris dans les dépens »* (voir ci-dessous).

› L'article 700 du Code de procédure civile

Les frais non compris dans les dépens, tels que honoraires d'avocat ou les honoraires d'huissier (par exemple, pour l'établissement d'un constat), peuvent être remboursés à la condition de faire l'objet d'une demande séparée par application de l'article 700 du Code de procédure civile.
Le juge n'accorde pas automatiquement une indemnité en vertu de ce principe, mais tient compte de l'équité ou de la situation économique de la partie condamnée. Il peut, même d'office et pour les mêmes raisons, dire qu'il n'y a pas lieu à cette condamnation.

Comment préparer votre divorce ?

Le divorce est, pour la plupart, une épreuve douloureuse et dramatique. Outre les perturbations psychologiques auxquelles va faire face celui qui veut divorcer (et/ou celui à qui on demande le divorce), un travail de fond est nécessaire pour mettre en place l'avenir des époux. La préparation du divorce nécessite le conseil de spécialistes. Compte tenu des tensions psychologiques auxquelles chaque époux est soumis, l'objectivité et la largeur de vue qui seraient nécessaires pour envisager toutes les conséquences de la rupture ne sont pas toujours présentes.

Le divorce, les enfants et l'argent

› Qui peut vous informer ?

On note de façon générale un besoin considérable d'informations et d'explications juridiques sur tous les plans (enfants, patrimoine, pensions et prestations, sort du logement familial...). Le divorce affecte en effet quatre éléments fondamentaux de la vie sociale d'une personne : la famille, le logement, l'activité professionnelle et le patrimoine.

Force est de constater par ailleurs la spécificité de certains conflits familiaux, marqués par les haines et les rancœurs de personnes souvent tellement prisonnières de leurs sentiments qu'elles sont incapables de décider par elles-mêmes.

D'où l'intérêt d'un système de relais avant l'instance judiciaire : les associations spécialisées dans des domaines aussi divers que celui des femmes battues, de l'alcoolisme ou des droits des pères divorcés peuvent être consultées. Concernant les enfants, des psychologues pourront donner leur avis en cours de conflit. L'expérience d'autres personnes divorcées peut être précieuse. Enfin, le choix de l'avocat va s'avérer très important. Avant et pendant l'instance, il pourra être fait appel à un médiateur familial, solution intéressante, parce que neutre, permettant de rapprocher le couple.

› Pensez en priorité à vos enfants !

Aujourd'hui plus qu'autrefois, les enfants courent le risque de vivre le divorce de leurs parents. En effet, le fait que les enfants soient en bas âge n'est plus considéré par les parents comme un obstacle pour leur séparation : le divorce s'est banalisé même à cet égard. Le nombre d'enfants concernés par un divorce est donc de plus en plus important chaque jour.

Or, la désunion des parents est toujours vécue comme une épreuve par les enfants concernés. Le recours à un tiers s'avère souvent indispensable pour rétablir les communications parents/enfants (il peut être un membre de la famille, un médiateur, un psychologue...). L'importance de la discussion avec les enfants a été soulignée par les psychologues : dès lors que les parents ont l'intention de divorcer, il

serait souhaitable que ces derniers en parlent avec leurs enfants de manière à aider ceux-ci à mieux comprendre la situation.
La souffrance et le malaise des enfants pourraient s'atténuer si les parents prenaient la peine de leur expliquer que, même séparés, ils continueront à se comporter en parents. Bien sûr, même si les parents tentent la plupart du temps de placer les enfants à l'écart des conflits, ceux-ci vont se retrouver au centre d'une situation sur laquelle ils n'ont aucune prise.
Même dans le meilleur des cas – un divorce d'accord qui « se passe bien » – la séparation des parents est un événement qui marquera forcément et fortement l'enfant. Que penser alors de l'impact d'un divorce conflictuel ou d'un parent qui n'arrive pas à dépasser ses sentiments violents vis-à-vis de son conjoint et fait obstruction systématique au droit de visite et d'hébergement de l'autre parent ? Il y a, à l'heure actuelle, beaucoup trop de conflits en matière de droit de visite et d'hébergement ou de non-paiement de pension alimentaire pour les enfants.
On note également que la place de l'enfant va être difficile quand l'un de ses parents a fondé un nouveau foyer. Le parent va parfois avoir à faire la part des choses entre ses enfants et ceux de son nouveau conjoint, situation qui peut être vécue de façon très douloureuse. Comme cela a été dit, « *il faut beaucoup de don de soi pour élever l'enfant d'un autre alors que le sien vit ailleurs* » (Me J. Beaux-Lamotte, cité par J.-P. Gridel, professeur à l'université de Paris V, GP, 8.6.1999).

› Les conséquences financières du divorce (patrimoine et pensions)

Il a souvent été constaté qu'après une période de culpabilité (par exemple, l'époux qui part propose d'importantes pensions ou abandon de biens), s'instaure rapidement un climat plus froid, une vision plus réaliste de la situation… et des discussions qui n'en finissent pas sur la meilleure façon de faire des économies domestiques (par exemple, l'enfant qui était dans le privé est finalement aussi bien dans le public) alors que l'autre époux estime avoir droit au maintien du train de vie, ce qui pour lui est un minimum.
Chez ce dernier, on retrouve souvent l'idée que son conjoint, puisqu'il veut reprendre sa liberté, va devoir payer pour cela. En cas de remariage rapide, il existe une crainte de l'époux que les biens aillent vers le nouveau conjoint et non vers les enfants du couple.
Ce qui est sûr, c'est que le divorce appauvrit. L'époux qui part va se retrouver à la tête de nouveaux frais (logement notamment), tout en devant continuer à participer aux frais du ménage qu'il vient de quitter. Après le divorce, le versement d'une prestation compensatoire peut apparaître comme une charge importante du budget, notamment quand les revenus de celui qui la doit ont baissé et alors que cette prestation compensatoire n'est pas facilement révisable. De son côté, le conjoint qui ne travaille pas ou qui a de plus faibles revenus peut se retrouver dans une situation difficile. Tous les frais qui étaient assumés à deux vont devoir être pris en compte par un seul des époux. Les pensions, prestations et indemnités qui peuvent être obtenues dans le cadre d'un divorce ne peuvent pas compenser cette différence dans la situation des époux.

Quelques précautions à prendre par les époux

Une précaution élémentaire consiste à révoquer les procurations données à son conjoint sur son compte bancaire personnel. Si les époux ont un compte joint, il faut modifier les modalités du compte afin qu'il ne puisse plus fonctionner qu'avec l'accord des deux époux (et non de l'un ou de l'autre). Pour cela, il faut s'adresser à la banque par lettre RAR en demandant cette modification. De même, il faut penser à vérifier les termes des contrats d'assurance-vie souscrits au profit de son conjoint et faire le point avec son assureur pour le changement de bénéficiaire.

Une autre précaution consiste à établir un inventaire le plus précis possible des patrimoines propres aux époux et du patrimoine acquis pendant le mariage (bien immobilier, assurance-vie, recensement des factures et autres preuves de l'origine des biens, etc.) et de pouvoir en justifier. Pensez à vérifier notamment les clauses bénéficiaires de vos contrats d'assurance-vie.

En ce qui concerne les enfants, il faut savoir que le conjoint qui part en laissant l'enfant aura des difficultés par la suite à obtenir que la résidence de l'enfant soit fixée chez lui. Les juges privilégient en effet le besoin de stabilité de l'enfant et ne modifieront pas une situation de fait qui se passe convenablement.

On ne saurait trop insister sur l'importance des mesures provisoires (voir *La vie du ménage pendant la procédure de divorce,* p. 67). Ces mesures, ordonnées lors de la première audience, doivent être négociées au mieux. Par exemple, si l'appartement est laissé à l'un des conjoints, il faut, le cas échéant, faire fixer par le juge le principe d'une indemnité d'occupation afin que cette question n'empoisonne pas les opérations de partage entre les époux. En cas de difficultés financières, il ne faut pas hésiter à demander une avance sur communauté pour faire face aux frais immédiats de l'après séparation (relogement notamment). Dès cette première audience, il est possible de demander au juge de désigner un notaire ou un professionnel pour qu'il établisse un projet d'état liquidatif du patrimoine de chacun, permettant la fixation d'une éventuelle prestation compensatoire et d'une pension alimentaire pour les enfants.

En ce qui concerne les demandes de prestations compensatoires ou de pensions alimentaires, il faut fixer avec soin ses besoins actuels et futurs et prendre en compte différents éléments comme la perte de la couverture sociale, l'approche de la retraite, une évolution de carrière… Si les paiements sont échelonnés sur plusieurs années, il faut, si possible, demander des garanties au juge (une hypothèque par exemple).

Enfin, dans les cas extrêmes de violences conjugales, il faut savoir que des mesures sont prévues par le Code civil pour se protéger d'un conjoint violent, même avant l'engagement du divorce (voir *La vie du ménage pendant la procédure de divorce,* p. 67).

À quels professionnels faire appel ?

Lors de l'audience de conciliation, les époux vont rencontrer le juge aux affaires familiales, couramment appelé le JAF, les avocats, partenaires obligatoires des époux, mais aussi d'autres intervenants de poids, tels l'enquêteur social ou le médiateur familial. C'est pour cette raison qu'il est important de connaître les différents professionnels du divorce.

Le juge aux affaires familiales (JAF)

Il est considéré comme le pivot de la procédure, « l'homme orchestre du divorce ». Pour la plupart des couples, le passage devant le juge est une expérience difficile. Pourtant, il va les recevoir dans son cabinet, à l'abri des oreilles indiscrètes, et ce qui aura été dit ne sortira pas de cette pièce. Le juge n'est ni pour ni contre un époux. Mais il devra trancher entre les conjoints sur des questions humaines et souvent délicates. Or, il a peu de temps pour cela – d'où l'importance de bien préparer son dossier avant de passer devant lui. Son rôle est difficile car il entérine un échec. Pour les conjoints, leur divorce est bien sûr une affaire importante. C'est peut-être d'ailleurs la seule fois qu'ils auront affaire à la justice. Le juge peut leur paraître détaché et lointain. Effectivement, il s'agit d'un professionnel qui a nécessairement un recul que le couple n'a pas.
La philosophie des textes sur le divorce est, en effet, de lui confier un rôle central tout en donnant la parole à d'autres intervenants qui lui permettent de l'éclairer dans sa prise de décision :
- les époux eux-mêmes qu'il va entendre ;
- leur enfant, dans la mesure où il est appelé à donner son avis ;
- l'enquêteur social, le médecin-expert, le médiateur familial le cas échéant ;
- et, bien sûr, les avocats des époux (et parfois de l'enfant).

L'avocat

L'avocat est obligatoire lorsque l'on engage une procédure de divorce. Dans les divorces contentieux, celui contre lequel la procédure est engagée (le défendeur) n'a l'obligation de prendre d'avocat qu'après la délivrance de l'assignation après l'audience de conciliation (mais il est fortement déconseillé d'attendre). Cette règle est cependant nuancée dans le cas du divorce prononcé pour acceptation du principe de la rupture du mariage. En effet, dans ce cas, les époux ne peuvent accepter lors de l'audience de conciliation le principe de la rupture du mariage et le prononcé du divorce fondé sur l'acceptation du principe de la rupture du mariage que s'ils sont chacun assistés d'un avocat (art. 233 et 253, C. civ.) (voir *Le divorce par acceptation du principe de la rupture du mariage (ou divorce accepté)*, p. 139).

Les divorces par consentement mutuel imposent la présence d'un avocat (voir *Le divorce par consentement mutuel*, p. 119).

› Comment choisir un avocat ?

Un avocat peut être choisi pour un certain nombre de raisons, et notamment pour son implantation géographique et sa spécialité.
La plupart des conseils de l'Ordre des avocats tiennent à la disposition du public les listes d'avocats inscrits à cet ordre (se renseigner auprès du tribunal de grande instance dont on dépend).
Pour un divorce, on peut faire appel à un avocat spécialiste en droit des personnes. Le choix de l'avocat, qui va être le partenaire d'un époux durant plusieurs mois de procédure, doit être pertinent. Plusieurs considérations vont jouer (coût, facilité du contact, réputation, etc.).
Il est courant de s'adresser autour de soi à des personnes qui ont déjà divorcé afin d'avoir leur avis sur l'avocat qui les a représentées.

› Votre premier rendez-vous

L'avocat est un technicien qui est là pour aider et assister son client. Il n'a pas besoin d'être trop passionné et de prendre fait et cause pour son client, au contraire. Il n'hésitera pas en effet au fur et à mesure de la procédure, surtout s'il s'agit d'une procédure pour faute, à indiquer à son client que les arguments donnés ne sont pas bons, qu'il fait fausse route en étant trop « gourmand » ou trop vindicatif.
En retour, le client doit être franc avec lui (notamment en ce qui concerne ses torts ou les éléments de son patrimoine). Lui dissimuler un élément, c'est courir le risque qu'il en ait connaissance par la partie adverse sans avoir pu s'y préparer.
Au cours du premier rendez-vous, un certain nombre de pièces et renseignements devront lui être fournis, et notamment :
- le livret de famille ;
- le contrat de mariage ;
- les documents relatifs aux crédits en cours ;
- les trois derniers avis d'imposition ;
- les bulletins de salaire ou autres sources de revenus ;
- l'adresse et le numéro des caisses de retraite ;
- la liste et les numéros des différents comptes (bancaires, CEL, Livret A, PEL...) ainsi que le montant et l'origine des sommes ;
- les comptes domestiques avec des postes détaillés (enfants, maison...) et les justificatifs ;
- le contrat de bail ou le titre d'occupation du logement ;
- les procurations éventuelles ;
- les donations que les époux se sont consenties (ou qui leur ont été consenties), les contrats d'assurance-vie ;
- une déclaration sur l'honneur de l'état de ses revenus et patrimoine, en cas de demande (ou de révision) des prestations compensatoires ;
- les pièces relatives aux biens immobiliers, etc.

Dès ce premier rendez-vous, s'il s'agit d'une demande de divorce pour faute notamment, la question des preuves va être posée. Ce premier rendez-vous doit être soigneusement préparé par l'époux. Il ne faut pas que ce dernier hésite à faire une liste de ces principales questions. Plus le client apportera de renseignements à son avocat, plus le travail fourni sera à la hauteur de son attente.
De façon générale, les « conclusions » de l'avocat (c'est-à-dire ses écritures) ne seront envoyées qu'après leur lecture et approbation par le client.

> **Cas pratique**
> **Un premier rendez-vous chez un avocat pour des informations est-il payant ?**
> Tout dépend en fait si la personne concernée a indiqué à l'avocat qu'elle a l'intention de rester son client. Dans cette hypothèse, il n'y a pas de règle déontologique en la matière. S'il s'agit d'un seul rendez-vous qui ne va pas avoir de suite, il est logique qu'une note d'honoraires soit adressée au client.

› Comment changer d'avocat ?

Il est toujours possible, et à tout moment, de changer d'avocat, encore qu'il ne soit pas conseillé de le faire au dernier moment, peu de temps avant l'audience de jugement. Il peut toutefois se poser un problème d'honoraires car un avocat qui succède à un de ses confrères n'a pas le droit, vis-à-vis des règles du conseil de l'Ordre, d'intervenir tant que son prédécesseur n'a pas été dédommagé de ses frais et honoraires d'intervention.
S'il y a un litige en ce qui concerne les frais et honoraires d'intervention, il est possible de demander l'arbitrage du bâtonnier qui, en cas d'urgence, donne l'autorisation au nouvel avocat d'intervenir avant que le problème soit réglé.
Si l'on veut remplacer l'avocat désigné au titre de l'aide juridictionnelle par un avocat payant, le problème est le même, car l'avocat désigné au titre de l'aide juridictionnelle que l'on veut remplacer a droit, avant que ce remplacement soit régularisé, d'être indemnisé de ses frais et honoraires d'intervention.

› Un seul avocat peut-il représenter les deux époux ?

Cette possibilité n'est prévue qu'en cas de divorce par consentement mutuel.

› Le point sur l'aide juridictionnelle

Avoir de faibles ressources ne doit pas vous empêcher de divorcer. Il faut dans cette hypothèse demander l'aide juridictionnelle. Le bénéficiaire de l'aide juridictionnelle a droit à l'assistance d'un avocat et à celle de tous officiers publics ou ministériels dont la procédure requiert le concours (huissier de justice, notaire...) (art. 75, L. n° 91-1266 du 19.12.1991). Le coût de cette assistance est alors pris en charge, en tout ou partie, par l'état, qui payera ces professionnels.
Deux catégories de conditions doivent être remplies pour bénéficier de l'aide juridictionnelle. Elles sont relatives à la personne et relatives à ses ressources :

Conditions relatives à la personne

Pour bénéficier de l'aide juridictionnelle, il faut :
- être français ou ressortissant d'un pays de l'Union européenne ;
- ou bien être étranger résidant habituellement et régulièrement en France ;
- ou bien être étranger, sans condition de résidence, s'il s'agit de mineurs, témoins assistés, personnes mises en examen prévenues, accusés, condamnés ou parties civiles, ou encore d'une personne faisant l'objet d'une reconduite à la frontière ou d'une expulsion.

Conditions relatives à ses ressources

Le demandeur doit justifier que ses ressources mensuelles sont inférieures à 941 € pour bénéficier de l'aide juridictionnelle totale ou comprise entre 941 € et 1 411 € pour bénéficier de l'aide juridictionnelle partielle (depuis le 1er janvier 2015). Ces plafonds sont affectés de correctifs pour charges de famille. Ils sont fixés chaque année par la loi de finances en référence à l'évolution de la tranche la plus basse du barème de l'impôt sur le revenu.
Les personnes bénéficiaires de l'allocation supplémentaire prévue à l'article L. 815-4 du Code de la Sécurité sociale (ancienne allocation du Fonds national de solidarité, FNS) ou du revenu de solidarité active (RSA) sont dispensées de justifier de l'insuffisance de leurs ressources (art. 2 et 3, L. n° 91-647, 10.7.1991).

À NOTER

Si les conditions de ressources ne sont pas remplies Une personne qui ne remplirait pas les conditions de ressources peut néanmoins se voir accorder l'aide juridictionnelle si sa situation apparaît particulièrement digne d'intérêt au regard de l'objet du litige ou des charges prévisibles du procès (art. 6, L. n° 91-647, 10.7.1991).

Où s'adresser ?

Le demandeur doit s'adresser aux bureaux d'aide juridictionnelle établis près de chaque tribunal de grande instance dépendant du lieu de son domicile. S'il y a lieu, et après avoir vérifié que le dossier contenait les pièces exigées par la loi, le bureau ainsi saisi transmet ce dossier au bureau compétent pour statuer sur la demande.
Tout changement de domicile qui intervient postérieurement à la demande d'aide doit être déclaré sans délai au bureau d'aide juridictionnelle initialement saisi (art. 33, décr. n° 91-1266, 19.12.1991).
Les bureaux établis près des tribunaux de grande instance sont compétents pour toutes les instances portées devant les juridictions du premier et du second degré (tribunaux judiciaires civils, tribunaux correctionnels, cours d'appel, cours d'assises, tribunaux administratifs et cours administratives d'appel, etc.). Il existe également des bureaux installés auprès de la Cour de cassation. Dans l'hypothèse d'une affaire devant être portée devant cette juridiction, il faut obligatoirement s'adresser au bureau de cette juridiction et non pas au tribunal de grande instance.

Territorialement, le bureau compétent est celui du tribunal de grande instance situé dans le même ressort que la juridiction saisie ou à saisir (art. 26, décr. n° 91-1266, 19.12.1991).
L'aide juridictionnelle peut être demandée avant ou pendant l'instance (art. 12 et s., art. 18 L. n° 91-647, 10.7.1991).

Cas pratique

Étant marié et sans ressource avec trois enfants, je voudrais divorcer. Que dois-je faire ? Quels sont mes droits ?

Il faut tout d'abord vous adresser aux services de l'aide juridictionnelle auprès du tribunal de grande instance qui devra être saisi (celui où résident les enfants si vous prenez l'initiative, c'est-à-dire celui dans le ressort duquel vous habitez). Un avocat va vous être désigné prochainement (vous recevrez un courrier avec ses coordonnées) avec lequel il faudra prendre rendez-vous. Il vous appartient de contacter cet avocat, il ne vous contactera probablement pas de lui-même. C'est lui qui va vous conseiller au vu des éléments que vous allez lui confier.

› L'enfant d'un couple qui divorce peut-il avoir un avocat ?

En matière d'autorité parentale, lorsque l'enfant, sous certaines conditions, en fait la demande, son audition ne peut pas être écartée par le juge aux affaires familiales. Il peut alors être entendu seul, avec un avocat qui lui sera désigné au titre de l'aide juridictionnelle ou une personne de son choix (une personne de sa famille, un parrain, etc.). Si ce choix n'apparaît pas conforme à son intérêt, le juge peut procéder à la désignation d'une autre personne (art. 9-1, L. n° 91-647 du 10.7.1991).

L'huissier de justice

L'huissier de justice a le monopole de certains actes : ainsi, seul l'huissier peut « signifier » le jugement de divorce pour le rendre exécutoire et faire courir les voies de recours, ou encore délivrer l'assignation en divorce. Cela dit, l'intervention de l'huissier n'est pas toujours obligatoire (par exemple, pour la première audience devant le juge conciliateur, c'est le greffe qui convoque ; pour le divorce par consentement mutuel, il n'y a pas d'intervention de l'huissier).
Il est par ailleurs fréquemment demandé aux huissiers, par l'un ou l'autre des époux, d'effectuer un constat (par exemple, constat d'adultère, constat attestant l'opposition d'un enfant de voir son parent dans le cadre du droit de visite et d'hébergement, constat portant sur la disparition des meubles du domicile...).
L'huissier peut également délivrer des sommations de payer dans le cadre de non-paiement de pension alimentaire ou de prestation compensatoire – et de façon générale se préoccuper du recouvrement des impayés ou encore délivrer une sommation de réintégrer le domicile conjugal (bien que ce dernier acte soit peu usité).

Le médiateur familial

Un médiateur peut être désigné dès l'audience de conciliation où comparaissent les époux pour tenter de régler à l'amiable les conflits opposant les époux, notamment concernant leurs enfants (Qui aura l'autorité parentale ? Comment organiser le droit de visite ? Quel montant convenir pour la pension alimentaire ?) (voir *La vie du ménage pendant la procédure de divorce,* p. 67, *Les mesures provisoires,* p. 95).
Il doit posséder un diplôme d'État attestant les compétences nécessaires lui permettant d'intervenir auprès du couple (arrêté du 12.2.2004, *JO* 27.2.2004).
En France, la médiation, qu'elle soit familiale ou pénale, est assurée principalement par le secteur associatif (l'APMF : Association pour la médiation familiale ; l'ANM : Association nationale des médiateurs ; l'AFCCC : Association française des centres de consultation conjugale, etc., voir *Les adresses de vos interlocuteurs,* p. 419). Certains tribunaux proposent un service de médiation au sein du tribunal. La médiation n'est cependant pas gratuite (voir *L'utilité d'un médiateur familial,* p. 22).
Le médiateur est un tiers par rapport aux intervenants habituels de la procédure de divorce : ce n'est ni un juge ni un avocat. Il n'a pas la même mission qu'un enquêteur social ou un médecin expert.
Il n'est pas en charge de la procédure de divorce, qui reste du ressort du juge. Il peut seulement aider à en régler les conséquences, en tâchant de rechercher des solutions adaptées à chaque situation familiale. Ainsi, il pourra aider à rapprocher des conjoints en opposition sur la question du montant de la pension alimentaire pour l'enfant ou sur l'organisation des droits de visite et d'hébergement.
L'intérêt de cette mesure consiste dans le fait que le couple en litige n'est plus seulement passif, mais qu'il est motivé pour rechercher un élément de solution à son conflit.
En cas d'appel à la médiation, le juge aux affaires familiales sursoit à statuer le temps de la médiation, quitte à ce que les parties reviennent devant lui pour ces questions si aucune solution à l'amiable n'a pu être trouvée avec le médiateur. Si un accord est trouvé, le juge va l'homologuer, c'est-à-dire l'intégrer dans son jugement en lui donnant la même valeur qu'une décision de justice (voir *La médiation familiale,* p. 103).
La médiation pénale est exclue en présence de violences, sauf demande de la victime (CPP, art. 41-1).

Le médiateur pénal

À la périphérie du divorce, signalons le médiateur pénal. L'article 41-1 du Code de procédure pénale prévoit au titre des mesures alternatives aux poursuites pénales la possibilité pour le parquet, c'est-à-dire le procureur de la République, quand il reçoit une plainte (par exemple, en cas de non-paiement de la pension alimentaire), d'engager une médiation pénale. Cette mesure sera ordonnée si elle lui paraît « *susceptible d'assurer la réparation du dommage causé par l'infraction, de mettre fin au trouble résultant de l'infraction et de contribuer au reclassement de l'auteur*

des faits ». Cette médiation n'est possible qu'à la demande ou avec l'accord de la victime. Cette dernière est présumée la refuser en cas de violation d'une ordonnance de protection (voir p. 78).
Le médiateur a vocation à agir notamment en matière de contentieux familial (abandon de famille, non-représentation d'enfant et autres infractions), quand le procureur, saisi d'une plainte, estime qu'un arrangement doit pouvoir être possible.
Le médiateur n'est ni un juge, ni un enquêteur, ni un arbitre. Il est tenu à la confidentialité des débats et des documents échangés. Il écoute la version de chaque partie et va reformuler l'essentiel des termes du conflit. Dès que le principe de la médiation est accepté, une date de rendez-vous est fixée. Au fil des rendez-vous, un accord écrit peut être conclu. Un rapport est ensuite rendu au parquet indiquant notamment l'issue de la médiation. L'accord des parties, formalisé par un procès-verbal, peut être suivi d'un retrait de plainte. La victime de l'infraction peut demander des dommages et intérêts suivant la procédure d'injonction de payer (loi Perben). Le processus de médiation est mis en œuvre sur réquisition du parquet (procureur de la République), qui remet le dossier au médiateur et envoie aux parties les convocations pour un entretien préalable et individuel, dans un lieu neutre, en principe hors du tribunal.
Les médiateurs insistent sur le fait que la médiation permet à chacun de s'exprimer, d'être écouté et donc de « vider l'abcès » sur des faits passés, ce qui entraîne un début d'apaisement. La philosophie de ces dispositions est de rétablir la proximité entre la justice et le justiciable, d'éviter la récidive, de mieux comprendre le vécu de la victime… et d'éviter un trop grand encombrement des juridictions pénales. La médiation pénale s'est développée en France notamment à travers des associations (ex. : l'Association d'aide pénale : l'AApé) et des Maisons de Justice et du Droit (voir *Les maisons de justice et du droit (MJD), les délégués du procureur de la République et la composition pénale*, p. 33).
Le parquet reste toujours maître de l'opportunité des poursuites, quelle que soit l'issue de la médiation (le médiateur n'est pas le juge). Cela signifie que, même en cas de retrait de plainte par exemple, la justice pénale peut suivre son cours. Ceci peut amener le délinquant à ne pas accepter la médiation, puisqu'il ne peut pas être certain, même si un accord a été trouvé en cours de médiation, qu'il ne sera pas poursuivi.

Les maisons de justice et du droit (MJD), les délégués du procureur de la République et la composition pénale

• Les maisons de justice et du droit ont pour mission d'assurer une présence judiciaire de proximité et de concourir à la prévention de la délinquance, à l'aide aux victimes et à l'accès au droit. Des mesures alternatives au traitement pénal (comme la médiation pénale – voir la rubrique précédente – et la composition pénale traitée ici) peuvent y prendre place. Elles dépendent soit des mairies, soit du conseil général et permettent notamment l'établissement des contacts entre les parents et les enfants sur un terrain neutre, assistés le cas échéant par des psychologues (art. 7-12-1-1, COJ). Sont également présents dans ces maisons des délégués du procureur de la République.

MON CONSEIL

Les MJD sont encore trop peu connues du grand public. C'est en tout cas ce qu'il ressort d'une étude réalisée par le ministère de la Justice (« L'opinion des Français sur la justice », *Infostat Justice*, n° 125, janvier 2014).

Et pourtant, elles sont justement là pour conseiller tout un chacun. Sur ses droits en général et sur le divorce notamment. Renseignez-vous auprès de votre mairie.

• Les délégués du procureur de la République ont reçu mission, au même titre que le procureur de la République, de proposer au prévenu d'une infraction, telle l'abandon de famille (non-paiement d'une pension alimentaire) ou la non-représentation d'enfant (dans le cadre du droit de visite et d'hébergement), une composition pénale, tant que l'action publique n'a pas été mise en mouvement. Cette mesure consiste notamment dans le paiement d'une amende ou le travail non rémunéré au profit de la collectivité.

Le procureur de la République peut également proposer à l'auteur des faits de réparer les dommages causés par l'infraction (par exemple, paiement de l'arriéré des impayés au titre des pensions alimentaires pour l'enfant du couple divorcé ou paiement de dommages et intérêts). Il informe la victime de cette proposition. Ces mesures sont un substitut intéressant à la sanction pénale (amende, prison) (voir *La pension alimentaire pour les enfants*, p. 371).

• La composition pénale, qui peut être proposée dans une maison de justice et du droit, doit être validée par le tribunal. Si la personne n'accepte pas la composition ou si, après avoir donné son accord, elle n'exécute pas intégralement les mesures décidées ou encore si le tribunal ne valide pas cette mesure, le procureur de la République met en route l'action publique, sauf élément nouveau ; cela signifie qu'il va poursuivre le prévenu. En cas de condamnation, il est tenu compte, le cas échéant, du travail déjà accompli et des sommes déjà versées par la personne.

L'exécution de la composition pénale éteint l'action publique (la personne ne peut plus être pénalement poursuivie), mais la victime peut délivrer une citation directe devant le tribunal correctionnel pour permettre au tribunal saisi de statuer sur les seuls intérêts civils (si elle n'a pas déjà été indemnisée).

Les enquêteurs sociaux

Une enquête sociale peut être ordonnée pour permettre au juge de prendre sa décision sur l'enfant en toute connaissance de cause. Concrètement, cela signifie que l'enquêteur social va prendre rendez-vous avec les parents, rencontrer les enfants concernés, consigner leur déclaration, examiner les lieux où devra se

dérouler le droit de visite et d'hébergement, faire une enquête de voisinage et à l'école…
L'enquêteur social est souvent reçu avec appréhension par les parents. Il ne faut cependant pas oublier de rester naturel et éventuellement de prévenir les enfants de son rôle. L'enquêteur social n'est en faveur d'aucun des deux parents, son rôle est de trouver des éléments objectifs concernant la vie de l'enfant. Le rapport d'enquête sociale est, dans la pratique, souvent suivi par le juge (pour plus de renseignements sur les enquêteurs sociaux, voir *Les enquêtes*, p. 317).

Le notaire

À l'occasion de la procédure de divorce, le notaire peut être amené à intervenir dans le cadre de la liquidation du régime matrimonial des époux en présence de biens immobiliers :
- s'il s'agit d'un divorce par consentement mutuel ;
- à l'occasion d'une liquidation anticipée du régime matrimonial dans les autres types de divorce (art. 265-1, C. civ.).

Il peut également être désigné par le juge dans l'ordonnance de non-conciliation pour évaluer le patrimoine des époux et tenter un accord entre eux (voir *La liquidation du régime matrimonial*, p. 264).
Il est également amené à intervenir dans le cadre de la liquidation post-divorce (voir *Les opérations de liquidation et de partage*, p. 271).
En aucun cas, le rôle du notaire est de trancher entre les parties si elles ne sont pas d'accord sur ses propositions, propositions qui sont faites au regard des documents qui lui sont fournis. En cas de difficulté, il doit dresser un procès-verbal de difficulté. Les époux doivent alors saisir le juge aux affaires familiales.

Les experts

Un expert-comptable peut être désigné dès l'ordonnance de non-conciliation pour apprécier l'étendue et la consistance des biens d'un ou des époux.
Un expert immobilier peut être amené à évaluer des biens immobiliers appartenant aux époux ou à l'un d'entre eux.
Un expert psychiatre ou psychologue peut être désigné, notamment en cas de conflit grave sur les enfants.
Les opérations d'expertise obéissent à des règles précises que les époux peuvent avoir intérêt à connaître (voir *Les règles générales de l'expertise*, p. 109).

Les procédures et règles communes

➤ Les différents cas de divorces présentent des spécificités mais ils obéissent à certaines règles qui leur sont communes.

➤ Dans ce chapitre, on abordera notamment la question du tribunal compétent, première étape dans une procédure.

➤ D'autres règles doivent être connues comme celles concernant l'audience de conciliation et, de façon générale, la procédure devant le juge ainsi que les voies de recours.

Quel tribunal saisir ?

Quand deux personnes veulent divorcer, une des premières questions à se poser est : devant quel tribunal va-t-on avoir à se déplacer ? Devra-t-on prendre un deuxième avocat si celui que l'on a consulté n'est pas compétent territorialement ? Pour beaucoup de personnes, plaider chez soi est un privilège, l'obligation de plaider loin de chez soi est ressentie comme pénalisant.

Le principe

En matière de divorce, le juge compétent est le juge aux affaires familiales, juge du tribunal de grande instance (voir *Le juge aux affaires familiales (JAF)*, p. 27). Sa compétence est déterminée par le lieu de résidence de la famille. Cette règle n'est cependant pas toujours aisée dans sa mise en œuvre.

À NOTER

Compétence et déménagement La compétence en matière de divorce est fondée sur la notion de résidence des époux et des enfants, c'est-à-dire la résidence où habite la famille au jour où la requête est déposée (art. 1070, CPC). Peu importe donc un déménagement après le dépôt de la requête en divorce. La compétence territoriale est fixée au jour du dépôt de la requête. Le juge reste compétent même si l'un des époux, voire les deux, déménage entre-temps.

Différents cas peuvent se présenter, regroupés sous l'article 1070 du Code de procédure civile :
- le couple n'est pas séparé lors de l'introduction du divorce (qu'il y ait des enfants ou non) : le juge aux affaires familiales compétent est celui du lieu de la résidence de la famille ;
- le couple est séparé et a des enfants, certains sont chez le père, d'autres chez la mère : le juge aux affaires familiales compétent est celui de l'époux défendeur, c'est-à-dire celui contre lequel la procédure est dirigée (C. cass., civ. 1re, 2.2.1982, pourvoi n° 80-16594) ;
- le couple n'a pas d'enfant : ici encore, le juge aux affaires familiales compétent est celui de l'époux défendeur, c'est-à-dire celui contre lequel la procédure est dirigée ;
- le couple est séparé et a des enfants, qui sont tous chez l'un des parents (cas le plus fréquent) : le juge compétent est le juge du lieu de résidence de l'époux avec lequel résident habituellement les enfants mineurs en cas d'exercice en commun, de l'autorité parentale ou du lieu de résidence de l'époux qui exerce seul cette autorité ;

- s'il s'agit d'un divorce par consentement mutuel, le juge aux affaires familiales compétent est, selon le choix, celui du lieu où réside l'un ou l'autre des époux.

Ces règles ne paraissent pas poser de difficultés. Pourtant, il existe un contentieux sur ces questions, notamment quand un des époux prétend choisir le tribunal de sa propre résidence où il habite avec ses enfants, l'autre époux contestant l'habitation effective de son conjoint ou de ses enfants au moment de la demande (il invoquera, par exemple, qu'il ne s'agit que d'un lieu de vacances ou de séjour temporaire qui ne saurait fixer la compétence du tribunal).

Dans le climat conflictuel qui peut présider au dépôt d'une requête en divorce pour faute, le défendeur, déjà privé de ses enfants, peut vouloir refuser d'aller plaider ailleurs que chez lui, ce qui constitue une source de frais car il va falloir un avocat postulant (voir *Se poser les bonnes questions*, p. 5). Il peut donc vouloir contester la réalité de la résidence de son conjoint ou celle des enfants.

Cas pratique

Pour les tribunaux, peu importe l'ancienneté de la résidence de l'époux, du moment qu'il n'est pas niable que cet époux habite réellement dans la ville où il présente sa requête, la loi n'exigeant pas un caractère d'habitude et de permanence à la résidence (CA Toulouse, 18.4.1977).

La fraude

Il doit exister une volonté sincère de s'installer au moins provisoirement dans le ressort du tribunal choisi. La fraude d'un époux, une voie de fait ou un abus de droit peut être, à cet égard, sanctionné.

Cas pratique

Le lieu d'habitation de l'époux avec qui habite l'enfant ne peut pas déterminer la compétence du tribunal s'il a été fixé à la suite d'une voie de fait ou d'un abus de droit (TGI Versailles, 26.5.1978 ; CA Montpellier, 10.11.1981). Dans la première décision citée, une mère et sa fille habitaient ensemble depuis plusieurs mois à Versailles. Le père profitait d'un séjour de vacances pour emmener sa fille en Corse sans autorisation de son conjoint. Sa femme avait engagé le divorce sur Versailles et le mari soulevait l'incompétence du juge versaillais au profit de celui de sa résidence en Corse. Sa demande, qualifiée de « manœuvre » par le juge, a été rejetée.

La résidence doit présenter un caractère de stabilité et de durée.

Cas pratique

La résidence de la famille n'est pas modifiée par le départ de la femme du domicile conjugal avec les enfants pour aller vivre chez son père – sans l'accord du mari – car le nouveau lieu de résidence ne présente pas les caractères de stabilité et de durée exigée. En effet, il n'est pas établi que la femme avait quitté définitivement le domicile conjugal (CA Grenoble, urg., 9.3.2004, Éd. Juris-Classeur, Dt de la famille, 12.2004, n° 222).

Il n'est pas rare que deux tribunaux soient saisis. L'un d'eux doit, dans ce cas, se déclarer incompétent, en général le second saisi, au profit de l'autre (art. 100, CPC).

Cas pratique

Dans le cadre d'une procédure en divorce, avec un enfant qui habite dans la Drôme avec sa mère, et le mari habitant en Haute-Savoie, quel est le tribunal compétent ? Les époux sont d'accord sur tout et s'orientent vers un divorce par consentement mutuel.

En principe, le tribunal compétent est celui de la femme puisque l'enfant habite avec elle. Mais puisque les époux semblent s'orienter vers un divorce sur demande conjointe, ils peuvent prendre le tribunal de leur choix (art. 1070, CPC).

Comment se déroule la procédure (hors divorce par consentement mutuel) ?

De façon schématique, on peut scinder la procédure de divorce en deux parties.
Une première partie qui débute par le dépôt d'une requête en divorce et se termine par une première audience. C'est l'audience de conciliation. Des décisions concernant la vie des époux pendant la procédure vont être prises ayant trait notamment aux enfants, au logement et aux pensions entre époux. Cette audience devra soigneusement être préparée avec l'avocat.
Une seconde partie qui commence à la première audience en débutant par une assignation et se termine par un jugement de divorce.
Ce n'est en effet qu'à l'issue de cette dernière audience que le divorce sera ou non prononcé, ainsi que les mesures définitives (on dit « accessoires au divorce »).

La requête en divorce

› Que doit contenir la requête ?

Les requêtes ne doivent pas être motivées, c'est-à-dire indiquer le fondement de la demande ou les faits à son origine (art. 251, C. civ. ; art. 1106, CPC). Le but est de permettre aux avocats et aux époux dans le cadre de la préparation de l'audience de conciliation, moment fort de la procédure, d'évacuer momentanément ce qui peut générer un conflit et de se concentrer sur l'essentiel de cette phase. Notamment, ils auront à tenter de sauvegarder l'intérêt des enfants, préserver les droits financiers, organiser leur vie durant la procédure, préparer la liquidation du régime matrimonial, répartir les dettes et solliciter d'éventuelles expertises. Le choix du type de divorce (sa motivation) ne se fait que lors de l'assignation ultérieure.
En revanche, la requête doit contenir les demandes formées au titre des mesures provisoires et un exposé sommaire de leur motif (art. 1106, CPC). Cette règle permet à chacun des époux de connaître avant l'audience les demandes de l'autre et de pouvoir, par conséquent, s'y préparer. Cela n'empêche pas un époux de former une nouvelle demande lors de l'audience, dont il sera tenu compte si les deux époux sont présents. Cependant, en l'absence de l'un ou l'autre des époux, la présentation d'une demande nouvelle à l'audience sera impossible, sauf si cette demande lui a été préalablement notifiée (précisions apportées par la circulaire du 26 novembre 2004).

La requête est déposée par l'avocat du demandeur au greffe (secrétariat) du juge aux affaires familiales compétent. La demande en divorce ne peut en effet être portée directement devant le juge aux affaires familiales par les époux : l'avocat est indispensable. Pour pouvoir ensuite assigner le défendeur devant la juridiction, il faut avoir obtenu l'autorisation du juge, après l'échec de la tentative de conciliation.

ATTENTION

Mesures urgentes Pour obtenir des mesures urgentes, la requête doit être déposée personnellement par celui qui demande le divorce. Concrètement, il va se déplacer avec son avocat auprès du juge de permanence du tribunal. Dans cette hypothèse, le juge, après l'avoir entendu, peut prescrire sur-le-champ les mesures urgentes (par exemple, l'autorisation de résidence séparée en cas de brutalités du conjoint ; voir *Les mesures d'urgence,* p. 47).

› Les renseignements et pièces à fournir

Les époux doivent fournir au début de la procédure un certain nombre de renseignements (art. 1075, CPC) et notamment :
- les indications nécessaires à leur identification ;
- la caisse d'assurance maladie à laquelle ils sont affiliés ;
- les services ou organismes qui versent les prestations familiales, les pensions de retraite ou autres avantages vieillesse (dénomination et adresse).

Doivent également être fournies par les époux une copie certifiée conforme de l'acte de mariage, une copie certifiée conforme de l'acte de naissance des époux et des enfants (Paris et Île-de-France). Pour la province, il faut joindre l'acte de mariage et l'acte de naissance des époux et des enfants.

Il a été jugé que l'absence de ces mentions ne rendait pas irrecevable la requête (elle n'est pas rejetée d'office). En revanche, elle peut conduire à l'annulation de cette requête si le défendeur (l'époux contre lequel est engagée la procédure) prouve que l'omission de l'un de ces points lui a causé grief (C. cass., civ. 2e, 4.2.1981).

› La convocation devant le juge

L'époux qui n'a pas présenté la requête est convoqué par le greffier à l'audience, par lettre recommandée avec avis de réception, confirmée le jour même par lettre simple. Sous peine de nullité, la lettre recommandée avec avis de réception doit être expédiée quinze jours au moins avant la date de l'audience et être accompagnée d'une copie de l'ordonnance du juge indiquant la date, le jour et l'heure de l'audience. La convocation adressée à l'époux qui n'a pas présenté la requête l'informe qu'il doit se présenter en personne, seul ou assisté d'un avocat. Elle précise que l'assistance d'un avocat est obligatoire pour accepter, lors de l'audience de conciliation, le principe de la rupture du mariage. Le greffe avise l'avocat de l'époux qui a présenté la requête.

À la notification par lettre recommandée est également jointe, à titre d'information, une notice exposant, notamment, les dispositions des articles 252 à 254 (organisation de l'audience de conciliation) ainsi que des alinéas 1° et 2° de l'article 255 du Code civil relatifs à la médiation familiale (art. 1108, 1138, CPC). En pratique, une copie de la requête lui est également adressée.

L'audience de conciliation et l'ordonnance de non-conciliation

Cette première audience (très importante sur un plan pratique) est appelée « audience de conciliation ». En effet, le juge aux affaires familiales va tenter de concilier les époux avant de prendre des mesures provisoires (art. 251, C. civ.).

› La tentative de conciliation

• L'objectif

La mission du juge est de chercher à concilier les époux sur le principe du divorce mais également sur ses conséquences (art. 252, C. civ.). Compte tenu des objectifs de la loi qui est de responsabiliser les époux sur leur sort dans le cadre de l'après-divorce, la recherche d'un éventuel accord sur les conséquences de la rupture doit en effet être prise en compte le plus tôt possible, afin de favoriser cet accord, même partiel.

• Le déroulement

Lors de cette audience, le juge doit s'entretenir personnellement, dans son cabinet, avec chaque époux séparément, avant de les réunir en sa présence. Les avocats doivent ensuite être appelés à assister à l'entretien (art. 252-1, C. civ.).

> **Cas pratique**
>
> **Est-on obligé d'aller en conciliation ? Je n'ai pas envie de divorcer ni de me déplacer. Mon conjoint a engagé une procédure de divorce pour faute.**
>
> La présence des deux époux est obligatoire à cette audience qui, en pratique, est très importante puisque le juge va rendre des mesures provisoires, valables pendant l'instance en divorce. Si un époux n'est pas là, le juge peut renvoyer l'affaire, mais il n'y est pas obligé. Il est donc indispensable de se déplacer et, avant, de préparer cette audience avec son avocat. La question du logement devra être évoquée avec l'avocat (qui va conserver le droit de rester au domicile conjugal ?), également celle de l'autorité parentale sur les enfants, ainsi que celle de la pension alimentaire pour l'époux qui en a besoin, le sort des impôts et des charges en cours (qui va payer les impôts, le loyer... ?) et des questions de tous ordres (à qui va être attribuée la voiture ? puis-je avoir une provision pour frais d'instance ?...).

• Les cas particuliers

Différents cas peuvent se présenter :

• L'ordonnance d'ajournement.

La tentative de conciliation peut être suspendue et reprise sans formalité en ménageant aux époux des temps de réflexion dans une limite de huit jours. Si un délai plus long paraît utile, le juge peut décider de suspendre la procédure et de recourir à une nouvelle tentative de conciliation dans les six mois au plus. Cela ne l'empêche pas d'ordonner, s'il y a lieu, les mesures provisoires (art. 252-2, C. civ.).

• La conciliation est réalisée.

Dans ce cas, la conciliation est constatée par procès-verbal dressé par le juge. Elle met fin à la procédure.

• L'absence d'un époux : l'ordonnance d'ajournement ou l'autorisation d'assigner.

Dans le cas où l'époux qui n'a pas formé la demande ne se présente pas à l'audience ou s'il se trouve hors d'état de manifester sa volonté, le juge s'entretient avec l'autre conjoint et l'invite à la réflexion (art. 252-1, C. civ.).

À NOTER

Si l'époux est absent Si le défendeur est absent et la lettre recommandée avec avis de réception ne l'a pas touché et revient avec la mention « N'habite pas à l'adresse indiquée », il y a renvoi pour citation par voie d'huissier.

Si un époux se trouve donc dans l'impossibilité de se rendre à l'audience, il doit impérativement en justifier auprès du juge pour obtenir un renvoi à une prochaine audience. En effet, à défaut de prévenir le juge, il risque que l'audience ne soit pas renvoyée et que des mesures provisoires soient prises sans qu'il ait donné son avis sur celles-ci. Le juge, quand il en est averti, peut fixer un autre lieu et donc se transporter, même en dehors de son ressort, pour entendre sur place le conjoint qui ne peut pas venir, ou donner mission à un autre magistrat d'entendre le conjoint à sa place. Le juge peut délivrer une « commission rogatoire » prévue en cas de déplacement difficile ou onéreux du conjoint ou peut se déplacer lui-même auprès de l'époux qui ne peut se déplacer (art. 730, art. 1110 et s., CPC).

Cas pratique

Le juge constatera l'impossibilité de se déplacer et se rendra sur place, le cas échéant, pour entendre la personne dans le cas d'un époux atteint d'un cancer et prouvant par certificat médical qu'il présente un état clinique contre-indiquant formellement tout déplacement (CA Paris, 24e ch., 28.6.1996).

• Le divorce accepté.

Ce divorce peut être demandé par l'un ou l'autre des époux (ou par les deux) lorsqu'ils acceptent le principe de la rupture du mariage sans considération des faits à l'origine de celle-ci.

Cette acceptation n'est en principe pas susceptible de rétractation (il n'est pas possible de revenir sur son accord), même à l'occasion d'un appel. Si le juge a acquis la conviction que chacun des époux a donné librement son accord, il prononce le divorce et statue sur ses conséquences (art. 233, C. civ.) (voir *Le divorce par acceptation du principe de la rupture du mariage (ou divorce accepté)*, p. 139). Les époux ne peuvent accepter le principe de la rupture du mariage et le prononcé du

divorce fondé sur l'acceptation de ce principe, que s'ils sont chacun assistés d'un avocat lors de l'audience de conciliation.
Concrètement, si un des époux se présente à l'audience sans être représenté, il doit savoir que ce divorce ne sera pas prononcé (art. 233 et 253, C. civ.).
Si les deux époux sont présents, le juge, après avoir vérifié leur libre accord, recueille leur acceptation dans un procès-verbal signé par eux, ainsi que leurs avocats respectifs. Il est annexé à l'ordonnance. Ce document doit, sous peine de nullité, rappeler les mentions du second alinéa de l'article 233 du Code civil, à savoir le caractère non rétractable de l'acceptation, même par la voie de l'appel (art. 1123, CPC).
• La prise en compte des accords amiables.
Depuis l'entrée en vigueur de la réforme du divorce du 26 mai 2004, le juge incite les époux à régler les conséquences du divorce à l'amiable (art. 252-3, C. civ.). Dès le stade de l'audience de non-conciliation, il demande aux époux de présenter pour l'audience de jugement un projet de règlement des effets du divorce (art. 257-2, C. civ.). Il s'agit d'anticiper au maximum ce règlement dès le stade de la conciliation et de privilégier la conclusion d'accords, même partiels, entre les parties.
L'article 254 du Code civil précise également que le juge prescrit, en considération des accords éventuels des époux, les mesures nécessaires pour assurer leur existence et celle des enfants pendant la procédure.
• Les mesures provisoires, les mesures d'instruction.
Le juge prescrit, à l'issue de l'ordonnance de non-conciliation les mesures provisoires qui sont nécessaires pour assurer l'existence des époux et des enfants pendant l'instance. Il peut s'agir de la médiation familiale et des mesures préparatoires concernant le règlement des intérêts pécuniaires et la liquidation du régime matrimonial (art. 252-3, art. 255, 9° et 10°, C. civ.).
Ainsi, le juge peut désigner un professionnel en vue de dresser un inventaire estimatif et de formuler des propositions pour le règlement des intérêts pécuniaires des époux. Il peut aussi désigner un notaire pour élaborer un projet de liquidation du régime matrimonial.
Dans ces deux cas, les époux doivent communiquer à la personne désignée par le juge tous renseignements et documents utiles (art. 259-3, C. civ.).
Il peut également ordonner des mesures d'instruction conformément à l'article 259-3 du Code civil (par exemple, une expertise comptable ou une enquête sociale) (voir *Les mesures provisoires*, p. 95).

L'autorisation d'assigner

Le juge rend ensuite une ordonnance, dite « ordonnance de non-conciliation » (ONC), dans laquelle sont prescrites les mesures provisoires. Cette ordonnance vaut autorisation d'assigner. Le juge doit rappeler dans son ordonnance les délais impératifs dans lesquels doit intervenir l'assignation en divorce (art. 1113, CPC) (voir *L'assignation*, p. 49).

Les conséquences de l'ordonnance de non-conciliation

L'ordonnance de non-conciliation autorise la résidence séparée. Par là même, elle entraîne un certain nombre de conséquences pour les époux (voir *Se poser les bonnes questions,* p. 5, *Divorce ou séparation de fait ?,* p. 5).

Les mesures d'urgence

Il arrive parfois que le délai d'attente entre le dépôt de la requête et l'audience (il faut compter en moyenne entre un à trois mois) paraisse trop long. Il peut y avoir urgence à demander au juge qu'il ordonne certaines mesures provisoires, comme le versement d'une pension alimentaire ou l'autorisation de résider séparément d'un conjoint brutal (voir *La vie du ménage pendant la procédure de divorce,* p. 67). D'où l'intérêt d'obtenir certaines mesures en urgence.

L'effet de ces mesures ponctuelles sera en principe limité dans le temps. Elles peuvent être demandées à compter du dépôt de la requête en divorce et jusqu'à l'intervention de l'ordonnance de non-conciliation. Le juge des référés (voir *Le référé matrimonial,* p. 48), lui, peut être saisi jusqu'au placement de l'assignation (après c'est le juge de la mise en état – celui qui suit la procédure – qui est compétent).

Il est rappelé ici que des mesures spécifiques sont prévues, en amont de la requête, pour protéger le conjoint ou les enfants de violence de la part du conjoint (voir *Le cas de la violence du conjoint (le « référé » protection),* p. 78).

› L'autorisation d'assigner à jour fixe

Le juge aux affaires familiales peut autoriser un époux à citer son conjoint à jour fixe, aux fins de conciliation, s'il y a urgence (art. 1109, CPC). Le but de cette mesure est d'avancer la date de l'audience de conciliation, notamment pour obtenir plus rapidement les mesures provisoires.

› La requête aux fins de mesures urgentes

Sans attendre la tentative de conciliation, le juge peut prendre, dès le dépôt de la requête initiale, des mesures d'urgence (art. 257, C. civ.). L'époux demandeur au divorce peut ainsi solliciter du juge l'autorisation de résider séparément (lui et ses enfants) de son conjoint (la résidence séparée sera principalement ordonnée en cas de mauvais traitements infligés à son conjoint ou aux enfants) ou d'ordonner des mesures « conservatoires » (c'est-à-dire qui n'engagent pas le patrimoine) telles que l'apposition des scellés sur les biens communs.

Le juge est saisi par requête. L'autre conjoint n'est pas informé du dépôt de la requête. La décision sera donc prise sans son accord.

Ces mesures étant exceptionnelles, l'époux doit se présenter en personne pour présenter sa requête, accompagné de son avocat. La loi prévoit qu'en cas d'empêchement dûment motivé, le juge doit se déplacer afin d'apprécier le bien-fondé des mesures sollicitées (art. 1106, CPC).

Il n'existe pas de recours contre la décision accordant une mesure urgente. En cas de rejet, il est possible de déposer une nouvelle demande. Bien entendu, une nouvelle demande n'aura d'intérêt que si de nouveaux éléments sont apparus.

› Le référé matrimonial

Le juge peut être saisi comme juge des référés et prescrire un certain nombre de mesures nécessitées par l'urgence (art. 808, 809 et 1074-1, CPC). Dans cette hypothèse, un huissier de justice va signifier l'assignation en référé pour la date indiquée au greffe à l'autre époux pour que l'affaire soit plaidée.

L'appel de l'ordonnance de non-conciliation

› Le principe

Il est possible de faire appel de l'ordonnance de non-conciliation dans les quinze jours de sa signification par huissier. Cet appel n'est possible qu'en ce qui concerne la compétence et les mesures provisoires.
Par exemple, le père conteste que la résidence de l'enfant soit fixée chez la mère et non chez lui. Ou encore, la mère estime que le montant de la contribution du père pour les enfants n'est pas fixé correctement.
L'appel de l'ordonnance est porté devant la cour d'appel (formation collégiale), devant laquelle un avocat est obligatoire (art. 1112 et 1119, CPC).
Les mesures provisoires restent applicables, malgré l'appel, car elles sont assorties de l'exécution provisoire de plein droit (art. 514, CPC) (voir *La vie du ménage pendant la procédure de divorce*, p. 67).

› La modification des mesures provisoires pendant l'instance

Il est toujours possible de demander, en cas de survenance d'un fait nouveau, la modification des mesures provisoires prescrites pour l'instance et notamment la pension alimentaire pour un des conjoints et pour les enfants.
Par exemple, la mère demande une augmentation de la pension que le père lui verse du fait de l'entrée de l'enfant dans une école privée.
Après l'ordonnance de non-conciliation, le juge aux affaires familiales (saisi par requête ou en référé) peut, jusqu'à son dessaisissement, les modifier.
En cas d'appel, cette compétence revient au premier président de la cour d'appel, au conseiller de la mise en état ou même à la cour d'appel (art. 1112, 1118 et 1119, CPC ; C. cass. 1re, 8.2.2005, pourvoi n° 03-12964) (voir *Les mesures provisoires*, p. 95).

Cas pratique

Je m'aperçois que mon mari, pour ne pas payer de pension alimentaire, a fraudé lors de l'audience de conciliation en dissimulant certaines sources de revenus. Puis-je attaquer l'ordonnance rendue pour fraude ?

Un jugement peut être attaqué dans le cadre d'un recours en révision dans certains cas de fraude (art. 593 et s., CPC). Mais, il a été jugé à plusieurs reprises que le recours en révision (pour fraude) n'est pas ouvert contre la décision prescrivant des mesures provisoires dans la mesure où l'époux peut toujours demander au juge de modifier sa décision sur preuve d'un élément nouveau (C. cass., civ. 2e, 3.6.1999, pourvoi n° 97-18754). Vous devez donc tout simplement saisir le juge pour qu'il revienne sur sa décision au vu des éléments nouveaux que vous invoquez.

L'introduction de l'instance

› Le choix de la demande

Sur le plan de la procédure, l'instance en divorce est introduite par :
- une assignation en divorce ;
- une assignation ou une requête conjointe, pour le divorce pour acceptation du principe de la rupture du mariage.

C'est à ce stade que l'époux demandeur choisit le fondement de la demande (acceptation du principe de la rupture du mariage, pour altération définitive du lien conjugal ou pour faute ; art. 257-1, C. civ.).

Son choix doit porter sur seulement l'un de ces cas, sans possibilité de demande subsidiaire (art. 1077, CPC).

Il n'existe qu'une seule exception à cette liberté de choisir le cas de divorce : si, lors de l'audience de conciliation, les époux ont déclaré accepter le principe de la rupture du mariage et le prononcé du divorce sur le fondement de l'article 233 du Code civil, l'instance ne peut être introduite que sur ce fondement (voir *Le divorce par acceptation du principe de la rupture du mariage (ou divorce accepté)*, p. 139).

› L'assignation

Pendant les trois mois suivant le prononcé de l'ordonnance de non-conciliation, seul l'époux qui a présenté la requête initiale peut assigner (art. 1113, CPC).

S'il ne l'a pas fait, à l'expiration de ce délai, cette faculté est ouverte à l'époux le plus diligent (art. 1111, CPC).

Cette règle doit être combinée avec celle concernant la durée de validité des mesures provisoires. Depuis le décret du 29 octobre 2004, ce délai est fixé à trente mois (contre six mois en principe auparavant). Passé ce délai de trente mois, les mesures provisoires (pension alimentaire, notamment) ne sont plus valables. Ce délai a été modifié pour permettre, le cas échéant, à l'époux demandeur, une fois l'ordonnance de non-conciliation rendue, d'attendre l'expiration du délai prévu pour satisfaire aux conditions du divorce pour altération définitive du lien conjugal (deux années de séparation).

› La requête conjointe

La requête conjointe présente un intérêt particulier en matière de divorce pour acceptation du principe de la rupture du mariage. Son recours est même obligatoire lorsque les époux s'accordent après l'ordonnance de non-conciliation sur le principe d'un divorce accepté. Selon la circulaire du 26 novembre 2004, le privilège reconnu au demandeur d'assigner dans les 3 mois de l'ordonnance de non-conciliation ne s'applique pas à la requête conjointe, laquelle peut être présentée par les époux immédiatement après l'ordonnance de non-conciliation.

› Le contenu de l'assignation

Une assignation en justice est un acte rédigé par un avocat et signifié par un huissier de justice au domicile de l'époux défendeur. Elle doit remplir un certain nombre de conditions précisées dans les articles 56 et 752 du Code de procédure civile. Elle doit donc contenir :
- la « constitution » de l'avocat du demandeur (c'est-à-dire une déclaration selon laquelle l'avocat se constitue pour son client dont il sera le mandataire) ;
- le délai dans lequel le défendeur doit lui-même constituer avocat ;
- l'indication de la juridiction devant laquelle la demande est portée ;
- l'objet de la demande avec un exposé des moyens en fait et en droit ;
- l'indication que, faute par le défendeur de comparaître à l'audience, il s'expose à ce qu'un jugement soit rendu contre lui sur les seuls éléments fournis par son adversaire ;
- le fondement du divorce. Comme on l'a vu plus haut, c'est seulement au stade de l'assignation que l'époux doit indiquer quel type de divorce il entend réclamer : divorce pour acceptation du principe de la rupture du mariage, pour altération définitive du lien conjugal ou pour faute ;
- à peine d'irrecevabilité, une proposition de règlement des intérêts pécuniaires et patrimoniaux des époux (pour les assignations qui ont été délivrées depuis le 1er janvier 2005) (art. 257-1, art. 257-2, C. civ.). Cette mesure a pour but d'inciter le couple à se mettre d'accord sur le règlement de la liquidation de leur régime matrimonial.

Cette proposition doit contenir un descriptif sommaire du patrimoine des époux et les intentions du demandeur quant à la liquidation de la communauté ou de l'indivision, et le cas échéant, quant à la répartition des biens (art. 1115, CPC).

La description du patrimoine doit comporter les éléments actifs (entreprises, parts sociales, valeurs mobilières, actifs immobiliers…) et passifs (voir *La liquidation du régime matrimonial*, p. 264, *Les conséquences du divorce sur les biens*, p. 253).

Elle doit viser les biens communs et indivis des époux, mais également les biens propres du demandeur.

Ce document doit être établi avec soin et réalisme par les époux et leur conseil – l'avocat, et le cas échéant, le notaire.

Il reste cependant toujours possible, pour l'autre conjoint de demander une expertise comptable.

L'assignation comprend en outre l'indication des pièces sur lesquelles la demande est formée. Ces pièces sont énumérées sur un bordereau qui lui est annexé.

Elle vise l'autorisation d'assigner prévue dans l'ordonnance de non-conciliation. En principe, l'ordonnance est signifiée en même temps que l'assignation en divorce, ce qui fait courir le délai d'appel. Mais elle peut également être signifiée séparément.

À NOTER
Le placement L'assignation signifiée doit être ensuite « placée » dans les quatre mois de sa signification, ce qui signifie qu'elle est portée par l'avocat au greffe du tribunal. En cas de non-placement, l'assignation est caduque, c'est-à-dire qu'elle n'est plus valable. La procédure doit donc être recommencée à partir de l'assignation en divorce (art. 757, CPC).

La recherche d'accord

La recherche de la conclusion d'accord entre les époux – même partiel – à tout moment de la procédure est mise à l'honneur depuis l'entrée en vigueur de la réforme du divorce du 26 mai 2004.
En effet :
- lors de l'audience de conciliation, le juge incite les époux à régler les conséquences du divorce du divorce à l'amiable et leur demandera de présenter pour l'audience de jugement un projet de règlement des effets du divorce (voir *La vie du ménage pendant la procédure de divorce,* p. 67, *Les mesures provisoires,* p. 95) ;
- les époux peuvent tout au long de la procédure soumettre à l'homologation du juge des conventions réglant tout ou partie des conséquences du divorce, à savoir principalement la prestation compensatoire. Le juge, après avoir vérifié que les intérêts de chacun des époux et des enfants sont préservés, homologue les conventions en prononçant le divorce (art. 268, C. civ.) (voir *La prestation compensatoire,* p. 205) ;
- les époux peuvent pendant l'instance en divorce passer toutes conventions pour la liquidation et le partage de leur régime matrimonial (art. 265-2, C. civ.) (voir *Les conséquences du divorce sur les biens,* p. 253).

Les demandes principales et les demandes reconventionnelles

Après l'assignation en divorce, les débats vont avoir lieu et les différentes preuves rapportées seront discutées (principalement dans le cas des divorces pour faute). Puis le juge prend sa décision qui peut faire l'objet de voies de recours. Le juge aura à statuer sur une demande principale (la demande en divorce) et, la plupart du temps, sur une demande reconventionnelle.
La demande principale est celle de l'époux qui, le premier, demande le divorce. Il demandera aussi un certain nombre d'autres mesures (concernant les enfants ou les biens, les pensions et prestations…).

L'autre conjoint peut formuler une « demande reconventionnelle », c'est-à-dire faire de son côté une demande en divorce accompagnée de ses propres demandes (concernant les époux, les enfants...).

> **Cas pratique**
> Un époux forme une demande en divorce pour faute (demande principale) en soulevant des torts de l'autre époux. Celui-ci réplique (demande reconventionnelle) en demandant que le divorce soit décidé non à ses torts mais aux torts de son conjoint. Le juge saisi des demandes va étudier les dossiers et se prononcer sur les torts de chacun.

› Les demandes principales

La demande principale est celle qui est effectuée par un époux et qui est dirigée contre l'autre époux.

› Les demandes reconventionnelles

Les demandes reconventionnelles sont celles qui sont faites pour répondre à une demande principale. Elles sont formulées, en principe, sous forme de « conclusions » (acte écrit exposant les prétentions des parties à un procès). Elles peuvent être faites en première instance ou, pour la première fois, en appel.

> **Cas pratique**
> Un mari forme une demande principale en divorce pour altération définitive du lien conjugal. Sa femme réplique qu'il a abandonné le domicile conjugal et elle formule donc une demande reconventionnelle pour faute.

Quand l'assignation est lancée, en effet, l'autre conjoint va répliquer. Il peut formuler une « demande reconventionnelle », à savoir répliquer de son côté par une demande en divorce fondée sur l'un des cas de divorce (divorce pour altération définitive du lien conjugal, pour faute ou divorce pour acceptation du principe de la rupture du mariage), à une réserve près : lorsque l'acceptation des époux sur le principe de la rupture a été constatée lors de l'audience de conciliation, le divorce est automatiquement prononcé sur ce fondement.
La loi impose certaines règles aux demandes reconventionnelles :

• Divorce pour faute et pour altération

Lorsqu'une demande pour altération définitive du lien conjugal et une demande pour faute sont concurremment présentées, la demande pour faute est d'abord examinée, même si celle-ci est présentée à titre reconventionnel (art. 246, C. civ.).
• Si la demande pour faute est accueillie, le divorce est prononcé aux torts exclusifs du conjoint, sans que le juge n'ait à examiner la demande fondée sur l'altération définitive du lien conjugal.
• Si la demande pour faute est rejetée, le juge examine alors si les conditions de l'altération définitive du lien conjugal sont réunies.

• Si la demande au titre de l'altération définitive du lien conjugal a été formée à titre principal, il doit s'assurer de la durée de la séparation des époux (art. 238 alinéa 1, C. civ.).
• Si elle a été formée à titre reconventionnel, le divorce est de droit prononcé pour altération définitive du lien conjugal, quelle que soit la durée de séparation (art. 238 alinéa 2, C. civ.).

Divorce et séparation de corps

L'époux contre lequel est présentée une demande en divorce peut former une demande reconventionnelle en séparation de corps (art. 297-1, C. civ.).
L'époux contre lequel est formée une demande en séparation de corps peut former une demande reconventionnelle en divorce.
Toutefois, l'article 297 du Code civil interdit toute demande reconventionnelle en séparation de corps lorsque la demande principale en divorce est fondée sur l'altération définitive du lien conjugal.
Si une demande en divorce et une demande en séparation de corps sont admises toutes les deux, le juge examine en premier la demande en divorce, prononce celui-ci dès lors que les conditions en sont réunies. Ce n'est que si ces conditions ne sont pas réunies qu'il statue sur la demande en séparation de corps.
De même, lorsque les deux demandes sont fondées sur la faute, le juge les examine simultanément et s'il les accueille, prononce à l'égard des deux conjoints le divorce aux torts partagés (le divorce absorbant donc la séparation de corps) (art. 297-1, C. civ.).

Divorce pour faute

En cas de demande initiale en divorce pour faute, si le conjoint formule une demande reconventionnelle pour faute et si les deux demandes sont accueillies, le divorce est prononcé aux torts partagés (art. 245, C. civ.).

Des débats non publics

Après l'assignation devant le juge, les débats ont lieu et les différentes preuves rapportées sont discutées. Puis le juge prend sa décision. Afin de protéger la vie privée du couple et surtout des enfants, la loi précise que les débats sur la cause, les conséquences du divorce et les mesures provisoires ne sont pas publics (art. 248, C. civ.). La presse n'a pas le droit de rendre compte des débats ni de publier des pièces de procédure concernant des questions de divorce (art. 39 de la loi sur la presse du 29.7.1881).

La communication des pièces

Ces règles concernent uniquement les avocats, qui ont la maîtrise de la procédure. Seront donc exposées ici, pour information, les règles générales applicables en la matière.

Toutes les pièces versées aux débats par une partie, à l'appui de l'assignation, et ses conclusions en réponse doivent être communiquées à la partie adverse par l'intermédiaire des avocats. Ces pièces doivent de même être communiquées au juge et aux différents intervenants, notamment les renseignements et documents utiles pour fixer les pensions et prestations et liquider le régime matrimonial, au notaire ou à l'expert désigné (art. 259-3, C. civ.).
Une pièce non communiquée ne peut pas être prise en considération par le juge qui tient évidemment à connaître les objections éventuelles de tous les intéressés à la suite de la communication des pièces. Au surplus, la communication des pièces doit être faite avant « l'audience de clôture » pour laisser le temps à la partie adverse de réagir à cette communication de pièces. L'audience de clôture est celle qui marque la fin de l'instruction de l'affaire, que l'on appelle la « mise en état ». Après la clôture, il n'est plus possible de conclure ni de communiquer des pièces. La seule possibilité serait pour l'avocat de demander un « rabat » de la clôture, ce qui signifie que celle-ci est reportée.
À l'assignation, doit obligatoirement être joint un « bordereau de pièces communiquées », c'est-à-dire une liste des pièces sur lesquelles se fonde le demandeur au divorce (par exemple, la liste des témoignages, l'indication d'un constat...) (art. 56, CPC). Cette mesure est importante parce qu'elle sous-entend que le client doit être en possession, dès l'assignation en divorce, de preuves matérielles des faits qu'il invoque (sont concernés les divorces pour faute et les divorces pour altération définitive du lien conjugal).

La désignation d'un expert, d'un notaire, d'un enquêteur social ou d'un médiateur

Si cela n'a pas été déjà fait en amont lors de l'ordonnance de non-conciliation, les époux *via* leur avocat peuvent, pour bénéficier des lumières des spécialistes, demander la désignation de l'un de ces professionnels (voir *La vie du ménage pendant la procédure de divorce*, p. 67, *Les mesures provisoires*, p. 95).

La recherche des preuves

Cette question concerne essentiellement les divorces contentieux et, parmi eux, principalement, le divorce pour faute. C'est pourquoi elle est traitée dans le chapitre : *Le divorce pour faute*, p. 157.

Les renseignements d'ordre patrimonial

Cette question est traitée dans la rubrique : *La prestation compensatoire,* p. 205.

Le jugement de divorce et le renvoi en audience collégiale

› Comment le jugement est-il prononcé ?

Le jugement de divorce est rendu par le juge aux affaires familiales. Néanmoins, les époux peuvent demander le renvoi devant le tribunal (s'ils estiment qu'il est une meilleure garantie de justice). Dans cette hypothèse, le renvoi est automatique (art. L. 213-4, COJ).

En cas de divorce pour faute, les époux peuvent demander conjointement la non-énonciation des griefs dans le jugement (art. 248-1, C. civ.) (voir *Le divorce pour faute,* p. 157).

› Les différentes décisions possibles

Le juge peut soit prononcer le divorce, soit rejeter le divorce.

Quelle que soit la décision rendue, elle est signifiée par acte d'huissier par l'époux qui y a intérêt, à l'autre époux. Cette signification est précédée d'une notification entre avocats. C'est la signification entre époux qui fait courir les voies de recours.

Les époux peuvent également acquiescer au jugement pour le faire exécuter plus vite (les voies de recours et le délai pour les exercer suspendent l'exécution du jugement ; voir *Les voies de recours,* p. 56).

Le juge peut aussi surseoir à statuer dans l'attente d'un rapport d'expertise ou d'une enquête sociale. Le divorce, dans ce cas, ne sera prononcé (ou refusé) qu'à la suite du dépôt du rapport.

> **À NOTER**
> **Les torts partagés** En matière de divorce pour faute, les juges qui se proposent de prononcer le divorce aux torts partagés des époux, sur la seule demande de l'un d'eux, doivent inviter les parties à présenter leurs observations sur les conséquences éventuelles d'un tel divorce (art. 245, C. civ.) (voir *Le divorce pour faute,* p. 157).

› La différence entre les mesures accessoires et les mesures provisoires

Il faut bien différencier ces deux notions.

Les mesures provisoires (par exemple, une pension entre époux) sont celles prévues par l'ordonnance de non-conciliation (ONC). Elles s'appliquent pendant l'instance en divorce :
- jusqu'à la décision « passée en force de chose jugée », c'est-à-dire qui n'est plus susceptible d'une voie de recours ;
- jusqu'à l'intervention d'une mesure accessoire, prévue par le jugement de divorce, si celle-ci est assortie de l'exécution provisoire.

Les mesures provisoires bénéficient de plein droit de l'exécution provisoire, c'est-à-dire qu'elles s'appliquent même en cas d'appel de l'ordonnance (voir *La vie du ménage pendant la procédure de divorce*, p. 67).

Les mesures accessoires au divorce sont celles prévues par le jugement de divorce (par exemple, la prestation compensatoire). Les mesures accessoires ne bénéficient pas automatiquement de l'exécution provisoire. Le juge peut l'accorder, mais il n'y est pas obligé. La prestation compensatoire fait l'objet de dispositions spécifiques : elle n'est assortie de l'exécution provisoire que dans l'hypothèse où l'absence d'exécution aurait des conséquences manifestement excessives pour son bénéficiaire alors que le divorce serait prononcé (art. 1079, CPC) (voir *La prestation compensatoire*, p. 205).

L'acquiescement

Le jugement qui prononce le divorce peut faire l'objet d'acquiescement, sauf s'il a été rendu contre un majeur protégé (majeur sous tutelle, curatelle ou sauvegarde de justice) (art. 1122, CPC). L'acquiescement est le fait d'accepter le jugement explicitement. Un écrit constatant l'acquiescement est souvent demandé par l'avocat des deux époux en matière de divorce sur demande conjointe afin d'abréger le délai de recours, lui permettant ainsi de faire transcrire le jugement de divorce plus rapidement.

Les voies de recours

Les voies de recours contre un jugement de divorce sont l'appel et la cassation. Ces deux voies de recours sont suspensives d'exécution, ainsi que le délai dans lequel elles peuvent être exercées. Cela signifie que, pendant ce délai, et, en cas d'exercice d'une voie de recours, pendant la procédure du recours, les époux sont considérés comme toujours mariés (sur une conséquence en cas de décès, voir *Le décès d'un époux*, p. 65).

Un recours en révision peut être admis (c'est en pratique rare) dans certains cas bien spécifiques de fraude.

La tierce opposition est également autorisée par les textes en cas de divorce par consentement mutuel.

› L'appel de la décision de divorce

L'appel doit être effectué dans le délai d'un mois de la signification du jugement.

L'effet suspensif de l'appel et de son délai

Pendant la durée de l'instance, à la suite d'un appel sur le jugement de divorce, l'effet de la décision attaquée est suspendu, ce qui signifie notamment que les époux, pendant la procédure, sont toujours mariés et qu'ils ne peuvent se remarier.

Les mesures provisoires et les mesures accessoires

En revanche, les mesures accessoires au divorce (comme la prestation compensatoire) sont applicables quand elles sont assorties de l'exécution provisoire. À défaut de l'exécution provisoire des mesures accessoires, on applique les mesures provisoires de l'ordonnance de non-conciliation (par exemple, la pension alimentaire entre époux) jusqu'à l'expiration de la procédure d'appel.
Les mesures provisoires ou les mesures accessoires au divorce peuvent être modifiées en appel sur survenance d'un élément nouveau (art. 1083 et 1119, CPC).
Pendant la procédure d'appel, le conseiller de la mise en état (ou le premier président de la cour d'appel) peut en effet être saisi, lorsqu'il a été fait appel :
- d'une demande de modification d'une mesure provisoire (par exemple, montant de la pension alimentaire versée en cours d'instance entre les époux) ;
- d'une modification d'une mesure accessoire au divorce quand elle est assortie de l'exécution provisoire (par exemple, pension alimentaire pour les enfants décidée par le jugement de divorce).

L'appel général et l'appel limité

L'appel d'une décision peut être général (c'est-à-dire viser le divorce et toutes ses conséquences) ou limité (c'est-à-dire ne viser qu'une partie du jugement, par exemple la disposition concernant la prestation compensatoire, et non pas le divorce en lui-même).

Cas pratique

Un époux entend ne faire appel de la décision ayant accordé le divorce qu'en ce qui concerne le montant de la prestation compensatoire à laquelle il a été condamné, mais pas en ce qui concerne le divorce lui-même. Sa femme, qui est également d'accord sur le principe du divorce, a l'intention en revanche de répondre en appel aux conclusions de son mari et de demander la confirmation du montant de la prestation compensatoire. Dans ce cas, l'appel est limité, de part et d'autre, aux conséquences du divorce (et non au divorce lui-même), et plus exactement à la prestation compensatoire. Le jugement de divorce peut être transcrit à l'état civil, si les époux acquiescent au jugement (voir page précédente).
En revanche, si l'appel est de portée générale, c'est-à-dire qu'il concerne tant le principe que les conséquences du divorce, le divorce n'est pas définitif, il ne peut pas être transcrit. Les époux sont considérés comme étant toujours mariés, avec toutes les conséquences que cela peut entraîner.

Les demandes reconventionnelles et les demandes nouvelles en appel

Les demandes reconventionnelles sont recevables même en appel.
Il en est de même des demandes nouvelles, qui sont, en principe, recevables même en appel.

> **Cas pratique**
> Un époux qui n'a pas demandé de prestation compensatoire devant le juge pourra la demander pour la première fois en appel, dans la mesure où il a fait appel également du jugement de divorce.

› La cassation

Le délai du pourvoi en cassation est de deux mois à compter de la signification de l'arrêt d'appel. Devant cette juridiction, il sera nécessaire de prendre un avocat au Conseil d'État et à la Cour de cassation. Plusieurs grandes particularités sont à noter en matière de divorce.

Le pourvoi général ou limité

Comme pour l'appel, un pourvoi en cassation peut être général ou limité expressément à certaines conséquences de la décision (par exemple, ses conséquences financières). Dans cette dernière hypothèse, le divorce, prononcé par un arrêt dont seules les dispositions financières sont frappées d'un pourvoi principal, devient irrévocable à la date d'expiration du délai ouvert pour former un pourvoi incident (art. 1086, CPC).

L'effet suspensif du pourvoi et de son délai

Le pourvoi en cassation exercé contre une décision prononçant le divorce a un effet suspensif (de même que le délai de deux mois d'exercice du pourvoi). Cela signifie que les mesures prises par la décision ne peuvent être exécutées.

Les exceptions à l'effet suspensif : l'exécution provisoire de certaines mesures

L'effet suspensif ne s'applique pas aux dispositions de la décision concernant :
- les pensions alimentaires ;
- la contribution à l'entretien et à l'éducation de l'enfant ;
- l'autorité parentale (art. 1087, CPC).
Ces trois mesures sont donc immédiatement exécutoires.

La modification pour survenance d'élément nouveau

Par ailleurs, même si un pourvoi en cassation est formé, le juge aux affaires familiales reste compétent pour statuer sur une modification de l'autorité parentale ou d'une pension alimentaire, en cas de survenance d'un élément nouveau soit en référé, soit sur requête (art. 1084, CPC) (voir *Les conséquences vis-à-vis des enfants*, p. 305).

La transcription de la décision de divorce

Quand le divorce n'a pas fait l'objet de voies de recours, l'avocat effectue la transcription à savoir la mention du jugement de divorce portée en marge de l'acte de mariage ainsi que des actes de naissance des époux sur les registres de l'état civil. Cette transcription se fait au vu d'un extrait de la décision ne comportant que son dispositif et accompagné du justificatif de son caractère exécutoire.
L'avocat adresse une copie certifiée conforme du jugement à la mairie du lieu du mariage, accompagnée d'une pièce justifiant l'absence de voies de recours (art. 1082, CPC). La transcription peut également se faire au moment de l'acquiescement au jugement de divorce.
Cette transcription a un rôle important puisque c'est elle qui va rendre le divorce opposable aux tiers.

Le rejet du divorce

Un époux débouté de sa demande en divorce peut demander au juge aux affaires familiales d'organiser la séparation de fait entre lui et son conjoint. L'article 258 du Code civil prévoit en effet que, lorsque le juge rejette définitivement le divorce, il peut statuer sur la contribution aux charges de mariage, la résidence de la famille et les modalités de l'autorité parentale (art. 258, C. civ.).
La loi, en effet, prend acte qu'il est plus qu'improbable que, malgré le rejet de la demande en divorce, il y ait reprise de la vie commune entre les époux. Cette mesure a pour mérite de ne pas interrompre les mesures provisoires qui avaient marqué l'instance. C'est le but de cet article puisque, sinon, la règle veut que les mesures provisoires cessent en cas de rejet du divorce. De plus, cet article règle la question de l'autorité parentale.
En pratique, cette disposition est peu connue et rarement invoquée.

> **Cas pratiques**
> Il a été jugé que l'article 258 du Code civil n'autorise le juge qu'à prononcer des mesures provisoires. Un jugement ne peut pas fixer la résidence de l'épouse sa vie durant dans un appartement appartenant à son mari (C. cass., civ. 2e, 15.1.1997, pourvoi n° 95-14549).
> Le juge qui rejette définitivement une demande en divorce ne peut statuer que sur ces points limitativement énumérés et non sur d'autres, tels la restitution par une épouse de biens mobiliers sous astreinte, le paiement d'une contribution au titre du loyer ou encore de dommages et intérêts à raison de ses manquements (C. cass., civ. 1re, 19.6.2007, pourvoi n° 06-16656).

Un époux saisit le juge d'une demande tendant à voir fixer la résidence de la famille dans le logement qu'il occupait et qui avait constitué l'ancien domicile conjugal. Sa demande a été refusée car ni l'épouse ni l'enfant commun n'y résidaient à l'époque de sa demande (C. cass., civ. 1re, 19.6.2007, pourvoi n° 06-16656). Le juge est en effet tenu de vérifier si le logement en question est bien le logement de la famille.

Comment saisir le juge après le divorce ?

Le contentieux post-divorce est un contentieux statistiquement important (aspect pénal inclus). Cela peut s'expliquer en partie par le fait que les décisions relatives à l'exercice de l'autorité parentale et aux pensions alimentaires peuvent être modifiées ou complétées à tout moment par le juge, à la demande d'un parent, sans avoir l'obligation de prendre un avocat.
Attention, il ne faut pas confondre ce contentieux et celui relatif au partage des biens entre les époux qui fait l'objet de règles bien différentes ***(voir* Les opérations de liquidation et de partage, *p. 271).***

Quel est le juge compétent ?

Lorsque le litige porte seulement sur la pension alimentaire, la contribution à l'entretien et à l'éducation de l'enfant, la contribution aux charges du mariage ou la prestation compensatoire, le juge compétent peut être celui du lieu où réside l'époux créancier ou le parent qui assume à titre principal la charge des enfants, même majeurs (art. 1070, CPC).

Quand le juge aux affaires familiales peut-il être saisi ?

Le juge aux affaires familiales peut être à nouveau saisi après le divorce :
- pour une modification concernant l'exercice de l'autorité parentale sur les enfants (changement de parent bénéficiaire de l'autorité parentale, changement de parent chez lequel l'enfant réside habituellement, modification des modalités de droit de visite et d'hébergement…) ;
- pour une modification concernant la pension alimentaire pour les enfants ;
- pour une demande concernant la prestation compensatoire.

L'assistance d'un avocat est-elle obligatoire ?

L'assistance d'un avocat n'est pas obligatoire dans le cadre de la saisine du juge aux affaires familiales après divorce.

Quelle est la procédure applicable ?

Le juge peut être saisi par requête remise ou adressée au greffe, conjointement ou par un ex-époux seulement (art. 1137, CPC). Concrètement, il est possible de demander au greffe du juge un modèle ou d'envoyer un courrier motivé au juge.
Le juge peut également être saisi « dans les formes prévues pour les référés » (art. 1137, CPC) ou en référé.
Les référés sont des procédures relativement connues des justiciables : elles permettent de saisir, en vue d'une décision provisoire, un juge, notamment en cas d'urgence ce qui permet d'obtenir rapidement une décision (CPC, art. 808 et suivant). L'article 1137 du Code de procédure civile qui prévoit la saisine après divorce ne les mentionne pas mais la pratique les autorise.
La procédure « en la forme des référés » encadrée par le décret n° 2011-1043 du 1er septembre 2011 mérite également d'être connue. La principale différence avec les référés réside dans les pouvoirs confiés au juge : il ne peut pas renvoyer l'affaire au prétexte, par exemple, d'une contestation sérieuse ou d'absence d'urgence, comme dans la procédure de référé : il a le pouvoir de trancher les difficultés et, surtout, son ordonnance n'a pas de caractère provisoire mais a l'autorité de la chose jugée relative aux contestations qu'elle tranche.

Comment divorcer quand on est sous tutelle, curatelle ou sauvegarde de justice ?

Des règles particulières existent quand un des époux est une personne vulnérable, c'est-à-dire fait l'objet d'une des mesures de protection prévue dans le Code civil, à savoir la tutelle, la curatelle ou la sauvegarde de justice (art. 249 à 249-4, C. civ.) (pour plus de renseignement, voir dans la même collection, **Tutelle, curatelle*).***

L'interdiction d'une procédure de divorce par consentement mutuel ou pour acceptation du principe de la rupture du mariage

Aucune procédure de divorce par consentement mutuel ou pour acceptation du principe de la rupture du mariage, n'est possible dès lors qu'un des membres du couple est sous un des régimes de protection (art. 249-4, C. civ.). Ceci s'explique par le fait que le divorce par consentement mutuel ou pour acceptation du principe de la rupture du mariage suppose que les époux donnent leur consentement au divorce.

L'impossibilité d'acquiescement et de désistement

L'article 1122 du Code de procédure civile précise que l'époux soumis à l'un de ces régimes n'a la possibilité d'acquiescer au jugement de divorce ou de se désister d'un appel qu'avec l'autorisation du juge des tutelles.

La tutelle

Si une personne sous tutelle désire divorcer, la requête doit être présentée par le tuteur avec l'autorisation du conseil de famille s'il a été institué ou du juge des tutelles dans le cas contraire. La demande est formée après avis du médecin et, dans la mesure du possible, après audition de l'intéressé, selon le cas, par le conseil de famille ou le juge. Si c'est le conjoint qui veut divorcer de son époux sous tutelle, il doit assigner en divorce le tuteur lui-même. Un tuteur spécial est nommé quand la tutelle a été confiée au conjoint de l'intéressé.

La curatelle

Si un divorce est demandé par une personne sous curatelle, elle exerce elle-même l'action avec l'assistance du curateur. Si l'époux contre lequel une demande est formée est sous curatelle, il se défend lui-même avec l'assistance du curateur.
Toute signification faite au majeur en curatelle doit l'être aussi à son curateur (art. 510-2, C. civ.). Un curateur spécial est nommé quand la curatelle avait été confiée au conjoint de l'intéressé.

Cas pratique

Une femme placée sous le régime de la curatelle est assignée en divorce pour faute. Quelques mois plus tard, son curateur est également assigné. Elle formait une demande reconventionnelle en divorce pour faute. Un jugement est rendu aux torts partagés des époux. Le mari fait appel et la cour d'appel condamne la femme aux torts exclusifs. Mais le curateur de la femme n'est pas intervenu dans la procédure d'appel, la femme s'étant défendue seule. Le curateur forme un pourvoi en cassation contre l'arrêt et obtient la cassation de l'arrêt. L'affaire a donc été renvoyée devant une autre cour d'appel, cette fois-ci en présence du curateur (C. cass., civ. 1re, 17.12.1991 ; pourvoi n° 90-15687).

La sauvegarde de justice

Si l'époux (qu'il soit en demande ou en défense) est sous sauvegarde de justice, la demande en divorce ne peut être examinée qu'après organisation d'une procédure de tutelle ou de curatelle. Après, les règles de curatelle ou tutelle, exposées précédemment, s'appliqueront.
Cependant, en amont, lors de l'ordonnance de non-conciliation, le juge peut prendre des mesures provisoires (ainsi que des mesures urgentes) lorsqu'un époux se trouve placé sous la sauvegarde de justice, sans attendre l'organisation de la tutelle ou de la curatelle (art. 249-3, C. civ.).

Le décès d'un époux

Engager une procédure de divorce appartient exclusivement aux époux (art. 229, C. civ.). En revanche, la question s'est posée de savoir si leurs héritiers pouvaient poursuivre une action en divorce (ils pourraient y avoir intérêt, par exemple, pour obtenir la suppression d'une prestation compensatoire).
Il faut différencier deux cas différents : celui du décès d'un époux en cours de procédure de divorce ou celui du décès intervenant après la transcription du divorce à l'état civil.

Le décès pendant la procédure de divorce

Si un époux décède pendant la procédure de divorce, le mariage est dissous par le décès et non par le divorce puisque celui-ci n'est pas prononcé définitivement (C. cass., civ. 2e, 31.5.1978 ; pourvoi n° 77-13306). L'action en divorce s'éteint et l'époux survivant ou les héritiers ne peuvent pas poursuivre cette action. Le conjoint est donc dans la situation d'un conjoint survivant non divorcé. Tout se passe comme si les époux n'avaient jamais eu l'intention de divorcer.

Le décès après transcription du divorce

Le cas inverse peut se présenter.

Cas pratique

Un jugement prononce le divorce des époux et accorde à la femme une prestation compensatoire sous forme de capital. Le mari fait appel limité du jugement uniquement pour la disposition concernant la prestation compensatoire (mais ne fait pas appel contre le divorce lui-même, ce divorce est donc acquis). Il décède pendant l'appel mais l'instance est reprise entre les héritiers de l'époux et la femme. La cour d'appel se dessaisit de l'affaire, estimant que la prestation compensatoire étant l'accessoire du divorce, l'instance engagée par le mari est éteinte à la suite du décès de celui-ci. Cet arrêt de la cour d'appel est cassé par la Cour de cassation. En effet, la Cour de cassation estime que ce n'est que dans l'hypothèse où le mari serait mort en cours d'instance, sans qu'un divorce soit prononcé (alors qu'ici le divorce était acquis), qu'il n'y aurait pas eu lieu de poursuivre l'action sur la prestation compensatoire. Dans ce dernier cas, en effet, la femme aurait été considérée comme conjointe survivante puisqu'au moment du décès elle est considérée comme toujours mariée (C. cass., civ. 2e, 25.5.1993, pourvoi n° 91-21950).

La vie du ménage pendant la procédure de divorce

Pendant la procédure, on reste marié

➤ **La décision qui prononce le divorce dissout le mariage à la date à laquelle elle acquiert « force de chose jugée », c'est-à-dire lorsqu'aucune voie de recours n'est plus possible.**

➤ **Autrement dit, les règles applicables pendant le mariage entre les époux s'appliquent, sous certaines conditions, pendant la procédure de divorce jusqu'à cette date.**

Les devoirs entre époux

Certaines règles, valables pendant le mariage, vont continuer à s'appliquer pendant l'instance en divorce, et ce quel que soit le régime matrimonial du couple, qu'ils soient mariés sous le régime de communauté des biens (ce qui est majoritairement le cas) ou sous un régime de séparation de biens.

Le devoir de secours

Lorsqu'ils sont mariés, les époux se doivent mutuellement respect, fidélité, secours et assistance (art. 212, C. civ.). Ensemble, ils assurent l'éducation de leurs enfants et contribuent aux « charges du mariage ».
Le devoir de secours constitue l'obligation alimentaire entre époux (de la même façon qu'il existe une obligation alimentaire entre parents et enfants). Il est fondé en principe sur l'état de besoin de celui qui le réclame : chaque époux doit porter un secours (matériel) à l'autre si celui-ci est dans le besoin.
Une fois la procédure engagée, les époux ne sont, par définition, pas encore divorcés. Par conséquent, le devoir de secours entre eux continue d'exister. C'est au titre du devoir de secours qu'est versée la pension alimentaire pendant l'instance soit entre époux, soit pour les enfants en application de l'article 255 du Code civil.
Cette obligation alimentaire peut prendre plusieurs visages : ainsi, c'est au titre de ce devoir qu'un époux peut être amené à laisser à son conjoint l'occupation gratuite du domicile conjugal, ou encore qu'un conjoint peut avoir à régler les mensualités d'un prêt immobilier concernant le logement familial (voir *Les mesures provisoires*, p. 95).
Le devoir de secours entre époux n'existera plus après le divorce.

La contribution aux charges du mariage

La contribution aux charges du mariage est juridiquement distincte du devoir de secours. Pendant le mariage, la loi fait également obligation à chacun des époux de contribuer aux charges du mariage selon ses facultés, même si son conjoint n'est pas dans le besoin (art. 214, C. civ.). À défaut de le faire spontanément, un époux peut contraindre l'autre en justice.
Par « charges du mariage », on entend les dépenses de la vie courante telles que les frais de nourriture, de chauffage, les loyers, les frais médicaux, les dépenses de scolarité pour les enfants, voire les cotisations d'assurance vieillesse ou d'assurance maladie d'un des époux. À la différence du devoir de secours, la contribution aux charges du mariage inclus également les dépenses d'agrément (loisirs, achat d'une résidence secondaire notamment) (C. cass., civ. 1re, 18.12.2013, pourvoi n° 12-17420). Semblent en revanche exclues les dépenses professionnelles des conjoints (par exemple, loyers dus pour la location d'un immeuble à

usage professionnel du mari avocat : CA Bourges, 7.12.1999, JCP, 2000, IV, 1245) et l'impôt sur le revenu. Cet impôt est considéré comme une dette étrangère aux besoins de la vie familiale (C. cass., civ. 1re, 22.2.1978, n° de pourvoi : 76-14031 D. 78, p. 602).

À NOTER

Paiement de l'impôt et de l'ISF Les époux sont, en cas d'imposition commune, solidairement tenus pour le paiement de l'impôt et de l'ISF (art. 1691 bis, CGI) (voir *Les conséquences fiscales du divorce*, p. 293).

En cas de séparation de fait, il arrive qu'un conjoint « oublie » son obligation. Cela peut lui être défavorable, car le fait de refuser de participer aux frais de la vie courante est en lui-même une cause de divorce (voir *Le divorce pour faute*, p. 157). Si l'époux qui est victime du refus ne veut pas demander le divorce, il lui est possible, dans un premier temps, de se borner à demander au juge aux affaires familiales du domicile conjugal la condamnation de son conjoint au paiement d'une contribution aux charges du mariage (art. 214, C. civ.).

Cas pratique

Dans le cadre d'une procédure de divorce, peut-on encore demander une contribution aux charges du mariage courant à compter du début de la séparation ? Peut-on, dans le cadre de la liquidation du régime matrimonial après divorce, demander l'arriéré de contribution aux charges du mariage ?

Selon la Cour de cassation, la règle « Aliments ne s'arréragent pas », qui interdit de demander pour le passé une pension alimentaire, n'est pas applicable en matière de contribution aux charges du mariage. Cette règle ne s'applique que pour les pensions alimentaires fondées sur l'état de besoin. Or, pour les tribunaux, le but de la contribution aux charges du mariage est d'assurer le maintien d'un certain niveau de vie entre les époux. Conséquence importante : la demande de contribution effectuée par un époux peut porter sur une période antérieure à la saisine de la juridiction qui la fixe. Cela peut s'avérer intéressant pour l'époux qui la réclame, notamment dans le cadre des comptes du divorce. Il faut cependant respecter le délai de prescription de cinq ans applicable en matière de pension alimentaire.

Ainsi, dans une affaire examinée par la Cour de cassation, le divorce entre deux époux était prononcé le 2 novembre 1982. L'épouse avait demandé en juin 1985 à l'occasion de la liquidation de la communauté que soit fixée la contribution aux charges du mariage due par son mari du 1er janvier 1980 (date de la séparation des époux) au 21 octobre 1981 (date de l'ordonnance de non-conciliation). Elle a pu obtenir gain de cause devant les tribunaux (C. cass., civ. 1re, 8.11.1989, BC n° 341).

Inversement, dans une autre affaire, un mari séparé de fait demandait, lors des comptes de liquidation, le remboursement de certaines sommes réglées au profit de l'indivision. Il n'y avait en fait pas droit puisque ces sommes étaient comprises dans l'exécution de son obligation de contribution aux charges du mariage, fixée par les juges compte tenu des revenus respectifs des époux, à 2/3 et 1/3 (C. cass., civ. 1re, 26.10.2011, pourvoi n° 10-24214).

La frontière entre devoir de secours et contribution aux charges du mariage

› La contribution aux charges du mariage est due jusqu'à l'ordonnance de non-conciliation

Une demande de contribution aux charges du mariage peut être faite auprès du juge aux affaires familiales jusqu'à l'ordonnance de non-conciliation.

› La pension alimentaire est due à titre de devoir de secours jusqu'au divorce

À compter de l'ordonnance de non-conciliation et jusqu'au moment où le divorce a autorité de chose jugée (quand aucune voie de recours n'est plus possible), seule subsiste entre les époux l'obligation alimentaire du devoir de secours (art. 255, C. civ.).

› La contribution aux charges du mariage est due en cas de rejet du divorce

Quand le juge rejette le divorce, il peut condamner un époux à verser à l'autre une contribution aux charges du mariage (art. 258, C. civ.) (voir *Le rejet du divorce*, p. 59).

À NOTER

Caducité des mesures provisoires Quand les mesures provisoires deviennent caduques du fait de la négligence des époux (défaut d'assignation dans les délais), la contribution aux charges du mariage peut retrouver à s'appliquer (sur cette question, voir *Les mesures provisoires*, p. 95).

Cas pratiques

Je suis mariée sous le régime de séparation de biens. Nous avions acheté pendant notre mariage le 2 janvier 2005 un appartement à mon nom. Mon mari m'indique qu'il va, dans le cadre du divorce, soulever le fait que c'est avec ses fonds que ce bien a été acheté et qu'il s'agit en fait d'une donation déguisée entre époux, révocable à tout moment et non d'un véritable achat. Peut-il le faire ? Alors que j'ai pour ma part renoncé à ma carrière professionnelle pour tenir son foyer et élever nos enfants ?

La loi du 26 mai 2004 prévoit que les donations de biens présents entre époux (ce qui est bien le cas ici) sont irrévocables. Seule la donation de biens à venir est révocable (art. 262, C. civ.). Cette loi concerne les donations consenties à compter du 1er janvier 2005.

Si la réforme s'applique bien à son cas, votre mari ne peut donc pas invoquer la « révocabilité » de cette donation et vous demander des comptes. De fait, il s'appuie sur une jurisprudence antérieure à la réforme du 26 mai 2004. En effet, avant ce texte, les donations entre époux étaient révocables, ce qui avait donné lieu à la jurisprudence suivante : quand l'assistance de l'épouse va au-delà de la seule contribution aux charges du mariage et constitue la cause des versements du mari (immeuble acheté au nom de la femme avec des fonds du mari, par exemple), l'acte peut être requalifié de « donation rémunératoire » et non de simple donation révocable ou annulable. Les tribunaux ont d'abord appliqué ce principe en cas de collaboration d'un conjoint à l'activité de l'autre conjoint puis au travail au foyer. Ce travail doit avoir, compte tenu de son importance ou de sa qualité, été source d'économie pour le conjoint. Selon les tribunaux, c'est à celui qui l'invoque de faire la preuve qu'il s'agit bien d'une donation.

Les donations conclues avant cette date peuvent-elles être révoquées ?

Oui, comme l'a précisé la Cour de cassation dans l'affaire suivante : par acte notarié du 19 août 1988, M. X. vend à Mme Y. la moitié indivise d'un immeuble ; les intéressés se marient le 7 octobre 1988 et un jugement du 25 avril 2000 prononce leur divorce. Le 6 septembre 2001, Mme Y. demande la vente aux enchères de l'immeuble indivis. Son ex-mari, soutenant que le prix de vente n'a pas été réellement payé, a conclu à l'annulation de l'acte de vente en tant que donation déguisée. Sa demande était rejetée par les juges d'appel en raison du nouveau texte intervenu depuis. Cette argumentation est erronée selon la Cour de cassation car « à défaut de mention expresse de rétroactivité, les dispositions de la loi du 26 mai 2004, abrogeant l'article 1099, alinéa 2, du Code civil, ne sont pas applicables aux donations visées par ce texte et conclues avant le 1er janvier 2005 » (C. cass., civ. 1er., 9.12.2009, pourvoi n° 08-20570).

La solidarité entre époux

Pendant le mariage, les époux sont « solidaires » pour ce que l'on appelle les « dettes ménagères » (art. 220, C. civ.). Cela signifie que :

- chaque époux peut passer seul les contrats qui ont pour objet l'entretien du ménage ou l'éducation des enfants ; il n'a pas besoin de l'accord explicite de l'autre époux ;
- inversement, toute dette du ménage contractée par l'un oblige l'autre solidairement, ce qui signifie que l'autre époux peut être contraint de payer cette dette.

› Quand cette solidarité joue-t-elle ?

Il est important d'indiquer ici que lorsqu'une instance en divorce est lancée, il n'y a de solidarité dans les rapports entre époux que jusqu'à l'ordonnance de non-conciliation.

Cas pratique

Si Madame souscrit un emprunt après l'ordonnance de non-conciliation, la dette en résultant est une dette qui lui est personnelle. Elle n'a pas de recours en garantie contre Monsieur sur le fondement de l'article 220 du Code civil si elle règle l'emprunt auprès de sa banque (C. cass., civ. 1re, 28.6.2005, pourvoi n° 02-21275).

En revanche, la solidarité existe vis-à-vis des tiers jusqu'à la transcription du divorce. Cette règle est une application tirée de celle de l'article 262 du Code civil, selon laquelle, en ce qui concerne les biens des époux, le divorce devient opposable aux tiers à compter de sa publication (voir *Les dates des effets du divorce*, p. 189). Peu importe, par exemple pour une dette de loyer, que l'époux ait quitté les lieux (voir *Le paiement solidaire du loyer afférent au logement familial*, p. 92).

Cas pratique

Une caisse d'assurance maladie-vieillesse peut-elle me demander, en tant qu'épouse, le paiement d'un important arriéré de cotisations dues par mon mari ? Je précise que nous sommes séparés depuis 26 ans.

Peu importe la durée de votre séparation, ces sommes peuvent vous être réclamées même si c'est votre mari qui ne s'en est pas acquitté. En effet, selon une décision, constituent une dette ménagère les cotisations dues par un époux au titre d'un régime légal obligatoire d'assurance maladie « dont l'objet est de satisfaire les besoins ordinaires du ménage en cas de réalisation des risques qu'il couvre... les cotisations d'assurance vieillesse ont le caractère de dette ménagère dès lors que ce régime institue le principe d'un droit à réversion au profit du conjoint survivant à la date où les cotisations sont dues » (C. cass., civ. 1re, 29.6.2011, pourvoi n° 10-16925).

Selon cette décision, la solidarité entre époux a vocation à s'appliquer à toute dette, même non contractuelle, ayant pour objet l'entretien du ménage ou l'éducation des enfants, sans distinguer entre l'entretien actuel et futur du ménage.

› Quelles sont les dettes concernées ?

La notion de dette ménagère est très large puisqu'elle englobe :

- les dettes relatives aux enfants (frais de scolarité, de vacances...) ;
- celles relatives au logement, quand les époux habitent les lieux mais également dans certaines conditions en cas de séparation (loyers, charges de copropriété, assurance multirisque, factures EDF, achats d'appareils ménagers, salaires de la femme de ménage...) (voir *La protection du logement*, p. 86) ;
- celles relatives à la vie courante (crédit auto, locations de vacances, etc.). Les sommes dues peuvent également être des cotisations d'assurance vieillesse (C. cass., civ. 1re, 17.11.2010, pourvoi n° 09-11979), comme dans le cas pratique ci-dessus, ou des cotisations dues par un époux au titre d'un régime légal obligatoire d'assurance maladie en présence d'un droit de réversion au profit du conjoint séparé.

Sur la solidarité, voir *Le paiement solidaire du loyer afférent au logement familial*, p. 92.

Cas pratiques

Des factures de soins données à un enfant sont des dettes communes aux époux. Ceux-ci sont tenus solidairement à leur paiement. Dans une affaire où des factures d'hospitalisation d'un enfant étaient restées impayées, le centre hospitalier avait saisi les allocations familiales dues à la mère de cet enfant. Elle contestait la saisie car les factures étaient au nom du père et, selon elle, cette saisie ne pouvait porter sur des allocations bénéficiant à une autre personne.

Ce raisonnement n'a pas été accepté : l'éducation des enfants comprend les soins dont ils ont besoin. Il s'agit bien d'une dette ménagère, dont le paiement peut être réclamé indifféremment au père ou à la mère, tenus tous deux solidairement (C. cass., civ. 2e, 10.7.1996, pourvoi n° 94-19388). Rappel : les allocations familiales ne peuvent être saisies pour le paiement d'une dette alimentaire que dans une certaine mesure (voir *La pension alimentaire pour les enfants*, p. 371).

De même, des factures de soins pour son épouse sont des dettes communes qui peuvent être réclamées au conjoint par l'hôpital (C. cass., civ. 1re, 17.12.2014, pourvoi n° 13-25117).

À NOTER

Titre exécutoire La solidarité entre époux dans le paiement des dettes du ménage n'a pas pour effet de dispenser le créancier (banque, hôpital...) d'être en possession d'un titre exécutoire (jugement...) contre chacun des époux. À défaut, il ne peut pas directement procéder à une saisie sur les salaires de l'époux non visés par le titre, pas plus qu'il ne peut saisir ses biens : « Toute exécution forcée implique que le créancier soit muni d'un titre exécutoire à l'égard de la personne même qui doit exécuter » (C. cass., civ. 2e, 19.5.1998, BC n° 163, 28.10.1999 ; BC n° 163).

› Les cas où les époux ne sont plus solidaires

Cette solidarité du couple marié entraîne un important contentieux. Elle peut engager le ménage plus rapidement vers un surendettement, notamment en raison des crédits à la consommation. Pour limiter ce danger, il faut préciser que la solidarité entre les époux peut être écartée dans deux hypothèses :

- Quand la dépense, dont le paiement est réclamé par le créancier, est manifestement excessive eu égard au train de vie du ménage, à l'utilité ou à l'inutilité de l'opération, à la bonne ou à la mauvaise foi du tiers contractant (art. 220, C. civ.).

Cas pratique

À propos de l'achat par un mari d'un billet d'avion dont l'utilité n'était pas familiale mais concernait le seul mari, il a été jugé qu'il ne s'agissait pas d'une dette pour laquelle la femme était tenue solidairement (CA Paris, 11.10.1989).

- Quand il s'agit d'emprunts et de crédits. Les deux époux doivent donc signer l'acte pour être engagés – à défaut l'acte de crédit ou d'emprunt n'engage que celui des époux qui l'a signé et non pas l'autre. Ceci étant posé, fréquemment lorsqu'un seul des époux a signé un acte de crédit, le créancier demande à l'autre époux soit de signer aussi le crédit, soit de se porter explicitement caution solidaire. Dans ce cas, les époux sont bien sûr engagés solidairement.
Une exception importante existe, à savoir la règle de non-solidarité pour les emprunts et crédits : les époux sont solidaires, même en cas d'emprunt et de crédit, quand il s'agit de sommes modestes nécessaires aux besoins de la vie courante du ménage et que le montant cumulé de ces sommes, en cas de pluralité d'emprunts, n'est pas manifestement excessif eu égard au train de vie du ménage. Cette dernière précision a été apportée par la loi Hamon n° 2014-344 du 17 mars 2014. Elle a pour but de s'appliquer à une situation, fréquente en pratique, à savoir des emprunts contractés par un époux pour des sommes modestes à chaque fois, mais de manière répétée, de telle sorte qu'en définitive le total des crédits est susceptible de déboucher sur un endettement excessif (tel est, en particulier, le risque pour les crédits permanents dont la caractéristique est de se renouveler automatiquement au fur et à mesure que l'emprunteur les rembourse).

› La séparation de fait

Pour les tribunaux, la solidarité des époux continue même s'ils sont séparés de fait, ce qui sera souvent le cas pendant l'instance en divorce. Ainsi, notamment, les époux restent solidaires du paiement du loyer du logement familial pendant l'instance en divorce même après l'ordonnance de non-conciliation entraînant la résidence séparée (voir *Le logement familial*, p. 81).

Les devoirs de respect, de fidélité, d'assistance et de cohabitation

En se mariant les époux savent qu'ils vont, du fait du mariage, s'obliger à un devoir mutuel de respect, de fidélité, de secours, d'assistance (art. 212 et 215, C. civ.). Ils s'obligent également à une communauté de vie, c'est-à-dire à l'obligation de cohabiter.
Il s'agit là des principaux devoirs du mariage. On les retrouve, quand ils ne sont pas respectés, dans les causes du divorce (voir *Le divorce pour faute*, p. 157).
Ces devoirs vont subsister pendant l'instance en divorce comme le prouve la jurisprudence (nuancée il est vrai) en matière d'adultère commis pendant l'instance en divorce. Selon les tribunaux, il n'existe pas d'immunité pour les époux qui violent ces droits du seul fait qu'ils sont en instance en divorce : il faut donc les respecter tant que le divorce n'est pas devenu définitif.

À NOTER

La cohabitation ou communauté de vie Selon l'article 215 du Code civil, les époux s'obligent mutuellement à une communauté de vie. La résidence de la famille est un lieu qu'ils choisissent d'un commun accord. Ainsi, l'abandon du domicile conjugal par un époux peut être une cause de divorce pour faute (voir *L'abandon du domicile conjugal et le refus de cohabitation*, p. 172).

En principe, seule l'ordonnance de non-conciliation qui entraîne la résidence séparée du couple leur donne juridiquement dispense de cohabiter. Cette dispense peut d'ailleurs intervenir plus rapidement dans certaines situations d'urgence (voir ci-après).

Cette règle de l'article 215 doit cependant être combinée avec celle figurant dans l'article 108 du Code civil selon lequel le mari et la femme peuvent avoir un domicile distinct sans qu'il soit pour autant porté atteinte aux règles relatives à la communauté de la vie (séparation pour des motifs professionnels, par exemple). En clair, au-delà de l'aspect matériel de la communauté de vie, c'est l'intention matrimoniale qui compte (par exemple, C. cass., civ. 1re, 8.6.1999, pourvoi n° 97-15520 ; 12.2.2014, pourvoi n° 13-13873).

Les mesures de crise entre époux

› Les dispositions prises après la requête en divorce

Si l'un des époux manque gravement à ses devoirs et met ainsi en péril les intérêts de la famille, le juge aux affaires familiales peut prescrire toutes les mesures urgentes que requièrent ces intérêts (art. 220-1, C. civ.). Cette possibilité d'intervention du juge nécessite donc un « péril » et un « manquement grave » d'un des époux.

Si tel est le cas, le juge peut prendre des décisions importantes et notamment :
- interdire à cet époux de faire, sans le consentement de l'autre, des actes de disposition (par exemple, une vente) de ses propres biens ou de ceux de la communauté, meubles ou immeubles ;
- interdire le déplacement des meubles, sauf à spécifier ceux dont il attribue l'usage personnel à l'un ou à l'autre des conjoints.

Ces différentes mesures ont leur place pendant l'instance en divorce : elles sont étudiées dans la partie concernant les mesures urgentes (voir *Les mesures d'urgence*, p. 47).

› Le cas de la violence du conjoint (le « référé » protection)

Le conjoint en danger peut saisir le juge par requête (lettre motivée écrite au juge respectant les règles de l'article 58 du Code de procédure civile) ou par assignation en référé (acte d'huissier) pour qu'un certain nombre de mesures soient prises contre son conjoint violent. L'assistance de l'avocat n'est pas obligatoire pour formuler cette demande. Il s'agit :

- d'interdire au conjoint violent de recevoir ou de rencontrer certaines personnes spécialement désignées par le juge, ainsi que d'entrer en relation avec elles ;
- d'interdire au conjoint violent de détenir ou de porter une arme et, le cas échéant, de lui ordonner de remettre au service de police ou de gendarmerie les armes dont il est détenteur ;
- de statuer sur la résidence séparée des époux en précisant lequel des deux continuera à résider dans le logement conjugal et sur les modalités de prise en charge des frais afférents à ce logement. Sauf circonstances particulières, la jouissance de ce logement est attribuée au conjoint qui n'est pas l'auteur des violences et ce, même s'il a bénéficié d'un hébergement d'urgence ;
- de se prononcer sur les modalités d'exercice de l'autorité parentale et, le cas échéant, sur la contribution aux charges du mariage ;
- d'autoriser la victime à dissimuler son adresse et à élire domicile chez l'avocat, auprès du procureur de la République ou auprès d'une personne morale qualifiée ;
- de prononcer l'admission provisoire à l'aide juridictionnelle de la victime.

Le cas échéant, le juge présente à la victime une liste des personnes morales (associations...) susceptibles de l'accompagner pendant toute la durée de l'ordonnance de protection (art. 515-12 et art. 515-13, C. civ. ; art. 1136-3 à 1136-13, CPC).

Les mesures sont prises, très rapidement par le juge, au maximum pour une durée de six mois à compter de la notification de l'ordonnance.

Elles peuvent être prolongées au-delà si, durant ce délai, une requête en divorce, en séparation de corps ou une requête relative à l'exercice de l'autorité parentale a été déposée (art. 515-12, C. civ.).

Si une demande en divorce ou en séparation de corps est introduite avant l'expiration de la durée des mesures de protection ou si l'ordonnance de protection est prononcée alors qu'une telle procédure est en cours, les mesures prévues par l'ordonnance de protection continuent de produire leurs effets jusqu'à ce qu'une décision statuant sur le divorce ou la séparation de corps soit passée en force de chose jugée. Et ce, sauf si le juge saisi de cette demande en décide autrement. Toutefois, les mesures concernant la résidence séparée (art. 515-11, 3°, C. civ.) et l'autorité parentale (art. 515-11, 5°, C. civ.), prononcées avant l'ordonnance de non-conciliation, cessent de produire leurs effets à compter de la notification de celle-ci.

À compter de l'introduction de la procédure de divorce ou de séparation de corps, la demande de mesures de protection (de modification ou encore de levée de cette mesure) est présentée devant le juge saisi de la procédure de protection suivant la même procédure (art. 1136-13, CPC).

L'article 1136-14 du Code de procédure civile (introduit par le décret n° 2015-282 du 11.3.2015) traite, dans la même perspective, de l'articulation de la procédure relative à l'autorité parentale et de celle relative à l'ordonnance de protection.

Signalons également la prise en compte par les textes de la situation de victimes de violence pour l'attribution d'une location HLM (voir *Le logement est en location*, p. 258).

Les dispositions concernant l'impossibilité d'expulser pendant la période d'hiver ne sont pas applicables à l'expulsion du conjoint violent ordonnée par le juge aux affaires familiales (art. L. 613-1 à L. 613-5, CCH).

MON CONSEIL

Éloignement du conjoint violent En cas d'infraction pénale commise contre le conjoint (ou ex-conjoint) ou les enfants (coups et blessures…), il est possible de saisir le procureur de la République qui peut demander à l'auteur des faits de résider hors du domicile familial et, le cas échéant, de s'abstenir de paraître dans ce domicile ou à ses abords immédiats. Le magistrat peut lui ordonner de faire l'objet d'une prise en charge sanitaire, sociale ou psychologique (art. 35, L. n° 2005-1049 du 12 décembre 2005 sur la récidive, L. n° 2006-399 du 4 avril 2006 sur les violences conjugales).

Cette mesure peut être prévue dans le cadre d'une médiation (voir *Le médiateur pénal,* p. 32) ou d'une composition pénale, d'un contrôle judiciaire, d'une assignation à résidence sous surveillance électronique ou d'un sursis avec mise à l'épreuve (art. 41-2, art. 132-45 et art. 138, CPP).

L'article D. 32-29 du Code de procédure pénale ajoute l'interdiction de rencontrer la victime, d'entrer en relation avec elle ou de résider avec elle, y compris s'il s'agit du domicile du couple.

La victime de violences conjugales peut se voir attribuer un dispositif de téléprotection lui permettant d'alerter les autorités en cas de violation de ces obligations ou interdictions (art. 41-3-1, D. 32-29, CPP).

D'autres mesures sont prévues par la loi n° 2010-769 du 9 juillet 2010 sur les violences familiales. Il s'agit notamment des mesures suivantes :

- la violation d'une ordonnance de protection (voir *Le cas de la violence du conjoint (le « référé » protection),* p. 78) est sanctionnée par une peine de 2 ans de prison et de 15 000 € d'amende (art. 227-4-2 et s., C. pén.) ;
- le fait qu'une infraction soit commise par le conjoint (ou l'ancien conjoint) entraîne une aggravation de peine (art. 132-80, C. pén.) ;
- un délit spécifique de violence psychologique est créé et sanctionne le fait de harceler son conjoint « par des agissements répétés ayant pour objet ou pour effet une dégradation de ses conditions de vie se traduisant par une altération de sa santé physique ou mentale ». La sanction est de 3 ans d'emprisonnement et de 45 000 € d'amende lorsque ces faits ont causé une incapacité totale de travail (ITT) inférieure ou égale à 8 jours ou n'ont entraîné aucune incapacité de travail, et de 5 ans d'emprisonnement et de 75 000 € d'amende lorsqu'ils ont causé une ITT supérieure à 8 jours. Les mêmes peines sont encourues lorsque cette infraction est commise par un ancien conjoint, concubin ou partenaire pacsé de la victime (art. 222-32-2-1, C. pén.).

Le logement familial

Ne sont étudiées ici que les questions concernant le sort du logement de la famille avant que le divorce ne soit prononcé définitivement. Concernant les problèmes posés par le logement après le divorce, voir* Les conséquences du divorce sur les biens, *p. 253.

Dès lors qu'un divorce entre les époux est envisagé, la question du devenir du logement de la famille va évidemment se poser très vite. Quand on constate en pratique l'importance du logement d'un point de vue affectif et financier, il paraît utile de faire le point.

L'inquiétude sera encore plus grande s'il s'agit d'un bien propre à l'autre époux : le conjoint (surtout s'il ne veut pas divorcer) va s'inquiéter de savoir s'il risque d'être expulsé dès l'introduction de la procédure de divorce…

L'attribution du logement

› Quel époux va rester dans les lieux (jouissance du logement familial) ?

En cas de divorce par consentement mutuel, la question est résolue rapidement puisque ce sont les époux qui vont dans le cadre de la convention soumise au juge aux affaires familiales, régler eux-mêmes le sort du logement.

Dans les autres cas de divorce, le juge, dès l'ordonnance de non-conciliation, va statuer sur les modalités de la résidence séparée des époux et attribuer à l'un des époux la jouissance du logement et du mobilier du ménage en précisant son caractère gratuit ou non, et le cas échéant, en constatant l'accord des époux sur le montant d'une indemnité d'occupation (art. 255, C. civ.).

Le fait que le logement appartienne en propre à un conjoint ou soit un bien commun est à ce stade sans incidence : le logement, bien propre du mari, peut ainsi être attribué à l'épouse pendant l'instance en divorce. Le fait que le logement soit en location est indifférent : un seul des époux peux être autorisé à rester dans les lieux, qu'il ait ou non signé le bail. L'autre époux sera d'ailleurs toujours solidaire du paiement de loyers (art. 220 et 1751, C. civ.) (voir *Le logement est en location*, p. 258).

L'appréciation du juge va se faire cas par cas en fonction des éléments du dossier, le facteur important étant la présence d'enfants du couple qui ne doivent pas être perturbés par une mesure qui n'est que provisoire. En présence d'enfants, la question est donc de savoir à qui ces enfants vont être confiés pendant l'instance en divorce. En effet, le logement familial est généralement attribué à l'époux auquel est confiée l'autorité parentale sur les enfants ou chez qui les enfants vont résider. Le juge peut d'ailleurs tenir compte des accords éventuels des époux sur ce point. Dans de nombreux cas, l'attribution du logement ne crée pas de conflit, un des époux ayant déjà un domicile séparé et acceptant parfaitement que son conjoint reste dans l'ancien logement de la famille. Dans d'autres cas, cette question est très conflictuelle compte tenu du fait qu'elle se greffe sur celle du choix du parent qui aura l'autorité parentale sur les enfants (ou chez qui résideront les enfants en cas d'autorité parentale conjointe). Un autre cas peut se présenter : celui d'un époux qui exerce son activité professionnelle dans le logement et va donc demander à y rester.

L'audience doit être minutieusement préparée avec l'avocat, afin que le juge prenne sa décision avec le maximum d'éléments en sa possession.

L'attribution des meubles suit, en principe, le sort du logement. L'attribution du logement et des meubles à l'un des conjoints peut avoir une incidence sur le montant de la pension alimentaire entre époux et pour les enfants. La pension alimentaire peut en effet tenir compte du fait que l'époux créancier de la pension occupe avec les enfants gratuitement ou non le domicile conjugal.

ATTENTION

Le sort définitif du logement Il ne s'agit que d'une attribution provisoire pendant l'instance en divorce. Le sort définitif du logement devra être réglé dans le cadre des mesures définitives. Par exemple, après le divorce, un des époux pourra rester dans l'ancien logement de la famille au titre de la prestation compensatoire, ou encore il pourra demander l'attribution préférentielle du logement commun (sur cette question, voir *Les conséquences du divorce sur les biens,* p. 253).

Le cas de l'attribution du logement au conjoint victime de violences est traité dans les pages précédentes (voir *Les mesures de crise entre époux,* p. 78).

› Une indemnité d'occupation est-elle due ?

Le logement attribué à l'un des conjoints peut être un bien commun. Il peut être indivis entre les époux s'ils sont mariés sous le régime de la séparation. Dans ces différents cas, va se poser la question du paiement d'une « indemnité d'occupation » par l'époux qui continue à habiter dans les lieux (ou qui jouit privativement des lieux, même s'il n'y habite pas). À noter que si le logement est un bien propre du conjoint qui est parti, c'est non pas une indemnité d'occupation (qui concerne un bien en indivision) mais un éventuel loyer dû entre époux qu'il convient de demander. Tous ces points doivent être étudiés avec l'avocat.

Cas pratiques

Je n'ai pas demandé la jouissance gratuite du domicile conjugal pendant la procédure de divorce. Mon divorce est maintenant définitif. Puis-je faire cette demande en retournant devant le juge ?

Non, cette demande ne peut être faite que pendant la procédure de divorce. Il n'appartient pas au juge aux affaires familiales saisi après le divorce d'attribuer la jouissance gratuite du domicile à l'épouse (art. 264-1, C. civ. ; C. cass., 6.6.2002, JCP 31.7.2002 ; IV ; 2 278).

La prestation compensatoire peut-elle prendre la forme d'une jouissance gratuite du logement familial en indivision ?

Non, selon la Cour de cassation, cette possibilité n'est pas conforme aux articles 274 et 276 du Code civil fixant la prestation compensatoire qui prévoient uniquement le versement en capital ou sous forme de rente (C. cass., 28.11.2002, BC n° 271).

Dois-je régler une indemnité d'occupation si je n'habite finalement pas notre ancien appartement qui m'a été attribué par le juge ?

Effectivement, l'indemnité est due même si l'on n'occupe pas les lieux. C'est en tout cas ce qu'a décidé la Cour de cassation : «... *l'indemnité que l'article 815-9 du Code civil met, sauf convention contraire, à la charge de l'indivisaire en contrepartie du droit pour lui de jouir privativement d'un bien indivis, est due même en l'absence d'occupation effective des lieux* » alors que cet époux ne justifiait pas avoir remis à la disposition de l'indivision le bien, dont la jouissance lui avait été attribuée (C. cass., civ. 1re, 25.1.2005, pourvoi n° 02-18.695 ; C. Cass. civ. 1re, 23.6.2010, pourvoi n° 09-13250).

Depuis l'entrée en vigueur de la loi du 26 mai 2004, les conditions d'occupation du logement de la famille, source de nombreux conflits entre les époux, sont précisées :
- en cas de report des effets du divorce, la jouissance du logement par un époux seul conserve son caractère gratuit jusqu'à l'ordonnance de non-conciliation, sauf décision contraire du juge (cette hypothèse est prévue lorsqu'un report des effets du divorce est demandé suivant l'article 262-1 du Code civil) ;
- dans l'ordonnance, lorsque le juge attribue à l'un des époux la jouissance du logement, il doit préciser si cette attribution a lieu à titre gratuit ou non, et, le cas échéant, en constatant l'accord des époux sur le montant d'une indemnité d'occupation (art. 255, 4°, C. civ.).

Les arguments pour le paiement d'une indemnité d'occupation

Les données du problème sont en effet les suivantes : pendant l'instance en divorce, les époux sont sous le régime de l'indivision puisque l'ordonnance de non-conciliation marque le point de départ de la dissolution de la communauté entre les époux (art. 262-1, C. civ.) (voir *Les dates des effets du divorce,* p. 189). Après le divorce, ils sont soumis au régime de l'indivision postcommunautaire. Or, l'une des règles de l'indivision (art. 815-9, C. civ.) est que l'époux qui use et jouit privativement des biens indivis est redevable auprès des autres indivisaires d'une indemnité. En conséquence, une indemnité d'occupation est due en vertu des règles de l'indivision puisqu'il y a occupation privative d'un bien indivis, sauf précision contraire du juge (C. cass., civ. 1re, 28.6.2005, pourvoi n° 02-21275 : « *La dispense de paiement d'une indemnité d'occupation au titre du logement indivis doit être expresse et ce même et surtout s'il s'agit d'un divorce par consentement mutuel* »).

Les arguments pour la gratuité de l'occupation

Cependant, pendant l'instance en divorce, les époux restent tenus du devoir de secours et du devoir de contribuer à l'entretien et à l'éducation des enfants. Ces devoirs se matérialisent par le versement d'une pension alimentaire (art. 255, C. civ.). Or, l'occupation de local peut être le fait de l'époux qui a les plus faibles revenus, et l'attribution du logement le fait de l'époux plus fortuné en exécution de son devoir de secours.

> **Cas pratique**
> Voici la façon dont la cour d'appel de Versailles, dans une affaire qui lui était soumise, traitait cette question dans une décision intervenue avant la réforme du 26 mai 2004 :
> *« Spécialement, dès lors que les revenus de l'épouse ne lui permettraient ni de se maintenir dans l'appartement au titre duquel le mari réclame une indemnité d'occupation fixée en fonction de la valeur locative, ni de faire face à la charge du loyer d'un appartement adapté à ses besoins et à ceux des enfants, il y a lieu de considérer que, dans l'esprit du magistrat conciliateur, qui ne s'est pas expressément prononcé sur ce point, la jouissance gratuite du domicile conjugal constitue une modalité d'exécution du devoir de secours du mari.*
> *L'épouse n'est donc redevable d'aucune indemnité d'occupation jusqu'à l'arrêt qui a prononcé le divorce* » (CA Versailles, 1re ch. A, 9.03.2000, D. 2000, IR p. 127).

Dorénavant, il appartient au juge aux affaires familiales de préciser le caractère gratuit ou non de l'occupation.

L'évaluation de l'indemnité d'occupation

En pratique, on constate que le montant de l'indemnité est souvent inférieur à la valeur locative du bien. Dans une décision, cette indemnité a été fixée à la valeur locative, minorée de 30 % (C. cass., civ. 1re, 4.5.1994, pourvoi n° 91-21822). En effet, on considère que l'ex-occupant n'est pas vraiment locataire mais un occupant à titre précaire, ce qui justifie cette minoration. Cela dit, il bénéficie, restant dans les lieux, du droit de demander, le cas échéant, l'attribution préférentielle du bien (voir *Les conséquences du divorce sur les biens*, p. 253, *Le logement familial*, p. 81).

L'après-divorce

Après le divorce, et jusqu'au partage, une indemnité d'occupation doit être versée puisque le devoir de secours entre époux a pris fin. Cependant, s'il y a des enfants, il peut être tenu compte de l'obligation alimentaire du parent vis-à-vis de ses enfants et de la forme qu'elle prend. Si elle s'exécute en tout ou partie en nature – un parent laisse à son conjoint et ses enfants la jouissance du domicile conjugal –, il va en être tenu compte pour l'estimation tant de l'indemnité d'occupation que du montant de cette pension alimentaire.
Les époux doivent exiger du juge qu'il précise clairement ces points quand il fixe la pension pour les enfants pour éviter d'avoir à débattre devant le juge du partage de la question de savoir si une indemnité est due ou non.

Le crédit immobilier

La question de l'emprunt immobilier est importante, compte tenu du nombre de ménages qui s'endettent pour de longues années pour acquérir le logement de la famille. Ce logement sera un bien commun si les époux se sont mariés sans contrat de mariage, ou un bien en indivision s'ils sont dans le cas d'une séparation de bien. Dans l'un ou l'autre cas, ils sont amenés à s'engager solidairement pour le remboursement du prêt.
Parfois, l'acquisition n'aura été effectuée que par un seul époux si les époux sont séparés de biens, mais la banque aura demandé la caution de l'autre.
Donc soit comme cautions solidaires, soit comme débiteurs solidaires, les deux époux sont tenus chacun au remboursement du prêt.
Or, il n'existe pas d'assurance « divorce » censée les prémunir contre cet événement qui va changer pour eux les données d'origine : moins de revenus, logement attribué à un seul des époux, etc.
L'époux non bénéficiaire du logement pourra mettre de la mauvaise volonté à régler ses mensualités, surtout s'il doit de son côté faire face aux frais d'un nouveau logement. Le conjoint habitant encore le logement peut donc se voir exposer à une saisie immobilière.
Par conséquent, les époux ont tout intérêt à ce que le juge précise, lors de la première audience, comment vont se régler les prêts en cours. Les textes sur le divorce précisent expressément que, dans le cadre des mesures prévues pendant la procédure, le juge peut désigner celui des époux qui devra assurer le règlement provisoire de tout ou partie des dettes communes (art. 255, 6°, C. civ.).

> **Cas pratique**
> Le juge peut ainsi prévoir un partage des mensualités entre les époux ou que celles-ci seront à la charge d'un seul des époux (en général, celui qui a la jouissance du logement). La pension alimentaire peut également inclure le paiement des mensualités. Ainsi, dans une affaire où un mari avait cessé de payer les mensualités du prêt de l'immeuble où sa femme vivait avec les enfants, il a été condamné à verser directement entre les mains des organismes prêteurs, à titre d'obligation alimentaire, les arrérages d'un emprunt fait pour l'habitation de la famille (C. cass., civ. 2e, 16.7.1976, D. 77, p. 333).

Il est préférable, pour l'époux en charge de la dette, de faire préciser clairement par le juge dans sa décision qu'elle est à charge de compte lors du partage, même si, comme dans les affaires ci-dessous, le mari a finalement pu obtenir gain de cause. En effet, rien n'empêche le juge de dire que les emprunts restent à la charge de cet époux par exemple au titre du devoir de secours au bénéfice des enfants vivant dans les lieux…

> **Cas pratiques**
> **Dans cette affaire, l'ordonnance de non-conciliation énonçait** : « Disons que le mari sera tenu de verser à sa femme, pour l'entretien des enfants, une pension alimentaire mensuelle de 2 300 francs payable par mois et d'avance au domicile ou à la résidence de la femme et ce par mandat-carte, et ce non compris dans les

allocations diverses à caractère social ou familial qui seront perçues par la femme seule et sous sa seule quittance, étant précisé que M. X. continuera à régler les emprunts de la maison. »
Les époux n'étant pas d'accord sur ce qu'impliquaient ces termes ont saisi le juge du partage. La femme demandait à ce que les mensualités d'emprunts payées par son ex-mari pour l'acquisition de la maison restent définitivement à sa charge sans qu'il puisse faire valoir de créance de ce chef contre l'indivision postcommunautaire. Selon elle, en effet, lorsqu'une ordonnance de non-conciliation fixe le montant de la pension alimentaire due par un époux à l'autre ou aux enfants à sa charge, en fonction du montant des échéances de l'emprunt réglées par l'époux débiteur de la pension seul, il ne peut prétendre à une indemnité fondée sur l'article 815-13 du Code civil. La Cour de cassation écarte les arguments de la femme : ni l'ordonnance de non-conciliation, ni les décisions postérieures à celle-ci ne privaient M. X. du droit d'être indemnisé dans le cadre de la liquidation de l'indivision postcommunautaire. Il devait donc être tenu compte dans la liquidation des remboursements effectués par le mari au titre des emprunts communs (C. cass., civ.1re, 6.1.2010, pourvoi n° 08-20193).
Il en a été de même dans une décision où l'épouse ne demandait pas, lors de l'ordonnance de non-conciliation, de pension alimentaire compte tenu du fait que le mari réglait les emprunts sur la maison. Pour la Cour de cassation, tant que l'ordonnance ne précise pas expressément que la charge de la dette pour le mari est définitive, elle ne l'est pas. Il n'est donc pas possible de déduire d'une décision qu'un des conjoints (ici le mari) doit supporter la charge définitive du crédit au titre de l'exécution de son devoir de secours (C. cass., civ. 1re, 28.10.2011, pourvoi n° 10-21602).

Il faut cependant savoir que l'ordonnance de non-conciliation ne concerne que les relations entre les époux et n'est pas opposable aux tiers. L'organisme de crédit pourra donc demander le remboursement des mensualités impayées à l'un ou à l'autre des époux.

MON CONSEIL

Les aides au logement En fait, toutes les solutions sont envisageables, mais il est nécessaire que la décision du juge soit claire et qu'elle précise ces points pour qu'il n'y ait as de conflit par la suite entre les ex-époux sur cette question dans le cadre de l'après-divorce. Il est nécessaire également d'être vigilant en présence d'un logement bénéficiant d'une aide au logement (APL), afin que la solution envisagée ne prive pas l'occupant du bénéfice de cette aide.

La protection du logement

La philosophie des textes est celle de la protection du logement familial (art. 215, C. civ.). En effet, c'est justement quand la famille se sépare que doit être préservé ce cadre familial, surtout s'il y a des enfants jeunes.

La protection du logement familial va jouer à deux niveaux : quand les époux (ou l'un d'entre eux) sont propriétaires du logement, ou quand ils sont en location.
L'article 215 du Code civil prévoit une « cogestion » du logement familial. Il précise en effet : « *La résidence de la famille est au lieu qu'ils choisissent d'un commun accord. Les époux ne peuvent l'un sans l'autre disposer des droits par lesquels est assuré le logement de la famille, ni des meubles meublants dont il est garni. Celui des deux qui n'a pas donné son consentement à l'acte peut en demander l'annulation : l'action en nullité lui est ouverte dans l'année à partir du jour où il a eu connaissance de l'acte, sans pouvoir jamais être intentée plus d'un an après que le régime matrimonial s'est dissous.* »
Cela signifie qu'un époux ne peut pas vendre seul le logement du ménage même s'il en est l'unique propriétaire. Cela signifie également qu'en cas de location, un époux ne peut pas, seul, donner congé au propriétaire, et réciproquement le propriétaire doit obligatoirement donner congé à chacun des époux.
Le fait que le logement soit attribué à l'un des époux dans le cadre d'une instance en divorce laisse intacte l'application de cette règle (voir *L'attribution du logement*, p. 81).

› Le logement appartient aux époux

• L'impossibilité pour un époux de vendre le logement de la famille

Aucun des époux ne peut vendre le logement de la famille sans l'accord de l'autre ou sans l'autorisation du tribunal de grande instance (art. 215 et 217, C. civ.). Cette règle s'applique, que le logement soit commun, propre ou indivis entre les époux. S'il est commun, la protection est également prévue dans les règles de l'administration de la communauté (art. 1424, C. civ.). Cette règle s'applique notamment lorsque la jouissance du logement a été attribuée, à titre provisoire, à l'un des époux pour la durée de la procédure par l'ordonnance de non-conciliation (C. cass., civ. 1re, 26.1.2011, pourvoi n° 09-13138).
Elle concerne la vente sans l'accord de l'autre, mais aussi différentes autres opérations : prise d'hypothèque conventionnelle, donation, échange, constitution d'un usufruit ou d'un bail, etc.

Cas pratiques
Un mari, qui vivait séparé de son épouse avec qui il était en instance de divorce, avait vendu à une société immobilière, avec réserve d'usufruit personnel au vendeur, la nue-propriété d'une maison qui lui appartenait en propre. Cependant, cette maison avait constitué le logement familial et était occupée par sa femme et ses trois enfants. Il avait d'ailleurs également vendu les meubles en précisant que la vente ne serait effective « qu'à la rupture du lien conjugal ». Les deux ventes ont été annulées. Le vendeur dans cette affaire a été condamné à des dommages et intérêts (C. cass., civ. 1re, 16.6.1992 ; pourvoi n° 89-17305) (sur le délai permettant à la femme de demander la nullité, voir *La sanction*, p. 89).

Le mari ne peut pas consentir un bail sur la villa commune dans laquelle il résidait avec son épouse avant que celle-ci ne décide de le quitter et d'introduire une instance en divorce. Cela aboutirait à priver l'épouse de ses droits de jouissance ou d'occupation sur cette villa. Le bail a ainsi pu être annulé (C. cass., civ. 1re, 16.5.2000, pourvoi n° 98-13441).

Il a même été jugé que la résiliation par un époux d'un contrat assurant le logement de la famille nécessitait le consentement du conjoint (C. cass., 2e civ., 10.3.2004, pourvoi n° 02-20.275).

● La saisie du logement familial

En revanche, la protection du logement familial n'empêche pas qu'il puisse être saisi par un créancier. En effet, le logement familial ne fait pas partie des biens insaisissables (contrairement à la pension alimentaire ou la prestation compensatoire).

À NOTER

Dans quels cas le logement peut-il être saisi ? Le logement familial peut être saisi si l'un des époux tombe en liquidation judiciaire (C. cass., civ. 1re, 12.10.1977, pourvoi n° 76-12482), ou s'il fait l'objet d'une mesure de surendettement et si son bien doit être vendu. De même, le logement familial peut être saisi en cas de non-paiement d'une dette assorti d'une prise d'hypothèque judiciaire (C. cass., civ. 1re, 4.10.1983, pourvoi n° 82-13781).

Autrement dit, cette disposition met la famille à l'abri d'un acte de disposition délibérée du bien par un des conjoints, mais ce bien n'échappe pas au gage général des créanciers de l'époux propriétaire.

En ce qui concerne le cautionnement, la loi protège le domicile conjugal quand il s'agit d'un bien commun des époux. En effet, dans cette hypothèse, un époux ne peut engager que ses biens propres et ses revenus, par un cautionnement (ou un emprunt), s'il n'a pas l'accord exprès de son conjoint (art. 1415, C. civ.).

À NOTER

Comment protéger sa résidence personnelle quand on a une entreprise ? La loi sur l'initiative économique n° 2003-721 du 1er août 2003 donne aux entrepreneurs individuels la faculté de soustraire leur résidence principale des poursuites des créanciers professionnels : toute personne physique immatriculée à un registre de publicité légale à caractère professionnel (ou exerçant une activité professionnelle agricole ou indépendante) peut déclarer insaisissables ses droits sur l'immeuble où est fixée sa résidence principale.

Cette déclaration notariée contient la description détaillée de l'immeuble et l'indication de son caractère propre, commun ou indivis. Elle est publiée au bureau des hypothèques. Elle ne s'applique qu'après sa publication et uniquement aux créances nées à l'occasion de l'activité professionnelle du déclarant.

.../...

Lorsque l'immeuble est à usage mixte professionnel et d'habitation, la partie affectée à la résidence principale ne peut faire l'objet de la déclaration que si elle est désignée dans un état descriptif de division. La mention de cette déclaration doit être faite au registre du commerce ou au répertoire des métiers (art. L. 526-1 à L. 526-3, C. com.).

• L'interdiction de vendre les meubles le garnissant

Les meubles meublant le logement ne peuvent pas également être vendus sans l'accord de l'autre.

À NOTER

La vente des meubles L'interdiction de vendre les meubles s'applique même si le logement familial a été attribué à l'un des époux et que la vente a lieu après l'ordonnance de non-conciliation lui ayant attribué le logement (CA Colmar, 11.6.1974 ; CA Bourges, 26.2.2001, JCP, G, 9.1.2002, p. 70).

Cas pratique

Je sais que mon conjoint veut partir avec certains de nos meubles. Je ne suis pas encore passée en conciliation à la suite de ma demande en divorce pour faute. Je pense qu'il veut les vendre. Puis-je porter plainte pour vol contre lui ? Le vol entre époux est-il punissable ?

Non, il ne s'agit pas d'un vol puisque vous n'êtes pas divorcés. L'article 311-12 du Code pénal précise qu'il n'est possible d'engager une procédure pénale contre son conjoint pour vol que si l'on a été autorisé à résider séparément dans le cadre de l'ordonnance de non-conciliation.

En revanche, il vous est possible de demander au juge des référés, au titre des mesures urgentes, d'interdire à votre mari de déplacer les meubles (art. 220-1 et 257, C. civ.).

• La sanction

Le conjoint qui n'a pas donné son consentement dispose d'un délai d'un an à partir du moment où il a connaissance de l'acte effectué sans son consentement pour le faire annuler et obtenir des dommages et intérêts. Son action peut d'ailleurs, le cas échéant, être dirigée également contre le notaire ou l'agence immobilière qui a pris le risque de faire signer les actes au mépris des règles de l'article 215 du Code civil. Toutefois, une telle action en nullité ne peut pas être demandée plus d'un an après la dissolution du régime matrimonial (voir *Les dates des effets du divorce,* p. 189). Ces deux délais d'un an sont cumulatifs (C. cass., civ. 1re, 12.1.2011, pourvoi n° 09-15631).

Ainsi l'époux qui découvre par exemple que son logement est hypothéqué à l'occasion d'un commandement de saisie immobilière doit en principe saisir le tribunal pour demander la nullité de l'hypothèque avant l'expiration d'un délai d'un an après le commandement. Il a cependant été jugé qu'il pouvait, même passé ce délai, invoquer la nullité de l'hypothèque comme moyen de défense lors de la

demande d'exécution de l'acte. Il s'agit d'une application importante du principe selon lequel les exceptions (moyen de défense à une demande, comme ici nullité d'un acte que l'on cherche à exécuter) sont perpétuelles (C. cass., civ. 1re, 8.2.2000, pourvoi n° 98-10836).
Outre ces délais, la jurisprudence prévoit un autre frein aux actions en nullité : l'époux qui l'invoque doit avoir « un intérêt à agir ». Tel n'est pas le cas si l'époux n'habite plus dans les lieux (C. cass., civ. 1re, 3.3.2010, pourvoi n° 08-13500).

› Le logement est loué

• Le principe : la cotitularité du bail

Les époux sont réputés être tous les deux locataires du logement (art. 1751, C. civ.). C'est ce qu'on appelle la cotitularité du bail pour les époux.
Cette règle joue :
- dans la mesure où le logement sert réellement à l'habitation des deux époux (et donc des enfants, s'il y en a) ;
- si ce logement est la résidence principale de la famille ;
- peu importe l'occupation effective des lieux (C. cass., civ. 1re, 4.11.2009, pourvoi n° 08-15929).

Elle est en revanche exclue en cas de bail mixte (habitation/professionnel).
Il suffit que les époux aient cohabité effectivement dans les lieux loués, même s'ils se sont séparés ultérieurement (C. cass., civ. 2e, 3.5.2006, pourvoi n° 04-16920).
Cette règle s'applique, en principe, même si la location est antérieure au mariage (il est fréquent que l'un des époux vienne s'installer chez son conjoint déjà locataire). Cependant, dans ce cas, si l'existence du conjoint n'a pas été portée à la connaissance du bailleur, le congé délivré au seul titulaire du bail est valable (art. 9-1, loi du 6.7.1989).
Il appartient en effet au locataire d'informer le bailleur de son mariage : « *L'article 9-1 de la loi du 6 juillet 1989 fait peser sur le locataire une obligation d'information de son lien matrimonial impliquant une démarche positive de sa part envers son bailleur. La preuve que cette information a bien été donnée lui incombe* » (C. cass., civ. 3e, 19.10.2005, pourvoi n° 04-17039).
Il ne suffit donc pas que le locataire démontre que le bailleur ne pouvait pas ignorer son mariage, parce que les loyers qu'il touchait étaient réglés par chèque à son nom et à l'adresse des lieux loués. Ou encore parce que le bailleur avait adressé un courrier aux deux noms (C. cass., civ. 3e, 29.10.2013, pourvoi n° 12-23138).

• Conséquences

L'impossibilité de donner congé à un époux sans donner congé à l'autre époux

Suivant la règle de la cotitularité du bail, le congé donné à un seul des époux est inopposable à l'autre (C. cass., civ. 1re, 2.2.1982, pourvoi n° 80-11309).
Chaque époux doit recevoir un congé. Chaque époux doit également recevoir :
- la proposition de renouvellement de bail avec augmentation de loyer ;
- l'assignation en résiliation de bail ;

- un non-renouvellement de bail ;
- un avenant prorogeant le bail signé par un seul des conjoints : cet avenant est inopposable à celui qui ne l'a pas signé (C. cass., civ. 3e, 25.9.2002, pourvoi n° 01-01034) et de façon générale toutes les notifications pouvant influer sur son droit au bail.

Cependant, la Cour de cassation a infléchi cette jurisprudence en validant une proposition de renouvellement de bail avec augmentation de loyer adressée par lettre recommandée à « Monsieur ou Madame » car l'avis de réception avait été signé par les deux époux (C. cass., civ. 3e, 2.2.2000, pourvoi n° 97-18924). Encore faut-il que le bailleur soit informé du mariage.

Cas pratique

Je suis propriétaire d'un petit appartement que je loue à un célibataire. Je lui ai adressé récemment congé. Je viens d'apprendre qu'il est marié. Ce congé est-il opposable à son épouse qui, semble-t-il, habite avec lui ? En tant que bailleur, je ne connais que mon locataire.

Selon une jurisprudence constante, dans ce cas de figure, ce congé est opposable au conjoint, même s'il n'a été adressé qu'à la personne à qui vous louez le logement. En effet, il aurait effectivement fallu que votre locataire vous informe de son mariage pour que s'applique la cotitularité du droit au bail, prévue par líarticle 1751 du Code civil et donc, que vous soyez tenu d'adresser également un congé à son conjoint.

Dans une affaire récente, il a été jugé qu'il ne suffit pas que le locataire démontre que le bailleur ne pouvait pas ignorer son mariage (les loyers étaient réglés par chèque au nom de l'épouse à l'adresse des lieux loués). Ou encore parce que le bailleur avait adressé un courrier aux deux noms (C. cass., civ. 3e, 29.10.2013, pourvoi n° 12-23138).

En clair, la Cour de cassation exige une démarche positive du locataire consistant à porter à la connaissance du propriétaire, son mariage.

L'impossibilité pour un époux d'engager l'autre par son congé

Une autre conséquence de la cotitularité du bail est qu'un époux peut donner seul un congé, mais ce congé n'aura pas d'effet vis-à-vis de son conjoint qui peut rester dans les lieux. L'accord des deux époux est requis pour mettre fin au bail.

L'envoi d'un congé par un seul des époux n'a d'ailleurs pas grand intérêt en ce qui concerne le paiement des loyers, comme le démontre la décision de justice ci-dessous. Faute d'envoi de deux congés, le loyer continue à rester dû par celui des conjoints qui reste mais également, par celui qui est parti.

Cas pratique

Un congé est donné par courrier signé par le mari seul, le 15 septembre 1995. Ce n'est que dans une seconde lettre, le 21 octobre 1995, que le congé est confirmé par les deux conjoints. Le bailleur réclame des loyers impayés du mois de janvier 1996. Les conjoints refusent de payer : le préavis étant de trois mois, ils n'ont pas à régler le mois de janvier. La Cour de cassation a donné gain de cause au bailleur. Elle a considéré que :

– le premier congé n'a été donné que par un seul des époux ;

– il n'est pas opposable à l'autre ;
– il n'est également pas opposable au bailleur.

En conséquence, seul le congé envoyé le 21 octobre est valable. Le bailleur peut donc demander le paiement du loyer de janvier 1996. Le paiement est dû également par le mari qui a donné congé, dans la mesure où il est tenu solidairement avec son conjoint.

En fait, il ressort de cet arrêt que le congé donné par un seul conjoint empêche une résiliation valable du bail avec toutes les conséquences qui en découlent (persistance du paiement du loyer, notamment) (C. cass., civ. 3e, 19.6.2002, pourvoi n° 01-00652).

Le paiement solidaire du loyer afférent au logement familial

Chaque époux est tenu au paiement des loyers du logement familial en vertu de l'article 220 du Code civil (voir *La solidarité entre époux*, p. 74). Cette solidarité signifie que le bailleur, en présence de loyers impayés, peut s'adresser indifféremment à l'un ou à l'autre des époux, que ceux-ci habitent ensemble dans le logement ou non, sous la réserve que le logement concerné ait bien été le logement de la famille.

La cotitularité ne joue donc pas lorsque l'épouse n'a jamais résidé dans la maison objet du bail, étant déjà en instance de divorce au moment de la signature par le mari (C. cass., civ. 2e, 24.11.1999, pourvoi n° 97-19079).

Sous cette réserve, les époux restent solidaires pour les impayés de loyers même s'ils sont séparés et même après l'ordonnance de non-conciliation, du moment que le logement loué avait servi à l'habitation du couple ou de la famille. Contrairement à une idée reçue, ce n'est en effet pas parce qu'une ordonnance de non-conciliation accorde à l'un des époux la jouissance du logement familial que l'autre époux n'est pas tenu de continuer à régler sa part des loyers. Jusqu'à la transcription du divorce à l'état civil, les époux étant solidairement tenus des dettes du ménage au titre de l'article 220 du Code civil, le bailleur peut s'adresser indifféremment :

- à l'époux resté dans les lieux ;
- à l'époux ayant été autorisé à résider séparément ;
- aux deux époux (CA Lyon, 27.6.2000, Droit de la Famille, Éd. Juris-Classeur 1.2001, p. 22).

Cas pratique

Un époux a pu être condamné à payer un arriéré de loyers et une indemnité d'occupation relatifs à l'ancien logement familial dans l'hypothèse suivante : il avait obtenu dans le cadre de l'ordonnance de non-conciliation la résidence séparée. Son conjoint, à qui avait été attribuée la jouissance du logement familial, avait cessé de régler les loyers. Le bailleur avait appliqué la clause résolutoire pour mettre fin au bail. Le conjoint se maintenant cependant dans les lieux, le bailleur demandait son expulsion et sa condamnation ainsi que celle de son conjoint à régler l'arriéré de loyers et une indemnité d'occupation (à compter du jugement d'expulsion). Il a obtenu gain de cause (C. cass., civ. 1re, 7.6.1989 et 13.10.1992).

La résiliation du bail

Enfin, tout comme les impayés en matière de loyers, l'indemnité d'occupation constitue une dette solidaire quand elle correspond à une dette du ménage, c'est-à-dire à la jouissance du logement familial (ou de l'ancien logement de la famille) et à une dette propre à l'ex-conjoint quand il ne s'agit pas d'une dette relative au logement familial.

En effet, selon les tribunaux, si la dette dont un époux divorcé se trouve tenu auprès d'un bailleur après la résiliation du bail consentie aux époux pendant le mariage n'est destinée ni à l'entretien du ménage ni à l'éducation des enfants communs, l'autre époux ne doit pas la régler (C. cass., civ. 1re, 14.2.1995, BC n° 83). Pourtant la jurisprudence n'est pas toujours rigoureuse sur cette question.

> **Cas pratique**
> Deux époux décident de résider séparément, chacun avec un de leurs enfants. La femme laisse des loyers impayés sur un appartement où le mari n'a jamais habité. Il a pourtant été condamné au titre de sa solidarité au paiement des dettes ménagères (CA Reims, 27.5.1999, JCP 2000, IV, 1245).

Cette solidarité pour le paiement des loyers persiste même si le bailleur est informé du divorce, par l'envoi d'une copie par un des époux de l'ordonnance de non-conciliation en même temps que son congé (C. cass., civ. 3e, 2.2.2000, JCP 2000, IV, 1503).

Les mesures provisoires

➤ Les mesures provisoires sont celles prévues par l'ordonnance de non-conciliation pour régler la situation du couple en cours de procédure de divorce.

➤ Elles ont un rôle très important, à savoir aménager les rapports entre époux pendant la procédure de divorce et également régler les mesures concernant les enfants.

➤ La loi prévoit en effet que le juge peut prescrire les mesures nécessaires pour assurer l'existence des époux et des enfants jusqu'à la date du jugement prononçant effectivement le divorce (art. 254, C. civ.).

Les caractéristiques des mesures provisoires

Les mesures provisoires décidées par l'ordonnance de non-conciliation (ONC) présentent certaines caractéristiques. En effet :
– elles ne durent que pendant l'instance en divorce ;
– elles peuvent s'éteindre en cas de négligence des parties à saisir le tribunal ;
– elles sont modifiables à tout moment dans la mesure où survient un fait nouveau, devant le juge ou en appel ;
– elles sont toujours assorties de l'exécution provisoire (ce qui signifie qu'on peut les exécuter même en cas de recours contre la décision qui les ordonne) ;
– elles peuvent être accordées en urgence.
Les mesures provisoires sont fixées dans la convention par les époux en cas de divorce par consentement mutuel.

Les mesures provisoires ne durent que pendant l'instance en divorce

Selon l'article 254 du Code civil, ces mesures sont temporaires et destinées à assurer l'existence des époux et des enfants jusqu'à la date à laquelle le divorce a « force de chose jugée » (c'est-à-dire qu'il ne peut plus faire l'objet d'aucun recours).
Les mesures provisoires s'appliquent dès qu'elles sont ordonnées par le juge (art. 1074-1, CPC).

> **Cas pratique**
> Une ordonnance de non-conciliation, signifiée au père, le condamne à verser la pension alimentaire était datée du 20 février 2001 et prévoit que la pension, payable d'avance, est révisable à compter du 1er janvier 2002. La pension est due dès le 20 février 2001.

Attention : le fait que les mesures provisoires soient exécutoires de plein droit, dès la date de leur prononcé, ne signifie pas qu'elles peuvent être exécutées sans que la décision soit signifiée ; autrement dit, tant que la décision n'est pas signifiée, elle ne peut être exécutée (voir *L'autorisation d'assigner*, p. 46 et *L'assignation*, p. 49) (C. cass., 14.9.2006, pourvoi n° 04-20602).

Les mesures provisoires peuvent s'éteindre

Ces mesures deviennent caduques (c'est-à-dire qu'on ne peut plus les invoquer) si le tribunal n'est pas saisi pour prononcer le divorce par les époux dans le délai de trente mois après l'ordonnance de non-conciliation.
Selon la circulaire du 23 novembre 2004, ce délai a été institué afin de permettre, le cas échéant, à l'époux demandeur, une fois l'ordonnance de non-conciliation rendue, d'attendre l'expiration du délai prévu pour satisfaire aux conditions du divorce pour altération définitive du lien conjugal (deux années de séparation).
Passé le délai de trente mois, toutes les dispositions de l'ordonnance sont caduques, y compris l'autorisation d'introduire l'instance. Une des conséquences est que la pension alimentaire n'a plus à être versée. Il ne reste alors plus aux époux qu'à recommencer toute la procédure de divorce.

MON CONSEIL

Soyez vigilant sur les délais Attention à bien respecter ce délai de trente mois pour saisir le tribunal. À défaut, une épouse ne pourrait plus, par exemple, entamer une procédure de saisie sur les salaires du conjoint qui ne lui règle pas la pension alimentaire fixée dans l'ordonnance. Ce dernier serait donc en droit d'obtenir la main levée de la saisie. Cette situation n'aurait pu être écartée que si cette épouse avait obtenu à son profit auparavant une contribution aux charges du mariage (C. cass., crim., 21.5.2000, D. 2000, IR, p. 209)

Elles sont modifiables dans la mesure où survient un fait nouveau

La situation des époux peut évoluer pendant l'instance en divorce. Il ne faut pas oublier que certaines procédures peuvent s'étendre sur plusieurs mois, voire des années en présence de voies de recours (appel, cassation).
Pour cette raison, les mesures provisoires sont modifiables à tout moment dès lors que survient un fait nouveau. L'époux doit immédiatement prévenir son avocat de l'existence d'un tel fait. En effet, jusqu'au divorce, le juge aux affaires familiales peut supprimer, modifier ou compléter les mesures provisoires qu'il a prescrites. Avant l'assignation en divorce, le juge doit être saisi en référé ou par requête. Par la suite, il est saisi par conclusions (art. 1118, CPC).

À NOTER

Les demandes de modification En cas d'appel de l'ordonnance fixant les mesures provisoires, les modifications peuvent être demandées (également sur preuve de la survenance d'un fait nouveau) au premier président de la cour d'appel (si le conseiller de la mise en état n'est pas encore saisi) ou au conseiller de la mise en état (art. 1119, CPC). En appel, il n'existe en effet pas de juge aux affaires familiales mais un conseiller de la mise en état chargé de suivre la procédure. Cette modification peut également être demandée à la cour d'appel (C. cass. 1re, 8.2.2005, pourvoi n° 03-12964).

La demande de modification d'une mesure provisoire n'a rien à voir avec la contestation d'une telle mesure dans le cadre d'un appel contre l'ordonnance du juge qui l'ordonne. Il ne s'agit pas de contester une mesure mais d'indiquer au juge ou à la cour qu'une situation a évolué par rapport à la dernière fixation de cette mesure.

> **Cas pratique**
> Un mari fait appel de l'ordonnance de non-conciliation qui l'a condamné à verser une pension pour ses enfants qu'il trouve trop onéreuse. Un des enfants veut de son côté vivre chez son père. Le mari va pouvoir demander au conseiller de la mise en état de statuer également sur ce point compte tenu de cet élément nouveau par rapport à ce qui était prévu lors de l'ordonnance.

Pour reprendre l'exemple de la pension alimentaire, dans les relations entre les époux, différents éléments peuvent permettre de demander sa modification : un licenciement, une dégradation de la situation financière, une grave maladie d'un des époux, le concubinage d'un époux... De même, le dépôt du rapport d'enquête sociale peut constituer un fait nouveau permettant de modifier les mesures provisoires ayant trait aux enfants. Les tribunaux n'admettent pas en revanche comme faits nouveaux des faits produits volontairement par l'époux qui les invoque, comme par exemple une démission ou une organisation d'insolvabilité.
La modification concernant la résidence de l'enfant pourra entraîner celle concernant l'attribution du logement de la famille (voir *Le logement familial*, p. 81).

Elles sont toujours assorties de l'exécution provisoire

L'exécution des mesures provisoires est immédiate, dès la signification de la décision, sans qu'il soit besoin de la demander (art. 514, CPC). L'exécution des mesures provisoires n'est pas suspendue par un appel, c'est ce qu'on appelle l'exécution provisoire.

Elles peuvent tenir compte de l'accord des époux

Quand il ordonne les mesures provisoires, le juge peut tenir compte des arrangements que les époux ont conclu entre eux (art. 373-2-7, C. civ. et art. 1117, CPC).

Elles peuvent toujours être contestées

Ces mesures peuvent faire l'objet d'un appel quand un époux (ou les deux) est mécontent. Cette question est traitée à l'occasion des voies de recours contre l'ordonnance de non-conciliation, décision qui les prescrit, voir *Les procédures et règles communes*, p. 37.

Mesures provisoires et mesures définitives

Les mesures accessoires au divorce (prestation compensatoire notamment), ordonnées par le juge du divorce vont se substituer aux mesures provisoires. Ainsi, la pension alimentaire versée à un époux par l'ordonnance de non-conciliation va, le cas échéant, être remplacée par la prestation compensatoire dans le jugement de divorce. Les mesures concernant l'autorité parentale provisoire vont être reprises dans le jugement de divorce.

Cependant les mesures peuvent ne pas se suivre dans le temps et, s'il s'agit d'une pension alimentaire, l'époux concerné peut être dans la situation où il ne touche rien pendant un certain temps. Voir *Absence d'interruption entre le versement de la pension alimentaire et de la prestation compensatoire*, p. 210.

Les différentes mesures provisoires

Nombreuses sont les mesures provisoires que peut ordonner le juge aux affaires familiales : une résidence séparée, une médiation familiale, l'attribution du logement, la pension alimentaire, les mesures concernant les enfants, etc.

Quelles sont les différentes mesures prescrites ?

Dans le cadre des mesures provisoires, le juge peut notamment :
- proposer aux époux une mesure de médiation familiale et, après avoir recueilli leur accord, désigner un médiateur familial pour y procéder ;
- enjoindre aux époux de rencontrer un médiateur familial qui les informera sur l'objet et le déroulement de la médiation ;
- statuer sur les modalités de la résidence séparée des époux ;
- attribuer à l'un d'eux la jouissance du logement et du mobilier du ménage ou partager entre eux cette jouissance, en précisant son caractère gratuit ou non et, le cas échéant, en constatant l'accord des époux sur le montant d'une indemnité d'occupation ;
- ordonner la remise des vêtements et objets personnels ;
- fixer la pension alimentaire et la provision pour frais d'instance que l'un des époux devra verser à son conjoint, désigner celui ou ceux des époux qui devront assurer le règlement provisoire de tout ou partie des dettes. Le juge pourrait par exemple mettre à la charge d'un époux le règlement des mensualités afférentes au remboursement de l'emprunt contracté pour l'acquisition du domicile conjugal ;
- statuer sur l'attribution de la jouissance ou de la gestion des biens communs ou indivis autres que le logement familial et de son mobilier, sous réserve des droits de chacun des époux dans la liquidation du régime matrimonial ;
- accorder à l'un des époux des provisions à valoir sur ses droits dans la liquidation du régime matrimonial si la situation le rend nécessaire ;
- désigner un professionnel qualifié (expert-comptable, notaire ou commissaire-priseur par exemple) en vue de dresser un inventaire estimatif ou de faire des propositions quant au règlement des intérêts pécuniaires des époux ;
- désigner un notaire en vue d'élaborer un projet de liquidation du régime matrimonial et de formation des lots à partager (art. 255, C. civ.).

Cette liste n'est pas limitative.

Cas pratique
L'attribution de l'usage d'un véhicule automobile pendant la procédure de divorce constitue une modalité de devoir de secours auquel est tenu un époux. Le juge peut donc ordonner l'attribution à un époux qui en a besoin pour ses études et pour les besoins de son enfant (CA Versailles, 1re ch., 14.3.1986).

La résidence séparée

La loi prévoit que le juge peut statuer sur « *les modalités de la résidence séparée des époux* ». Ce fait découle de plein droit de l'ordonnance de non-conciliation.

À NOTER
Résidence séparée et mesures de crise La résidence séparée peut également être demandée :
- au titre des mesures urgentes lors du dépôt de la requête (art. 257, C. civ.) ;
- avant même tout dépôt de demande en divorce en présence de violences conjugales (art. 220-1, C. civ.) (voir *Le cas de la violence du conjoint (le « référé » protection)*, p. 78).

Cette autorisation de résidence séparée va entraîner un certain nombre de conséquences importantes pour les époux puisqu'elle les dispense de cohabitation.

› La présomption de paternité

La résidence séparée peut avoir des conséquences pour l'enfant né en cours de procédure de divorce.
La présomption de paternité signifie que l'enfant conçu ou né pendant le mariage a pour père le mari de la mère de l'enfant (art. 312, C. civ.). On a recours à la présomption de paternité lorsque la filiation paternelle de l'enfant n'est pas définitivement établie (non-indication du père sur son acte de naissance ou défaut de possession d'état d'enfant légitime à l'égard des deux époux). Cette présomption de paternité s'applique aux enfants dont la période légale de conception se situe pendant le mariage de ses parents. La période légale de conception s'étend du 300e jour (un peu plus de neuf mois) au 180e jour inclus (six mois) précédant la naissance de l'enfant.
Or, la résidence séparée va avoir une incidence sur cette présomption de paternité. Elle est en effet écartée, en cas de jugement ou même de demande soit de divorce, soit de séparation de corps, pour l'enfant né plus de 300 jours après l'ordonnance autorisant les parents à vivre de façon séparée et moins de 180 jours depuis le rejet définitif de la demande en divorce ou depuis la réconciliation (art. 313, C. civ.). Dans ce cas, la filiation n'est établie qu'à l'égard de la mère, et la paternité du mari peut être contestée (C. cass., civ. 1re, 5.10.1994, PA 28.6.95).
Cependant, la présomption de paternité reprend de plein droit sa force si l'enfant, à l'égard des époux, a la possession d'état d'enfant légitime (art. 313-2 et 313, C. civ.). La possession d'état indique le fait que l'enfant a toujours été traité par le père présumé comme son propre enfant, au vu et su de tous, et que l'enfant se considère comme tel.

› L'infraction de violence et de vol entre époux

Peu importe que les deux époux ne vivent pas ensemble, l'un bénéficiant d'une résidence séparée, pour que l'aggravation de peine en cas de violence entre époux joue. Frapper son conjoint est en effet un facteur d'aggravation de peine au regard des articles 222-7 et suivants du Code pénal (C. cass., crim., 7.4.1998, pourvoi n° 97-84068).
Sur les violences conjugales, voir aussi les mesures de protection énoncées précédemment (*Les mesures de crise entre époux*, p. 78).
Par ailleurs, le vol entre époux n'est pas punissable sauf si :
- les époux sont séparés de corps ou autorisés à résider séparément (dans le cadre d'un divorce, cette autorisation résulte de l'ordonnance de non-conciliation) ;
- il porte sur des objets ou documents indispensables à la vie quotidienne de la victime, tels que des documents d'identité, relatifs au titre de séjour ou de résidence d'un étranger, ou des moyens de paiement (art. 311-12, C. pén.).

› Les droits et obligations entre époux

La jurisprudence est nuancée. Notamment, en matière d'adultère, l'étude de la jurisprudence montre que l'adultère commis après la résidence séparée peut encore constituer une faute cause de divorce (voir *Le divorce pour faute*, p. 157).

› Les conséquences fiscales

Voir *Les conséquences fiscales du divorce*, p. 293.

La médiation familiale

La médiation familiale peut se définir comme *« un processus qui tend vers le règlement à l'amiable des conflits familiaux grâce à l'intervention confidentielle d'une tierce personne neutre, qualifiée de médiateur, dont la mission est d'écouter, d'apaiser les passions, d'éclaircir les prétentions respectives, de rétablir le dialogue autour de propositions de solutions susceptibles de rapprocher les intéressés »* (L. Topor, *La médiation familiale*, PUF, « Que sais-je ? », 1992).
L'intervention d'un médiateur peut s'avérer déterminante, notamment pour choisir un divorce moins contentieux ou en cas de conflit relatif aux enfants du couple.
Le juge aux affaires familiales, lors de l'ordonnance de non-conciliation, peut proposer aux époux une mesure de médiation et, après avoir recueilli leur accord, désigner un médiateur familial pour y procéder. Il peut également leur enjoindre de rencontrer un médiateur familial qui les informera sur l'objet et le déroulement de la médiation (art. 255 et art. 373-2-10, C. civ.).
Cette procédure permet souvent aux parents de prendre leur temps pour trouver la situation la moins défavorable pour l'enfant. En cinq à huit séances sur environ six mois, le médiateur va tenter de trouver un accord entre les intéressés (J. Dahan, *Se séparer sans se déchirer*, éd. R. Laffont et *La médiation familiale*, éd. Bernet Danilo).

La vocation de la médiation familiale est en effet de faciliter la résolution des conflits familiaux et, notamment, d'aider les parents qui se séparent à négocier les modalités de leur séparation, à organiser leur nouvelle vie et celle de leurs enfants.

À NOTER

Du nouveau sur le front de la médiation familiale La proposition de loi n° 664 relative à l'autorité parentale et à l'intérêt de l'enfant, adoptée par l'Assemblée nationale en première lecture le 27 juin 2014, revient sur la médiation familiale.

Symboliquement, le texte prévoit la lecture par l'officier d'état civil le jour du mariage d'une nouvelle disposition la concernant (de la même façon que la liste des droits et devoirs des époux).

Surtout, il vise à inciter plus fortement les parents à se tourner vers ce processus, qui, selon le projet, « a fait la preuve de son efficacité dans la résolution ou la pacification des conflits familiaux, mais auquel il est encore très insuffisamment fait recours ».

Notamment, le texte donne au juge aux affaires familiales (JAF), dans le cadre de la fixation des modalités d'exercice de l'autorité parentale, la possibilité d'enjoindre aux parents de participer à des séances de médiation familiale. À suivre donc…

L'attribution du logement et des meubles pendant l'audience

Voir *Le logement familial,* p. 81.

La provision pour frais d'instance (provision *ad litem*)

Il s'agit d'une somme fixe qu'un époux verse à son conjoint qui manque de ressources pour couvrir les frais de procédure (frais d'huissier, d'avocat, d'expertise…). C'est le juge qui apprécie si cette provision est due, en tenant compte des ressources des intéressés.

La provision doit être remboursée quand c'est le bénéficiaire de la provision qui est condamné aux dépens (voir *Combien coûte un divorce ?,* p. 18).

La pension alimentaire pour l'un des époux

› Quand est-elle due ?

La pension alimentaire, fixée au titre des mesures provisoires, n'est due que pendant la durée de la procédure. Elle est fondée sur le devoir de secours. Elle est remplacée à compter du divorce, le cas échéant, par une prestation compensatoire. En cas d'impayés, elle bénéficie des procédures spécifiques aux pensions ali-

mentaires (paiement direct notamment : voir *La pension alimentaire pour les enfants*, p. 371).
Selon l'article 254 du Code civil, cette mesure est temporaire et destinée à assurer l'existence des époux jusqu'à la date à laquelle le divorce a « force de chose jugée » c'est-à-dire qu'il ne peut plus faire l'objet de voie de recours (appel, pourvoi en cassation).

> **Cas pratique**
> Un époux dépose un pourvoi en cassation contre une décision de divorce prononcé aux torts partagés, estimant que le divorce devrait être prononcé aux torts exclusifs de son épouse. L'instance en divorce ne sera terminée qu'au terme de la procédure. La pension doit donc continuer à être versée pendant l'instance devant la Cour de cassation. Cette règle s'applique même si l'époux qui reçoit la pension ne s'est pas de son côté pourvu en cassation.

Plus précisément :
- dans l'hypothèse où aucun recours n'est exercé, la force de chose jugée existe au moment où le délai des voies de recours est expiré (ou avant, dans l'hypothèse d'un acquiescement des époux, qui signifie leur renoncement à exercer un recours) ;
- après une procédure d'appel, s'il n'y a pas de pourvoi en cassation, la pension alimentaire est due jusqu'à la date d'expiration du délai pour former un pourvoi en cassation (voir l'exemple page suivante) ;
- si le pourvoi en cassation est rejeté, la pension alimentaire est due jusqu'à la date de la signification de l'arrêt de rejet. La prestation compensatoire se substituera alors, le cas échéant, à la pension alimentaire. En effet, à cette date, le divorce devient irrévocable et les mesures provisoires comme la pension alimentaire versée pendant la procédure de divorce cessent (C. cass., civ. 1re, 4.7.2002, pourvoi n° 00-18092) ;
- en cas de cassation, l'instance se poursuit devant la cour d'appel de renvoi et la prise d'effet de la prestation compensatoire est reportée au jour où l'arrêt de la cour d'appel de renvoi est lui-même passé en force de chose jugée. Pendant toute cette instance, l'époux ne peut prétendre qu'à une pension alimentaire.

Le pourvoi en cassation (ainsi que le délai de ce pourvoi), exercé contre la décision qui prononce le divorce, est en effet suspensif (art. 1086, CPC) (voir *L'effet suspensif de l'appel et de son délai*, p. 57). Cependant, si l'époux fait appel ou se pourvoit en cassation, non pas sur le principe du divorce (comme dans ces exemples) mais sur ses conséquences financières (montant de la prestation compensatoire, par exemple), le divorce lui devient irrévocable : il a « force de chose jugée » puisqu'il n'est pas remis en cause. En conséquence, pendant la procédure d'appel ou devant la Cour de cassation, dans cette hypothèse, la pension alimentaire n'a plus à être versée.

Cas pratique

Une ordonnance de non-conciliation accorde à l'épouse une pension alimentaire de 1 830 €. Le jugement de divorce lui accorde 1 525 € à titre de prestation compensatoire (ancienne législation). L'épouse, mécontente de cette somme, fait appel puis se pourvoit en cassation, le 27 septembre 1996. Le mari arrête de payer la pension pour ne verser que les 1 525 €, dus au titre de la prestation compensatoire. La femme fait une saisie sur les comptes de son mari pour la différence. C'est l'époux qui obtient gain de cause, les voies de recours étant limitées aux conséquences du divorce. Le divorce lui était acquis et la pension alimentaire ne pouvait pas continuer à être versée (C. cass., civ. 2e, 18.5.2000, pourvoi n° 98-17801).

C'est ce que rappelle une décision plus récente : « *La prestation compensatoire comme les intérêts qu'elle produit ne sont dus qu'à compter de la date à laquelle la décision prononçant le divorce est devenue irrévocable.* » Encourt donc la cassation, l'arrêt qui fixe le point de départ de ces intérêts à la date de son prononcé alors que le divorce n'est devenu irrévocable qu'à l'expiration du délai ouvert à l'épouse pour former un pourvoi incident sur le chef de l'arrêt prononçant le divorce, le mari ayant formé un pourvoi principal ne portant que sur la prestation compensatoire (C. cass., civ. 1re, 19.4.2005, pourvoi n° 03-13078).
En revanche, le pourvoi contre la décision qui rejette le divorce n'est pas suspensif.

Cas pratique

Un arrêt d'appel rejette une demande en divorce. L'épouse (qui demandait le divorce) se pourvoit en cassation. Son mari demande la mainlevée de la saisie-attribution pratiquée par sa femme pour le paiement de la pension alimentaire qui lui était accordée par l'ordonnance de non-conciliation. Il obtient gain de cause : le pourvoi en cassation ne suspend pas l'exécution de l'arrêt de rejet du divorce qui, dès son prononcé, est exécutoire et entraîne caducité des mesures prescrites par l'ordonnance de non-conciliation, et donc, notamment de la pension alimentaire entre époux (C. cass., civ. 1re, 25.1.2005, pourvoi n° 03-16943).

› Pension alimentaire et prestation compensatoire

La pension alimentaire est majoritairement accordée aux épouses, comme la prestation compensatoire pour l'après-divorce. Une différence de taille : la prestation compensatoire doit dorénavant être fixée en capital. Elle n'est plus fixée sous forme de rente qu'exceptionnellement.
Le législateur a prévu l'obligation pour les époux de faire une déclaration sur l'honneur en ce qui concerne leurs revenus et patrimoine. Mais, cette déclaration n'a été prévue que dans le cadre de la fixation de la prestation compensatoire ou de sa révision et non, en amont, pour la fixation de la pension alimentaire due entre époux pendant la procédure (voir *La prestation compensatoire*, p. 205).

› Fixation et évolution

En matière de divorce par consentement mutuel, ce sont les époux qui vont décider du montant de la pension alimentaire, comme de toutes les autres mesures, dans le cadre de la convention. Cette mesure ne sera ordonnée que si lors de l'audience, le juge n'homologue pas la convention des époux (voir *Le divorce par consentement mutuel*, p. 119).
Pour les autres cas de divorce, la pension est fixée par le juge aux affaires familiales dans le cadre de l'ordonnance de non-conciliation. Quand il ordonne les mesures provisoires, le juge peut tenir compte des arrangements que les époux ont conclus entre eux (art. 1117, CPC), mais il n'est pas obligé de les suivre.
La pension alimentaire, versée entre époux pendant l'instance, est, comme toute pension alimentaire, appréciée suivant les besoins et les ressources des époux (art. 208, C. civ.). Son objectif est de permettre à l'intéressé de faire face à ses besoins quotidiens.
En pratique, la pension ressemble à ce qui sera par la suite le fondement de la prestation compensatoire, c'est-à-dire une sorte de maintien du train de vie de l'époux créancier. La pension tiendra donc compte du statut social des intéressés et du niveau d'existence auquel peut prétendre le créancier de la pension, compte tenu des facultés de l'époux débiteur de la pension (C. cass., civ. 2e, 7.5.1980, pourvoi n° 78-15739).

MON CONSEIL

La fixation de la pension alimentaire doit faire l'objet de la vigilance des époux On constate en pratique que de très nombreux appels de l'ordonnance de non-conciliation ont trait à la pension alimentaire entre époux. Cela sous-entend que l'un ou l'autre des époux est fréquemment mécontent de la façon dont elle est appréciée par le juge. Il est vrai que les audiences de conciliation se déroulent souvent à un rythme soutenu, que les décisions sont prises rapidement, parfois sur la base d'un dossier financier de chaque époux qui s'avère incomplet.

Pour apprécier les ressources des époux, le juge peut tenir compte du capital, et des revenus qu'une gestion utile de ce capital du débiteur peut procurer (C. cass., civ. 2e, 21.1.1976, pourvoi n° 74-14266). Le fait qu'un conjoint vive en concubinage avec une personne gagnant bien sa vie peut également être retenu.
Le fait que le mari ait fait « de mauvaises affaires » peut être pris en compte pour apprécier le montant de la pension. Une décision, qui avait décidé du contraire (la femme n'ayant pas à supporter les conséquences des mauvaises affaires de son mari et de la cession de son étude) a été cassée (C. cass., civ. 2e, 26.11.1975, pourvoi n° 74-14235).
Le cas est bien entendu différent si le conjoint débiteur se livre à une véritable organisation d'insolvabilité. Le conjoint, dans le cadre d'une procédure de divorce, dispose de moyens spécifiques. Il peut en effet obtenir des mesures tendant à surveiller le patrimoine commun (ou même propre à son conjoint) dans le cadre de mesures urgentes (voir *Les mesures d'urgence*, p. 47). Il peut également saisir le juge pénal (voir *Les pensions alimentaires impayées*, p. 393).

L'attribution du logement et des meubles à l'un des conjoints pendant la procédure de divorce peut également avoir une incidence sur le montant de la pension alimentaire entre époux et pour les enfants. La pension alimentaire peut en effet tenir compte du fait que l'époux, créancier de la pension, occupe avec les enfants gratuitement ou non le domicile conjugal.
Il est important que le juge spécifie clairement ce que recouvre exactement la pension alimentaire qu'il ordonne.
La pension alimentaire prend, dans la très grande majorité des cas, la forme d'une rente indexée. Quand elle n'est pas payée, elle peut faire l'objet de mesures de recouvrement des pensions alimentaires. En cas de défaut de paiement de la pension, c'est sur la base de l'ordonnance de non-conciliation qu'est apprécié l'impayé dans le cadre du délit d'abandon de famille ou d'une procédure civile de recouvrement.

À NOTER
Pension alimentaire et liquidation du régime matrimonial La question s'est posée de savoir si la pension alimentaire allouée en cours d'instance en divorce pouvait être récupérée lors des opérations de liquidation du régime matrimonial. À la suite d'une longue controverse, la Cour de cassation a décidé que la pension alimentaire n'est pas versée à titre d'avance sur la part de la communauté qui reviendra à l'époux créancier. Elle est due pendant l'instance en divorce au titre du devoir de secours et est donc acquise définitivement (C. cass., civ. 1re, 5.5.1999, pourvoi n° 97-17774).

La provision sur part de communauté

Il s'agit d'une disposition qui permet à un époux de demander à l'autre, si sa situation le rend nécessaire, de lui verser une provision sur la part de la communauté qui lui reviendra lors de la liquidation et du partage des biens (situation financière difficile, par exemple). La provision sur part de communauté suppose donc un état de nécessité.
Comme son nom l'indique, cette possibilité n'existe que pour les époux mariés sous le régime de la communauté. Il s'agit d'une provision, et cette avance sera ultérieurement imputée sur la part de communauté revenant à l'époux bénéficiaire de cette avance. Si la communauté comprend des liquidités, cela peut être intéressant pour l'époux qui va avoir à faire face à certaines dépenses (par exemple, relogement). La provision peut être versée sous forme de capital (quand la communauté est importante) ou de rente.

Cas pratique
Un arrêt a ainsi pu accorder à un conjoint une somme de 11 433,68 € à titre d'avance en retenant l'âge de l'épouse (70 ans), le fait qu'elle avait pris une location qu'elle avait dû meubler et que le patrimoine était évalué à 152 450 € (C. cass., civ. 1re, 5.1.1983, pourvoi n° 81-15676).

Les mesures concernant les enfants

Le juge statue sur l'exercice de l'autorité parentale et sur le droit de visite et d'hébergement, ainsi que sur la pension alimentaire à verser aux enfants (art. 256, C. civ.).
Une enquête sociale, une expertise médicale ou une médiation peuvent être ordonnées avant toute décision qui doit être prise en vue de l'intérêt de l'enfant. En principe, ces mesures seront souvent conservées lors de la décision définitive (voir *Les conséquences vis-à-vis des enfants*, p. 305).

Les expertises, la désignation d'un notaire et l'enquête sociale

Dès les mesures provisoires, le juge peut désigner un professionnel qualifié (un expert-comptable, un notaire, un commissaire-priseur...) en vue de dresser un inventaire estimatif ou de faire des propositions quant au règlement des intérêts pécuniaires des époux (art. 255, C. civ.). Le déroulement de la mission de ce professionnel est soumis aux règles de l'expertise.
Toujours pour l'expertise, dans un domaine bien différent, le juge peut également ordonner, dans certains dossiers « lourds », à la désignation d'un expert, psychiatre ou psychologue en vue d'examiner le ou les parents ou encore l'enfant. Les règles de l'expertise sont rigoureusement codifiées (CPC, art. 263 à 284-1 CPC).
Le juge peut également désigner un notaire en vue d'élaborer un projet de liquidation du régime matrimonial et de formation des lots à partager (art. 255, C. civ. ; art. 1136-1 à 1136-3, CPC). Il peut de même diligenter une enquête sociale quand les époux sont en conflit en ce qui concerne l'autorité parentale (voir *Les conséquences vis-à-vis des enfants*, p. 305).

› Les règles générales de l'expertise

Les règles relatives aux mesures d'instruction sont précisées sous les articles 232 et suivants du Code de procédure civile. La loi prévoit ainsi que l'expert doit accomplir sa mission avec « conscience, objectivité et impartialité ». Il doit donner son avis sur les points pour l'examen desquels il a été commis. Il ne doit jamais porter d'appréciation d'ordre juridique. Il peut demander aux parties et aux tiers communication de tous documents ou s'adresser au juge en cas de difficultés. En cas de carence des époux, l'expert informe le juge qui peut ordonner la production des documents, éventuellement sous astreinte, ou bien, le cas échéant, l'autoriser à passer outre et à déposer le rapport en l'état. Le juge peut tirer bien entendu toute conséquence de droit du défaut de communication des documents à l'expert (art. 275, CPC). Le juge n'est jamais lié par les constatations ou les conclusions d'un expert.

› L'expertise comptable pour vérifier les ressources du conjoint

Lorsque des contestations graves existent sur le montant des ressources et des charges réciproques des parties et, donc, sur le montant de la pension alimentaire ou de la prestation compensatoire à verser, l'époux demandeur peut avoir intérêt à solliciter une mesure d'expertise-comptable pour vérifier les ressources du conjoint, l'évolution de ses comptes bancaires et postaux, sa comptabilité, etc. (sur cette question, voir *La prestation compensatoire,* p. 205).

› La désignation du notaire

Le juge aux affaires familiales peut dès l'audience de conciliation désigner un notaire en vue d'élaborer un projet de liquidation du régime matrimonial et de formation des lots à partager (art. 255, C. civ.). Le notaire va tenter d'amener les époux à s'accorder sur un projet de partage. Cette disposition doit être combinée avec celle relative à la possibilité pour les époux de conclure des conventions de liquidation anticipée (art. 268, alinéa 2, C. civ.) et des accords pour la liquidation de leur régime matrimonial (art. 265-2, C. civ.) (voir *La liquidation du régime matrimonial,* p. 264).

Les mesures d'urgence

La finalité des textes concernant les mesures d'urgence est d'abord et essentiellement de permettre à l'époux, demandeur au divorce, de faire face aux réactions que peut avoir son conjoint en apprenant l'introduction d'une procédure de divorce. En effet, la phase initiale des divorces contentieux (notamment le divorce pour faute) est l'un des moments de la procédure où, en raison de la tension existant entre les époux, peuvent surgir des difficultés particulièrement aiguës nécessitant une réaction judiciaire immédiate.

Les caractéristiques des mesures urgentes

Les mesures provisoires ne sont prises que lors de l'audience de conciliation. Le délai d'attente entre le dépôt de la requête et l'audience peut être en moyenne entre un à trois mois.
Or, certaines mesures doivent être ordonnées immédiatement compte tenu des circonstances : tel peut être le cas pour tel époux qui veut partir de chez lui car il craint le danger que représente son conjoint pour lui et ses enfants ; pour tel autre, il s'agira d'empêcher un conjoint d'organiser son insolvabilité pour éviter le paiement de la prestation compensatoire ou de la pension alimentaire. Il en est de même pour celui qui veut que soit rapidement statué sur l'autorité parentale d'un enfant de crainte que l'autre parent l'emmène à l'étranger, ou pour tel autre qui veut faire désigner un administrateur judiciaire pouvant se faire remettre les documents sociaux intéressant les sociétés que contrôle le conjoint, établir un inventaire de son portefeuille d'actions, et surtout veiller à la conservation du patrimoine du couple. Cela pourra être également le cas pour celui qui veut interdire à son conjoint de vendre un bien ou de déménager des meubles…
Toutes ces questions peuvent avoir besoin d'une réponse immédiate et appropriée. La loi prévoit un important arsenal de mesures et de procédures permettant d'apporter une solution rapide aux différentes difficultés du couple.
Les mesures urgentes sont des mesures provisoires. Comme telles, elles suivent le régime de ces mesures, sous réserve des quelques particularités indiquées ci-après.

› Les mesures d'urgence sont des mesures provisoires

Ces mesures ne peuvent être demandées que pendant l'instance en divorce, à compter du dépôt de la requête en divorce et jusqu'à l'ordonnance de non-conciliation. Elles ne doivent pas constituer des mesures définitives anticipant par exemple sur le partage des biens entre les époux (par exemple, obligation de vendre un bien pour régler une dette).

› Elles varient suivant le type de procédure utilisée

C'est la principale difficulté de ce domaine : suivant le type de demande que l'on désire faire, il va falloir utiliser une procédure spécifique (assignation ou requête – voir ci-dessous).

À NOTER

différents types de mesures Ces mesures sont de deux ordres :
- des mesures personnelles ;
- des mesures financières.

Les mesures personnelles vont concerner l'enfant et le conjoint (autorisation de vivre séparément d'un conjoint violent, fixation de l'autorité parentale...).
Les mesures d'ordre financier vont consister principalement en des interdictions pour un des époux d'effectuer certains actes pour préserver le patrimoine (par exemple blocage des comptes bancaires, interdiction de vendre certains biens...), en des mesures d'administration des biens du couple (désignation d'un administrateur judiciaire aux fins d'inventaire), en des attributions d'une pension alimentaire pour un conjoint sans ressources, etc.
La pratique montre que ces procédures restent pour certaines peu utilisées.

Les différentes procédures d'urgence

› L'autorisation d'assigner à jour fixe

Le juge aux affaires familiales peut autoriser un époux à faire citer l'autre époux à jour fixe aux fins de conciliation (art. 1109, CPC). Le but de cette mesure est uniquement d'avancer la date de l'audience de conciliation pour obtenir plus rapidement les mesures provisoires. Elle a été conçue en pensant au très délicat problème d'enfants que l'un des époux entend emmener à l'étranger (sur cette question, voir *La prévention au moment du divorce*, p. 360). Il y a donc urgence à régler la question des droits de chaque parent sur l'enfant. Elle consiste en fait à avancer la date de l'audience de conciliation. C'est la procédure la plus fréquemment utilisée. Elle est intéressante, car le juge a le choix des mesures à prendre dans le cadre des mesures provisoires.

› La requête aux fins de mesures urgentes

Une autre possibilité consiste pour le demandeur au divorce, dès le dépôt de la requête, à demander au juge d'ordonner des mesures d'urgence. Il s'agit ici de mesures plus restreintes de protection contre un danger physique et de mesures de préservation du patrimoine de son couple des manœuvres de l'autre époux. Elles sont prévues par l'article 257 du Code civil qui cite la possibilité d'obtenir du juge la résidence séparée de son conjoint et des mesures conservatoires de protection du patrimoine.
Cette possibilité est accordée à celui qui demande le divorce (voir *Les procédures et règles communes*, p. 37). Qu'il suffise de rappeler ici que le juge peut être saisi par requête, que l'époux doit se présenter en personne et que l'autre conjoint n'est

pas informé du dépôt de la demande. La décision sera donc prise sans son accord. Cette procédure doit être maniée avec précaution car elle peut radicaliser l'attitude du conjoint, furieux de n'avoir pas été prévenu. En outre, il n'existe pas d'appel contre la décision (art. 1107, CPC). Le conjoint peut cependant contester la mesure à l'audience de conciliation (ou en référé).
Les deux autres types de procédure peuvent lui être préférés (référé matrimonial, sous réserve que le juge des référés se reconnaisse compétent – voir ci-dessous – ou autorisation d'avancer la date de l'audience de conciliation). Il est pourtant en pratique parfois nécessaire de ne pas mettre son conjoint au courant d'une procédure, compte tenu de son attitude et de la nature de l'urgence.

L'autorisation de résider séparément

La résidence séparée sera principalement ordonnée en présence de violence d'un époux vis-à-vis de son conjoint ou de ses enfants. C'est pour cette demande que la procédure d'urgence est le plus souvent utilisée. Il faut conseiller au conjoint victime de venir à l'audience avec la preuve des faits qu'il invoque (attestations médicales, témoignages de tiers...). Le juge doit être convaincu, lors de cette première audience, qu'il y a danger à rester auprès de l'autre époux et qu'une autorisation de partir s'impose et doit être immédiate.
Rappel : sur l'articulation entre la procédure de divorce et les mesures qui auraient été prises par le JAF dans le cadre d'une ordonnance de protection, voir *Le cas de la violence du conjoint (le « référé » protection)*, p. 78.

Les mesures de protection du patrimoine

L'introduction de l'instance en divorce peut donner l'idée à un conjoint, pour ne pas avoir à régler d'éventuelles pensions ou prestations, d'organiser son insolvabilité ou de diminuer la consistance de ses biens propres ou des biens dont il a l'administration conjointement avec son conjoint (biens communs). Des mesures s'imposent donc pour contrecarrer cette initiative. Ces mesures peuvent tout autant être prises pour des époux mariés sous le régime de la séparation de biens.
Il est possible de demander au juge aux affaires familiales :
- l'apposition de scellés sur les biens communs (pour éviter, par exemple, qu'un époux ne prenne tous les meubles du domicile conjugal). L'apposition de scellés a pour but d'éviter que l'un des époux ne dilapide les biens communs. La levée des scellés effectuée à la requête de l'époux est suivie d'un inventaire avec remise entre ses mains à titre de gardien de saisie du bien en question, qu'il continue d'administrer sans pouvoir les vendre (art. 1121-1, CPC) ;
- la saisie des comptes bancaires (c'est-à-dire le blocage des comptes ;
- l'inscription d'une hypothèque ;
- la désignation d'un séquestre (par exemple, pour éviter qu'un époux ne s'approprie les fonds provenant de la vente d'un bien commun), etc.

À NOTER

Les mesures concernant les enfants Pour certains tribunaux, le juge n'a pas le pouvoir d'accorder, dans le cadre de cette procédure, d'autres mesures que celles prévues par les textes. Ainsi il ne pourrait pas accorder à un époux une pension alimentaire pour un enfant ou un droit de visite et d'hébergement (qui serait du domaine de l'ordonnance de non-conciliation).

Certaines décisions n'hésitent pas à accorder, dans le cadre de la requête aux fins de mesures urgentes, les mesures de crise prévues par l'article 220-1 du Code civil, quand l'un des époux manque gravement à ses devoirs et met ainsi en péril les intérêts de la famille (l'article 220-1 du Code civil est cité expressément dans l'article 257. Cet article prévoit que le juge peut notamment interdire à un époux de faire, sans le consentement de l'autre, des actes de disposition sur ses propres biens ou sur ceux de la communauté, meubles ou immeubles. Il peut aussi interdire le déplacement des meubles, sauf à spécifier ceux dont il attribue l'usage personnel à l'un ou à l'autre des conjoints).
Au regard de cet article, ont pu être prescrites des mesures très coercitives (et variées) telles que :
- l'interdiction pour un époux, sans le consentement de l'autre, de vendre ses propres biens ou sur ceux de la communauté ;
- l'interdiction pour un époux, sans le consentement de l'autre, de déplacer les meubles, sauf à spécifier ceux dont il attribue l'usage personnel à l'un ou à l'autre des conjoints ;
- la réintégration des meubles au logement familial ;
- l'interdiction pour un époux, sans le consentement de l'autre, d'utiliser un véhicule automobile ;
- la restitution d'effets personnels ;
- la remise des clés du domicile conjugal ou celles d'un véhicule automobile indispensable pour se rendre à son travail ou pour conduire les enfants à l'école.

Cas pratique

Ainsi, dans une affaire soumise au tribunal de grande instance de Paris, un administrateur judiciaire a pu être désigné pour faire un inventaire et veiller à la conservation du patrimoine des époux ou de l'un d'entre eux pendant la procédure (ce au titre de l'article 257 du Code civil). Le juge a assorti cette mesure de l'interdiction de ne vendre aucun bien, qu'il soit mobilier ou immobilier (ce au titre de l'article 220-1 ; TGI Paris, 10.5.1976, D. 1978, 596).
Une autre décision a pu imposer à un époux d'obtenir du juge, jusqu'à la fixation de la prestation compensatoire, que le consentement de son conjoint soit rendu obligatoire pour qu'il puisse disposer de ses biens propres (C. cass., civ. 2e, 6.5.1987, pourvoi n° 86-11106).

L'acte accompli au mépris d'une des interdictions ci-dessus peut être annulé en s'adressant au tribunal (art. 220-3, C. civ.).

Le référé matrimonial

Le juge aux affaires familiales peut être saisi comme juge des référés, pour la période allant de la requête en divorce jusqu'à l'ordonnance de non-conciliation (en pratique jusqu'au placement de l'assignation en divorce) ; en effet, quand l'affaire est placée (enrôlée par le tribunal pour être jugée), c'est le juge aux affaires familiales, en sa qualité de juge de la mise en état, qui doit être saisi par l'avocat. Cela signifie qu'un époux (son avocat) assigne l'autre par voie d'huissier à une date rapprochée qui lui est indiquée par le greffe (art. 1074-1, CPC).
Il peut prescrire les mesures urgentes prévues par l'article 220-1 du Code civil, quand l'un des époux manque gravement à ses devoirs et met ainsi en péril les intérêts de la famille (art. 1290, CPC ; voir les exemples de péril page précédente). À ce titre, il semble possible de lui demander une pension alimentaire quand on se trouve dans un état d'extrême précarité.
Son rôle est cependant réduit à la portion congrue par la Cour de cassation. Il a en effet été jugé que le juge des référés était compétent, non pas pour statuer sur des mesures provisoires (par exemple, fixation d'une pension alimentaire, droit de visite et d'hébergement), mais uniquement sur les mesures prévues à l'article 257 du Code civil (voir *La requête aux fins de mesures urgentes*, p. 112) (C. cass., civ. 2e, 16.4.1986, pourvoi n° 84-17097). Cette jurisprudence est très critiquée.
La procédure de référé est pourtant très utilisée dans les grands barreaux (notamment Paris). Elle est très utile car elle permet de régler rapidement certaines questions ponctuelles de façon contradictoire (ce qui signifie que les deux parties sont entendues).

Cas pratiques

Quelle est la marche à suivre pour demander le divorce quand on ne peut plus vivre avec son conjoint (problèmes de coups et blessures et d'alcoolisme) ?

La première chose à faire est de prendre un avocat qui pourra rapidement déposer un dossier auprès du juge aux affaires familiales en demandant, le cas échéant, à titre de mesure urgente, la résidence séparée. Vous pouvez également demander l'expulsion de votre conjoint (art. 220-1, C. civ.) (voir *Les procédures et règles communes*, p. 37).

Je vais divorcer. J'ai besoin de façon urgente du double des clés de voiture et de la carte grise. Mon conjoint a une autre voiture, et j'ai besoin de celle-ci pour mon travail et pour conduire notre enfant à l'école. Que faire ?

S'il y a urgence, vous pouvez demander cette mesure au titre des mesures urgentes en même temps que sera déposée la requête en divorce (art. 257, C. civ.). Vous pouvez également saisir le juge aux affaires familiales en référé (assignation de votre conjoint par voie d'huissier).

Les différents cas de divorce

Le divorce par consentement mutuel

➤ **C'est le divorce statistiquement le plus rapide et le moins onéreux.**

➤ **Il se caractérise principalement par l'accord des époux concrétisé dans une convention unique qui règle le principe et les conséquences du divorce : les enfants, la pension alimentaire, la prestation compensatoire, le sort des biens, la liquidation du régime, etc.**

➤ **Cette convention est étudiée par le juge aux affaires familiales lors d'une seule audience.**

➤ **Une seconde comparution des époux peut cependant, dans certains cas, s'avérer nécessaire.**

Pourquoi choisir ce divorce ?

Choisir son divorce ne doit pas être laissé au hasard. Le divorce par consentement mutuel offre de nombreux avantages et quelques inconvénients. Un rendez-vous avec son avocat et son notaire s'impose.
Sur le plan statistique, on note que, en 2013, 125 109 divorces ont été prononcés dont 66 640 (53 %) par consentement mutuel (« Les chiffres clés de la justice 2014 », www.justice.gouv.fr).

Les avantages et les inconvénients

› Les avantages

Grand avantage de ce divorce : une procédure rapide qui privilégie une seule comparution devant le juge (2,6 mois en moyenne – « Divorces, une procédure à deux vitesses », *Infostat Justice*, n° 117, mai 2012). Par ailleurs, en ce qui concerne les voies de recours (qui ralentissent les procédures), contrairement aux autres types de divorce, la décision de divorce (qui homologue la convention des époux) ne peut pas faire l'objet d'un appel mais uniquement d'un pourvoi en cassation.
Cela peut être par ailleurs le divorce le moins onéreux si les deux époux prennent le même avocat et dans la mesure où il n'y a pas de frais d'huissier (pas d'assignation en divorce à faire délivrer ni de signification de jugement).
C'est enfin le divorce où les époux ont les plus grandes libertés (sous le contrôle du juge) puisqu'ils peuvent organiser la liquidation de leur régime matrimonial et le versement d'une éventuelle prestation compensatoire (par exemple, en prévoyant une rente temporaire, ce qui n'est pas possible sans accord des époux) au mieux de leurs intérêts.
C'est la dédramatisation du divorce par excellence. La réforme du divorce du 26 mai 2004 reposant, comme cela ressort des débats parlementaires, sur « le pari de la responsabilité et de l'autonomie des volontés individuelles », crée une procédure simplifiée comportant une comparution unique devant le juge : cette disposition entraîne une diminution de la durée de la procédure, un allégement du travail du juge, tout en lui permettant de procéder à une audience plus approfondie et d'inciter les époux à préparer bien en amont la convention réglant les conséquences de la séparation, avec le cas échéant le recours à des professionnels (avocats, notaires).
Statistiquement, ce divorce serait majoritairement utilisé par les classes aisées, dans les zones urbaines avec versement d'une prestation compensatoire en capital.

› Les inconvénients

Cependant, ce divorce impose une responsabilité accrue des époux. En effet, la rapidité de la procédure et la liberté des époux ont un prix : ils n'ont pas

le droit à l'erreur puisqu'une fois la convention homologuée (et le divorce rendu), ils ne peuvent pas, en principe, revenir sur ses dispositions (en dehors de celles concernant les enfants et la prestation compensatoire). Il est clair que cette procédure peut convenir aux jeunes couples sans enfant et sans patrimoine immobilier. Elle demande en revanche plus de vigilance aux avocats et aux juges quand un des époux est soumis à des pressions pour accepter ce divorce rapide. En outre, la procédure peut sembler simple et rapide mais elle est en réalité alourdie par le fait qu'il est en pratique obligatoire d'avoir liquidé le régime matrimonial avant même l'introduction de la procédure.
En effet, on avait pu constater pour les divorces sur demande conjointe (ancienne mouture du consentement mutuel) un contentieux relativement important de l'après-divorce, les époux tentant parfois de revenir sur les termes de la convention signée. Parfois ils invoquent une fraude à leurs droits, l'existence de biens omis lors du partage ou encore l'existence d'un accord entre eux sur la répartition de leurs biens qu'ils n'avaient pas soumis au juge. Le contrôle du juge, les conseils des intervenants (avocats, notaires...) sont donc indispensables.

Par rapport au divorce accepté

Le divorce pour acceptation du principe de la rupture du mariage (ou divorce accepté) correspond à la situation où les époux s'entendent sur le principe de la rupture mais s'en remettent au juge pour régler les conséquences de la séparation. Or, la grande spécificité du divorce par consentement mutuel est que les époux vont se mettre d'accord pour liquider leurs intérêts patrimoniaux avant le prononcé du divorce (c'est le « divorce tout compris »). Sous certaines conditions, cette possibilité existe aussi dans les autres cas de divorce (les époux peuvent soumettre au juge une convention de liquidation anticipée de leur régime matrimonial et (ou) une convention fixant les modalités de la prestation compensatoire). Mais ici il s'agit d'une condition sine qua non du prononcé du divorce : si le juge n'homologue pas la convention proposée par les époux, le divorce n'est pas prononcé. L'idée du texte est de concentrer le plus possible autour du jugement de divorce la fixation et la liquidation des intérêts pécuniaires entre époux.

Par rapport au divorce pour faute ou pour altération définitive du lien conjugal

Le divorce par consentement mutuel n'implique pas la démonstration d'une faute, l'effort des époux devant porter sur le règlement de l'après-divorce. Il n'implique également pas la preuve d'une séparation de vie commune pendant une certaine durée. Si l'un des époux ne veut pas divorcer, son conjoint ne peut bien entendu pas choisir cette formule qui nécessite un accord tant sur le principe que sur les conséquences de la rupture. Il peut engager une procédure pour faute ou pour altération définitive du lien conjugal puis le cas échéant tenter d'obtenir que la procédure soit transformée en divorce par consentement mutuel (art. 247, C. civ.) (voir le à noter de *Les règles particulières concernant l'autorité parentale, les enfants et la prestation compensatoire*, p. 137).

À quelles conditions peut être demandé le divorce par consentement mutuel ?

Ce divorce ne peut pas être engagé par ou contre une personne placée sous tutelle, curatelle ou sauvegarde de justice. Cette dernière condition s'impose dans la mesure où ce type de divorce est fondé sur l'accord des époux et qu'une personne vulnérable, placée sous un régime de protection judiciaire, ne peut pas donner valablement son accord (voir *Les procédures et règles communes*, p. 37, *Comment divorcer quand on est sous tutelle, curatelle ou sauvegarde de justice ?*, p. 63).

À NOTER

Un divorce sans juge ? Régulièrement des propositions sont faites en ce sens. La commission Guinchard avait remis en 2008 au garde des Sceaux de l'époque une proposition tendant à confier ce divorce au notaire.

Le 10 janvier 2013, le rapport « Le juge du XXIe siècle » préconise lui de transférer à un « greffier juridictionnel » le divorce par consentement mutuel, sans qu'il y ait lieu de distinguer en fonction de la présence d'enfants ou de la consistance d'un patrimoine.

Il n'est pas certain que cette nouvelle proposition ait une chance de survie supérieure aux précédentes, compte tenu notamment de l'encombrement des greffes et de l'opposition des avocats. Un autre argument s'oppose à cette innovation : la présence du juge reste le meilleur garant du libre consentement des époux.

Le rôle des professionnels

Divorcer va vous amener à rencontrer les professionnels du droit que sont l'avocat, qui va vous accompagner tout le long de la procédure, le juge aux affaires familiales, et, dans certains cas, le notaire.

Le juge

Compte tenu du type consensuel de ce divorce (divorce fondé sur la confiance entre les époux), le juge aux affaires familiales intervient peu. Par exemple, il n'a pas à faire d'enquête sur la composition des patrimoines de chacun quand un état liquidatif lui est soumis pour homologation. Pourtant, sa mission, telle qu'elle est voulue par les textes, reste très importante.

Elle consiste, d'une part, à vérifier le libre accord des époux : « Le juge homologue la convention et prononce le divorce s'il a acquis la conviction que la volonté de chacun des époux est réelle et que leur consentement est libre et éclairé » (art. 232, C. civ. ; l'accord dont il s'agit étant l'accord pour divorcer).

Il peut faire supprimer ou modifier des clauses de la convention proposant les mesures provisoires si elles lui paraissent contraires à l'intérêt des enfants (art. 1093, CPC). Il peut indiquer aux époux que l'homologation de cette convention, et donc le prononcé du divorce, seront subordonnés à telles conditions ou garanties qu'il estime utiles, notamment quant à l'autorité parentale et aux pensions alimentaires pour les enfants, ainsi qu'à la prestation compensatoire pour le conjoint. Si le projet de convention est établi avec l'aide d'un notaire, il pourra convoquer le notaire à l'audience (art. 1099, CPC).

Le juge vérifie si la convention préserve suffisamment les intérêts des enfants et/ou des époux. En cas de demande de prestation compensatoire, le juge bénéficie de l'attestation sur l'honneur des époux concernant leurs ressources, revenus, patrimoines et conditions de vie (art. 272, C. civ.) (voir *La prestation compensatoire*, p. 205).

Ce contrôle peut avoir des conséquences graves. En effet, conformément aux articles 232 du Code civil et 1100 du Code de procédure civile, si le juge n'est pas satisfait des termes de la convention, il pourrait ajourner le prononcé du divorce ou refuser d'homologuer la convention et donc ne pas prononcer le divorce.

L'avocat

Les époux doivent prendre un avocat dès le dépôt de la requête conjointe (art. 250, C. civ.). L'avocat doit recueillir l'accord du couple tant sur le principe que sur l'ensemble des conséquences du divorce. Le travail préalable entre avocat et client va s'avérer particulièrement déterminant dans ce type de divorce puisqu'une fois homologuée par le juge, la convention de divorce ne peut plus, en principe, être modifiée.

MON CONSEIL

Faut-il prendre le même avocat ? Un seul avocat, choisi d'un commun accord entre les époux, peut les représenter pendant la procédure (art. 250, C. civ. et art. 1090, CPC). C'est le seul divorce où cette possibilité existe.
Dans les faits, les époux recourent fréquemment à ce qui est considéré comme un des avantages de ce type de procédure car prendre un seul avocat est source d'économie et de gain de temps.
Ne prendre qu'un seul avocat doit être conseillé pour des couples sans enfant et ne possédant que des biens mobiliers de faible valeur. En revanche, la présence de deux avocats s'impose dans l'hypothèse d'un gros patrimoine ou s'il existe un contentieux latent quant aux conséquences du divorce (enfants, biens).
N'avoir qu'un seul avocat présente en effet un risque, en cas de difficultés entre les époux au cours de l'instance, l'avocat choisi ne pourra plus se présenter pour aucun des deux époux. Chacun devra alors se faire assister par un autre avocat pour recommencer la procédure.

Le notaire

Le travail du notaire est centré sur l'établissement de l'état liquidatif (ou la rédaction d'une convention d'indivision) quand les époux sont propriétaires de biens immobiliers. S'il n'y a qu'un seul notaire, il est choisi d'un commun accord entre les époux. En effet, dans la grande majorité des cas, un seul notaire intervient, mais rien n'empêcherait chaque époux de prendre son propre notaire.
Le rôle du notaire est important puisque, si le projet de liquidation et de partage des biens qu'il élabore ne paraît pas suffisamment prendre en compte les intérêts de l'un des époux, le juge peut refuser d'homologuer la convention à laquelle est annexé l'état liquidatif notarié, et par là même refuser de prononcer le divorce. En général, le couple et leur avocat préparent de concert avec le notaire tant la convention que les termes de l'état liquidatif. La concertation s'impose en effet puisque va être déterminée l'attribution de tel bien au mari et tel autre à la femme, tel passif à l'un et tel autre à l'autre, en considération de raisons pratiques (par exemple, l'époux qui va bénéficier du logement familial conservera à sa charge l'emprunt contracté pour ce logement, celui des époux qui, compte tenu de la disparité entre leurs revenus, doit verser à l'autre une prestation compensatoire abandonnera la soulte qu'il doit à son conjoint, pour se débarrasser définitivement de cette dette, etc.).
Les conseils du notaire et des avocats seront bien entendu précieux pour le couple souvent peu au fait des règles de répartition des biens. En pratique, les époux doivent prendre leur temps pour faire établir cet état liquidatif. Il est nécessaire de consulter le notaire en même temps qu'est accordé le premier rendez-vous de l'avocat, voire même en amont de ce rendez-vous. Il ne faut pas oublier que les époux doivent être d'accord sur tous les points, y compris les montages financiers, il convient notamment de bien se faire préciser les implications fiscales de telle ou telle opération.

Comment se déroule la procédure ?

La procédure débute par une requête signée par chacun des époux et leur avocat, précisant leur demande. Elle est déposée au greffe du tribunal qui convoque ensuite à une audience, époux et avocat(s). À cette requête est jointe une convention unique réglant le principe et les conséquences du divorce. Le juge examine, lors de l'audience, la demande avec chacun des époux, puis les réunit. Il appelle ensuite le ou les avocats.

La requête

La requête, qui n'indique pas les motifs du divorce, doit contenir, sous peine d'irrecevabilité (c'est-à-dire qu'à défaut de ces précisions elle est rejetée et doit être recommencée) :
1o l'état civil complet des époux avec date et lieu de mariage et, le cas échéant, l'état civil complet pour chacun de leurs enfants ;
2° le nom et l'adresse des caisses d'assurance maladie auxquelles sont affiliés les époux, les services ou organismes qui servent les prestations familiales, les pensions de retraite ou tous avantages de vieillesse ainsi que la dénomination et l'adresse de ces caisses, services ou organismes ;
3° l'indication de la juridiction devant laquelle la demande est portée ;
4° le nom du ou des avocats chargés par les époux de les représenter.
La requête est datée et signée par chacun des époux et leur avocat (art. 1090, CPC).
La requête doit en outre comprendre en annexe, également à peine d'irrecevabilité, la convention réglant le principe et les conséquences du divorce (prestation compensatoire, état liquidatif le cas échéant).
Chacun de ces documents doit être daté et signé par chacun des époux et leur avocat (art. 1091, CPC).
Une déclaration sur l'honneur concernant les revenus des époux doit être jointe en cas de demande de prestation compensatoire (art. 272, C. civ.) (voir *La prestation compensatoire,* p. 205).
Le juge est saisi par la remise de la requête initiale à son greffe (son secrétariat).

› L'état liquidatif

La liquidation des biens des époux préalable au divorce est une des grandes particularités de ce type de divorce. Un état liquidatif notarié est obligatoire quand la liquidation porte sur des immeubles conservés par l'un ou l'autre des époux. La loi précise, en effet, que l'état liquidatif doit être passé en forme authentique (devant notaire) lorsque la liquidation porte sur des biens soumis à la publi-

cité foncière. Ainsi, un état liquidatif portant sur un immeuble ne peut pas être établi par acte « sous seing privé » (sur papier libre et sans notaire).
En revanche, si l'immeuble est vendu en cours de procédure de divorce, un état liquidatif n'est pas nécessaire (à moins qu'il n'y ait d'autres immeubles), une simple attestation du notaire suffit.

À NOTER

De la nécessité d'un état liquidatif Un jugement ne peut pas prononcer un divorce et homologuer une convention si cette convention, à laquelle était simplement jointe une convention notariée d'indivision portant sur trois immeubles communs « à l'exclusion de tous les autres immeubles non cités », ne comporte pas d'état liquidatif de l'ensemble de la communauté (C. cass., civ. 2e, 11.7.1985, pourvoi n° 84-14220).
De même, un jugement ne peut pas se contenter d'un état liquidatif par acte sous seing privé alors que le patrimoine à partager contient des immeubles (C. cass., civ. 2e, 28.3.79, pourvoi n° 77-15598).
À défaut de respecter ces règles légales, le jugement peut être cassé (en raison du principe de l'indivisibilité entre le prononcé du divorce et la convention définitive) et les époux devront entamer une nouvelle procédure de divorce.

Cas pratique

Les époux sont-ils obligés de partager leurs biens ou peuvent-ils rester dans l'indivision ?

S'il est certain que le divorce met fin à la communauté ayant existé entre les époux, il est toujours possible à ceux-ci de maintenir leurs biens en indivision, leur ancienne qualité de mari et femme ne les excluant pas de ces dispositions d'ordre général. Une convention d'indivision peut donc être homologuée par le juge en cas de divorce par consentement mutuel.
L'intérêt peut être de permettre, à la suite de l'évolution du marché immobilier, une meilleure vente des biens. Les conventions d'indivision sont régies par les articles 815 et suivants du Code civil (convention de cinq ans maximum renouvelable par décision expresse des parties, etc.).
Il est toujours préférable de prévoir de façon précise dans la convention les conditions de cessation de l'indivision et celles relatives au partage du prix à la fin de l'indivision. Il faut également prévoir l'organisation de l'indivision au quotidien afin que cela ne soit pas, pour les ex-époux, une source de conflits (répartition des charges sur l'immeuble commun entre les indivisaires : charges de travaux, d'impôts...).
La convention d'indivision doit obligatoirement être rédigée par un notaire.

La convention réglant le principe et les conséquences du divorce

› Les mesures provisoires

Les époux peuvent proposer au juge aux affaires familiales un certain nombre de mesures valables jusqu'à la décision de divorce. Cela peut paraître étonnant puisque le divorce est prononcé à la suite de l'audience. Mais en fait, ces mesures provisoires pourront être validées par le juge (si elles sont conformes aux intérêts des enfants) en cas de refus d'homologation de la convention et de non-prononcé immédiat du divorce (voir ci-dessous) (art. 250-2, C. civ.). Les époux ont donc tout intérêt à les prévoir dans l'hypothèse d'un refus d'homologation. Elles concernent notamment la jouissance du logement de la famille et de ses meubles, l'autorité parentale sur les enfants, l'organisation du droit de visite et d'hébergement et le paiement des pensions alimentaires, le versement éventuel d'une provision pour frais de procès, le règlement provisoire des dettes (voir *Les mesures provisoires*, p. 95).

› Le règlement des intérêts patrimoniaux

La convention règle également tous les effets du divorce et comprend un état liquidatif du régime matrimonial ou une déclaration selon laquelle il n'y a pas lieu à liquidation. Elle contient donc les dispositions suivantes selon les cas :
- la demande d'usage du nom du conjoint ;
- l'attribution du logement à titre définitif ;
- le versement d'une prestation compensatoire et ses modalités ;
- la non-révocation des avantages et donations de biens à venir, comme la donation au dernier vivant (qui à défaut seraient révocables) (art. 265, C. civ.) (voir *Les conséquences du divorce sur les biens*, p. 253) ;
- la mention qu'il n'y a pas lieu à liquidation (ou au contraire le renvoi à l'état liquidatif notarié ou à la convention d'indivision notariée) ;
- le partage du coût du divorce ;
- une clause relative aux enfants (autorité parentale, lieu de résidence et pension alimentaire).

Cas pratiques

En cas d'imposition commune, la convention peut-elle prévoir une clause relative aux impôts qui resteraient dus sur le revenu du couple ?

Si les époux sont en principe solidairement tenus, face au fisc, du paiement de leurs arriérés d'impôt, sauf décharge de solidarité (art. 1685, CGI), rien ne les empêche, en effet, de prévoir entre eux une répartition de cette charge.

Sur la solidarité fiscale, voir Les conséquences fiscales du divorce, p. 293.

L'accord des époux (notamment dans la convention) s'impose-t-il aux tiers ?

La convention réglant les conséquences du divorce des époux, même homologuée en justice, ne peut avoir pour effet, en l'absence d'un accord du créancier, d'éteindre la dette de l'un des conjoints et n'a de force obligatoire qu'entre les époux.

Ce principe, important, de l'effet relatif aux seuls époux (et non aux tiers) des conventions passées entre les époux a donné lieu à l'affaire suivante :
Deux époux avaient obtenu un prêt pour acquérir un fonds de commerce. Il était stipulé dans ce prêt qu'ils s'engageaient solidairement envers la banque. Dans le cadre de leur divorce (à l'époque sur demande conjointe), ils indiquaient dans la convention définitive que le fonds était attribué au mari, à charge pour lui de finir de rembourser le prêt. L'année suivante, le mari tombait en liquidation judiciaire, et la banque assignait l'ex-épouse en paiement de l'arriéré. La banque a obtenu gain de cause. Cela était logique dans la mesure où elle n'avait pas participé à l'accord signé entre les époux (C. cass., civ. 1re, 2.6.1992, pourvoi n° 90-17499).

Une audience unique et le prononcé du divorce

La procédure ne comporte qu'une seule audience devant le juge aux affaires matrimoniales (au lieu de deux auparavant). À cette audience, le juge homologue la convention proposée réglant les conséquences du divorce « s'il a acquis la conviction que la volonté de chacun des époux est réelle et que leur consentement est libre et éclairé ». Le divorce est alors immédiatement prononcé (art. 250-1, C. civ. et art. 1103, CPC).
À l'inverse, quand une condition de base du divorce n'est pas remplie, le juge peut rejeter la demande en divorce. Tel est le cas par exemple si un des époux ne veut plus divorcer.
Il peut également rendre une décision d'ajournement en laissant une seconde chance au couple de divorcer (voir ci-dessous).

Une seconde convention peut être proposée

Si le juge estime que cette convention préserve insuffisamment les intérêts d'un des époux ou des enfants, il peut refuser de l'homologuer et rendre une ordonnance d'ajournement. Dans ce cas, le divorce n'est pas prononcé. La jurisprudence parue sous l'empire de l'ancienne législation où ces notions existaient déjà conserve son actualité.

Cas pratique

Dans quels cas peut-il y avoir renvoi à une autre audience ?

Il peut y avoir refus d'homologation d'une convention qui octroie à l'épouse, à titre de prestation compensatoire, des parts de société, alors que ces parts s'avéraient être sans valeur, la société ayant été mise en liquidation judiciaire quatre mois après cette attribution (CA Paris, 7e ch. B, 10.10.1990).
Il en est de même en cas d'insuffisance notoire de la contribution du père à l'entretien de son enfant (CA Douai, 7e ch., 27.3.1980).

Le juge aux affaires familiales doit, dans son ordonnance d'ajournement, informer les époux qu'ils devront présenter une nouvelle convention avant l'expiration d'un délai de six mois. L'ordonnance fait mention de cette information et de son contenu. Elle précise les conditions ou garanties auxquelles seront subordonnés l'homologation de la nouvelle convention et, en conséquence, le prononcé du divorce. Elle comprend, le cas échéant, les mesures provisoires. Après avoir déposé leur nouvelle convention, le couple est convoqué par lettre simple quinze jours avant l'audience. L'objectif est de permettre, dans ce cas particulier, l'organisation judiciaire de la séparation des époux, en garantissant leurs droits respectifs, ainsi que la protection de l'intérêt des enfants.
La loi a en effet voulu éviter aux époux d'avoir à recommencer toute la procédure si le juge estime que la convention n'est pas entièrement satisfaisante, en leur donnant une seconde chance. Mais attention : si dans ce délai, une nouvelle convention n'est pas proposée ou si le juge aux affaires familiales refuse à nouveau de l'homologuer, la demande en divorce sera considérée comme caduque (art. 230 à 232, art. 250-3, C. civ.). Cela entraînera comme conséquence la caducité des mesures provisoires (la pension alimentaire pour les enfants n'aura plus à être versée...).

Les voies de recours

› L'appel

L'ordonnance qui prononce le divorce ne peut pas faire l'objet d'un appel, mais seulement d'un pourvoi en cassation (art. 1103, CPC).
L'ordonnance d'ajournement peut faire l'objet d'un appel dans les quinze jours, le délai commençant à courir à compter de la date de la décision. Le délai de six mois pour présenter une nouvelle convention est alors suspendu (art. 1100 et 1102, CPC).

› Le pourvoi en cassation

Le délai de pourvoi en cassation est de quinze jours à compter du prononcé de la décision qui prononce le divorce (art. 1103, CPC).
Pour faire transcrire la décision de divorce à l'état civil, les avocats doivent demander au greffe de la Cour de cassation un « certificat de non-pourvoi » pour être certain qu'aucun recours en cassation n'a été intenté.

› L'effet suspensif limité du pourvoi en cassation

L'article 1087 alinéa 2 du Code de procédure civile, modifié par le décret du 29 octobre 2004, prévoit que l'effet suspensif qui s'attache au pourvoi en cassation et à son délai (voir *Les procédures et règles communes*, p. 37) ne s'applique pas aux dispositions de la convention homologuée concernant les pensions entre époux (dans l'hypothèse d'une séparation de corps), la contribution à l'entretien et à l'éducation du ou des enfants et l'exercice de l'autorité parentale.

Il est en effet indispensable, pendant le délai du pourvoi en cassation et son éventuel exercice, de prévoir le maintien de mesures accessoires permettant d'organiser la vie des enfants (circulaire du 26 novembre 2004).

À NOTER
La copie exécutoire La délivrance des copies exécutoires des jugements de divorce par consentement mutuel est possible, même si les formalités d'enregistrement n'ont pas été exécutées (art. 862, CGI).

› La tierce opposition des créanciers

Les créanciers de l'un ou l'autre des époux peuvent faire déclarer que la convention homologuée leur est inopposable (c'est-à-dire qu'ils peuvent ne pas en tenir compte) en formant une « tierce opposition » contre la décision d'homologation dans l'année qui suit la transcription du divorce. La transcription du divorce est le moyen par lequel les tiers, et notamment les créanciers, vont être informés des accords survenus entre les époux.
La loi offre la possibilité aux tiers de contester ce partage auquel ils n'ont pas été parties, en formant tierce opposition au jugement, en cas de fraude à leurs droits (par exemple, s'ils prouvent le caractère fictif du partage).
En revanche, l'action paulienne, c'est-à-dire l'action ouverte aux créanciers pour attaquer les actes commis par leur débiteur en fraude de leurs droits, leur est refusée par la jurisprudence (art. 1167, C. civ.) (C. cass., civ. 1re, 23.11.2011, pourvoi n° 10-26802).

Qui paie les dépens ?

Les dépens de l'instance sont partagés par moitié entre les époux si leur convention n'en dispose autrement.

Le contentieux suscité par la convention signée entre les époux

En dehors de ces voies de recours (appel dans certains cas, pourvoi en cassation et tierce opposition pour les créanciers), prévues expressément par la loi, la pratique a imaginé d'autres moyens d'attaquer non le jugement de divorce mais la convention homologuée par le juge. La question s'est en effet posée de savoir si, finalement, on pouvait dissocier le divorce proprement dit du partage des biens entre les époux.

Un partage peut en effet être attaqué, notamment s'il est gravement déséquilibré (c'est ce que l'on appelle la lésion ; voir page suivante) ou s'il y a preuve d'une fraude ou d'une pression d'une partie sur l'autre (art. 1101 et s., C. civ.). Le problème est qu'ici il ne s'agit pas d'un partage ordinaire mais d'un partage homologué par un juge et lié au prononcé du divorce. Dans certains cas bien particuliers, est-il possible pour un des ex-époux qui s'estime lésé par le partage des biens d'attaquer la convention homologuée après le divorce ? L'hypothèse est celle d'un divorce qui est devenu définitif et a été transcrit à l'état civil. Puis, par exemple, un époux découvre une fraude de son conjoint, que le partage est « lésionnaire » (c'est-à-dire très déséquilibré) ou encore qu'un bien (ou une dette) a été omis du partage.
Après une longue controverse, la Cour de cassation a posé le principe de l'indivisibilité entre le prononcé du divorce et l'homologation de la convention des époux : « Le prononcé du divorce et l'homologation de la convention définitive ont un caractère indissociable et ne peuvent plus être remis en cause hors des cas limitativement prévus par la loi » (C. cass., civ. 2e, 6.5.1987 ; 5.11.2008, pourvoi n° 07-14 439).
On a vu en effet que le juge aux affaires familiales ne peut pas à la fois refuser d'homologuer la convention et prononcer le divorce (art. 1094, CPC), les deux sont donc indissociables. Le divorce est intervenu suite à un véritable consentement mutuel, c'est-à-dire qu'il y a eu accord sur le principe du divorce et une convention pour en régler les conséquences, les deux étant liés. « Principe et conséquences du divorce sont en réalité les éléments indissociables d'un tout » (Doyen Carbonnier).

À NOTER

Modification d'un commun accord de la convention Les époux peuvent se mettre d'accord pour modifier la convention homologuée. Cependant, dans ce cas, ils doivent soumettre au juge une nouvelle convention qui doit elle-même être homologuée. Un simple accord établi entre eux, même écrit, ne suffit pas (C. cass., civ. 2e, 11.1.2005, Actualité Juridique Famille, 3/2005, p. 104).

Le dol, la lésion, la fraude

Les tribunaux refusent donc, pour la plupart, de rouvrir les débats et de remettre en cause le partage, que ce soit dans le cadre d'une action fondée sur le dol (manœuvres mensongères d'un des conjoints pour obtenir un avantage) ou sur la lésion (la lésion de plus du quart d'un partage entraîne en effet la possibilité de remettre en cause ce partage, en application de l'article 887 du Code civil).

Cas pratiques

Une convention homologuée par le juge prévoyait l'allocation à la femme d'une prestation compensatoire sous forme de rente viagère. Le mari prétendait après le divorce que son consentement avait été « vicié » car il avait tenu pour valables les affirmations de son épouse, lors de la seconde audience, selon lesquelles elle était sans emploi alors qu'elle exerçait en fait une activité rémunérée. Il demandait donc par la suite l'annulation du partage en ce qui concernait la prestation compensatoire. Les tribunaux lui ont refusé cette annulation en estimant qu'il n'y avait pas preuve de manœuvres mensongères constitutives d'un dol (C. cass., civ. 2e, 13.11.1991, pourvoi n° 90-17840).

Dans une autre affaire, deux époux avaient rédigé, dans le cadre de leur divorce, une convention dans le cadre de laquelle le mari recevait un immeuble commun et la femme une soulte (c'est-à-dire la contrepartie en argent). Le notaire précisait que la soulte avait été payée hors comptabilité. Le divorce était prononcé. La femme assigna par la suite son ex-mari en prétendant qu'elle n'avait pas été entièrement payée. La Cour de cassation refusa en raison du principe de l'indivisibilité existant entre la convention et le divorce. La convention fait corps avec le jugement de divorce qui l'a homologuée et ne peut être attaqué que par les voies de recours prévues contre le jugement (C. cass., civ. 2e, 19.2.1986, pourvoi n° 82-16601).

La liquidation et le partage de la communauté se prêtent facilement à des opérations susceptibles de porter atteinte au droit des créanciers personnels des époux. Les créanciers vont tenter, dans de telles hypothèses, de faire déclarer le partage à eux inopposable. On a vu plus haut que les créanciers disposent de la voie de recours appelée tierce opposition contre le jugement homologuant le partage. Pour la Cour de cassation, ils ne disposent pas d'autre possibilité d'attaquer un partage qu'ils estiment frauduleux et notamment ils ne peuvent se prévaloir de l'action paulienne.

L'action paulienne est l'action ouverte aux créanciers pour attaquer les actes faits par leur débiteur en fraude de leurs droits (art. 1167, C. civ.).

> **Cas pratique**
> Une société demandait que lui soit déclarée inopposable, par le biais de l'action paulienne, la convention homologuée par laquelle le débiteur de cette société avait attribué à sa femme, à titre de prestation compensatoire, l'immeuble appartenant au couple, qui se trouvait justement constituer l'intégralité de l'actif de la communauté, à charge pour elle de régler le prêt en cours. Cette demande a été rejetée par la Cour : « ... après son homologation par le jugement prononçant le divorce, la convention définitive revêt la même force exécutoire qu'une décision de justice et ne peut être attaquée que par les voies de recours ouvertes par la loi dans lesquelles n'entre pas l'action paulienne de l'article 1167 du Code civil... » (C. cass., civ. 2e, 25.11.1999, pourvoi n° 97-16488).

Les biens ou les dettes omis du partage

En ce qui concerne les biens ou les dettes omis dans la convention homologuée, la jurisprudence est plus divisée. Il ressort en effet de l'article 279 du Code civil que la convention homologuée ne peut être modifiée que par une nouvelle convention entre époux, également soumise à homologation. Il n'est donc possible de modifier la convention que par une autre convention signée par les époux. En clair, les époux doivent être d'accord pour un partage complémentaire. Les deux seules exceptions ont trait aux modifications concernant l'autorité parentale et la pension alimentaire pour les enfants (voir ci-dessous).

› L'omission des biens

La question s'est cependant posée du sort des biens que les époux avaient omis dans la liquidation de la communauté. L'hypothèse est la suivante : pour une raison ou pour une autre, l'état liquidatif n'est pas exhaustif car les époux ont décidé de laisser certains biens en dehors de la liquidation (immeuble, compte-titre, fonds de commerce...). Ou encore, un époux a caché l'existence de ce bien à l'autre qui le découvre plus tard. Un époux décide donc de saisir à nouveau le tribunal en lui demandant d'annuler le premier partage et de procéder à un nouveau partage incluant le bien précédemment omis. Face à ce problème, la réaction des juridictions n'est pas uniforme.
Pour certaines décisions, si un bien a été omis, une décision de justice ne peut pas faire entrer ce bien et accueillir la demande en partage du prix de vente. Cela aboutirait en effet à une modification judiciaire de la convention, ce qui est contraire aux termes de l'article 279 du Code civil.

Cas pratique
Une femme divorcée sur demande conjointe assigne son ex-mari pour faire juger qu'un immeuble acquis pendant le mariage, mais ne figurant pas dans la convention, constituait un bien commun. Elle voulait obtenir sa part sur le prix de vente d'une partie de cet immeuble. Elle souhaitait aussi obtenir le paiement de la moitié des loyers perçus, par son ex-mari, du locataire de l'autre partie de l'immeuble. La cour d'appel lui avait donné gain de cause en faisant entrer cet immeuble dans la composition de l'actif commun. Selon la Cour de cassation cependant, qui a cassé cet arrêt, cela aboutissait à modifier la convention sans l'accord des parties. Il n'était donc pas possible de revenir sur le partage (C. cass., civ. 2e, 29.11.1995, pourvoi n° 92-21960).

Cependant, d'autres décisions ont jugé, comme en matière de partage ordinaire, que l'on peut procéder à un partage complémentaire (C. cass., civ. 1re, 22.2.2005, pourvoi n° 02-13745). L'époux peut également demander l'application de la sanction du recel de biens de communauté, prévue par l'article 1477 du Code civil, ainsi que le paiement de dommages et intérêts pour la faute commise par l'ex-conjoint au cours de l'élaboration de la convention (sur le recel de communauté, voir *La liquidation du régime matrimonial*, p. 264).

Cas pratique
Un acte de liquidation, annexé au divorce, était silencieux sur un fonds de commerce, qui postérieurement au divorce n'était exploité que par le mari. La femme demandait après le divorce le partage de ce bien. Sa demande a été acceptée par la Cour qui remarque que ce bien est un bien de la communauté qui n'avait pas été compris dans l'état liquidatif du régime matrimonial des époux, joint à la convention définitive homologuée par le juge. Il n'en avait plus été fait mention dans le projet de convention étudiée par le juge lors de la première audience (C. cass., civ. 1re, 3.7.1996, pourvoi n° 94-18594).

Une décision de la Cour de cassation a rejeté, en l'absence de précision dans la convention concernant le sort d'un immeuble commun, la demande de l'épouse tendant à revenir sur un partage, opéré par moitié, effectué par le notaire, entre elle et son mari. La nouveauté de cet arrêt est que la femme voulait revenir sur l'accord donné par elle au partage complémentaire effectué sans l'accord du juge, en se fondant sur une violation de l'article 279 du Code civil. Or, auparavant, la deuxième chambre de la Cour de cassation (voir ci-dessus) refusait de procéder au partage d'un bien, omis de la convention définitive, à la demande d'un époux. Seul un nouvel accord, homologué par le juge, pouvait pallier l'omission de règlement contenu dans la première convention. Ici, elle accepte de considérer comme valable un partage complémentaire effectué par le notaire et accepté par les deux époux alors même qu'elle ne l'a pas homologué (C. cass., civ. 2e, 27.1.2000, pourvoi n° 97-14657).

À NOTER

Revenir seul devant le juge Rappelons qu'il est toujours possible de revenir à deux devant le juge du divorce, en application de l'article 279 du Code civil (voir ci-dessus). La question se pose, bien entendu, si un seul des époux entend saisir le juge aux affaires familiales d'un partage complémentaire. Les tribunaux autorisent effectivement aujourd'hui ces demandes, et ce, après bien des hésitations (C. cass, civ. 1re, 30.9.2009, pourvoi n° 07-12592). Ainsi, « si la convention définitive homologuée ne peut être remise en cause, un époux divorcé demeure recevable à présenter une demande ultérieure tendant au partage complémentaire de biens communs ou de dettes communes omis dans l'état liquidatif homologué » (C. cass, civ. 1re , 13.12.2012, pourvoi n° 11-19098).

› L'omission des dettes

La règle est-elle la même quand c'est une dette qui a été omise de l'état liquidatif homologué ? Selon la dernière jurisprudence, les époux divorcés peuvent effectivement présenter une demande ultérieure tendant au partage complémentaire de biens communs ou de dettes communes omis dans l'état liquidatif homologué.

Cas pratique

Le remboursement des dettes communes

Dans une convention homologuée par le juge du divorce, des époux étaient partagés sur le remboursement de différents prêts sans tenir compte d'un acte notarié par lequel ils avaient renégocié avec leur banque des « prêts consommation ». Reprochant à son ancienne épouse de ne pas avoir respecté ses engagements, le mari l'assigne devant le tribunal de grande instance pour la voir condamner à lui rembourser ces dettes communes dont il s'était acquitté postérieurement au divorce. Il demandait en parallèle la vente aux enchères d'un immeuble appartenant indivisément aux anciens époux, omis dans la convention définitive. Ces demandes ont été reconnues comme valables par la Cour de cassation (C. cass., civ.1re, 30.9.2009, pourvoi n° 07-12592).

MON CONSEIL

Le danger des accords clandestins Certains époux peuvent avoir l'intention de passer des accords « secrets » concernant la liquidation de leurs intérêts et de ne pas les soumettre au juge aux affaires familiales pour qu'il les homologue (voir *L'omission des biens,* p. 134). Il est important de savoir que ces conventions secrètes sont dépourvues de toute valeur juridique, et ce quelle que soit la date de leur signature.

.../...

Avant le prononcé du divorce, la règle est que la convention soumise à l'homologation du juge doit porter règlement complet des effets du divorce. Les conventions des parties intéressant directement ou indirectement ce règlement ne sont donc valables que si elles sont homologuées, et ce quel que soit le régime matrimonial des époux.
Après le divorce, la même règle s'applique, car, sauf exception, la convention homologuée ne peut être modifiée que par une nouvelle convention homologuée.

Les règles particulières concernant l'autorité parentale, les enfants et la prestation compensatoire

Il reste possible de modifier la convention pour les dispositions concernant l'autorité parentale ainsi que celles concernant la pension alimentaire pour les enfants.
En ce qui concerne la prestation compensatoire, elle peut être modifiée soit en fonction d'une clause de variation figurant dans l'acte, soit dans les conditions du droit commun (voir *La prestation compensatoire*, p. 205).

À NOTER
Transformer son divorce en divorce par consentement mutuel Les époux, quand ils engagent une procédure de divorce fondé sur la faute ou l'altération définitive du lien conjugal, peuvent à tout moment de la procédure demander au juge de constater leur accord pour que leur divorce soit prononcé par consentement mutuel, en lui présentant une convention réglant les conséquences de celui-ci (art. 247, C. civ.).

Cas pratiques
En cas de séparation de fait depuis sept ans, existe-t-il un divorce simplifié, car nous sommes d'accord sur tout ?
Il faut prendre contact avec un avocat qui pourra engager, au vu du dossier, le cas échéant, un divorce par consentement mutuel. L'avocat choisi sera celui qui est compétent au choix du domicile d'un des époux. Il faut noter qu'il existe une autre forme de divorce en cas de séparation de fait depuis plus de deux ans qui est le divorce pour altération définitive du lien conjugal.

Peut-on écrire dans le projet de convention que la totalité des frais sont à la charge d'un des époux (dans les faits celui qui a pris l'initiative du divorce) ?
Oui, cela est tout à fait possible puisqu'il s'agit d'un divorce d'accord où les époux ont beaucoup de liberté pour la rédaction des accords passés entre eux. Les frais et honoraires peuvent parfaitement être pris en charge par un seul époux.

Le divorce par acceptation du principe de la rupture du mariage (ou divorce accepté)

➢ **Le divorce accepté implique que les époux soient d'accord sur le principe du divorce mais pas forcément sur ses conséquences.**

➢ **Dans ce type de divorce, il n'est en principe plus possible pour un époux de revenir sur le principe de la rupture une fois l'accord donné devant le juge lors de l'audience de conciliation.**

➢ **Des passerelles sont prévues permettant de transformer un divorce pour faute ou pour altération en divorce accepté.**

Pourquoi choisir ce divorce ?

Le divorce accepté est un divorce qui peut intéresser de nombreux couples peu tentés par un divorce conflictuel mais qui ne peuvent entamer un divorce par consentement mutuel. Il représente statistiquement plus de 24 % en 2010 **(Évolution statistique des mariages et des divorces,** ***17 février 2012 : www.justice.gouv.fr).***

Les avantages et les inconvénients

Ce divorce constitue une alternative au divorce par consentement mutuel permettant au couple de divorcer d'un commun accord. Il représente la majorité des cas en matière de divorce, à savoir un accord de principe sur la rupture du mariage mais qui ne va pas jusqu'à envisager le règlement de toutes les conséquences de la rupture.

Par rapport au divorce par consentement mutuel

Contrairement au divorce par consentement mutuel, ce cas de divorce correspond à la situation où les époux s'entendent sur le principe de la rupture mais s'en remettent au juge pour en régler les conséquences. Rien n'empêche en revanche les époux, et ils y ont tout intérêt, de demander au juge dans ce type de divorce d'homologuer une convention consacrant leur accord sur le sort des enfants, les modalités de fixation de la prestation compensatoire (prévoyant une rente temporaire par exemple, ce qui n'est pas possible à défaut d'accord entre les époux), ou la liquidation de leur régime matrimonial (art. 265-1, art. 268, C. civ.).

Il peut également correspondre au cas où l'un des conjoints refuse de prendre l'initiative du divorce mais prend acte de la rupture du mariage et ne s'oppose pas à la demande de l'autre. C'est pourquoi on l'appelle aussi « divorce résignation ».

Par rapport au divorce pour faute ou altération définitive du lien conjugal

Cette formule a l'avantage d'une double reconnaissance par les membres du couple de la rupture de leur union, sans reconnaissance de culpabilité. Elle exige un divorce non fondé sur des griefs précis mais sur le constat objectif de la rupture du mariage. Le divorce pour incompatibilité d'humeur longtemps refusé par les tribunaux dans le cadre des divorces pour faute peut prendre sa place ici. Mais ce

divorce repose sur l'accord des époux. Le divorce pour faute (ou pour altération définitive du lien conjugal) retrouve son intérêt à défaut d'accord.
Compte tenu des passerelles existant entre les différentes procédures, un époux peut engager une procédure pour faute ou pour altération définitive du lien conjugal puis le cas échéant tenter d'obtenir que la procédure soit transformée en divorce pour acceptation du principe de la rupture du mariage (art. 247-1, C. civ.) (voir le à noter de *L'assignation ou la requête conjointe : impossibilité de changer la cause du divorce*, p. 145).

Les caractéristiques du divorce par acceptation du principe de la rupture du mariage

Le divorce par acceptation du principe de la rupture du mariage se caractérise notamment par l'accord des époux sur le principe du divorce et également sur le contrôle exercé par le juge aux affaires familiales lors de l'audience de conciliation.

L'accord

Ce divorce impose l'accord des époux limité au principe du divorce sans considération de sa cause et à l'exclusion de ses conséquences. L'article 233 du Code civil précise en effet : « *Le divorce peut être demandé par l'un ou l'autre des époux ou par les deux lorsqu'ils acceptent le principe de la rupture du mariage sans considération des faits à l'origine de celle-ci.* »

Il n'est donc pas besoin d'invoquer des faits rendant le maintien de la vie commune intolérable, comme c'était le cas antérieurement et l'époux défendeur n'aura pas à reconnaître ces faits. Il suffit juste pour le couple de dresser le constat objectif d'une rupture du mariage.

Cet accord peut intervenir à tout moment de la procédure (art. 1123, CPC).

Le contrôle du juge lors de l'audience de conciliation et la présence de deux avocats

Des garanties sont prévues lors de l'audience de conciliation avec :

- le contrôle par le juge aux affaires familiales de l'accord des époux ;
- la présence de deux avocats pour prononcer le divorce.

En effet lors de cette audience « *si le juge a acquis la conviction que chacun des époux a donné librement son accord, il prononce le divorce et statue sur ses conséquences* » (art. 234, C. civ.).

L'accord sur le principe de la rupture ne peut intervenir qu'en présence des deux avocats des époux compte tenu de son caractère en principe irrévocable (il n'est plus possible pour un des conjoints de changer d'avis).

À NOTER

Un principe : l'avocat est obligatoire Le principe en matière de divorce est que l'avocat est obligatoire pour celui qui engage une procédure de divorce (le demandeur). Celui contre lequel la procédure est engagée (le défendeur) n'a l'obligation de prendre d'avocat qu'à la suite de l'assignation qu'il reçoit (voir *Comment se déroule la procédure (hors divorce par consentement mutuel) ?*, p. 42). Ainsi, dans un certain nombre de cas, et bien que cela soit fortement déconseillé, le défendeur se présente sans avocat lors de l'audience de conciliation. Or, dans le cas d'un divorce prononcé pour acceptation du principe de la rupture du mariage, les époux ne peuvent accepter le principe de la rupture du mariage (et le prononcé du divorce qui en est la conséquence) que s'ils sont chacun assistés d'un avocat (art. 233 et 253, C. civ.).

Concrètement, à l'audience de conciliation, si les époux sont d'accord, leur acceptation est constatée immédiatement dans un procès-verbal dressé par le juge et signé par les époux et leurs avocats respectifs. Il est annexé à l'ordonnance. Le juge renvoie alors les époux à introduire l'instance pour qu'il prononce le divorce et statue sur ses effets, la cause du divorce demeurant acquise. Le procès-verbal est annexé à l'ordonnance. Il doit, à peine de nullité, rappeler le caractère non rétractable de l'acceptation, même par la voie de l'appel.

L'accord donné ultérieurement

Les époux peuvent également se mettre d'accord entre l'audience de conciliation et l'introduction de l'instance (art. 1123, CPC). Dans ce cas, leur accord doit être recueilli dans un écrit signé de leur main par lequel ils déclarent accepter le principe de la rupture du mariage sans considération des faits à l'origine de celle-ci. Comme pour le procès-verbal d'acceptation, chaque déclaration doit rappeler qu'il n'est plus possible ensuite de se rétracter. Pour valoir acceptation, ces déclarations doivent être annexées à la requête conjointe (dans ce cas de figure, il semble que les époux n'ont pas le choix et ne doivent pas utiliser l'assignation).

Enfin, l'acceptation des époux peut être formalisée après l'introduction de l'instance. Il s'agit alors de la mise en œuvre de la « passerelle » prévue par l'article 247-1 du Code civil (voir ci-dessous). La demande doit être formulée de façon expresse et concordante dans les conclusions des parties. Chaque époux doit annexer à ses conclusions sa déclaration d'acceptation. Ces déclarations doivent également rappeler qu'il n'est plus possible ensuite de se rétracter.

La rétractation

Il n'est pas possible pour un époux de revenir sur le principe de la rupture une fois l'accord donné (et ce même en appel) (art. 233, C. civ.).
Un avis rendu par la Cour de cassation (n° 0080004P du 9 juin 2008) précise cependant que :
« *L'appel général d'un jugement prononçant un divorce sur le fondement des articles 233 et 234 du Code civil, même si l'acceptation du principe de la rupture du mariage ne peut plus être remise en cause, sauf vice du consentement, ne met pas fin au devoir de secours, la décision n'acquérant force de chose jugée qu'après épuisement des voies de recours.* »
La Cour de cassation retient donc la possibilité de contester le jugement prononçant un divorce accepté dans le cadre d'un appel en cas de vice du consentement, à savoir le dol, la violence ou l'erreur.

L'assignation ou la requête conjointe : impossibilité de changer la cause du divorce

Les époux qui auront déclaré lors de l'audience de conciliation qu'ils acceptent le principe de la rupture du mariage et le prononcé du divorce sur le fondement de l'article 233 du Code civil ne peuvent engager l'instance ultérieure que sur ce même fondement. En clair, l'assignation ne pourra viser que ce type de divorce (art. 257-1, C. civ.).
Ils peuvent choisir l'assignation ou la requête conjointe, sauf dans le cas visé plus haut, à savoir celui où le choix de ce divorce s'effectue entre l'audience de conciliation et l'introduction de l'instance. Dans ce cas, ils doivent établir une requête conjointe (art. 1123, CPC).

À NOTER

Transformer son divorce en divorce accepté La loi prévoit que les époux peuvent, à tout moment de la procédure, lorsque le divorce a été demandé pour altération définitive du lien conjugal ou pour faute, demander au juge de constater leur accord pour que le divorce soit prononcé pour acceptation du principe de la rupture du mariage (art. 247-1, C. civ.). La demande doit être formulée de façon expresse et concordante dans les conclusions des époux. Chaque époux annexe sa déclaration d'acceptation à ses conclusions. Ces déclarations doivent rappeler qu'il n'est plus possible ensuite de se rétracter (art. 1123, CPC).

Le divorce pour altération définitive du lien conjugal

➤ Le divorce pour altération définitive du lien conjugal est un divorce à la demande d'un seul époux qui est imposé à l'autre, qu'il soit ou non consentant, et que le juge doit prononcer si les conditions en sont réunies.

➤ Le juge doit constater la cessation de la communauté de vie entre les époux pendant deux années.

➤ Ce divorce peut également être prononcé contre le conjoint qui a introduit l'instance en invoquant une faute sans en justifier. Dans ce cas, il n'est pas obligatoire de prouver une durée de séparation de deux ans.

Pourquoi choisir ce divorce ?

Il peut s'agir du divorce qui s'impose lorsque l'on est séparé de son conjoint mais que l'on ne peut (ou ne veut) invoquer aucune faute à son égard et qu'un accord sur le principe du divorce est exclu. La part de ces divorces est, selon une étude du ministère de la Justice, de l'ordre de 24 % **(« Évolution statistique des mariages et des divorces », 17.2.2012, www.justice.gouv.fr).**

Les avantages et les inconvénients

On a appelé ce divorce : « divorce répudiation ». En effet, il donne la possibilité de divorcer à un conjoint qui ne peut pas prouver la faute de l'autre ni obtenir son consentement pour divorcer. Il lui suffit de prouver une séparation pendant un délai de deux ans.

Le divorce pour rupture de la vie commune que remplace ce divorce, avait été très critiqué car il aboutissait à imposer à un conjoint contre lequel aucun reproche n'était formulé une rupture du mariage. C'est pourquoi dans l'esprit de l'ancienne législation, ce dernier pouvait s'opposer au divorce en invoquant « l'exceptionnelle dureté » que celui-ci entraînerait pour lui (par exemple, du fait de sa religion, de sa fragilité psychologique, de son âge…). Si le divorce était prononcé il pouvait obtenir un certain nombre d'avantages.

Toutes ces spécificités ont disparu dans le cadre du divorce pour altération définitive du lien conjugal mais il faut savoir que le prononcé de ce divorce peut entraîner, comme cela sera expliqué plus loin, la condamnation à des dommages et intérêts à un époux en réparation « des conséquences d'une particulière gravité qu'il subit du fait de la dissolution du mariage », s'il est défendeur à un divorce pour altération définitive du lien conjugal, et qu'il n'a pas formé de demande en divorce (art. 266, C. civ.).

Par rapport au divorce d'accord (consentement mutuel ou acceptation du principe de la rupture)

Ce divorce prend sa place quand aucun accord ne peut être trouvé avec son conjoint sur le principe de la rupture et encore moins sur ses conséquences.

Par rapport au divorce pour faute

C'est la seule solution dont dispose un époux pour divorcer d'un conjoint contre lequel il ne peut pas invoquer de faute (ou qui ne le souhaite pas). Il permet de demander le divorce de manière unilatérale après un délai de séparation de fait de deux ans. Selon les travaux parlementaires « la philosophie de ce texte est la reconnaissance de la liberté individuelle de chacun des époux au sein du mariage qui implique qu'il n'est pas possible qu'un conjoint soit contraint de demeurer contre son gré marié ».

D'ailleurs, le divorce pour altération définitive du lien conjugal est possible quand un conjoint a introduit l'instance en invoquant une faute sans arriver à la prouver et que son conjoint a présenté une demande reconventionnelle de divorce pour altération définitive du lien conjugal (art. 246, C. civ.) car, selon l'exposé des motifs du projet « l'impossibilité de maintenir le lien conjugal est, dans cette hypothèse, pleinement caractérisée ».

C'est aussi le seul cas qui peut être utilisé contre un conjoint qui refuse le divorce. Celui qui veut divorcer n'a d'ailleurs pas besoin d'attendre que le délai de deux ans soit atteint avant de déposer sa requête, puisque ce délai doit exister au moment de l'assignation en divorce. Un époux peut donc déposer sa requête en divorce (qui ne doit pas indiquer le fondement) et après l'audience de non-conciliation qui organise les mesures provisoires, attendre que ce délai de deux ans soit atteint et bénéficier entre-temps des mesures provisoires (qui ont une durée de validité de 30 mois) (voir *Les mesures provisoires,* p. 95).

En attendant la jurisprudence à paraître sur la base des nouveaux textes, la jurisprudence, citée au cours de cette partie, parue dans le cadre du divorce pour rupture de la vie commune semble devoir conserver tout son intérêt.

Quand le demander ?

Celui qui demande ce divorce doit prouver une cessation de la communauté de vie durant les deux années précédant l'assignation en divorce.
Celui contre lequel une procédure de divorce pour faute est engagée peut en réclamer le bénéfice sans avoir à justifier de durée de séparation si le divorce pour faute est rejeté.

La cessation de vie commune

Selon la loi, le divorce peut être demandé par l'un des époux « lorsque le lien conjugal est définitivement altéré » (art. 237, C. civ.).
Cette rupture ou « altération » du mariage résulte de la cessation de la communauté de vie entre les époux durant les deux années précédant l'assignation en divorce (art. 238, C. civ.).
La loi ne définit pas ce qu'est la « cessation de communauté de vie ». Cette définition a été donnée par les tribunaux qui retenaient comme critère, pour l'ancien divorce pour rupture de la vie commune, la cessation de toute communauté de vie affective et matérielle entre les époux. Mais ils réservaient le cas des nécessaires relations entre les époux, notamment pour leurs enfants ou leurs affaires communes, ou tout simplement l'entretien de bonnes relations entre eux. L'important est qu'il n'y ait pas une reprise réelle d'une vie commune comportant une cohabitation et une intimité d'existence et impliquant l'intention, pour celui qui est parti, de vivre séparé de son conjoint à l'avenir.
Cette jurisprudence reste d'actualité.

Cas pratique

• Une épouse s'oppose au divorce, car elle estime qu'il y a toujours communauté d'intérêt entre elle et son mari. Ils avaient passé plusieurs séjours de vacances en famille avec enfants et petits-enfants dans l'une de leur propriété indivise secondaire. De plus, son mari lui avait adressé un courrier dans lequel il regrettait de ne pas l'avoir revue et souhaitait la voir prochainement, en même temps qu'il faisait état des différents problèmes posés par l'entretien de leurs deux propriétés. Tous ces éléments, selon elle, faisaient la preuve de la continuité de liens affectifs et d'une communauté patrimoniale d'intérêts. Ces arguments n'ont pas été retenus par les juges. En effet les factures étaient adressées à l'époux et son avis d'imposition pour les revenus 2003 concernait son seul revenu. D'autre part, selon les déclarations mêmes de son épouse, il vivait, depuis une date bien antérieure au 26 juillet 2003, avec sa concubine. Selon la Cour de cassation, la seule existence de biens immobiliers indivis était insuffisante à caractériser une communauté de vie au sens de l'article 238 du Code civil. De même les courts séjours de l'époux dans une résidence familiale avec les enfants et petits-enfants n'étaient pas établis (C. cass., civ. 1re, 14.4.2010, pourvoi n° 09-14672).

• Un époux quitte le foyer conjugal pour vivre avec sa maîtresse, dont il a un enfant. Il conserve de bonnes relations avec son épouse. Ces relations n'ont cependant comporté ni cohabitation ni intimité d'existence et n'ont pas impliqué pour le mari l'intention de vivre autrement que séparé de sa femme. Le divorce a pu être prononcé en raison de la rupture prolongée de la vie commune compte tenu de ces éléments (C. cass., civ. 2e, 11.7.1979, pourvoi n° 78-14593).

• À l'inverse, un homme qui menait une double vie avec sa maîtresse s'est vu refuser ce divorce, n'ayant pas rompu toute cohabitation avec sa femme (C. cass., civ. 2e, 2.10.1980, pourvoi n° 79-11538).

MON CONSEIL

La preuve Dans ce type de divorce, la difficulté consiste souvent à rapporter la preuve qu'il y a effectivement eu séparation de fait pendant deux années continues. En effet, l'époux contre lequel la demande en divorce est formée peut contester la durée (il n'y a pas deux ans que les époux sont séparés) ou la réalité de cette séparation (le délai de deux ans a été interrompu par une reprise de la vie commune), s'il ne veut pas d'un divorce imposé. C'est à celui qui a pris l'initiative du divorce d'apporter cette preuve. Elle résultera en général de la réunion de plusieurs éléments : certificat de concubinage, quittance de loyer à une autre adresse que le logement de la famille, témoignages…

En ce qui concerne l'origine de la séparation entre les époux, pour les tribunaux, il n'existe aucune distinction à faire quant aux circonstances ayant accompagné cette séparation et notamment s'il s'agit de :
- un abandon du domicile conjugal par un époux ;
- une séparation de fait d'un commun accord ;
- une résidence séparée organisée dans le cadre d'une ordonnance de non-conciliation (art. 255, C. civ.) ;
- une résidence séparée prévue par le juge en cas d'échec de la procédure de divorce (art. 258, C. civ.) (voir *Le rejet du divorce*, p. 59).

Dans ces deux derniers cas, la preuve du point de départ de la séparation de fait sera facilitée puisqu'il suffira de faire état de la décision entraînant la résidence séparée.

Cas pratiques

Le juge peut-il soulever d'office le fait que la séparation n'ait pas duré deux ans ?

Non, le juge ne peut pas relever d'office le moyen tiré du défaut d'expiration du délai de deux ans (art. 1126, CPC). C'est donc au conjoint d'être vigilant et de soulever ce point.

Mon mari demande le divorce pour altération définitive du lien conjugal. Je refuse le divorce après 32 ans de mariage. Nous sommes certes séparés, mais c'est à titre tout à fait temporaire et provisoire. Mon mari séjourne chez sa mère pour lui permettre de faire le point. Le divorce peut-il quand même être prononcé ?

Si votre mari prouve avoir quitté le domicile conjugal plus de 2 ans avant l'assignation en divorce et qu'il n'y réside plus depuis, le divorce peut effectivement être prononcé. Ce qui compte pour les juges est que toute communauté affective ait cessé entre les époux depuis cette date. Peu importe les intentions de chacun (C. cass., civ. 1re, 23.10.2013, pourvoi n° 12-21131).

La réponse à un divorce pour faute

Le divorce peut également être prononcé pour altération définitive du lien conjugal sans considération de délai de rupture de la vie commune dès lors que la demande présentée sur ce fondement est formée à titre reconventionnel (en réponse) à un divorce pour faute (et que le divorce pour faute est rejeté) (art. 238, alinéa 2 et 246, C. civ.).

Il a été jugé qu'en cas de rejet de la demande principale en divorce pour faute, le juge doit obligatoirement prononcer le divorce pour altération définitive du lien conjugal (C. cass., 1re, 5.1.2012, pourvoi n° 10-16359).

Les caractéristiques

Le divorce pour altération définitive du lien conjugal se caractérise notamment par la possibilité pour celui qui demande ce divorce d'être condamné à des dommages et intérêts si le divorce entraîne des conséquences d'une particulière gravité pour son conjoint.

La condamnation à des dommages et intérêts

L'article 266 du Code civil permet de prendre en compte « les conséquences d'une particulière gravité », pour l'époux défendeur à un divorce pour altération définitive du lien conjugal pour lui permettre d'obtenir des dommages et intérêts, subit du fait de la dissolution du mariage lorsqu'il n'a pas lui-même formé de demande en divorce (art. 266, C. civ.).
Il appartient au juge d'évaluer ces conséquences d'une particulière gravité et les dommages et intérêts. Comme dans le passé pour l'exceptionnelle dureté, elles pourront être liées à l'âge de l'époux défendeur, qui, par exemple, ne lui permettra pas de trouver d'activité professionnelle, ou à la durée du mariage dont la rupture a entraîné un grave préjudice moral.
Parallèlement, la Cour de cassation a toujours admis que l'existence de ces dispositions n'empêchait pas l'application, en matière de divorce, des dispositions de l'article 1382 du Code civil à condition que le préjudice invoqué ne résulte pas de la seule dissolution du mariage (voir *Article 1382 du Code civil*, p. 189).

Le divorce pour faute présenté en réponse à une demande en divorce pour altération définitive du lien conjugal

Si, dans le cadre d'une instance introduite pour altération définitive du lien conjugal, le défendeur demande de son côté le divorce pour faute (comme l'abandon du domicile conjugal ou l'adultère), le demandeur peut invoquer les fautes de son conjoint et modifier le fondement de sa demande pour invoquer la faute de son conjoint (art. 247-2, C. civ.).

Les demandes formées en même temps

Si une demande pour altération définitive du lien conjugal et une demande pour faute sont présentées concurremment, le juge examine en premier lieu la demande pour faute. S'il rejette celle-ci, le juge statue sur la demande en divorce pour altération définitive du lien conjugal (art. 246, C. civ.).

La charge des dépens

Les dépens de l'instance sont à la charge de l'époux qui en a pris l'initiative, à moins que le juge n'en dispose autrement (art. 1127, CPC).

À NOTER

Les passerelles Les époux ont la possibilité de demander à tout moment de la procédure la transformation de leur divorce pour altération définitive du lien conjugal en divorce par consentement mutuel ou en divorce accepté (art. 247 et 247-1, C. civ.).

De même, confronté à une demande reconventionnelle pour faute, le demandeur peut transformer sa demande en divorce pour faute (art. 247-2, C. civ.).

Le divorce pour faute

➤ **Le divorce pour faute représente une forme de divorce-sanction pour la violation des obligations du mariage.**

➤ **Les époux doivent être vigilants concernant la méthode employée pour recueillir la preuve des faits fautifs de leur conjoint.**

➤ **Un divorce prononcé aux torts exclusifs d'un conjoint peut entraîner sa condamnation à des dommages-intérêts et la suppression du bénéfice de la prestation compensatoire.**

Pourquoi choisir ce divorce ?

La réforme du divorce du 26 mai 2004 a modifié et assoupli les différents cas de divorce sur la base du constat qu'encore trop de divorces étaient prononcés pour faute. Dans l'esprit de la réforme, il ne devrait être retenu dorénavant qu'en cas de violations graves des devoirs du mariage (et notamment les violences conjugales).
Selon une étude commandée par le ministère de la Justice, le divorce pour faute connaît une baisse continue depuis 2005. Sur 133 909 divorces en 2010, la part des divorces pour faute n'est que de 10 %, loin derrière les divorces par consentement mutuel et même les divorces acceptés (Évolution statistique des mariages et des divorces, *17 février 2012 : www.justice.gouv.fr).*

Les avantages et inconvénients

Le divorce pour faute peut être considéré en un premier lieu comme un divorce-sanction.
Ce type de divorce peut être utilisé également de façon résiduelle, à défaut d'une autre solution, quand le conjoint refuse toute idée de divorce.
On constate dans la pratique l'utilisation du divorce pour faute par des époux qui sont pourtant d'accord pour divorcer, mais qui ne veulent pas utiliser une autre procédure (ce qui peut démontrer une méconnaissance de la formule du divorce accepté). Ce sont souvent ces mêmes époux qui demanderont la non-énonciation des griefs dans le jugement.
En pratique, un nombre considérable de divorces sont prononcés aux torts partagés (ou réciproques) plutôt qu'aux torts exclusifs.

Les conditions du divorce pour faute

Le divorce peut être demandé par un époux sous les conditions suivantes :
– les faits sont imputables à l'autre ;
– les faits constituent une violation grave ou renouvelée des droits et obligations du mariage ;
– les faits rendent intolérable le maintien de la vie commune.

Les faits doivent être imputables à l'autre époux

› Prouver la faute

Dans le cadre de ce type de divorce, il est nécessaire de prouver une faute du conjoint. Un simple constat d'incompatibilité de caractères et de mode de vie ne suffit pas, en principe, à entraîner le prononcé du divorce. Il ne faut pas oublier qu'il existe d'autres cas de divorces et notamment le divorce pour altération définitive du lien conjugal qui peut correspondre à ce cas de figure.

Cas pratique

Une illustration de cette règle est donnée de façon nette dans un arrêt de la cour d'appel d'Aix-en-Provence. Des époux étaient séparés depuis de nombreuses années d'un commun accord pour motif d'incompatibilité d'humeur et de modes de vie, vivant de manière totalement indépendante, sans entretenir le moindre rapport affectif et sans avoir jamais formé le moindre projet de reprise d'une vie commune. Pour la cour, si la demande en divorce n'est que l'aboutissement normal d'un système de vie décidé d'un commun accord, il n'existe pas réellement de violation des obligations du mariage autorisant un divorce pour faute. Un divorce ne peut donc aboutir dans ce contexte, « *les époux disposant au demeurant d'autres procédures de divorce correspondant à leur cas* » (on pense bien sûr au divorce par consentement mutuel. CA Aix-en-Provence, 15.9.1982 ; voir également C. cass., civ. 2e, 8.10.1986, pourvoi n° 85-14397).

De même, une mésentente avérée et une situation de fait dégradée, acceptée par les époux (chacun s'enfermant dans une rancœur à l'égard de l'autre) ne suffisent pas à entraîner le prononcé d'un divorce aux torts partagés (C. cass., civ. 1re, 11.1.2005, pourvoi n° 03-12.802).

› Des actes intentionnels

Celui qui veut divorcer doit prouver que les actes commis par son conjoint présentent un « élément intentionnel ». Autrement dit, ce dernier doit avoir commis l'acte qui lui est reproché (abandon, violences, etc.) volontairement et avec lucidité.

Dans certains cas particuliers, cette preuve n'est pas facile à apporter. Si l'attitude de votre conjoint résulte, par exemple, de troubles mentaux, ces faits ne peuvent pas, selon la loi, lui être imputés et, par là même, entraîner un divorce pour faute (C. cass., civ. 1re, 12.11.2009, pourvoi n° 08-20710). Il faut ici signaler une décision qui a cependant précisé que les troubles psychiques mis en évidence par l'expertise psychiatrique ordonnée dans le cadre de la procédure, s'ils pouvaient atténuer la responsabilité de l'épouse, n'excusaient pas l'intégralité des manquements commis. Il s'agissait en l'espèce d'idées délirantes de persécution entraînant de nombreuses crises violentes. Ainsi l'époux apportait la preuve que sa femme ne contribuait plus aux charges du mariage, qu'elle l'injuriait et négligeait l'entretien de la maison. De tels comportements s'analysaient en une faute au sens de l'article 242 du Code civil (C. cass., civ. 1re, 16.6.2011, pourvoi n° 10-17566).

MON CONSEIL

Si vous formulez une demande de divorce pour faute, et si votre conjoint réplique sur ce même fondement ou s'oppose à votre demande, il ne vous est pas possible d'opter, en cours de procédure, pour une procédure de divorce fondée sur l'altération définitive du lien conjugal (voir *Passer d'un divorce à l'autre,* p. 13) (CPC, art. 1077).

Ainsi, si votre demande basée sur la faute de votre conjoint est rejetée en l'absence de preuve, vous devrez recommencer toute la procédure.

Cela vaut la peine d'étudier avec votre avocat tous les cas de divorces envisageables en fonction de votre dossier et, notamment, le divorce pour altération définitive du lien conjugal, possible après deux ans de séparation.

Un comportement fautif

Les faits doivent constituer soit une violation grave, soit une violation qui, sans être forcément grave, est une violation renouvelée des droits et obligations du mariage.

› Les violations graves

Certains faits, même s'ils sont uniques, sont suffisamment graves pour entraîner le divorce.

À NOTER

Les actes de violence Un acte de violence sur la personne du conjoint est une violation grave des obligations du mariage.

› Les violations renouvelées

Il s'agit de faits qui, s'ils n'étaient arrivés qu'une fois, ne justifieraient pas le divorce, mais leur répétition peut avoir cette conséquence.

À NOTER
Le comportement Un comportement méprisant ou injurieux pour un conjoint peut, s'il est répété, justifier un divorce pour faute.

› Quels sont les droits et obligations du mariage ?

Les devoirs du mariage sont la fidélité, le secours, l'assistance, le respect, la contribution aux charges du mariage et la cohabitation (art. 212 à 215, C. civ.). Ils continuent à s'appliquer pendant l'instance en divorce (voir *Pendant la procédure, on reste marié*, p. 69).

■ Les faits doivent rendre la vie commune intolérable

La loi exige une double condition : les faits doivent constituer une violation grave ou renouvelée des droits ou obligations du mariage et ces faits doivent rendre la vie commune intolérable.
En effet, si un époux a vécu pendant de nombreuses années dans ces conditions, et qu'il se met à reprocher des faits déjà anciens à son conjoint, le juge risque de soulever le fait que ces faits n'ont rien d'insupportable ou d'intolérable et de le débouter de son action. Certaines juridictions recherchent si les faits reprochés (aventures extraconjugales notamment) sont bien à l'origine de la rupture du mariage ou non. Tel ne sera pas le cas par exemple si les faits sont anciens.

De façon générale, les tribunaux ont tendance à déduire de la preuve de faits graves le caractère intolérable de la vie commune (C. cass., civ. 1re, 11.1.2005, pourvoi n° 02-12314).

Autres précisions apportées par la jurisprudence

› Les faits doivent avoir eu lieu pendant le mariage

Une des conséquences est que les faits reprochés peuvent être commis pendant l'instance en divorce, puisque le mariage n'est pas encore dissous.

> **Cas pratique**
> Un adultère commis après l'ordonnance de non-conciliation autorisant la résidence séparée, ou même entre le jugement de divorce et l'arrêt statuant sur l'appel de ce jugement, peut entraîner le prononcé du divorce aux torts de l'époux fautif.
> Des coups et blessures commis par le mari sur sa femme postérieurement au dépôt de la requête en divorce peuvent entraîner le prononcé d'un divorce aux torts du mari.

Pour les tribunaux, en effet, il n'existe pas d'immunité pour des fautes commises par les époux, leur ôtant leur caractère de gravité, sous prétexte que ces fautes ont été commises en cours de procédure de divorce.

› Mais certains faits antérieurs au mariage peuvent être exceptionnellement retenus

Certaines cours d'appel ont en effet retenu dans le passé certains faits graves antérieurs au mariage, notamment dans la mesure où leur connaissance par le conjoint l'aurait dissuadé de se marier (par exemple, une incarcération pour des faits criminels : CA Nancy, 18.5.1998, Juris-Data n° 1998-044071).
Pourtant, l'article 180 du Code civil prévoit, dans le cadre d'une autre procédure, celle de la nullité du mariage, un certain nombre d'hypothèses dont celle de « l'erreur sur la personne »…
La Cour de cassation n'a, à notre connaissance, pas statué sur cette question.

Certaines fautes peuvent-elles être excusées ?

Les faits peuvent perdre de leur gravité et donc, le cas échéant, empêcher le prononcé du divorce s'ils sont excusés par les agissements de l'autre époux. En effet, les fautes commises par un époux peuvent enlever aux faits qu'il reproche à son conjoint le caractère de gravité qui en aurait fait une cause de divorce (art. 245, C. civ.). Dans cette hypothèse, il doit y avoir une certaine relation de cause à effet entre les fautes que se reprochent les époux.
Par exemple, il ne sera pas tenu compte de l'abandon du domicile conjugal en présence de violences (C. cass., civ. 1re, 12.11.2009, pourvoi n° 08-21281 : cas où l'épouse avait été chassée du domicile).

De façon générale, le juge, quand les époux invoquent de part et d'autre des griefs, va faire le point sur chacun d'eux (Est-il prouvé ? Peut-il être excusé par une faute de l'autre… ?) et prononcera ensuite en conséquence soit une décision de rejet du divorce (on parle de débouté), soit un divorce aux torts exclusifs, soit encore un divorce aux torts partagés (cas le plus fréquent). Sur cette question, voir *L'incidence des fautes réciproques entre époux,* p. 178.

Peut-on obtenir du juge la non-énonciation des griefs ?

Par souci de discrétion, les parties peuvent demander au juge de ne pas énoncer expressément les torts et griefs (art. 245-1, C. civ.). Si le jugement est ensuite communiqué à une administration ou consulté par les enfants ou par d'autres héritiers, ils n'auront pas connaissance des causes réelles de mésentente des époux. La demande doit être faite par les deux époux « de façon expresse et concordante » (art. 1128, CPC). Les deux époux doivent donc demander chacun cette mesure. Cet article autorise alors le juge à prononcer le divorce sans avoir à énoncer les torts et griefs des parties.

Cela ne dispense pas le juge de fonder le divorce sur des torts constituant des fautes conjugales au sens de l'article 242 du Code civil. Le divorce peut, par exemple, être prononcé aux torts exclusifs et bénéficier de la non-énonciation des griefs. Cette possibilité prévue par la loi consiste simplement à ne pas énumérer et décrire les fautes dans le jugement de divorce. Le juge va se borner à indiquer dans le jugement qu'il existe des faits constitutifs d'une cause de divorce selon le Code civil.

Le rôle des professionnels

Il faut bien savoir qu'aucun grief n'est en soi une cause de divorce. Il faut que ce grief entre dans le cadre des restrictions posées par l'article 242 du Code civil. Va donc jouer ensuite l'habileté de la présentation du dossier par l'avocat et la recherche de la preuve.

Le juge aux affaires familiales

Le rôle du juge est de contrôler le respect du principe du contradictoire (échange des pièces et des conclusions). Il ne peut en aucune façon :
- relever d'office, pour prononcer le divorce aux torts exclusifs de l'un des époux, une faute commise par celui-ci envers l'autre ;
- ne pas tenir compte de tous les griefs qui lui sont présentés. Ainsi, il ne peut pas se contenter d'énoncer, sans préciser les griefs écartés, qu'un époux ne rapporte pas d'élément de preuve à l'appui de ses accusations (C. cass., civ. 2e, 20.6.1996, pourvoi n° 94-21997).

> **Cas pratique**
> Si un des époux demande le divorce et que l'autre ne formule pas de demande reconventionnelle, c'est-à-dire qu'il se contente de contester la demande de divorce mais ne demande pas de son côté le divorce, le divorce ne peut pas être prononcé aux torts exclusifs de celui qui l'a demandé (C. cass., civ. 2e, 11.7.1988, pourvoi n° 87-15447).

Les époux et les avocats : la recherche de la preuve

Ce sont les époux qui construisent, avec les avocats, leur argumentation, apportent la preuve des griefs qu'ils invoquent et se répondent par le biais de leurs « conclusions » (écrit matérialisant les prétentions). En matière de divorce, la preuve se fait par tous moyens notamment par l'aveu, les lettres échangées entre le conjoint et un tiers, les constats dressés par un huissier, les attestations écrites et les témoins entendus dans le cadre d'une enquête ordonnée par le juge aux affaires familiales (art. 259 et s., C. civ.). Le juge peut écarter des débats un élément de preuve dont un époux veut faire usage s'il a été obtenu par violence ou fraude (art. 259-1, C. civ.).

› Les lettres et journaux intimes

Un époux peut apporter comme élément de preuve des griefs qu'il invoque la correspondance adressée par son conjoint à des tiers (même adressée par le conjoint aux descendants, voir *Les témoignages et les attestations*, p. 168), son journal intime, un carnet de bord ou tout autre document du moment qu'il ne l'a pas obtenu par fraude ou violence (C. cass., civ. 2e, 6.5.1999, pourvoi n° 97-12437 ; art. 259-1, C. civ.). Ont par exemple été déclarés recevables des SMS reçus sur le téléphone portable professionnel d'un époux, s'il n'est pas prouvé que ces messages ont été obtenus par violence ou fraude (C. cass., civ 1re, 17.6.2009, pourvoi n° 07-21796).

La plupart des tribunaux, en effet, refusent de sanctionner ce type d'attitude en relevant une violation de la vie privée (art. 9, C. civ.). Tout est, bien entendu, appréciation du cas d'espèce, comme souvent en matière de divorce, et les décisions peuvent varier d'une juridiction à l'autre. Pour la Cour de cassation, cependant, le principe, en matière de divorce, est la liberté de la preuve, et seule une fraude ou une violence entraînerait le rejet de cette preuve des débats.

Cette jurisprudence est critiquée compte tenu du caractère déloyal du procédé (un journal intime est censé resté secret, une correspondance ne devrait pas pouvoir être exposée à la justice sans l'accord de son auteur...). En effet, ce sera à l'époux destinataire de la lettre de rapporter la preuve d'une fraude ou d'une violence, et cette preuve pourra être difficile. Par exemple, pour les tribunaux, ne sont pas considérées comme obtenues irrégulièrement les lettres découvertes par un des époux au domicile conjugal et utilisées ultérieurement en original ou même en photocopie. En revanche, l'interception d'une lettre pourra être considérée comme irrégulière. Il s'agit d'ailleurs d'un agissement sanctionné sur un plan pénal par l'article 226-15 du Code pénal (violation de correspondance).

À NOTER

La violation de domicile Le domicile est inviolable. Cela signifie que personne ne peut pénétrer chez un particulier sans le consentement de celui-ci. Sur un plan pénal, la violation de domicile par un particulier est constituée lorsque celui-ci s'est introduit dans le domicile d'un autre particulier, à l'aide de manœuvres, menaces, voies de fait ou contrainte. Mais le Code pénal réprime également le fait de se maintenir par les mêmes moyens dans le domicile d'autrui.

Il a été jugé que le fait pour un époux de rester dans l'ancien domicile malgré une décision de justice attribuant la jouissance du logement familial à son conjoint pouvait constituer le délit de violation de domicile (C. cass., crim., 9.12.1998, pourvoi n° 97-80758).

L'introduction ou le maintien illégal dans le domicile d'autrui est puni d'un an de prison et de 15 000 € d'amende (art. 226-4, C. pén.).

Un huissier amené à la demande d'un client à faire un constat d'adultère chez un particulier va devoir demander l'autorisation du tribunal (voir *Le constat d'adultère*, p. 167).

› Les enregistrements téléphoniques

Un époux peut avoir intérêt à garder une preuve d'une conversation téléphonique quand il prend connaissance d'éléments susceptibles d'être reprochés à son conjoint (par exemple, le fait que le mari a l'intention de dissimuler une grande partie de son patrimoine pour minorer le montant de la prestation compensatoire, une relation adultère...).

Mais la capture d'une conversation à l'insu d'une des parties peut être considérée comme un moyen de preuve frauduleux.
En outre un enregistrement clandestin est un délit pénal.
En effet, le fait d'enregistrer secrètement une communication téléphonique ou une conversation quelconque, qu'ils aient lieu dans un lieu privé ou en public, à titre privé ou confidentiel, sans le consentement de la personne constitue une atteinte à la vie privée (voir *Les limites : l'atteinte à la vie privée*, p. 170). Il s'agit d'un délit prévu et réprimé par l'article 226-1 du Code pénal. En conséquence, ces enregistrements de conversations privées ou d'entretiens téléphoniques ne peuvent en aucune façon être produits en justice, sous peine de poursuites qui pourraient être exercées contre ceux qui tentent de les utiliser.

> **Cas pratique**
> A été condamné un conjoint qui avait mis sur écoute téléphonique le poste de sa femme au bureau où elle travaillait (C. cass., crim., 11.2.1987, pourvoi n° 86-90297). Il en est de même du mari ayant enregistré une conversation téléphonique avec un tiers, sans le consentement de celui-ci, pour s'en servir dans le cadre de son divorce (C. cass., crim., 3.3.1982, pourvoi n° 80-95226).

En revanche, comme en matière de constat d'adultère, rien ne s'opposerait a priori à ce qu'un époux s'adresse au juge en lui demandant, sur requête, d'autoriser un huissier à procéder à l'enregistrement.

› La sommation de réintégrer le domicile conjugal

En cas d'abandon du domicile conjugal par un des époux, son conjoint peut le « sommer » de le réintégrer. Si le conjoint ne revient pas (ce qui peut être prouvé par tous moyens), il peut être fait état devant le juge du divorce de ce manquement au devoir de cohabitation.
Encore faut-il, selon la jurisprudence, que l'intention de l'époux qui réclame cette mesure de reprendre la vie commune soit bien réelle. Elle ne doit pas constituer un artifice permettant à l'époux de se procurer une preuve de faute conjugale pour la procédure de divorce qu'il souhaite en fait entamer (C. cass., civ. 2e, 16.11.1994, pourvoi n° 93-12116). Dans la pratique, ce mode de preuve est rarement utilisé.

› Le constat d'adultère

L'adultère peut se prouver par des écrits ou autres documents, par témoignage ou par constat (sur la vie privée et la violation de domicile, voir encadrés ci-dessus). Les documents écrits peuvent consister en notamment des lettres écrites ou reçues par l'époux coupable, photographies (prises en dehors d'un lieu privé à l'insu des intéressés), factures d'hôtel et/ou de voyage. Les témoignages peuvent être produits sous forme d'attestations écrites, rédigées par des membres de la famille ou des tiers qui ont pu constater l'adultère ou recevoir des confidences de l'époux coupable.
On peut également avoir recours aux services d'un détective privé. Cependant, la dépense peut être importante car les filatures sont coûteuses et les rapports du

détective privé ne sont pas toujours très appréciés des magistrats du fait qu'ils sont établis de façon unilatérale et sur commande.
L'adultère peut enfin être prouvé par constat d'huissier. Pour établir l'adultère par constat, l'avocat du demandeur peut avoir à présenter une requête au président du tribunal de grande instance qui désigne un huissier susceptible d'établir le constat avec l'assistance d'un commissaire de police. En effet, selon les tribunaux, une autorisation judiciaire s'impose dès lors que le constat doit être établi chez un tiers. Le risque est, en effet, que les constats dressés à la demande des époux soient écartés des débats s'il y a eu violation de domicile ou atteinte illicite à l'intimité de la vie privée (art. 259-2, C. civ.). Or, pénétrer chez un tiers contre son gré peut constituer une violation de domicile, sanctionnée également sur un plan pénal. L'huissier doit par ailleurs, comme pour tout autre acte, respecter les règles de procédure civile et celles de sa propre déontologie, c'est-à-dire notamment dresser le constat de façon loyale, ne pas le faire la nuit (entre 21 heures et 6 heures du matin).
L'autorisation judiciaire n'est en revanche pas nécessaire quand l'adultère a lieu au domicile des époux (domicile principal, résidence secondaire ou tout lieu dont l'époux qui réclame le constat a la jouissance), puisque dans cette hypothèse il n'y a pas de violation de domicile (C. cass., civ. 2e, 14.12.1983, pourvoi n° 82-11759).
La difficulté réside cependant dans le fait que, pour pouvoir dresser le constat, il faut que le couple illégitime vive maritalement à une adresse précise (ou ait l'habitude de se rencontrer à des dates et dans des lieux précis). Le coût de l'ensemble de l'opération est assez élevé (frais et honoraires de l'avocat, de l'huissier et du serrurier) car :
- l'avocat va rédiger une requête et la présenter personnellement au président du tribunal ;
- il faut ensuite prévoir la rémunération de l'huissier, la vacation du commissaire de police et d'un serrurier (permettant d'ouvrir la porte de l'appartement).
Il est prudent d'interroger au préalable son avocat sur le montant des frais et honoraires à prévoir.

› Les témoignages et les attestations

Les descendants (enfants, petits-enfants...) ne peuvent jamais témoigner pour ou contre leurs parents (art. 259, CPC). L'interdiction est générale et absolue et vise notamment les enfants légitimes, les enfants du premier lit, les conjoints (et même les concubins) des descendants et les petits-enfants (C. cass., civ. 2e, 5.2.1986, pourvoi n° 84-14467). Les attestations des gendres ou belles-filles ne peuvent pas plus être retenues (C. cass., civ. 2e, 30.9.1998, pourvoi n° 96-21110). Il en est de même des attestations de concubins des enfants (cas de concubinage stable) (C. cass., civ. 2e, 10.5.2001, pourvoi n° 99-13833).
Ainsi, la remise par un époux d'une lettre d'un enfant relative aux torts du divorce équivaut au témoignage interdit (C. cass., civ. 2e, 23.1.2003, pourvoi n° 01-12117). Il a également été jugé que l'interdiction pour les enfants de témoigner s'étend aux déclarations retenues par les policiers en-dehors du divorce (C. cass. 1re civ., 4.5.2011, pourvoi n° 10-30706 ; 1.2.2012, pourvoi n° 10-27460).

En dehors de ces cas, le principe en matière de divorce étant la liberté de la preuve, même les témoignages de la famille proche sont admis. En pratique, d'ailleurs, les faits intéressant une famille dans son intimité peuvent, pour certains, n'être relatés que par ses membres. Pour les tribunaux « si les attestations de parents proches d'un des époux doivent être analysées avec esprit critique, elles ne peuvent être écartées des débats sous prétexte de partialité dès lors qu'elles ne font pas l'objet d'une procédure de faux ni contredites par des témoignages opposés portant sur les mêmes faits » (CA Paris, 24e ch. A, 30.6.1986).

ATTENTION

Le faux témoignage Le faux témoignage est passible d'un emprisonnement de cinq ans et d'une amende de 75 000 €.
Toutefois, le faux témoin n'est pas poursuivi s'il a rétracté spontanément son témoignage avant la fin de la procédure en cours (procédure d'instruction ou procédure de jugement ; art. 434-13, C. pén.).

MON CONSEIL

Rédiger une attestation Pour pouvoir être utilisée en justice, une attestation doit contenir la relation des faits auxquels son auteur a assisté ou qu'il a personnellement constatés. Cette attestation doit, en outre, mentionner les nom, prénoms, date et lieu de naissance, demeure et profession de son auteur ainsi que, s'il y a lieu, son lien de parenté ou de subordination avec les parties. Il doit, en outre, être précisé que l'attestation est établie en vue de sa production en justice et que son auteur a connaissance qu'une fausse attestation de sa part l'expose à des sanctions pénales. L'attestation est écrite, datée et signée de la main de son auteur qui doit lui annexer, en original ou en photocopie, une pièce d'identité (art. 202, CPC).
Cependant, il a été jugé que ces règles n'étaient pas édictées à peine de nullité (C. cass., civ. 1re, 30.11.2004, pourvoi n° 03-19190). Cela signifie que le juge peut retenir une attestation, même si elle ne remplit pas ces conditions.

› Les certificats médicaux

En cas de brutalités, de violences commises par un conjoint sur sa famille, la preuve des hématomes ou blessures par certificat médical s'impose. L'idéal est de prendre rendez-vous avec son médecin le plus tôt possible (ou au service d'urgence de l'hôpital le plus proche) en lui demandant d'attester de ce qu'il a pu constater dans le cadre de sa consultation. Bien sûr, le médecin ne pourra pas mentionner la personne qui a porté les coups puisqu'il n'en aura rien vu, mais il pourra relater le type de blessures subies et, d'un point de vue médical, indiquer ce qui peut en être l'origine.

› Les mains courantes

Déclaration effectuée à la police et enregistrée sous un numéro, elle n'a aucune valeur juridique en soi, mais peut être invoquée à l'occasion d'une procé-

dure. Par exemple, une femme déclare à la police qu'elle quitte le domicile conjugal car elle y subit des violences de la part de son mari. Dans l'hypothèse d'une procédure de divorce ultérieure de sa part, elle pourra invoquer la déclaration de main courante qu'elle a effectuée au poste de police lors des faits, ce document pouvant être remis au tribunal qui statuera sur le divorce. Les policiers refusent d'ailleurs souvent de remettre aux particuliers une copie de leur main courante et exigent que la demande en soit faite par leur avocat.
Il ne faut donc pas oublier de demander le numéro de la main courante sous laquelle la déclaration a été effectuée pour pouvoir la communiquer ensuite à son avocat.

› Le rapport d'enquête sociale

Pour davantage de précisions sur l'enquête sociale, voir *Les conséquences vis-à-vis des enfants*, p. 305. Elle est en effet ordonnée dans le cadre de la recherche de l'autorité parentale sur les enfants. Elle ne peut pas être utilisée dans le débat sur la cause du divorce (art. 287-2, C. civ.). Elle est citée ici car la loi interdit à un époux de se servir de déclarations faites par son conjoint à l'assistante sociale chargée d'enquêter avant qu'il ne soit statué sur l'autorité parentale.

› Les limites : l'atteinte à la vie privée

• Sur un plan civil, l'article 9 du Code civil précise que chacun a droit au respect de sa vie privé. Il a été jugé, sur la base de cet article, que le juge est en droit d'autoriser un constat pour faire la preuve de l'adultère d'un époux au domicile d'un tiers. Ce constat ne constitue pas une atteinte illicite à la vie privée parce qu'il est autorisé par le juge (C. cass., civ. 2e, 18.11.1992, pourvoi n° 90-19368). Il ne constitue pas non plus une violation de domicile (voir *L'adultère,* p. 171).
De la même façon, un courrier adressé par son conjoint à un tiers dont le conjoint aura pris connaissance, l'aura détourné et produit au débat peut être constitutif d'atteinte à la vie privée et écarté des débats (l'article 259-1 du Code civil refuse d'ailleurs ce genre de preuve quand les pièces obtenues l'ont été par la fraude ou la violence).
• Sur un plan pénal, est puni d'un emprisonnement d'un an et d'une amende de 45 000 € quiconque aura volontairement porté atteinte à l'intimité de la vie privée d'autrui :
- 1° en captant, en enregistrant ou en transmettant au moyen d'un appareil quelconque des paroles prononcées, à titre privé ou confidentiel, par une personne sans son consentement ;
- 2° en fixant ou en transmettant au moyen d'un appareil quelconque l'image d'une personne se trouvant dans un lieu privé sans le consentement de celle-ci.
Cependant, quand ces actes auront été accomplis au cours d'une réunion, au vu et au su de ses participants, le consentement de ceux-ci sera présumé (art. 226-1 et s., C. pén.).
Les mêmes peines sont applicables à celui qui conserve ces enregistrements ou ces photos, ou qui les diffuse.

Les principaux griefs

La faute conjugale est une notion à géométrie variable puisqu'elle va faire l'objet d'une appréciation par le juge dans le cadre d'un dossier qui lui est remis, plus ou moins bien étayé, plus ou moins bien prouvé ou présenté. L'étude du contexte dans lequel les faits se sont produits va s'avérer déterminante, la recherche des motivations psychologiques des intéressés, les excuses que l'on peut éventuellement trouver à certains agissements vont jouer un rôle dans l'appréciation du juge.
Certes, la loi donne un cadre précis au juge pour effectuer son travail, puisque la faute, cause de divorce, doit remplir un certain nombre de conditions (voir ci-dessus). Cependant, si l'on regarde le « catalogue » des fautes soumises au juge, et qui entraînera ou non le divorce, celui-ci donne une impression de grande diversité.

L'adultère

L'un des devoirs du mariage étant la fidélité, l'adultère constitue donc une des causes du divorce. Il s'agit même, semble-t-il, d'un des griefs les plus fréquemment soulevé. Les juges vont apprécier, de la liaison unique et cachée à l'installation en concubinage au vu et au su de tous, si ce grief doit entraîner le divorce et si le divorce doit être prononcé aux torts exclusifs de l'époux fautif. L'adultère n'est pas en effet une cause automatique de divorce (comme cela était le cas dans le passé).
Le moment où est commis l'adultère et le contexte de l'affaire vont jouer. Ainsi, par exemple, un adultère unique connu de l'époux au préjudice duquel il est commis, et ancien, peut ne pas être retenu comme cause de divorce ; de même, en cas d'adultère commis avec l'accord exprès ou tacite du conjoint trompé ou s'il est commis pendant la procédure de divorce. Le juge peut cependant estimer, dans ce dernier cas, qu'il n'y a pas immunité entre époux, du fait de l'introduction de la procédure, et que les faits restent fautifs.

Cas pratiques
Il a été jugé qu'un adultère unique et commis après le prononcé de l'ordonnance de non-conciliation ne rendait pas intolérable la vie commune (C. cass., civ. 2e, 18.2.1982 ; Inedit) ; de même, dans le cas d'un constat d'adultère établi plus de deux ans après l'ordonnance autorisant la résidence séparée et « *alors que le devoir de fidélité est nécessairement moins contraignant du fait de la longueur de la procédure* » (C. cass., civ. 2e, 29.4.1994, pourvoi n° 92-16814).
Il a été jugé que le concubinage du mari, après l'autorisation de résidence séparée et la naissance d'un enfant, constituait en revanche une violation grave et renouvelée des obligations du mariage rendant intolérable la vie commune (C. cass., civ. 2e, 3.5.1995, pourvoi n° 93-13358).

Dans l'hypothèse d'adultères réciproques (chacun des époux a refait sa vie, par exemple), le juge peut prononcer un divorce aux torts partagés... ou rejeter leur demande.
De même, le contexte entourant les faits va jouer dans l'appréciation du juge.

> **Cas pratique**
> Par exemple, il a été jugé que, compte tenu du contexte amiable dans lequel s'était déroulée la séparation des époux, l'acceptation par le mari de la relation adultère de l'épouse, plusieurs années après cette séparation, enlevait au fait reproché le caractère de gravité qui en aurait fait une cause de divorce (C. cass., civ. 1re, 3.11.2001, pourvoi n° 03-18308).

Par ailleurs, même si les témoignages produits par un époux n'établissent pas l'adultère de son conjoint, ni la preuve d'une attitude équivoque de celui-ci (par exemple, le mari est vu attablé à une terrasse de café avec une autre femme et se rend tous les soirs au domicile de cette même personne), ces faits peuvent être retenus comme fautifs dans la mesure où ils peuvent démontrer l'attitude injurieuse du mari à l'égard de l'épouse (C. cass., civ. 1re, 30.9.2003, pourvoi n° 02-15813).

L'abandon du domicile conjugal et le refus de cohabitation

En vertu de l'article 215 du Code civil, les époux s'obligent mutuellement à une communauté de vie. La résidence de la famille est choisie d'un commun accord (sur cette question et la combinaison avec la possibilité pour le couple d'avoir une résidence séparée dans certains cas, voir *Les devoirs de respect, de fidélité, d'assistance et de cohabitation*, p. 77). On peut considérer que l'obligation de cohabitation reste encore une des clés de voûte du mariage. Est donc fautif et susceptible d'entraîner un divorce pour faute l'abandon par l'un des époux du domicile conjugal. L'abandon du domicile se double souvent d'un abandon financier du conjoint. Ces deux éléments doivent alors être invoqués.

> **Cas pratiques**
> Le refus par un époux de reprendre la vie commune, après organisation de la résidence séparée dans le cadre d'un rejet d'une précédente action en divorce (art. 258, C. civ.), est en soi constitutif d'une faute susceptible d'entraîner le divorce aux torts exclusifs de cet époux (C. cass., civ. 2e, 25.11.1992, pourvoi n° 91-12236). Selon cet arrêt, la résidence séparée en vertu de l'article 258 est une mesure provisoire qui n'a pas pour effet de dispenser définitivement des époux mariés de leur communauté de vie.
> Il en est de même pour l'épouse d'un militaire qui refuse de le suivre sur son lieu de garnison. Celui-ci avait pourtant loué un logement spacieux pour la famille, mais la femme s'était installée avec les enfants dans une résidence secondaire très éloignée (C. cass., civ. 1re, 11.1.2005, GP 31 mai 2005, p. 8).

Cependant, pour être fautif, l'abandon doit réunir les deux conditions posées par l'article 242 du Code civil, c'est-à-dire une violation grave ou renouvelée des droits et devoirs du mariage rendant intolérable le maintien de la vie commune. Ainsi, le refus d'un conjoint de suivre l'autre dans son nouveau logement peut ne pas être considéré comme fautif quand cette attitude est dictée par sa peur de perdre son emploi, de mauvais traitements, de violences ou sévices, de conditions de vie intenables, de l'inconduite du conjoint...
Il en est de même si :
- le logement choisi n'est pas un logement suffisant permettant de recevoir les parents et les enfants ;
- le conjoint entretient dans ce logement des relations adultères ;
- la reprise de la vie commune présente des dangers pour l'un des époux et les enfants (risque de coups notamment...).
Ces excuses doivent cependant revêtir une certaine gravité.

Cas pratique
Un époux installe sa belle-fille au domicile familial contre le gré de sa femme. Celle-ci s'installe chez son fils. Le divorce a été prononcé aux torts exclusifs de l'épouse du fait de son abandon du domicile, cet abandon n'étant pas suffisamment justifié pour les juges : « C'est dans l'exercice de son pouvoir souverain d'appréciation des preuves qu'une cour d'appel a énoncé que le comportement du mari à l'égard de son épouse ne justifiait pas la décision de celle-ci de quitter le domicile conjugal et que ce départ constituait ainsi une faute de sa part » (C. cass., civ. 2e, 30.11.2000, pourvoi n° 99-12458).

Le fait de ne pas rejoindre son mari à l'étranger peut constituer, selon les cas, une cause de divorce.

Cas pratique
Il en a été jugé ainsi dans le cas d'une femme refusant de rejoindre son mari expatrié en Chine, invoquant sa nationalité taiwanaise, ce qui lui aurait interdit d'exercer une profession dans ce pays (C. cass., civ. 2e, 12.9.2002, pourvoi n° 01-01377).

La non-contribution aux charges du mariage

Le refus d'un époux de contribuer financièrement aux charges du mariage peut constituer une faute entraînant le divorce à ses torts (art. 214, C. civ.) (sur la contribution aux charges du mariage, voir La vie du ménage pendant le divorce, p. 67).
La non-contribution est souvent le fait, en pratique, d'époux ayant déjà quitté le domicile conjugal.

Les comportements déloyaux, violents, ou injurieux

Sont visés ici des comportements qui ont pu être retenus dans le cadre d'un divorce pour faute autres que ceux qui viennent d'être décrits ci-dessus. Des exemples sont donnés ci-dessous.

> **À NOTER**
> **La notion de faute « objective »** Comme cela a été indiqué plus haut, il n'existe pas de faute « objective » de divorce mais une appréciation par un juge, dans un certain contexte, de certains faits. Ces décisions de justice n'ont donc d'intérêt qu'à titre d'exemples.

› Peuvent être reprochés à un époux

- Son refus de faire soigner sa stérilité (CA Bordeaux, 6e ch., 7.6.1994 ; JCP 1996, II, 22950).
- Son comportement autoritaire et méprisant, susceptible, alors qu'il n'est pas excusé par une attitude en parallèle du conjoint, d'emporter le prononcé d'un divorce à ses torts exclusifs (C. cass., civ. 2e, 4.6.1997, GP 97, Tables).
- Des violences verbales et des infidélités (C. cass., civ. 1re, 19.12.2012, pourvoi n° 11-26100).
- Le fait d'avoir eu un comportement odieux et malveillant, d'avoir refusé toute relation intime, et de l'avoir fait vivre au milieu d'une véritable ménagerie, composée de 8 chiens et de plus de 20 chats outre des oiseaux et lapins (C. cass., civ. 1re, 23.2.2011, pourvoi n° 09-72079).
- Le fait (pour l'épouse) de laisser le domicile conjugal dans un état de saleté tel que cela interdisait à son mari et ses enfants d'y recevoir leurs amis et d'y vivre confortablement (CA Lyon, civ. 2e, 30.4.1996 ; JCP 1997, IV, 22869).
- Le fait de refuser de soigner un état dépressif et de s'opposer, avec détermination, aux tentatives de son époux de remédier à la situation (même arrêt).
- Le fait de ne pas prendre des mesures d'ordre thérapeutique pour faire soigner son épouse, dépressive, surtout s'il est médecin, et ne pas prendre de mesures pour faire nettoyer une maison, dont la femme, malade, ne peut pas s'occuper (même arrêt).
- Le fait de se rendre tous les soirs au domicile d'une autre femme que son épouse et d'être vu attablé à une terrasse de café avec elle. Même si les témoignages produits n'établissent pas l'adultère, ni la preuve d'une attitude équivoque, ces faits peuvent être retenus comme fautifs, dans la mesure où ils peuvent démontrer l'attitude injurieuse du mari à l'égard de l'épouse (C. cass., civ. 1re, 30.9.2003, pourvoi n° 02-15813).
- Son refus de toute relation sexuelle (C. cass., civ. 2e, 17.12.1997, pourvoi n° 95-15704 - CA Aix-en-Provence, 6e ch. B, 3.5.2011, JurisData n° 2011-014496).

- Le dénigrement de sa femme en tant que père, son irrespect tant de sa personne que de son autorité, la dévalorisation de ses actions, l'ignorance délibérée de sa belle-famille (C. cass., civ. 1re, 23.2.2011, pourvoi n° 10-15433).
- Son alcoolisme et son refus de suivre des traitements médicaux, alors que l'intéressé est sujet à la violence et terrorise son épouse (C. cass., civ. 1re, 11.1.2005, pourvoi n° 02-20547).
- Son changement de sexe (divorce prononcé aux torts du mari qui a subi une opération chirurgicale pour changer de sexe) (CA Nîmes, 7.6.2000, Droit de la Famille, Ed. Juris-Classeur 1.2001, p. 19).
- Un manquement au devoir de loyauté que se doivent les époux, la femme ayant entamé une grossesse à l'insu de son mari (CA Nîmes, 21.3.2007, D. 2007, 2587).
- Le comportement professionnel gravement déloyal de l'épouse envers son mari, tous deux professionnels dans des activités concurrentes : l'épouse gérait un fonds de commerce dont elle était propriétaire et avait adressé une lettre circulaire à la clientèle pour lui indiquer un changement de boutique dans laquelle elle utilisait le nom de son conjoint (C. cass., civ. 1re, 17.10.2007, pourvoi n° 06-20701).
- Le caractère excessif de la part d'un conjoint d'une pratique religieuse : dans cette affaire, les juges avaient noté l'incidence croissante et excessive de la pratique religieuse de l'époux sur la vie du couple et retenu que la cristallisation du mari sur ses positions religieuses avait créé dans son foyer une atmosphère pesante de contrainte et de soumission permanente qui ne pouvait que nuire aux intérêts de son épouse et perturber la vie quotidienne de la famille (C. cass., civ. 1re, 19.6.2007, pourvoi n° 05-18735).
- L'absence de respect du mari par sa femme, celle-ci le dénigrant en tant que père, le dévalorisant constamment et ignorant sa belle-famille (C. cass., civ. 1re, 23.2.2011, pourvoi n° 10-15433).
- Des agissements déplacés de l'époux pendant le déroulement de la procédure (C. cass., civ. 1re, 14.4.2010, pourvoi n° 09-14006).
- Le fait de fréquenter un site de rencontre, établissant un comportement tendant à la recherche de relations masculines multiples (C. cass., civ. 1re, 30.4.2014, pourvoi n° 13-16649).

› Ne peuvent être reprochés à un époux

Il s'agit ici encore d'exemples de décisions rendues par les tribunaux, compte tenu du dossier communiqué aux juges saisis. Ici, ces éléments n'ont pas été retenus comme cause de divorce, mais, dans un autre contexte, ils auraient pu être éventuellement être considérés comme efficaces par le juge :
- le fait de devenir témoin de Jéhovah ou d'appartenir à une secte. Dans plusieurs affaires, ces faits soulevés par un époux à l'appui de sa demande de divorce, comme lui rendant la vie commune intolérable, n'ont pas été retenu par le juge. Il est en effet moins tenu compte de cette adhésion (expression de la liberté de conscience de chacun) que des répercussions qu'elle peut avoir sur la vie de famille (endoctrinement du conjoint ou des enfants, absences fréquentes… CA Montpellier, 1re ch. C, 7.11.1994 ; JCP 1996, II, 22680 ; CA Grenoble, civ. 2e,

4.6.1991 ; JCP 1991, II, 21744 ; C. cass., civ. 1re, 28.11.1995, pourvoi n° 94-10685) ;
- un comportement libertin relevant du choix de vie d'un couple (CA Pau, 6.2.2006, Droit de la famille, 2006, n° 165) ;
- son adultère, alors qu'il intervient au moins 3 mois après que la séparation de fait du couple ait été décidée unilatéralement par l'épouse et sans motifs légitimes, le comportement du mari n'était pas fautif au sens de l'article 242 du Code civil (C. cass., civ. 1re, 30.3.2004, pourvoi n° 03-11334) ;
- son adultère : compte tenu du contexte amiable dans lequel s'était déroulée la séparation des époux, l'acceptation par le mari de la relation adultère de l'épouse, plusieurs années après cette séparation, enlevait au fait reproché le caractère de gravité qui en aurait fait une cause de divorce (C. cass., civ. 1re, 3.11.2001, pourvoi n° 03-18308) ;
- sa jalousie maladive si elle est excusée par le comportement du mari qui fréquente une prostituée (CA Orléans, 10.5.2005, D. 2007, n° 9, p. 609) ;
- une mésentente grave alors qu'elle peut être imputée ni au mari ni à la femme (C. cass., civ. 1re, 25.4.2006, pourvoi n° 04-19040).

Cas pratiques

Je viens de démarrer une procédure de divorce. Qu'est-ce que je risque si je vais habiter maintenant avec mon amie ?

Votre épouse peut invoquer un adultère de votre part pour faire prononcer un divorce à vos torts avec toutes les conséquences que cela entraîne. En effet, les devoirs du mariage subsistent pendant la procédure de divorce...

Mes enfants et leurs conjoints, mes parents ou voisins, peuvent-ils témoigner contre ma femme ?

Vos enfants ne peuvent en aucun cas témoigner contre leur mère (art. 259, C. civ.). Il en est de même pour leurs conjoints ou concubins. En revanche, les autres membres de la famille et les tiers peuvent vous aider à prouver les faits que vous invoquez.

Que puis-je apporter comme témoignage des violences physiques et verbales et de l'adultère de mon mari ?

Le principe en matière de divorce est la liberté de preuve. Vous pouvez apporter comme preuve des certificats médicaux, des attestations de proches (excepté vos enfants et leurs conjoints ou concubins), des constats d'huissiers... Votre avocat vous conseillera sur ces questions.

La réconciliation

Les griefs invoqués par un époux peuvent être effacés par une réconciliation. La réconciliation des époux intervenue depuis les faits allégués empêche en effet de les invoquer comme cause de divorce (la demande en divorce est irrecevable ; art. 244, C. civ.). Elle nécessite au minimum un maintien ou une reprise de la vie commune. Mais cet élément ne suffit pas : il faut une réelle volonté de passer outre aux fautes de l'autre, de pardon. C'est à l'époux qui invoque la réconciliation d'en apporter la preuve.

> **Cas pratique**
> Il a été jugé que le maintien ou la reprise temporaire de la vie commune ne sont pas considérés comme une réconciliation s'ils ne résultent que de la nécessité ou d'un effort de conciliation ou des besoins de l'éducation de l'enfant (CA Douai, 6e ch. B, 31.3.2011, n° de RG : 10/02231).
> Cette nécessité était prouvée dans une affaire où les conjoints travaillaient ensemble au sein de leur exploitation agricole et de leurs gîtes ruraux avec une collaboration de leurs fils (CA Rennes, 6e ch. B, 27.5.2014, n° de RG : 13/02831).

Une nouvelle demande peut en revanche être formulée en raison de faits survenus ou découverts depuis la réconciliation. Dans ce cas, les faits anciens peuvent alors être rappelés à l'appui de cette nouvelle demande.

L'incidence des fautes réciproques entre époux

Le juge aux affaires familiales doit nécessairement tenir compte de l'ensemble des relations tissées au sein du couple. La réciprocité des torts, reconnue par le juge, peut aboutir :
– soit à un rejet de la demande en divorce ;
– soit au prononcé d'un divorce aux torts partagés, les torts partagés pouvant résulter d'une demande reconventionnelle ou non ;
– soit au prononcé d'un divorce aux torts exclusifs de l'un des époux.

Le conjoint qui demande le divorce pour faute va tenter d'apporter la preuve de fautes à la charge de son conjoint. Ce dernier a plusieurs possibilités :

• Demander le rejet du divorce. Dans ce cas, il va se borner à contester les fautes qui lui sont attribuées. Au cours du débat cependant, en se défendant, le conjoint peut être amené à faire état de faits qui peuvent être des fautes conjugales justifiant son attitude : infidélité, violence... La jurisprudence admet que ces faits constituent des excuses ou une provocation ayant conduit la faute du défendeur et enlèvent à celle-ci son caractère de gravité :
- si le conjoint défendeur réussit sa démonstration, le divorce va être rejeté : la faute de l'époux contre lequel le divorce est demandé est « excusée » par un comportement antérieur de l'autre partie et ne peut donc entraîner un divorce ;
- si le conjoint défendeur ne réussit pas sa démonstration, le divorce peut être prononcé aux torts partagés. L'article 245 du Code civil dispose : « Même en l'absence de demande reconventionnelle, le divorce peut être prononcé aux torts partagés si les débats font apparaître des torts à la charge de l'un ou de l'autre. » Il existe donc un risque pour l'époux qui ne veut pas divorcer. Il faut cependant savoir qu'avant de prononcer le divorce, le juge doit inviter les parties à présenter leurs observations sur les conséquences éventuelles d'un tel divorce et notamment le versement d'une prestation compensatoire (C. cass., civ. 2e, 11.4.2002, pourvoi n° 99-19583). Il faut par ailleurs que les griefs allégués à l'appui de la demande principale constituent une cause de divorce (C. cass., civ. 1re, 20.11.2013, pourvoi n° 12-24852).

• Former une demande reconventionnelle pour faute. Cela signifie que, de son côté, le conjoint va répliquer à la demande en divorce par une demande en divorce en alléguant une ou des fautes à la charge de son conjoint qui a pris l'initiative du divorce. Le divorce, dans cette hypothèse, peut soit :
- être rejeté, si le juge estime par exemple que la preuve des fautes n'est pas rapportée de part et d'autre, ou si les fautes de chacun sont excusées par celles de l'autre ou encore si elles n'ont pas de caractère de gravité... ;
- être accepté, et prononcé aux torts exclusifs de l'un des époux, par exemple, si les fautes ne sont prouvées que d'un côté (le plus souvent aux torts exclusifs de

l'époux en défense). Le prononcé du divorce aux torts exclusifs va entraîner certaines conséquences exposées ci-dessous ;
- être accepté et prononcé aux torts partagés si les fautes conjugales sont prouvées de part et d'autre et sont susceptibles d'entraîner un divorce (hypothèse de loin la plus fréquente).

• Former une demande reconventionnelle pour altération définitive du lien conjugal si la demande en divorce pour faute est rejetée : le divorce est prononcé alors pour altération définitive du lien conjugal sans que le délai de cessation de vie commune pendant deux ans ne soit imposé (art. 238 et 246, C. civ.).

Cas pratique

La gravité des fautes commises par l'un des époux (en l'espèce, des violences) ne dispense pas le juge du divorce d'examiner les fautes reprochées par cet époux à son conjoint. Une décision qui condamnait le mari aux torts exclusifs sans avoir fait cette vérification a été cassée (C. cass., civ. 1re, 26.10.2011, pourvoi n° 09-72204).

L'incidence des demandes reconventionnelles

À la suite de la demande en divorce, l'autre époux va, la plupart du temps, formuler une demande en réponse (que l'on appelle demande reconventionnelle). Cette réponse peut changer le type de divorce prononcé par la suite.

Le divorce pour altération définitive du lien conjugal présenté en réponse à une demande en divorce pour faute

Le divorce est prononcé pour altération définitive du lien conjugal sans considération de délai de rupture de la vie commune dès lors que la demande présentée sur ce fondement est formée à titre reconventionnel (en réponse) à un divorce pour faute et que la demande fondée sur la faute est rejetée (art. 238 et 246, C. civ.).

Le divorce pour faute présenté en réponse à une demande en divorce pour altération définitive du lien conjugal

La loi prévoit que si, dans le cadre d'une instance introduite pour altération définitive du lien conjugal, le défendeur demande de son côté le divorce pour faute (comme l'abandon du domicile conjugal ou l'adultère), le demandeur peut invoquer les fautes de son conjoint et modifier le fondement de sa demande (art. 247-2, C. civ.).

Les demandes formées en même temps

Si une demande pour altération définitive du lien conjugal et une demande pour faute sont présentées concurremment, le juge examine en premier lieu la demande pour faute. S'il rejette celle-ci, le juge statue sur la demande en divorce pour altération définitive du lien conjugal. (art. 246, C. civ.).

Les conséquences du divorce prononcé aux torts exclusifs

Le fait que le divorce soit prononcé aux torts exclusifs va entraîner des conséquences pour les époux concernant la prestation compensatoire et l'attribution de dommages et intérêts.

La suppression de la prestation compensatoire

Le juge peut refuser d'accorder la prestation compensatoire demandée par un époux, alors même que la rupture du mariage aura créé des disparités dans les conditions de vie respectives, si l'équité le commande lorsque le divorce est prononcé aux torts exclusifs de l'époux qui demande le bénéfice de cette prestation et « au regard des circonstances particulières de la rupture » (art. 270, C. civ.). Les circonstances sont appréciées au cas par cas par les tribunaux (voir *La prestation compensatoire*, p. 205).

Les dommages et intérêts

En plus des principes généraux de la responsabilité civile prévue par l'article 1382 du Code civil, l'article 266 du Code civil, prévoit la possibilité de se faire indemniser pour un préjudice résultant de la dissolution du mariage.

À NOTER

Attention à la formulation Les époux et leur avocat doivent être particulièrement vigilants quant à la formulation de leur demande d'indemnisation. On constate en pratique que la plupart du temps, les époux formulent une demande d'indemnisation sur le fondement de l'article 266 du Code civil et, subsidiairement, sur le fondement de l'article 1382. La Cour de cassation rappelle que ces demandes sont alternatives et non cumulatives (C. cass., civ. 1re, 19.12.2012, pourvoi n° 11-27410).

Par ailleurs, le juge ne peut pas modifier le fondement juridique de la demande. Par exemple, si vous demandez la condamnation de votre mari sur le fondement de l'article 266 du Code civil, le juge ne peut pas le condamner sur le fondement de l'article 266 du même Code (C. cass., civ. 1re, 6.3.2013, pourvoi n° 12-12338).

› Article 266 du Code civil

Il est possible, à l'occasion de l'action en divorce pour faute, d'obtenir des dommages et intérêts pour l'époux victime « des conséquences d'une particulière

gravité » qu'il subit du fait de la dissolution du mariage lorsque le divorce est prononcé aux torts exclusifs de son conjoint. À cet égard, il a, par exemple, été jugé que le divorce intervenu dans un pays dont l'épouse n'était pas native et où elle n'a pas de famille lui cause un préjudice d'une particulière gravité (CA Paris, 24e ch., 20.2.2008, Dt Famille, Éd. Jurisclasseur, n° 55).
Sous réserve de la notion de préjudice « d'une particulière gravité », qu'il appartiendra au juge d'évaluer, la jurisprudence qui s'était développée avant la réforme du divorce devrait être toujours valable.
Le préjudice, dont l'époux demande l'indemnisation, ne doit être ni antérieur ni postérieur au divorce mais lié à la rupture du mariage.
Le conjoint, pour obtenir réparation, doit apporter la preuve d'une faute, d'un préjudice spécifique lié à la rupture et d'un lien de causalité entre les deux.
Des limites sont posées concernant ce préjudice. Il doit en effet :
- être distinct de la réparation des fautes, à l'origine du divorce ;
- résulter de la dissolution même du mariage et non d'autres circonstances.
Force est de constater, à la lecture de la jurisprudence, que celle-ci n'a pas toujours la cohérence souhaitée (voir les différents exemples suivants).

- La demande ne peut être formée qu'à l'occasion de l'action en divorce. Elle n'est donc plus possible lorsque la décision de divorce est devenue définitive, mais peut en revanche être présentée en appel.
- Ce préjudice est distinct des fautes, causes du divorce.

> **Cas pratique**
> Une femme quitte le domicile conjugal et laisse à son époux l'essentiel de la charge éducative et matérielle des enfants, de l'organisation de la maison et du remboursement de crédits, ce qui le conduit à mettre fin à son activité professionnelle. La femme a été condamnée à des dommages et intérêts par la cour d'appel. Cet arrêt a été cassé par la Cour de cassation. En effet, les juges du fond avaient retenu les fautes conjugales pour indemniser le mari sur le fondement de l'article 266 du Code civil, ce qui n'est pas le but de cet article (C. cass., civ. 2e, 31.5.1995, pourvoi n° 93-17127).

- Le préjudice doit résulter de la dissolution du mariage.

> **Cas pratiques**
> Le fait d'avoir des enfants avec une autre femme, alors que le couple n'avait pas d'enfant, n'a pu être indemnisé sur le fondement de l'article 266 car ce préjudice ne résultait pas de la dissolution du mariage (C. cass., civ. 2e, 28.9.2000, pourvoi n° 98-22952).
> Le préjudice subi par l'épouse, dont le mari a quitté le domicile conjugal pour vivre avec une autre femme, n'a pas à être réparé sur le fondement de l'article 266 du Code civil car il est distinct de celui résultant de la rupture du mariage (C. cass., civ. 2e, 4.3.1999, pourvoi n° 97-14474).

> Pourtant, dans un arrêt déjà ancien, une épouse a pu obtenir une indemnisation pour le préjudice moral du fait d'avoir été abandonnée pour une maîtresse plus jeune qu'elle après une longue vie commune (C. cass., civ. 2e, 5.6.1984, pourvoi n° 83-11861).

Sous ces réserves, le préjudice doit être d'une particulière gravité.

● Le préjudice matériel

En pratique, la conséquence dommageable la plus importante de la cessation de la vie commune réside dans le risque pour l'époux abandonné de vivre dans des conditions matérielles inférieures à celles d'avant la séparation. Cette question est cependant réglée par l'attribution, pendant l'instance en divorce, de la pension alimentaire entre époux, versée au titre du devoir de secours, et, après le divorce, de la prestation compensatoire. Le préjudice doit donc être distinct de la seule disparité des situations engendrées par le divorce.

● Le préjudice moral

L'abandon du domicile (notamment) peut causer un préjudice moral (douleur morale d'avoir été abandonnée). Par exemple, quand l'abandon a causé des troubles psychologique à son conjoint (dépression, désordres physiques ou psychiques de tous ordres) ou encore quand il s'accompagne d'un adultère.

> **Cas pratiques**
> Le préjudice moral causé par la déconsidération dans le milieu social concerné du fait du divorce, la solitude morale, la séparation d'avec les enfants peut justifier selon les cas une indemnité (C. cass., civ. 2e, 6.5.1987, pourvoi n° 86-11106).
> Le fait pour une épouse de se trouver délaissée au profit d'une maîtresse plus jeune après une longue vie commune peut constituer un préjudice moral (C. cass., civ. 2e, 5.6.1984, pourvoi n° 83-11861).
> Il en est de même en cas de solitude de l'épouse abandonnée alors qu'elle avait atteint un âge où la perte irrémédiable des affections était particulièrement ressentie (C. cass., civ. 2e, 22.10.1975, GP 75, Somm. p. 264).
> À titre d'exemple, le préjudice matériel et moral causé à une épouse pour avoir été délaissée avec la charge de trois enfants et de faibles moyens financiers a été indemnisé à hauteur de 1 500 € (C. cass., civ. 1re, 25.4.2006, pourvoi n° 05-11682).

En revanche, il n'y a pas eu indemnisation dans ces décisions précisant la « particulière gravité » de la rupture.

> **Cas pratiques**
> Quitter son épouse après 39 ans de mariage dans des conditions difficiles pour chercher une nouvelle compagne ne caractérise pas forcément une particulière gravité. Une cour d'appel avait décidé de retenir la gravité de cette attitude chez le mari pour le condamner à indemniser sa femme. L'arrêt est cassé par la Cour de cassation : « Qu'en se déterminant ainsi, par des motifs insuffisants à caractériser les

conséquences d'une particulière gravité subies par Mme Y. du fait de la dissolution du mariage, la cour d'appel n'a pas donné de base légale à sa décision au regard des textes susvisés » (C. cass., civ 1re, 1.7.2009, pourvoi n° 08-17825).
Il en est de même d'un état anxiodépressif du mari ayant nécessité un traitement anxiolytique : ce préjudice ne présente pas le caractère de particulière gravité qu'exige l'article 266 du Code civil (Cour d'appel de Rennes, ct0003, 30.6.2008, n° de RG 07/04417).
Il a été jugé, à propos d'un mari condamné à payer à son épouse la somme de 8 000 € à titre de dommages-intérêts sur le fondement de l'article 266 du Code civil, que « les faits retenus à l'encontre du mari ont généré des conséquences particulièrement graves, s'agissant de violences et atteintes répétées à l'intégrité physique et psychique de l'épouse, tout autant qu'à sa dignité de femme, d'épouse et de mère qui se sont poursuivies après la séparation alors même que l'épouse était vulnérable et souffrait d'un état de santé déficient. » (C. cass., civ. 1re, 19.12.2012, pourvoi n° 11-27410).

› L'indemnisation

L'indemnisation répare un préjudice indépendant de la disparité des conditions de vie des époux, objet de la prestation compensatoire et indépendant des ressources des époux (C. cass., civ. 2e, 6.1.1993, pourvoi n° 91-16672). Dans cette affaire, la demande de l'épouse en indemnisation du préjudice matériel et moral avait été rejetée sous prétexte qu'elle a perçu de celui-ci des sommes importantes au cours du mariage et qu'elle a trouvé un travail rémunérateur. Cette décision a été cassée par la Cour de cassation.
Elle est accordée sous forme de dommages et intérêts, c'est-à-dire, selon les tribunaux, d'un versement d'une somme d'argent (capital ou rente).
En conséquence, l'époux innocent ne peut pas obtenir un bien immobilier appartenant à l'autre à titre de réparation ni sa part d'un bien indivis ni encore le domicile conjugal (C. cass., civ. 2e, 27.1.1993, pourvoi n° 91-14839).
Pourtant, certains tribunaux avaient estimé qu'elle pouvait également s'effectuer en nature (par exemple, allocation de la part de communauté revenant au conjoint coupable, cette part comprenant le logement familial). On voit l'intérêt de cette mesure qui permet d'éviter la vente de la maison (C. cass., civ. 1re, 26.1.1983, pourvoi n° 81-16463). La réforme du 26 mai 2004 n'a pas intégré cette précision dans le nouveau texte. Il faut donc attendre la jurisprudence sur ce point.
Le conjoint innocent peut, le cas échéant, demander à titre de réparation une somme d'argent lui permettant d'acquérir cette part dans le cadre des opérations de partage.

› Article 1382 du Code civil

Cet article peut être invoqué dans le divorce pour faute indépendamment de l'article 266. Le conjoint doit prouver :
- une faute, ici distincte de la rupture du mariage ;
- un préjudice lié à cette faute ;

- un lien de causalité entre la faute et le préjudice.

Les torts réciproques ne font pas obstacle à une demande de réparation d'un préjudice distinct de celui résultant de la dissolution du mariage fondée sur l'article 1382 (C. cass., civ. 1re, 23.5.2012, pourvoi n° 11-16964).

À NOTER

Quelques exemples La violence physique ou morale, un abandon financier, un adultère au terme d'une longue vie commune, un acte accompli avec intention de nuire, une double vie menée pendant tout le mariage, peuvent entraîner une indemnisation du conjoint (C. cass., civ. 1re, 22.3.2005, pourvoi n° 04-11942). Tel est également le cas d'un abandon moral et financier de l'épouse après quinze ans de mariage par son mari parti s'installer avec une autre femme (C. cass., civ. 1re, 23.1.2007, pourvoi n° 06-11502) ou encore l'internement d'office du mari par sa femme auquel il a été mis fin dès le lendemain (C. cass., civ. 1re, 11.2.2009, pourvoi n° 08-12032).

Un arrêt intéressant estime, dans une affaire longue et conflictuelle, que le refus du mari de produire les pièces financières demandées par l'expert dont résultait l'échec de la mesure d'expertise, est un comportement caractérisant l'existence du préjudice distinct de la rupture du lien conjugal invoqué par l'épouse (C. cass., civ. 1re, 17.3.2010, pourvoi n° 09-11511).

Des juges ont octroyé la somme de 10 000 € à titre de dommages-intérêts à l'épouse sur le fondement de l'article 1382 du Code civil pour absence de relations sexuelles pendant plusieurs années (CA Aix-en-Provence, 6e ch. B, 3.5.2011, JurisData n° 2011-014496).

Certaines juridictions apprécient plus sévèrement les faits.

Cas pratique

Il a été jugé que le fait pour le mari de délaisser sa femme pour une maîtresse plus jeune et d'avoir un enfant hors du mariage ne pouvait pas entraîner sa condamnation à des dommages et intérêts au profit de l'épouse dans la mesure où cette dernière n'apportait pas la preuve que « cet adultère lui avait causé des souffrances particulières et distinctes de celles résultant de tout adultère »... (CA Grenoble, 13.6.2000, Dt de la Famille, Éd. Juris-Classeur 1.2001, p. 20).

En pratique, on note que ce sont souvent les mêmes éléments qui sont indemnisés par les juges (abandon financier...) sur les fondements des articles 266 et 1382 du Code civil. Le même préjudice peut être lié au comportement de l'époux et constituer par là même une cause de divorce.

L'indemnisation prend la forme du versement d'un capital ou d'une rente non révisable.

À NOTER

Le passage du divorce pour faute vers un divorce d'accord En vertu des articles 247 et suivants du Code civil, quand le divorce a été demandé pour faute les époux peuvent transformer ce cas de divorce en divorce par consentement mutuel ou en divorce par acceptation du principe de la rupture du mariage (voir *Le divorce par consentement mutuel,* p. 119, *Le divorce par acceptation du principe de la rupture du mariage (ou divorce accepté),* p. 139).

Les effets du divorce

Les dates des effets du divorce

➤ On fait couramment état de la « triple date » des effets du divorce :
– la date de la dissolution du mariage (art. 260, C. civ.) ;
– la date de la dissolution de la communauté entre les époux (et plus généralement du régime matrimonial) (art. 262-1, C. civ.) ;
– la date de l'opposabilité du divorce aux tiers en ce qui concerne les biens des époux (art. 262, C. civ.)

➤ Il faut également ajouter à ces trois dates la date de partage effectif des biens.

➤ Ces règles sont communes à tous les régimes matrimoniaux même si, en pratique, elles concernent essentiellement la communauté légale (régime adopté par la plupart des couples).

La date de la dissolution du mariage

C'est au moment où le mariage est dissous que cessent les obligations et les droits entre les époux.

› Les conséquences personnelles du divorce pour les époux

La date de la dissolution du mariage est celle du jour où le divorce a « force de chose jugée » (art. 260, C. civ.). C'est à partir de cette date que :

- cessent les devoirs et obligations du mariage et les mesures provisoires (voir *La vie du ménage pendant la procédure de divorce*, p. 67), sous réserve de la possibilité de conserver l'usage du nom marital ;
- commencent les mesures définitives accessoires au divorce (par exemple, le versement de la prestation compensatoire). Si la prestation compensatoire est versée sous forme de capital et s'il est prévu que ce capital sera payé sous forme de versements échelonnés, le premier versement doit être réglé à ce moment ;
- les époux ne peuvent plus hériter l'un de l'autre. Ils vont devenir des étrangers l'un à l'autre sur un plan successoral et perdent en cas de décès après cette date la vocation de « conjoint survivant » ;
- les époux peuvent se remarier (voir *Les effets personnels du divorce*, p. 197).

Cas pratiques

Quand le divorce est-il définitivement prononcé ?

La question peut se poser en pratique de savoir quand le divorce a « force de chose jugée » :

– en cas de divorce pour faute, pour altération définitive du lien conjugal ou de divorce accepté, le jugement ne peut plus être contesté un mois après avoir été signifié, si aucun appel n'a été interjeté. Ce délai peut être réduit si les époux acquiescent au jugement (c'est-à-dire qu'ils renoncent à faire appel).

S'il s'agit d'un arrêt de la cour d'appel, il devient définitif deux mois après avoir été signifié, c'est-à-dire à la date d'expiration du délai pour former un pourvoi en cassation (art. 500 et 1086, CPC). Ce délai peut être réduit si les parties renoncent à former un pourvoi (elles acquiescent à la décision) ;

– en cas de divorce par consentement mutuel, le divorce est définitif quinze jours après son prononcé. Ce délai de quinze jours peut être raccourci en cas d'acquiescement.

À partir de quand peut-on considérer que l'on est divorcé vis-à-vis des créanciers ?

C'est à compter de la transcription de la décision de divorce sur le registre de l'état civil. Les époux ne sont alors plus solidaires des dettes engagées par eux après cette date.

Mais ils peuvent, dans la limite de la prescription être tenus des dettes communes avant cette date.

Je viens de divorcer. À partir de quand puis-je me remarier après un divorce ?
Vous pouvez vous remarier à partir du moment où le divorce est définitivement prononcé (voir la première question).

La date de la dissolution de la communauté

Quand les époux sont mariés sous le régime de la communauté légale, le divorce entraîne de plein droit un certain nombre de conséquences, notamment quant à la communauté qui devra nécessairement être liquidée. Sont mariés sous ce régime les couples qui n'ont pas adopté de contrat de mariage ou qui ont adopté un contrat se référant aux règles de la communauté légale.
De nombreux problèmes matériels doivent être réglés (notamment l'évaluation et le partage des biens communs, la reprise par chaque époux de ses biens propres, le calcul des « récompenses », c'est-à-dire les sommes dues entre la communauté et les époux, la prise en compte de l'indivision postcommunautaire…).

La date de dissolution de la communauté n'est pas celle du divorce

Les personnes qui divorcent ont parfois du mal à tenir compte de ces deux dates et à en comprendre la portée. La date de la dissolution de la communauté n'est également pas la même selon que l'on cherche ses effets (dissolution de la communauté) entre les époux ou entre les tiers.

La dissolution de la communauté entre les époux et l'indivision

Concernant le divorce par consentement mutuel, la date de la dissolution entre les époux est la date de l'homologation de la convention réglant l'ensemble des conséquences du divorce, à moins que celle-ci n'en dispose autrement. Pour les autres divorces, la date de dissolution de la communauté entre les époux est la date de l'ordonnance de non-conciliation. Il peut également s'agir d'une date plus ancienne (la séparation de fait) en cas de report judiciaire (art. 262-1 et 1442, C. civ.) (voir *La composition du patrimoine à partager : l'ordonnance de non-conciliation ou le report*, p. 265).
Cette date est importante puisqu'elle va servir à fixer la composition du patrimoine du couple (c'est-à-dire son contenu) en vue de sa liquidation et de son partage (bien que l'évaluation des biens n'ait lieu qu'ultérieurement, à la date la plus proche du partage ; voir ci-dessous).
Cela signifie que les comptes entre les époux, et donc les précautions qu'ils doivent prendre, ne sont pas les mêmes selon, par exemple, que la date d'acqui-

sition d'un bien ou du remboursement d'une dette se situe avant ou après l'ordonnance de non-conciliation (ou une date de report antérieure fixée par le juge). En effet, après cette date, les époux se trouvent sous le régime de l'indivision postcommunautaire.

> **Cas pratique**
>
> **Madame X solde un prêt commun des époux à l'aide de fonds qui lui sont propres (une somme d'argent dont elle a hérité qui a le caractère de bien propre). Elle n'a cependant pas pris soin de se préserver la preuve de l'origine des fonds.**
>
> **Si le remboursement a lieu avant l'ordonnance de non-conciliation,** la femme peut demander une récompense à la communauté (c'est-à-dire, demander lors du partage, à être remboursée de cette somme) puisque la communauté a encaissé des fonds propres (art. 1433, C. civ.) (sur la notion de bien propre et de récompense, voir *La liquidation du régime matrimonial*, p. 264). Mais elle risque, lors du partage, de se voir opposer le fait qu'elle n'a pas la preuve de l'origine des fonds.
>
> **En revanche, si le remboursement a lieu après l'ordonnance de non-conciliation,** les époux ne sont plus soumis au régime de la communauté (puisque celle-ci est dissoute depuis l'assignation, voir ci-dessus) mais sont en indivision. Or, les règles de l'indivision sont différentes de celles régissant la communauté entre époux. La femme va donc devoir demander, sur le fondement de l'article 815-13 du Code civil, à être indemnisée de « l'amélioration » qu'elle a apportée à un bien indivis.
>
> Bien entendu, comme dans la première hypothèse, la question de la preuve peut se présenter. Pourtant, Madame X va pouvoir obtenir plus facilement le remboursement des sommes versées. En effet, selon la Cour de cassation, il n'y a pas de « présomption de communauté » en matière d'indivision, présomption qui oblige pendant le mariage à être vigilant dès lors qu'on utilise des fonds propres en s'en constituant une preuve (voir sur cette importante question, la rubrique : *La liquidation de la communauté légale*). Selon la Cour de cassation : *« ... à la date à laquelle les remboursements avaient été opérés, la communauté était dissoute, la créance litigieuse était soumise aux règles de l'indivision et non à celles des récompenses, et Mme X, réputée avoir effectué ce paiement à l'aide de ses deniers personnels, pouvait prétendre à une indemnité sur le fondement de l'article 815-13 du Code civil »* (C. cass., civ. 1re, 17.12.1996, pourvoi n° 95-11929).

La dissolution de la communauté vis-à-vis des tiers

Selon l'article 262 du Code civil, la date de la dissolution de la communauté pour les tiers est la date de la publication du divorce à l'état civil (sur cette formalité, appelée « transcription », voir *Les règles communes aux différents divorces*, p. 37).

Cette date fixe la contribution des époux aux dettes vis-à-vis des tiers. En effet, c'est, par exemple, seulement à cette date qu'un créancier ne pourra plus compter sur la solidarité des époux pour les dettes ménagères, applicable pendant le mariage, pour demander le paiement d'une dette d'un époux à son conjoint. Notamment, le bailleur ne pourra plus demander le paiement des loyers dus après cette date qu'à l'époux resté dans les lieux et non à celui qui est parti.
Comment se combine cette règle en cas de report de la dissolution de la communauté ? Pour les époux, et en ce qui concerne leurs biens, le jugement de divorce prend effet dès la date de l'ordonnance de non-conciliation. Sous certaines conditions, ils peuvent cependant demander que cette date de la dissolution soit reportée à une date antérieure. Ce report a notamment pour but de protéger un époux contre les agissements de l'auteur en évitant que les biens acquis par l'époux victime ne soient également partagés (voir *La liquidation du régime matrimonial*, p. 264). Mais cette rétroactivité des effets de la dissolution ne vaut qu'entre époux et non vis-à-vis des tiers (créanciers des époux notamment). Pour ces tiers, le jugement de divorce ne leur est opposable qu'à la transcription du jugement. Cela peut entraîner certaines difficultés comme le démontre l'exemple suivant.

> **Cas pratique**
> Un mari est débiteur d'une somme auprès d'un créancier qui introduit une action en paiement contre les époux. Or, par la suite, les époux divorcent et la femme obtient le report des effets du divorce. La dette du mari se trouve se situer à une date postérieure à ce report. Entre les époux, il en est donc seul responsable. La femme demande au tribunal à ne pas être tenue au paiement de cette dette de son mari. Pour elle, c'est une dette née pendant l'indivision (du fait du report de la dissolution), qui est personnelle au mari, et non une dette de la communauté qui l'engagerait (un créancier d'un indivisaire ne peut attaquer l'indivision, il ne peut que provoquer le partage de cette indivision – art. 815-27, C. civ.). Cette interprétation est erronée selon la Cour de cassation puisque, pour ce créancier, les époux étaient mariés lors de la naissance de la dette, ils doivent donc y contribuer tous les deux (C. cass., civ. 1re, 1.6.1994, pourvoi n° 92-17465).

À NOTER

La date du partage La date du partage des biens entre les époux est également une date à prendre en considération pour apprécier la valeur de ces biens. La dissolution de la communauté entre les époux, et donc la fixation de la masse à partager, s'effectue à la date de l'ordonnance de non-conciliation ou à celle de la convention homologué en cas de consentement mutuel (ou une date antérieure en cas de report). Mais depuis cette date jusqu'au partage, les époux peuvent avoir acquis des biens, remboursé des dettes ou accompli un grand nombre d'opérations diverses. Les biens communs ainsi que les indemnités ou récompenses que les époux se doivent vont devoir être réévalués à l'époque du partage (voir *La liquidation du régime matrimonial*, p. 264).

Les effets personnels du divorce

➤ **Le divorce produit un certain nombre de conséquences pour les époux et notamment, en principe, la perte de l'usage du nom.**

➤ **Par ailleurs, chaque époux n'est plus tenu d'aider ses beaux-parents dans le besoin. Ils deviennent par ailleurs étrangers l'un vis-à-vis de l'autre d'un point de vue successoral.**

Le nom de la personne divorcée

Le divorce va avoir un effet sur le nom des époux. Cela n'empêche pas, dans le cadre de la procédure, d'envisager la possibilité de conserver son nom marital.

Le principe : chacun perd l'usage du nom du conjoint

À la suite du divorce, chacun des époux perd l'usage du nom de son conjoint. Cette règle est la conséquence de la disparition du lien conjugal et permet notamment d'éviter toute confusion vis-à-vis des tiers ou par rapport à d'éventuelles épouses successives qui ne porteront pas ainsi le même nom (art. 264, C. civ.).

L'exception : l'un des conjoints conserve l'usage du nom de l'autre

L'un des époux peut néanmoins conserver l'usage du nom de l'autre, soit avec son accord, soit avec l'autorisation du juge, s'il justifie d'un intérêt particulier pour lui ou pour les enfants. Par exemple la femme exerce une profession dans laquelle elle est connue sous le nom de son mari (avocate, commerçante…) ou encore d'un point de vue psychologique, quand le conjoint a porté ce nom pendant des années et n'entend pas en changer. De même il peut être important pour les enfants que leur parent chez qui ils habitent continue à porter le même nom qu'eux.

› L'accord du conjoint

Cet accord :
- peut être donné pour une durée déterminée (par exemple, fin de la scolarité des enfants) ou à vie ;
- peut être conditionnel (par exemple, pour un usage uniquement professionnel ou cessation en cas de concubinage notoire) ;
- n'a pas besoin d'être homologué par le juge ;
- n'est pas transcrit sur les registres d'état civil puisqu'il ne s'agit que d'un usage.

Cette autorisation peut figurer (et c'est bien sûr préférable pour le conjoint qui s'en prévaut) dans une convention soumise au juge (art. 268, C. civ.).

À NOTER

Pouvoirs du juge Quand le conjoint donne son autorisation sans condition (notamment de durée), le juge n'a pas à la limiter dans le temps.
Cela a été jugé dans une affaire où le mari ne s'était pas opposé (dans ses conclusions, à savoir les actes écrits soumis au tribunal) à la demande d'autorisation de son épouse consistant à accoler leurs deux noms jusqu'à la majorité du dernier enfant (C. cass., civ. 1re, 15.12.2010, pourvoi n° 09-73048).

› L'autorisation judiciaire

Pour obtenir cette autorisation du juge, il faut justifier d'un intérêt particulier. Cet intérêt peut être constitué par la longueur du mariage, le fait que les enfants portent le même nom que le parent avec lequel ils vivent…
Cet intérêt n'est pas toujours facile à démontrer (par exemple, il a été refusé dans une affaire où l'épouse prouvait qu'elle avait pourtant porté pendant 30 ans le nom de son mari : C. cass., civ. 1re, 25.5.1994, pourvoi n° 93-10873).

› Retrait de l'usage

Il est toujours possible de demander la révocation en justice d'usage du nom de son ex-conjoint.

Cas pratiques

• Une personne saisit le juge des référés sur le fondement de l'urgence (art. 808, CPC), dans le cadre d'une campagne électorale, en soutenant l'usage abusif de son nom qu'aurait fait son ex-femme qui se portait candidate aux cantonales (en l'occurrence nom de l'épouse suivi du sien). Sa demande a été rejetée, les juges estimant qu'il n'y avait pas de confusion, retenant en revanche l'absence de volonté de nuire à sa femme et le fait qu'elle était connue dans son milieu professionnel – elle était enseignante – sous ce nom (carte d'adhésion à une association de parents d'élèves, procès-verbaux de délibérations d'un conseil d'école…) (TGI Pontoise, 10.3.1989).

• En revanche, le remariage du mari ne peut pas être invoqué par lui pour obtenir ce retrait (TGI Montbrison, 8.1.2002, GP 3.8.2002, Som. p. 6). Il en est de même, suivant certains arrêts, du remariage de la femme. Dans le cadre de leur divorce par consentement mutuel, une convention de divorce prévoit que Mme conservera dans le strict domaine de sa profession, l'usage du nom de son ancien époux. Par la suite, l'ex-mari s'y oppose, arguant notamment du remariage de son ex-femme. Cet argument est rejeté par la Cour d'appel (CA Paris, 24e, 4.3.2004, GP 25.4.2004, p. 3).

Les conséquences liées à la famille

Les successions

Passé le divorce, d'un point de vue successoral, les époux deviennent des étrangers l'un à l'autre. Le conjoint divorcé n'a plus, à aucun titre, la qualité de conjoint survivant. Il n'est en aucun cas appelé à la succession, sauf si l'ex-conjoint décédé avait rédigé un testament ou effectué une donation en sa faveur qu'il n'a pas révoqués au moment du divorce (sur cette question, voir *Les conséquences du divorce sur les biens*, p. 253).

Le cas est bien différent d'un décès en cours d'instance. Ce décès en cours de procédure va éteindre la procédure de divorce et les époux seront considérés comme toujours mariés (voir *Les procédures et règles communes*, p. 37).

Les obligations alimentaires

L'article 206 du Code civil précise que les gendres et belles-filles doivent des aliments à leurs beaux-parents qui sont dans le besoin. Mais cette obligation cesse en cas de divorce. Cette règle n'est pas inscrite dans la loi qui ne prévoit que le décès de l'époux « qui produisait l'affinité ».

Cependant, les tribunaux admettent également que le devoir alimentaire cesse en cas de divorce. Un ex-beau-père ne pourrait donc pas demander une pension alimentaire à son ex-beau-fils ou à son ex-belle-fille (CA Bordeaux, 4.5.1972).

Les conséquences financières du divorce

La prestation compensatoire

➤ La prestation compensatoire est destinée à compenser le déséquilibre économique résultant, pour un époux, du prononcé du divorce.

➤ Elle prend la forme d'une somme d'argent (capital ou rente) ou d'un bien qu'un conjoint peut obtenir de l'autre. La loi donne la priorité au versement du capital, la rente n'est qu'exceptionnellement ordonnée.

➤ Le problème principal réside dans les modalités de paiement, les possibilités de révision et la transmissibilité aux héritiers du débiteur.

Ne pas confondre prestation compensatoire et pension alimentaire

Pour la plupart des personnes interrogées, prestation compensatoire et pension alimentaire entre époux sont des termes synonymes.
La prestation compensatoire est souvent confondue avec la pension alimentaire due pendant l'instance en divorce entre époux ou pour les enfants.

Définitions

› La prestation compensatoire

Elle ne constitue pas un devoir alimentaire entre ex-époux. La prestation compensatoire emprunte certains traits aux pensions alimentaires, mais, contrairement à celles-ci qui sont susceptibles d'être révisées à tout moment, elle a un caractère forfaitaire. Cela signifie que la prestation compensatoire est, en principe, fixée une fois pour toutes, d'après les éléments existants lors du divorce. Son montant ne peut être modifié, à la suite d'un événement ultérieur au divorce, que dans certains cas précis, à la baisse seulement (dans l'hypothèse d'un paiement sous forme de rente, le montant du capital ne pouvant pas, lui, être modifié).

› Le devoir alimentaire entre époux

Appelé devoir de secours, il cesse en cas de divorce. Dans le cadre d'un divorce, en dehors de la pension alimentaire pour les enfants, les époux ne peuvent donc être obligés de se verser une pension alimentaire que pendant l'instance en divorce au titre des mesures provisoires.

Avant la loi du 30 juin 2000, la prestation compensatoire prenait majoritairement la forme d'une rente (temporaire ou viagère), comme la pension alimentaire, bien que la loi donnait priorité au versement d'un capital. Cette attribution sous forme de rente permet de comprendre une des raisons de la confusion du public entre prestation compensatoire et pension alimentaire, cette dernière étant également versée sous forme de rente.

La loi du 30 juin 2000 a profondément modifié les caractéristiques de la prestation compensatoire. Dorénavant, c'est un capital (abandon d'un bien, liquidités…) qui doit être versé sous les conditions prévues par les textes. Ce capital peut toutefois prendre la forme d'un versement mensuel sur huit ans. Par ailleurs, de façon certes restreinte, il est possible pour le juge d'ordonner, à la place du versement d'un capital, une rente viagère.

L'évaluation de la prestation compensatoire est effectuée sur la base d'une disparité des situations économiques des époux au moment du divorce. Or, l'attribution de la prestation compensatoire sous forme d'un capital sur huit ans ou d'une rente versée durant la vie de l'époux à qui elle est attribuée, est susceptible d'alimenter un important contentieux judiciaire (dans quelles conditions peut-on en obtenir la révision ? Comment se prémunir contre des impayés ?). La charge économique représentée par le versement d'une rente (ou d'un capital sur plusieurs années) peut être, au fil des années, très mal ressentie par celui qui la doit, surtout quand ses conditions de vie ont changé ainsi que celles de son ex-conjoint. C'est pourquoi les textes insistent sur la possibilité de capitalisation de la rente viagère du vivant du débiteur et en cas de transmission de la dette en cas de décès du débiteur.

Nature juridique de la prestation compensatoire

La loi n'a pas précisé la nature juridique de cette prestation due en cas de divorce des époux, sauf pour indiquer qu'elle a un caractère forfaitaire (art. 273, C. civ.). On verra qu'elle s'éloigne par maints aspects du régime de la pension alimentaire, la différence la plus frappante concernant la possibilité pour l'une d'être révisée à tout moment sur justification d'éléments nouveaux (la pension alimentaire) et pour l'autre de n'être révisée que dans certains cas spécifiques (la prestation compensatoire).

La loi a pourtant assimilé la prestation compensatoire à une pension alimentaire pour certaines caractéristiques. Tel est le cas, en partie, pour son évaluation ; elle est fonction, comme pour une pension alimentaire, des besoins et des ressources des époux. L'assimilation joue également pour la procédure civile de recouvrement des impayés qui s'applique tant pour les pensions que pour les prestations compensatoires impayées (du moins quand elles prennent la forme de rente). De même, la prestation compensatoire accordée sous forme de rente est indexée comme la pension alimentaire (art. 276-1, C. civ.).

Il convient enfin d'insister sur le fait que le régime de la prestation compensatoire est très différent si elle est décidée par le tribunal ou si elle est choisie par les époux. En effet, les époux ont bien plus de libertés pour fixer le principe et les modalités de la prestation compensatoire quand ils se mettent d'accord. Ils peuvent ainsi prévoir la possibilité d'une rente temporaire ce qui n'est plus possible en cas de fixation judiciaire.

Les caractéristiques de la prestation compensatoire

Il convient de bien cerner les particularités de cette prestation afin de pouvoir en demander le bénéfice, ou au contraire, s'opposer à son attribution.

La prestation compensatoire est-elle indépendante des torts ?

En principe, la prestation compensatoire est indépendante des torts : un époux peut y prétendre même si le divorce a été prononcé aux torts partagés (c'est-à-dire qu'une partie des torts a été mise à sa charge). Le but de la prestation compensatoire est, en effet, seulement d'aider le plus démuni à refaire sa vie après le divorce et non pas de sanctionner tel ou tel époux.
Cependant, le juge peut refuser d'accorder une telle prestation « *si l'équité le commande* », soit en considération des critères prévus à l'article 271 (âge, durée du mariage…), soit lorsque le divorce est prononcé aux torts exclusifs de l'époux qui demande le bénéfice de cette prestation, au regard des circonstances particulières de la rupture (art. 270, C. civ.) (voir *Le divorce pour faute*, p. 157).

Cas pratique

Par exemple, une décision a refusé d'accorder une prestation compensatoire à l'épouse compte tenu de son désintérêt pour ses quatre enfants, et du fait qu'âgée de 33 ans lorsqu'elle a cessé d'avoir la charge des enfants, elle ne justifiait pas des efforts entrepris pour suivre une formation ou exercer un emploi (C. cass., civ. 1re, 8.7.2010, pourvoi n° 09-66186).

À partir de quand est due la prestation compensatoire ?

› Les divorces contentieux

La prestation compensatoire n'est due qu'à compter de la date à laquelle la décision de divorce est passée en « force de chose jugée », c'est-à-dire qu'elle ne peut plus faire l'objet d'aucune voie de recours : appel, cassation (art. 260, C. civ.).
La question de l'exigibilité de la prestation compensatoire fait l'objet de nombreux litiges, notamment quand elle est versée sous forme d'un paiement en capital échelonné. Le principe est pourtant fermement posé par les tribunaux : les

juges ne peuvent pas repousser la date de l'exigibilité, c'est-à-dire différer le versement de la prestation compensatoire, à un événement déterminé qu'ils fixent et encore moins à un événement indéterminé.

> **Cas pratiques**
> Une cour d'appel ne peut pas indiquer dans sa décision que le capital alloué à titre de prestation compensatoire sera payable pour partie dans le mois suivant la signification de l'arrêt et le solde avant la fin de l'année. Cette décision a été censurée comme étant incompatible avec le caractère suspensif du pourvoi en cassation et de son délai (C. cass., civ. 2e, 11.7.2002, pourvoi n° 00-20639 ; voir *Les procédures et règles communes*, p. 37, *Les dates des effets du divorce*, p. 189).
> Le premier versement ne peut pas être laissé à une date indéterminée comme par exemple le jour où la contribution du débiteur à l'entretien de ses enfants ne sera plus versée (C. cass., civ. 1re, 6.7.2005, pourvoi n° 03-18038). Le versement ne peut pas plus être différé à la liquidation de la communauté (C. cass., civ. 1re, 31.5.2005, pourvoi n° 04-11373). En effet, la prestation est due dès que la décision a acquis « force de chose jugée ».

Une autre question suscite en pratique bien des difficultés : à partir de quand cesse d'être due la pension alimentaire entre époux et commence le paiement de la prestation compensatoire ? (voir *La pension alimentaire pour l'un des époux*, p. 104, *La vie du ménage pendant la procédure de divorce*, p. 67, *Les mesures provisoires*, p. 95).
La prestation compensatoire se substitue le cas échéant, à la pension alimentaire versée entre époux au titre du devoir de secours, prévue dans le cadre de l'ordonnance de non-conciliation pour la durée de l'instance de divorce.

• Absence d'interruption entre le versement de la pension alimentaire et de la prestation compensatoire

Les mesures accessoires au divorce, et notamment la prestation compensatoire, se substituent aux mesures provisoires prévues dans le cadre de l'ordonnance de non-conciliation. La prestation compensatoire devrait donc logiquement prendre la suite de la pension alimentaire entre époux versée pendant l'instance en divorce.

• Les exceptions

Une situation de « hiatus » peut cependant se produire et l'époux concerné ne touchera rien pendant un certain temps. Il doit savoir comment y remédier.
• Il suffit d'imaginer le cas d'une femme qui sollicite une mesure d'instruction sur les revenus de son époux, alors que le divorce est prononcé sans qu'aucune voie de recours ne soit exercée. Les époux sont d'accord pour divorcer mais ne sont pas d'accord sur le principe ou le montant de la prestation compensatoire. Le divorce étant passé en force de chose jugée (il n'est pas contesté), la pension alimentaire, versée jusqu'à présent à la femme pendant l'instance, prend fin

puisqu'il n'y a, par définition, plus d'instance. Cependant, la femme ne touche pas encore la prestation compensatoire puisque le juge attend le résultat de l'expertise pour se décider, situation qui peut la plonger dans de grandes difficultés.
Dans cette hypothèse, la pratique a admis la possibilité d'obtenir une prestation compensatoire provisionnelle, c'est-à-dire due dans l'attente d'une décision définitive (C. cass., civ. 1re, 28.5.2008, pourvoi n° 07-14232).

À NOTER
Expertise et prestation compensatrice À ce sujet, il faut noter l'actuelle jurisprudence selon laquelle le juge aux affaires familiales ne peut pas ordonner une mesure d'instruction sur la prestation compensatoire (expertise comptable notamment) sans au préalable constater l'existence d'une disparité dans les conditions de vie respectives des époux créée par la rupture du mariage (voir *L'expertise comptable,* p. 226).

• Autre cas de figure : une femme perçoit une pension alimentaire versée par son mari et fixée par l'ordonnance de non-conciliation. Le jugement de divorce lui attribue une prestation compensatoire qui ne la satisfait pas. Elle fait appel de la partie du jugement concernant la prestation compensatoire (appel limité à la prestation compensatoire) mais non sur le principe du divorce, car elle désire une décision rapide sur cette question, envisageant de se remarier. Le jugement de divorce est transcrit sur l'état civil, à la suite de l'acquiescement des deux époux et prend donc « force de chose jugée ». Les mesures provisoires prennent fin en même temps que la procédure de divorce. La femme ne peut donc plus toucher de pension alimentaire au titre des mesures provisoires, puisqu'elles ont pris fin quand le divorce a pris « force de chose jugée ». En revanche, elle ne peut pas encore toucher la prestation compensatoire compte tenu de l'appel. Il faut rappeler que la prestation compensatoire n'est, en principe, pas assortie de l'exécution provisoire sauf conséquences excessives.
Dans notre exemple, l'épouse doit donc demander au juge cette exécution provisoire afin de ne pas se retrouver en situation de difficulté financière.
Il faudra vérifier en pratique comment est appliquée cette règle qui est intéressante quand l'épouse demande une rente, mais est d'application plus délicate s'il s'agit d'un capital…

› Les divorces par consentement mutuel

Les époux fixent eux-mêmes dans la convention le point de départ, le montant et les modalités de versement de la prestation compensatoire (art. 278, C. civ.).

Peut-on renoncer à une prestation compensatoire ?

› Impossibilité de renoncer avant l'instance en divorce

Selon la jurisprudence, il est impossible de renoncer de façon anticipée à demander une prestation compensatoire. Les époux ne peuvent pas, par exemple, transiger sur leur droit futur à une telle prestation (C. cass., civ. 2e, 10.5.1991, pourvoi n° 90-11008).

Cas pratique

Dans le cadre d'un acte de vente de biens passés entre des époux, une épouse renonce à toute demande de prestation compensatoire dans le cadre du divorce engagé entre eux en échange de la remise d'une certaine somme par prélèvement sur la part du mari. L'épouse assigne ensuite en divorce et demande une prestation compensatoire. Le mari invoque cette renonciation mais sa demande est rejetée par les juges qui notent que la renonciation est intervenue avant l'assignation en divorce : « *Il est constant que tant que la procédure de divorce n'est pas engagée, les époux ne peuvent valablement transiger sur leur droit futur à une prestation compensatoire* » (CA Aix-en-Provence, 17.12.2001, Dt de la famille, Éd. Juris-Classeur 4.2003, p. 30).

› Consentement mutuel

En revanche, un époux peut parfaitement dans le cadre de ce divorce renoncer à une prestation compensatoire en insérant une clause à cet effet dans la convention.

Cas pratique

Une épouse déclare expressément renoncer à une prestation compensatoire dans la convention soumise au tribunal. Il a été jugé qu'elle ne pouvait par la suite en demander le bénéfice sous couvert d'une action en révision. La révision suppose en effet que le droit à prestation compensatoire ait été reconnu antérieurement, judiciairement ou conventionnellement (C. cass., civ. 2e, 28.1.1987, pourvoi n° 85-12417).

› Possibilité de renoncer après l'instance en divorce

Les époux peuvent renoncer en tout ou partie aux effets d'une prestation compensatoire qui a été fixée judiciairement. Notamment, les ex-époux peuvent se mettre d'accord sur une réduction du montant de la prestation compensatoire (C. cass., civ. 1re, 8.2.2005, pourvoi n° 03-17.923).

La prestation compensatoire bénéficie-t-elle de l'exécution provisoire ?

Le principe est que la prestation compensatoire n'est pas assortie de l'exécution provisoire. Cependant, depuis le décret n° 2004-1158 du 29 octobre 2004, la prestation compensatoire peut bénéficier de l'exécution provisoire (totalement ou partiellement) si « *l'absence d'exécution aurait des conséquences manifestement excessives pour le créancier en cas de recours sur la prestation compensatoire alors que le prononcé du divorce a acquis force de chose jugée* ». Cette exécution provisoire ne prend effet qu'au jour où le prononcé du divorce a acquis force de chose jugée (art. 1079, CPC).

Cette disposition permet au conjoint bénéficiaire d'éviter une situation d'hiatus entre le versement de la pension alimentaire et celui de la prestation (voir page précédente).

Comment fixer la prestation compensatoire ?

Comment évaluer une prestation compensatoire ? En effet, sachant qu'elle est fondée sur une disparité des niveaux de vie des époux, à quel moment cette disparité doit-elle être prise en compte ? Quelles sont les ressources des époux qu'il faut retenir ? Voici quelques questions qu'il convient de se poser.

La demande de prestation compensatoire

La prestation compensatoire est considérée par les tribunaux comme une demande accessoire au divorce. Cette règle entraîne un certain nombre de conséquences :

- la prestation compensatoire ne peut être demandée qu'à l'occasion d'une procédure de divorce. Il n'est pas possible de la demander plus tard, pendant les opérations de liquidation et partage du régime matrimonial (C. cass., civ. 2e, 8.11.1989, pourvoi n° 87-12698) ;
- une demande de prestation compensatoire peut être présentée pour la première fois en appel tant que le divorce n'a pas acquis « force de chose jugée » (c'est-à-dire qu'aucune voie de recours n'est plus possible). Tel est le cas si la cour d'appel est saisie d'un appel qui n'est pas limité au seul divorce (C. cass., civ. 2e, 22.10.1997, pourvoi n° 95-16846) ;
- en revanche, le décès de l'époux débiteur d'une prestation compensatoire, après que le divorce est passé en « force de chose jugée », n'éteint pas la possibilité de demander une prestation compensatoire.

> **Cas pratique**
> Un jugement prononce le divorce des époux et accorde à la femme une prestation compensatoire sous forme de capital. Le mari fait appel limité du jugement, uniquement pour la disposition concernant la prestation compensatoire, mais ne fait pas appel contre le divorce lui-même : ce divorce est donc acquis. Il décède pendant l'appel mais l'instance est reprise entre les héritiers de l'époux et la femme. La cour d'appel se dessaisit de l'affaire, estimant que la prestation compensatoire étant l'accessoire du divorce, l'instance engagée par le mari est éteinte à la suite de son décès.

Cet arrêt est cassé par la Cour de cassation. En effet, la Cour de cassation estime que ce n'est que dans l'hypothèse où le mari serait mort en cours d'instance, sans qu'un divorce soit prononcé (alors qu'ici le divorce était acquis), qu'il n'y aurait pas eu lieu de poursuivre l'action sur la prestation compensatoire. Dans ce dernier cas en effet, la femme aurait été considérée comme conjointe survivante puisque au moment du décès elle serait considérée comme toujours mariée (C. cass., civ. 2e, 25.5.1993, pourvoi n° 91-21950).

À NOTER

L'absence de demande de prestation compensatoire Lorsqu'un des époux conclut au rejet du divorce (ou demande seulement une séparation de corps) et n'a demandé que le versement d'une pension alimentaire ou d'une contribution aux charges du mariage, le juge ne peut prononcer le divorce sans avoir invité les époux à s'expliquer sur le versement d'une prestation compensatoire (art. 1076-1, CPC). Cela s'explique par le fait d'éviter à un conjoint d'être privé d'une prestation compensatoire si le divorce est finalement prononcé.

L'évaluation de la prestation compensatoire

La fixation de la prestation compensatoire est un art difficile. La difficulté principale réside dans la détermination de son montant, même si la loi énumère un certain nombre d'éléments que le juge doit prendre en considération (voir *La prestation compensatoire compense une disparité,* p. 217). En effet, cette liste n'est pas exhaustive et le juge doit, en outre, tenir compte de l'évolution future de la situation des époux. Ainsi, la durée de la vie conjugale, le chômage et la perte de droits à la retraite, la maladie rendant difficile la réinsertion professionnelle ou encore la présence d'enfants influent sur la forme de la prestation compensatoire ou son montant. Le juge devra également examiner les perspectives de carrière de chacun des époux, les conséquences de la retraite sur leurs revenus, la réinsertion possible du créancier, l'état de fortune du concubin de celui qui demande la prestation compensatoire…

Un grand nombre des conditions, retenues pour la fixation de cette prestation compensatoire, font l'objet d'appréciations subjectives par les magistrats (appréciation qui dépend également en grande partie du caractère plus ou moins complet des dossiers qui leur sont soumis) et peuvent donner lieu à des variations d'une juridiction à l'autre.

Autre source de difficulté : pour apprécier la disparité dans les conditions de vie respectives des époux résultant de la rupture du mariage, le juge doit se placer à la date du divorce, et non à la date de la séparation de fait du couple. Or, il est prouvé que le divorce fait très souvent suite à une période plus ou moins longue de séparation de fait des époux, période pendant laquelle la situation financière du couple peut rapidement évoluer (voir *La prestation compensatoire compense une disparité*, p. 217).
Il doit être tenu compte des revenus de toutes natures (y compris les indemnités de chômage ou les avantages en nature), des charges, de la consistance du patrimoine existant et prévisible de chaque époux. L'appréciation des espérances successorales, du sort des donations consenties en cours de mariage ou de l'étendue du patrimoine après liquidation du régime matrimonial peut se révéler particulièrement délicate.
Il faut signaler dans certains tribunaux, la mise en place de bases de données permettant de déterminer le montant des prestations compensatoires.

Cas pratiques

L'épouse perçoit-elle automatiquement une prestation compensatoire ? Si oui, sur quelle base est-elle évaluée ?

Non, le versement d'une prestation compensatoire n'a rien d'automatique, puisqu'elle est destinée à compenser une disparité dans la situation économique des époux. Il faut donc qu'il y ait disparité et, dans votre cas, qu'elle soit du côté de la femme. Un mari qui remplirait les conditions posées par les textes pourrait parfaitement demander le versement à son profit d'une prestation compensatoire. On commence à voir quelques décisions sur ce point.

Je demande une prestation compensatoire à mon mari. Est-ce à moi de faire la preuve de son train de vie car je n'ai pas de justificatif de son patrimoine et de ses revenus ?

Selon l'article 1315 du Code civil, c'est à celui qui réclame l'exécution d'une obligation de la prouver. Autrement dit, c'est à vous en principe d'apporter la preuve de la disparité dans vos conditions de vie. Selon un arrêt de la Cour de cassation, il en est ainsi même si le mari ne contredit pas les allégations de l'épouse : « Le silence opposé à l'affirmation d'un fait ne vaut pas à lui seul reconnaissance de ce fait ». (C. cass., civ. 1re, 24.5.2007, pourvoi n° : 06-18218). Pour établir ces preuves, vous pouvez solliciter une expertise comptable ou encore demander au juge qu'il effectue certaines recherches (voir *Les renseignements fournis par les époux et le fisc*, p. 226).

› Accord entre époux ou jugement

Les prestations compensatoires fixées depuis le 1er janvier 2005 peuvent résulter d'un accord passé entre les époux.
L'accord est soumis au juge aux affaires familiales qui l'homologue en même temps qu'il prononce le divorce après vérification que les intérêts de chacun des époux et des enfants sont préservés. En conséquence, dorénavant, que le divorce soit un divorce par consentement mutuel ou d'un autre type, les époux peuvent se mettre d'accord sur le principe et les modalités de la prestation compensatoire.

À NOTER

Un montant moyen pour la prestation compensatoire ? Cette question, comme celle concernant le coût d'un enfant pour la fixation de la pension alimentaire, est fréquemment posée. Pour la pension concernant les enfants, le ministère de la Justice a, dès 2010, publié annuellement une table de référence indicative des montants des pensions alimentaires. Un tel outil n'existe pas à l'heure actuelle pour les prestations compensatoires même s'il pourrait être envisagé. Selon un rapport du Sénat, « sans doute, la multiplicité des critères susceptibles d'entrer en ligne de compte rend la tâche malaisée... Toutefois, l'absence d'un tel barème indicatif contribue à l'inégalité de traitement entre les justiciables sur le territoire, en fonction de la juridiction ou du magistrat, inégalité que renforce le fait que le juge statue généralement en matière familiale en juge unique et non en formation collégiale.

Le succès rencontré par le barème indicatif en matière de pensions alimentaires justifierait pourtant de tenter d'établir un ou plusieurs référentiels de prestations compensatoires, en fonction des principaux critères retenus» (Rapport Sénat, 26.2.2014 : « Justice aux affaires familiales : pour un règlement pacifié des litiges »).

Sur le plan statistique, des études ont établi qu'en moyenne la demande porte sur une rente mensuelle de 648 € par mois, le débiteur propose 324 € et le juge tranche sur la base de 407 €.

Pour le capital, la demande moyenne est de 266 786 €, face à des propositions de 55 796 € et des décisions fixant le montant du capital à 59 607 €. Cependant, ces statistiques datent de 1996, avant la réforme du 12 juin 2000. Sur les prestations compensatoires ordonnées depuis, voir *La substitution d'un capital à une rente*, p. 236 (enquête ministère de la Justice 1996, *Le Monde de l'argent*, 22.10.2001).

› La prestation compensatoire compense une disparité

Sans disparité dans les conditions de vie respectives des époux, il n'y a pas de prestation compensatoire. Selon la loi, le but de la prestation compensatoire est en effet de tenter de compenser la disparité que le divorce crée dans les conditions de vie respective des époux (art. 270, C. civ.).

Cas pratique

Il a été jugé que ne suffit pas à constituer une disparité la simple différence arithmétique entre les ressources actuelles des parties mais qu'il devait être tenu compte de l'état de santé précaire du débiteur, du fait qu'il prenait en charge le passif de la communauté et que la femme, compte tenu de son âge, pouvait retrouver un emploi même modeste (événement prévisible lors de la décision ; CA Paris, 23.11.1989).

En effet, si l'écart des revenus ou des patrimoines est un critère essentiel, il n'est pas suffisant. La disparité est fondée sur un certain nombre d'éléments déclinés par l'article 271 du Code civil, comme on le voit dans le cas pratique ci-dessus (âge, santé, etc., voir *Les critères*, p. 222). En d'autres termes, la prestation compensatoire n'est pas destinée à égaliser les fortunes. Ainsi, une cour d'appel relève « qu'autant le réel préjudice économique lié à la répartition des rôles dans le couple justifie pleinement une réparation financière, autant l'inégalité des situations des époux due à leur seule équation personnelle telle la fortune personnelle ne peut servir de fondement à un rééquilibrage des situations » (CA Rennes, 6e ch. B, 13.1.2015, n° de RG : 13/06561).

Il a également été jugé qu'une disparité qui résulte seulement d'un choix de vie effectué en commun par les époux ne donne pas lieu à versement d'une prestation compensatoire.

Cas pratique

L'adoption d'un régime de séparation de biens par des époux séparés depuis 20 ans (et la liquidation de leurs intérêts financiers commune) et le fait que l'épouse n'a jamais demandé d'aide financière à son mari l'empêchent d'obtenir une prestation compensatoire ; en effet, la disparité dans les conditions de vie respectives des parties ne résulte pas de la rupture du mariage (C. cass., civ 1re., 24.9.2014, pourvoi n° 13-20695).

La question se pose différemment si ce choix de vie est fait pour favoriser la carrière de son conjoint. Car il s'agit là d'un des critères permettant de bénéficier d'une prestation compensatoire (voir *Les critères*, p. 222). L'article 271 prévoit en effet la prise en considération par le juge des conséquences des choix professionnels faits par l'un des époux pendant la vie commune pour favoriser la carrière de son conjoint au détriment de la sienne. Tel est l'apport de la décision ci-dessous.

Cas pratique

Une décision fixe pour Madame une prestation compensatoire de 95 600 €. En appel, Monsieur obtient sa diminution à hauteur de 50 000 €. L'arrêt retient notamment que, si Mme fait valoir qu'elle a sacrifié sa propre carrière pour suivre son mari dans ses affectations successives, il convient de considérer qu'il s'agit de décisions prises dans l'intérêt du ménage et d'un commun accord. La Cour de cassation casse cette décision, ce motif étant inopérant (C. cass., civ. 1re, 8.10.2014, pourvoi n° 13-23044).

Il faut rappeler ici que, malgré la disparité, l'équité peut commander d'écarter la demande de prestation compensatoire compte tenu des « circonstances particulières entourant la rupture » (voir *La prestation compensatoire est-elle indépendante des torts ?*, p. 209).

Enfin, la disparité préexistante au mariage n'est pas prise en compte par les juges (voir *La disparité doit être créée par à la rupture du mariage*, p. 221).

Cette prestation compensatoire est donc fondée sur l'idée d'un rééquilibrage entre deux situations patrimoniales dont la disparité avait été jusqu'alors masquée par la communauté de vie entre les époux. La disparité est d'ordre exclusivement économique.

Quand s'apprécie la disparité ?

Cette disparité s'apprécie au moment du divorce, c'est-à-dire au moment où la décision de divorce acquiert force de chose jugée et devient irrévocable (voir *Les dates des effets du divorce*, p. 189, *Les procédures et règles communes*, p. 37). C'est la rupture du mariage qui importe et non un autre moment. Les tribunaux sont très stricts sur ce point. Il n'est donc pas permis au juge de prendre en compte des événements antérieurs au divorce (par exemple, la disparité lors de la date effective de leur séparation de fait).

> **Cas pratique**
> Deux époux étaient séparés de fait depuis de nombreuses années. Pour apprécier la disparité entre les époux, une cour d'appel avait pris en compte non la date de la demande en divorce mais la date de la séparation de fait des époux. Elle avait donc rejeté la demande de prestation compensatoire de la femme car au moment de la séparation de fait, il n'y avait pas de disparité dans la situation respective des époux. Cet arrêt a été cassé (C. cass., civ. 2e, 4.2.1987, pourvoi n° 85-16374).

Si des modifications interviennent dans la situation des parties, pendant l'instance devant le juge du divorce ou en appel, il faut impérativement le signaler à la juridiction. En effet, la disparité peut être appréciée jusqu'au jour où le divorce est passé en « *force de chose jugée* » (art. 260, C. civ.).

> **Cas pratique**
> Un époux, condamné à régler une prestation compensatoire par jugement de divorce, était placé en invalidité entre le jugement de divorce et le moment où la cour d'appel statuait sur son appel (dirigé contre le divorce et la prestation compensatoire). La cour d'appel refusait cependant de tenir compte de cet élément nouveau, estimant que le premier juge avait correctement évalué la prestation compensatoire, compte tenu des éléments qui lui étaient soumis à l'époque. Cet arrêt a été cassé. Jusqu'au terme de la procédure, les éléments nouveaux peuvent être pris en considération par le juge du divorce (C. cass., civ. 2e, 28.1.1987, pourvoi n° 85-10426).

Il convient de noter, dans cet exemple, que si le mari s'était contenté d'un appel limité à la prestation compensatoire et n'avait pas contesté, comme en l'espèce, le prononcé des torts du divorce, il n'aurait pas pu faire état de sa mise en invalidité pour demander une diminution de la prestation compensatoire. Dans ce cas en effet, il lui aurait été opposé le fait que son jugement de divorce était passé en « force de chose jugée ». On peut cependant penser que cette invalidité pourra constituer le « changement important » autorisant une révision de la prestation compensatoire (voir *La révision de la prestation compensatoire*, p. 247).

L'évolution prévisible des droits

• Selon les tribunaux, le juge aux affaires familiales, pour apprécier la disparité entre les époux, n'a pas à tenir compte de la part de communauté qui va revenir à chaque époux après la liquidation et le partage. En effet, dès lors qu'aucun époux n'a invoqué l'existence de circonstances particulières affectant la nature des biens communs à partager, il n'y a pas lieu de tenir compte de la part de la communauté revenant aux époux (C. cass., civ. 2e, 14.1.1998, pourvoi n° 95-22059). Selon cette jurisprudence, sous réserve d'invoquer des « circonstances particulières » au partage, l'attribution des parts entre les ex-époux ne concerne donc pas le juge du divorce. Ainsi, un arrêt affirme que les juges n'ont pas à tenir compte de la potentialité des revenus contenue dans chaque part de communauté - le mari affirmant que cette potentialité comblerait en grande partie la différence de revenus provenant des pensions de retraites. Selon la cour, la liquidation du régime matrimonial de communauté des époux est par définition égalitaire et chacun gérant librement son lot dans l'avenir, il n'y a pas lieu de tenir compte de la part de communauté devant revenir à la femme pour apprécier la disparité (C. cass., civ.1re, 1.7.2009, pourvoi n° 08-18486).

L'explication donnée par les spécialistes est que ces éléments sont, le cas échéant, pris en compte pour la fixation du montant de la prestation compensatoire mais non pour l'appréciation de la disparité (*Droit de la famille*, 10.2009, V. Larribau-Terneyre). C'est la solution inverse qui est adoptée par la jurisprudence pour l'existence ou non de biens propres aux époux (C. cass., civ. 1re, 30.11.2004, pourvoi n° 03-18158).

Cette attitude des magistrats est très critiquée et paraît contraire aux termes de l'article 271 du Code civil. Cet article prévoit, en effet, que le juge doit tenir compte des droits des parties à l'issue de la liquidation du régime matrimonial (voir plus loin).

• Le juge aux affaires familiales peut, en revanche, tenir compte d'événements postérieurs au divorce dans une certaine mesure. La disparité s'apprécie « dans un avenir prévisible ». La loi prévoit en effet que le juge doit tenir compte de l'évolution de la situation des époux dans un avenir prévisible.

Par exemple, il doit prendre en compte les perspectives de carrière des époux (possibilité d'avancement, promotion ou au contraire mise à la retraite ou en invalidité, difficultés de reclassement professionnel après un licenciement, etc.).

Il peut également tenir compte du fait que l'époux bénéficie dans la succession de son père d'un patrimoine immobilier important en nue-propriété (C. cass., civ. 1re, 14.6.1989, pourvoi n° 88-13257).

En revanche, la vocation successorale ne fait pas partie des droits prévisibles (C. cass., civ. 1re, 6.10.2010, pourvoi n° 09-10989).

Cas pratique

La mère de l'épouse décède entre le moment où le divorce est devenu définitif (moment où le juge doit se placer pour apprécier le droit à prestation) et celui, postérieur, où le juge a fixé la prestation compensatoire. L'époux invoque en vain cet événement pour obtenir une diminution de la prestation compensatoire (C. cass., civ. 1re, 21.9.2005, pourvoi n° 04-13977). Reste que la prestation compensatoire pourra être révisée ultérieurement – tout du moins si elle est fixée sous forme de rente – par l'ex-conjoint quand la « vocation » successorale de l'épouse sera devenue une réalité.

À NOTER

Situation financière présente et future Le juge statuant sur le divorce doit avoir une idée la plus précise possible de la situation financière actuelle et prévisible des époux. Pour reprendre l'exemple de la retraite, si le conjoint à qui est demandé une prestation compensatoire pense être prochainement mis à la retraite, il doit soumettre au juge le montant prévisionnel de sa retraite.

● La disparité doit être créée par la rupture du mariage

Les tribunaux sont amenés régulièrement à rappeler cette règle : l'un des époux ne peut être tenu de verser à l'autre une prestation compensatoire que si la disparité dans leurs conditions de vie respectives est créée par le divorce.

Cette appréciation du moment où la disparité doit exister pose problème. Il a été ainsi jugé, en un premier temps, qu'une disparité existant antérieurement à l'union et maintenue pendant le mariage n'était pas la conséquence de la rupture du mariage (C. cass., civ.1re, 9.12.2009, pourvoi n° 08-16180). Cependant, une décision ultérieure qui avait rejeté une demande de prestation compensatoire – ce rejet était fondé sur une différence sensible de revenus qui préexistait au mariage et ne résultait pas des choix opérés en commun par les conjoints – a été cassée. Pour la Cour de cassation, en se déterminant ainsi, la cour d'appel qui, d'une part, s'est fondée sur des circonstances antérieures au prononcé du divorce pour apprécier l'existence du droit de l'un des époux à bénéficier d'une prestation compensatoire et, d'autre part, a ajouté une condition non prévue par la loi a violé les textes (C. cass., civ. 1re, 18.5.2011, pourvoi n° 10-17445).

Cette jurisprudence semble se confirmer (C. cass., civ. 1re, 10.10.2012, pourvoi n° 11-10444 : « … s'il existe une disparité dans la situation respective des époux au détriment de l'épouse, cette disparité existait antérieurement à l'union et a été maintenue par l'adoption du régime de séparation de biens et n'est donc pas la conséquence de la rupture du mariage, dont la durée n'a eu aucune incidence sur la situation patrimoniale de l'épouse, celle-ci ayant décidé d'arrêter sa profession en 2000 avant de se marier en 2001 ; qu'en statuant ainsi, par un motif inopérant, la cour d'appel, qui n'a pas tiré les conséquences légales de ses propres constatations, a violé les textes susvisés… »).

En résumé, la disparité doit être créée par la rupture du mariage. La seule disparité résultant de la différence de situation antérieure à l'union et qui a perduré pendant celle-ci ne suffit pas. Mais cela n'empêche pas d'invoquer une autre cause de disparité.

› Les critères

La prestation compensatoire est fixée selon les besoins de l'époux à qui elle est versée d'une part et les ressources de l'autre époux qui doit la verser d'autre part. Elle tient compte de la situation des époux au moment du divorce et de l'évolution de celle-ci dans un avenir prévisible (art. 271, C. civ.).
Pour la détermination des besoins et des ressources, le juge doit notamment se fonder sur certains éléments, dont la loi donne quelques exemples (art. 271, C. civ.) :
- la durée du mariage ;
- l'âge et l'état de santé des époux ;
- les conséquences des choix professionnels faits par l'un des époux pendant la vie commune pour l'éducation des enfants et du temps qu'il faudra encore y consacrer, ou pour favoriser la carrière de son conjoint au détriment de la sienne. Cette formule, introduite par la loi du 26 mai 2004, modifie l'ancien texte qui se contentait de faire état du temps consacré par les époux aux enfants et de leur qualification et situation professionnelle. Suivant les débats parlementaires, le nouveau texte renvoie à l'idée plus générale que la prestation compensatoire n'a pas pour objet de compenser la perte d'un niveau de vie qui résulterait d'une analyse sèche et mathématique de la situation patrimoniale des époux, mais bien de la répartition des rôles de chacun pendant la vie commune, des choix opérés en commun et qui se révèlent préjudiciables pour l'un d'entre eux au moment du divorce ou postérieurement. Autrement dit, l'activité au foyer de l'un des conjoints ou sa collaboration non rémunérée à la profession de l'autre peut être indemnisée au titre de la prestation compensatoire (sur cette notion, voir aussi *La prestation compensatoire compense une disparité*, p. 217) ;
- leurs droits existants et prévisibles (par exemple, un départ prochain en retraite) ;
- leur situation respective en matière de pensions de retraite en ayant estimé, autant que possible, la diminution des droits à retraite qui aura pu être causée, pour l'époux qui la demande, par les circonstances liées aux choix professionnels faits par l'un des époux pendant la vie commune (précision apportée par l'article 101 de la loi n° 2010-1330 du 9 novembre 2010 portant réforme des retraites) ;
- leur patrimoine, tant en capital qu'en revenu, estimé ou prévisible après la liquidation du régime matrimonial.

Ainsi sont fréquemment retenus par les tribunaux les éléments suivants : invalidité ou grave maladie de l'épouse qui demande la prestation, son absence de qualification, son âge, le fait qu'elle ait quitté son emploi pour suivre son mari et élever les enfants, qu'elle est au chômage, le fait que le mari, à qui est demandé la prestation compensatoire, soit à la retraite ou au chômage.
D'autres paramètres vont être pris en considération par le juge, telle la collaboration d'un époux à la profession de l'autre.

Cas pratique

Le fait de collaborer à l'entreprise de son mari sans être rémunérée a-t-il une incidence, dans le cadre d'un divorce, pour apprécier le montant de la prestation compensatoire ?

Oui, dans le calcul de la prestation compensatoire, il va être tenu compte d'un certain nombre d'éléments et notamment de la durée de la vie commune, de l'âge et situation actuelle professionnelle des époux, et du fait notamment que l'un d'eux avait, par exemple, arrêté son travail pour aider l'autre sans être rémunéré. Il a en effet été jugé que la disparité entre les ressources des époux pouvait être accentuée par une période de collaboration professionnelle non rémunérée de l'épouse. Dans un arrêt, une épouse a pu obtenir un capital important, couplé à une rente, en invoquant le fait qu'elle avait travaillé sept ans pour effectuer la comptabilité de son mari sans être déclarée ni rémunérée (CA Bordeaux, 2e ch., 26.3.1996).

Il en est de même dans une affaire où le mariage avait duré 35 ans, et où l'épouse avait contribué au développement du cabinet médical de son mari dont elle était la collaboratrice, sans percevoir de rémunération (C. cass., civ. 1re, 2.4.2008, pourvoi n° 07-17307).

La question du montant de la prestation compensatoire est donc très délicate puisque le juge va apprécier les différents éléments qui lui sont soumis, en se livrant à des combinaisons entre chacun.

Les ressources

Toutes les ressources des époux sont à prendre en compte :

- les revenus du travail, les allocations chômage, les avantages en nature (par exemple, une voiture de fonction), les indemnités de fonction, l'intéressement, les revenus du patrimoine, les allocations chômage, la pension d'invalidité (C. cass., civ. 1re civ., 26.9.2012, pourvoi n° 10-10781), voire la pension militaire d'invalidité touchée par le mari, futur débiteur de la prestation compensatoire (C. cass., 1re civ., 9.11.2011, pourvoi n° 10-15381). (Sur les investigations en matière de ressources, voir *Les renseignements d'ordre patrimonial et l'expertise*, p. 224) ;
- le patrimoine, et ce même s'il n'est constitué que de biens propres appartenant à celui à qui est demandée la prestation compensatoire (CA Paris, 1re ch. C, 26.5.1989, D. 89, IR, p. 190) ;
- de même, les ressources du concubin de l'épouse, personne gagnant largement sa vie, doivent être retenues (C. cass., civ. 2e, 10.7.1991, pourvoi n° 90-14561).

Le concubinage peut concerner tant le créancier que le débiteur de la prestation compensatoire (C. cass., civ. 2e, 23.11.2011, pourvoi n° 10-20349 pour le débiteur et C. cass., civ. 1re, 3.12.2008, pourvoi n° 07-20818 pour le créancier).

Il a été jugé que l'allocation aux adultes handicapés (AAH) versée à l'épouse devait être pris en considération au titre des ressources, cette allocation étant destinée à garantir un minimum de revenus à l'allocataire et non à compenser son handicap (C. cass., civ.1re, 28.10.2009, pourvoi n° 08-17609). Il en est de même de l'indemnité versée au titre de la réparation d'un préjudice corporel consécutif à un accident de voiture, sauf si l'épouse prouve qu'elles compensent un handicap (C. cass., civ. 1re, 18.12.2013, pourvoi n° 12-29127).

À NOTER

Pension alimentaire et allocations familiales La pension alimentaire pour les enfants et les allocations familiales ne doivent pas être prises en compte pour l'appréciation des ressources de l'époux qui demande la prestation compensatoire et plus généralement de l'existence ou non d'une disparité des revenus de vie entre les époux (C. cass., civ. 2e, 3.12.1997, BC n° 295, 15.2.2012, pourvoi n° 11-11000 ; C. cass., civ. 1re, 14.1.2015, pourvoi n° 13-27319). Selon la jurisprudence, en effet, les prestations familiales sont destinées à l'entretien des enfants et ne constituent pas des revenus bénéficiant aux parents (C. cass., civ. 1re, 6.2.2008, pourvoi n° 07-14334 ; 6.10.2010, pourvoi n° 09-12718).

Les charges

Les charges des époux, ou en tout cas celles qui correspondent à un train de vie normal, doivent aussi être prises en compte, c'est-à-dire en principe les charges incompressibles : loyers, charges d'emprunts, abonnements EDF et GDF Suez, téléphone… (mais non des charges manifestement excessives eu égard aux revenus, comme par exemple un crédit automobile trop élevé).
Doivent également être prises en compte à titre de charge pour l'époux débiteur, la contribution qu'il verse aux enfants (C. cass., civ. 2e, 10.5.2001, pourvoi n° 99-17255).

Cas pratique

Quel montant de prestation dois-je verser à ma femme sachant que je compte déjà payer 305 € pour mes deux enfants ?

Comme pour la pension alimentaire destinée aux enfants, il n'existe pas de calcul mathématique type pour calculer le montant de la prestation compensatoire. Celle-ci dépend d'abord du fait de savoir si le divorce va entraîner une disparité dans la situation financière des époux, et ensuite d'apprécier l'importance de cette disparité, compte tenu d'un certain nombre d'éléments tels que les ressources respectives des époux, leur âge et qualification professionnelle, l'existence ou non d'enfant, leur état de santé. Le juge va tenir compte de vos versements pour vos enfants dans le calcul de vos charges.

› Les renseignements d'ordre patrimonial et l'expertise

Au vu de ces précisions, l'on mesure combien il est important pour le juge d'avoir une « photographie » précise des ressources et du patrimoine des époux afin d'en apprécier l'étendue. Or, un des époux (principalement celui à qui peut être demandée une prestation compensatoire) n'a pas toujours le désir d'une transparence parfaite de son patrimoine. Son conjoint va donc avoir du mal à présenter un dossier conséquent à l'appui de sa demande. Comme nous le verrons,

il n'est pourtant pas désarmé au regard des différentes possibilités qui s'offrent à lui.
Pour obtenir les renseignements nécessaires, le juge dispose de par la loi du droit de demander d'office ou suite à la demande d'un époux :
- à un notaire d'établir un projet d'état liquidatif afin d'envisager les conséquences de la liquidation du régime matrimonial sur le patrimoine de chacun des époux ;
- à un professionnel qualifié de dresser un inventaire estimatif ou de faire des propositions quant au règlement des intérêts pécuniaires des époux (art. 255, C. civ.) ;
- aux époux de lui communiquer, ainsi qu'à l'expert éventuellement désigné, tous renseignements et documents utiles pour fixer la prestation compensatoire et liquider le régime matrimonial.

Le projet d'état liquidatif notarial

Ainsi, au moment où il statuera sur la prestation compensatoire, le juge aura notamment en main une évaluation, faite par un professionnel, des droits de chacun dans la liquidation de son régime matrimonial (communauté mais aussi séparation de biens quand des biens sont acquis en indivision), c'est-à-dire une évaluation des biens des époux en vue de leur partage. En dehors du divorce par consentement mutuel, cette liquidation n'est en effet faite (sauf hypothèse de convention de liquidation anticipée) qu'après le divorce. Or, ces éléments patrimoniaux peuvent être importants à connaître, comme indiqué plus haut, pour apprécier le droit à prestation compensatoire (art. 255, C. civ.).

Cas pratiques

Un époux a acquis pendant la communauté une pharmacie et l'a développée. La dissolution du mariage entraîne le partage du fonds. Lors du partage, il va en demander l'attribution préférentielle (il a seul le titre de pharmacien), mais il devra une soulte (somme d'argent correspondant à la part de l'épouse) à son épouse ou, s'il y a d'autres biens, perdra ses droits sur d'autres biens pour compenser cette attribution à son profit, d'où une diminution importante de ses revenus. Il est intéressant pour le juge d'anticiper cette question du partage des biens pour fixer au mieux la prestation que le mari serait éventuellement amené à verser à sa femme (C. cass., civ. 2e, 17.3.1993, pourvoi n° 91-19018 ; Liquidation de la communauté et prestation compensatoire de G. Goffaux, Dt de la Famille, Éd. Juris-Classeur, 1.2001).

Pour des époux séparés de biens, il a été jugé qu'une femme n'avait pas à percevoir de prestation compensatoire dans la mesure où son mari avait acquis, à leurs deux noms, mais sans le concours financier de sa femme, un appartement et un grand terrain : en raison de la liquidation de la communauté, la femme était donc appelée à recevoir des valeurs importantes équivalant largement à une prestation compensatoire à laquelle elle aurait pu prétendre (C. cass., civ. 2e, 13.2.1980, pourvoi n° 78-13533).

À la dissolution, les biens communs sont en principe partagés par moitié entre les époux après que la communauté ait été liquidée. Mais encore faut-il que le juge du divorce ait connaissance de l'étendue du patrimoine commun des époux. Par ailleurs, il y aura lieu à reprise des propres, au calcul des récompenses. Celles-ci peuvent avoir une influence sur la part de chacun. Le juge peut également avoir intérêt à connaître les donations au dernier vivant que les époux se sont consentis et s'ils entendent les révoquer (voir *Le sort des donations et avantages matrimoniaux après le divorce*, p. 260). Pour constater une disparité, il faut tenir compte de la nature des biens fournissant des revenus au couple. Le partage de la communauté va changer la nature de ces biens.
C'est pour ces raisons que toute disposition permettant de mieux connaître le patrimoine du couple est intéressante.

• Les renseignements fournis par les époux et le fisc

L'article 1075-1 du Code de procédure civile fait obligation aux époux de justifier, à la demande du juge, de leurs charges et ressources, notamment par la production de leurs déclarations de revenus, avis d'imposition et bordereaux de situation fiscale. Ils doivent également, à sa demande, produire les pièces justificatives relatives à leur patrimoine et leurs conditions de vie, en complément de la déclaration sur l'honneur permettant la fixation de la prestation compensatoire (art. 1075-2, CPC). Cela va permettre d'établir les ressources globales du ménage : salaires ou autres sources de revenus, revenus mobiliers ou immobiliers.

> **À NOTER**
> **Les recherches du juge** Les recherches du juge aux affaires familiales concernant les revenus et patrimoines des époux peuvent être effectuées directement auprès des débiteurs des époux ou de ceux qui détiennent des valeurs pour le compte des époux (banques notamment), sans qu'on puisse lui opposer le secret professionnel (art. 259-3, C. civ.).
> Le juge peut demander à l'administration fiscale (ou aux époux) de communiquer toutes pièces fiscales intéressant le débat (art. L. 143, LPF).

Encore faut-il que ces pièces soient réclamées (généralement par l'autre époux), notamment au cours de la première audience, où l'on constate souvent le caractère rapide de la prise de décision. Le juge y sera incité si un des conjoints demande un renvoi pour communication de ses pièces ou demande au juge qu'une injonction de communiquer les pièces soit ordonnée, au besoin sous astreinte (somme d'argent due en cas de retard à exécuter une décision de justice). La loi prévoit en effet que toutes ces pièces doivent être communiquées au juge et aux différents intervenants et notamment les renseignements et documents utiles pour fixer les pensions et prestations et liquider le régime matrimonial au notaire ou à l'expert désigné (art. 259-3, C. civ.).

• L'expertise comptable

Un notaire, comme on la vu plus haut, peut être chargé par le juge d'établir un projet de liquidation du régime matrimonial. Une expertise peut également

porter, à la demande d'un conjoint, sur la consistance du patrimoine et des revenus de son conjoint. L'époux qui demande une prestation compensatoire peut en effet avoir intérêt à demander une vérification des ressources du conjoint, l'évolution de ses comptes bancaires ou postaux, sa comptabilité etc. Le juge peut de son côté, d'office, ordonner une expertise. L'expert peut se faire remettre tous les documents qu'il estime nécessaires à l'accomplissement de sa mission.
Une expertise peut également être demandée pour déterminer le droit proprement dit à une prestation compensatoire, c'est-à-dire à établir l'existence d'une disparité. Cependant, la dernière jurisprudence de la Cour de cassation subordonne alors le prononcé du divorce à une décision de principe sur l'existence d'une disparité. Le juge ne peut pas en même temps prononcer le divorce et ordonner une expertise portant sur l'existence ou non d'une disparité.

> **Cas pratique**
> Une décision avait confirmé le divorce des époux à leurs torts partagés et décidé de surseoir à statuer (c'est-à-dire de suspendre la procédure) sur l'existence et l'étendue de la disparité qui pouvait résulter de la rupture du mariage jusqu'au dépôt du rapport de l'expertise financière qu'il a ordonnée pour déterminer les ressources et charges des époux. Cet arrêt a été cassé car le jugement ne pouvait à la fois se prononcer sur le divorce et sur la disparité que celui-ci pouvait créer dans les conditions de vie respectives des époux. À défaut de surseoir à statuer sur le prononcé du divorce, le juge ne peut donc pas ordonner une expertise sur la prestation compensatoire sans au préalable consacrer l'existence d'une disparité dans les conditions respectives des époux créées par la rupture du mariage (C. cass., civ. 1re, 30.9.2003, pourvoi n° 01-17462 ; voir aussi C. cass., civ. 1re, 26.10.2011, pourvoi n° 10-26003).

• La déclaration sur l'honneur

La loi du 30 juin 2000, sur la réforme de la prestation compensatoire, a introduit dans les procédures de divorce un devoir de transparence et de loyauté économique. Les époux ont dorénavant l'obligation, que ce soit pendant la procédure de divorce ou en cas de demande de révision de la prestation compensatoire, que celle-ci soit fixée par le juge ou les époux d'un commun accord, de fournir au juge une déclaration sur l'honneur de l'exactitude de leurs ressources, revenus, patrimoine et conditions de vie (par exemple, concubinage ou remariage) (art. 272, C. civ.). Il ne s'agit pas d'un état liquidatif notarié mais d'une simple déclaration.
En cas de divorce par consentement mutuel, cette déclaration doit être jointe à la convention (pour les autres divorces, à l'assignation en divorce).
Cette disposition vise à assurer la loyauté des débats et la participation des parties à la recherche des éléments permettant au juge de trancher un litige ou d'apprécier une situation qui lui est soumise en pleine connaissance de cause.

• La fraude (dissimulation de revenus, etc.)

Aucune sanction spécifique n'est prévue par les textes en cas de défaut de production de cette déclaration ou encore de déclaration mensongère. En pratique, une fausse déclaration devrait permettre au conjoint d'engager un recours en révision pour fraude s'il s'avérait que, comme la loi l'indique, la déclaration a « emporté la conviction du juge » (art. 593 et s., CPC).

À NOTER

Révision pour fraude et dissimulation de biens ou de revenus La révision pour fraude a pu être admise dans le cas d'un studio omis de la déclaration sur l'honneur par l'épouse, sa propriétaire, qui demandait à son mari une prestation compensatoire. En effet, selon la Cour de cassation « *la dissimulation de l'existence d'un patrimoine immobilier est nécessairement déterminante dans la fixation de la prestation compensatoire* » (C. cass., civ. 2e, 12.6.2008, pourvoi n° 07-15962).

Dans une autre affaire, l'épouse n'avait pu obtenir de prestation compensatoire. Invoquant la fraude commise par son mari, elle avait formé un recours en révision que la cour d'appel avait déclaré irrecevable. Selon la cour, si le mari avait bien menti sur le montant de ses revenus salariés, ce seul mensonge ne suffisait pas à caractériser la fraude en l'absence de manœuvres destinées à le corroborer. Cette décision est cassée. Ici encore la Cour de cassation indique que « le patrimoine est un élément d'appréciation expressément prévu par la loi dont le juge doit tenir compte pour fixer la prestation compensatoire, de sorte que la dissimulation par l'époux de l'existence de revenus, nécessairement déterminants pour statuer sur la demande de l'épouse, constitue une fraude » (C. cass., civ. 2e, 21.2.2013, pourvoi n° 12-14440).

De même, elle pourrait donner lieu à une procédure pénale pour faux ou escroquerie au jugement… ou à une demande de révision de prestation compensatoire (art. 441-1, 313-1, C. pén.).

Si la dissimulation est découverte en cours de procédure, le conjoint victime pourrait demander une indemnisation pour son préjudice dans le cadre de l'article 1382 du Code civil.

En ce qui concerne le défaut de la déclaration sur l'honneur, différentes décisions ont jugé que l'absence par les époux de dépôt de cette déclaration entraînait soit le rejet de la demande de prestation compensatoire, soit son « sursis à statuer ». Ce dernier cas est moins grave : le juge attend le dépôt de la déclaration avant de prendre sa décision (CA Bourges, 19.12.2000, Juris-Data n° 2000-135771 ; CA Bourges, 11.11.2000, Juris-Data, n° 2000-135772 ; Dt de la Famille, Éd. Juris-Classeur 2001, n° 46).

Une décision de la Cour de cassation a par ailleurs cassé un arrêt de la cour d'appel qui avait rejeté la demande par l'épouse de prestation compensatoire alors que les époux n'avaient pas été invités par les juges à fournir cette déclaration (C. cass., civ. 2e, 14.11.2002, pourvoi n° 00-19819). Une autre décision a annulé un arrêt d'appel qui avait statué sur une demande de prestation sans que les parties aient fourni de déclaration (C. cass., civ. 1re, 28.11.2002, pourvoi n° 00-20577).

La jurisprudence plus récente semble cependant nettement moins rigoureuse. Selon un arrêt, les textes ne font pas de la déclaration sur l'honneur une condition

de recevabilité de la demande de prestation compensatoire (C. cass., civ. 1re, 11.1.2005, D. 2005, pourvoi n° 02-19016).
Bien plus, un arrêt n'a pas à faire spécialement mention de ce que la déclaration a été ou non produite (C. cass., civ. 1re, 8.7.2003, D. 2003, IR, n° 31).
En outre, si l'une des parties s'est abstenue de produire une pièce ou d'en réclamer la production, elle ne peut ériger sa propre carence en grief. Ainsi, un ex-conjoint condamné à verser une prestation compensatoire ne peut pas faire grief au juge de l'avoir condamné sans disposer de cette déclaration s'il ne l'a pas réclamé lors du procès (C. cass., civ. 1re, 8.7.2003, pourvoi n° 02-11641).
En résumé, on remarque que l'absence de force contraignante de ce document entraîne une différence d'appréciation par les tribunaux. Plus généralement, la tendance actuelle semble lui dénier toute force obligatoire.

La forme de la prestation compensatoire : rente ou capital ?

La question du choix de la forme de la prestation compensatoire peut se poser quand les époux choisissent le divorce par consentement mutuel ou décident de fixer eux-mêmes, comme ils en ont la possibilité depuis la réforme du divorce, les modalités de la prestation compensatoire (art. 267, C. civ.).
Ce chapitre va donc être divisé en deux parties : les modalités concernant la prestation compensatoire fixée par le juge, quand le couple ne parvient pas à se mettre d'accord et ce que peuvent prévoir d'un commun accord les époux dans le cadre de l'accord qu'ils donnent à homologuer au juge. Les prestations accordées dans le cadre d'un consentement mutuel font l'objet d'une dernière partie.

La fixation judiciaire

Les points essentiels du texte sont les suivants :
- la prestation compensatoire prend la forme d'un capital ; ce n'est qu'à titre exceptionnel qu'une rente est ordonnée et sur la seule demande du créancier (statistiquement de l'épouse). Le juge doit motiver spécialement sa décision quand il décide de ne pas attribuer un capital, en se fondant sur l'âge et l'état de santé du créancier ;
- ce capital peut prendre la forme de versements périodiques, indexés comme pour les pensions alimentaires, dans la limite de huit années si le débiteur n'est pas en mesure de verser le capital immédiatement ;
- le juge peut ordonner dans des conditions strictes une rente viagère (et non temporaire) ;
- cette rente viagère peut être transformée en capital.

À NOTER
L'obligation d'indiquer le montant du capital Quand le tribunal alloue une prestation compensatoire sous forme d'un capital, il doit, quelles qu'en soient les modalités, en fixer le montant. Tel est le cas notamment s'il s'agit d'une attribution de l'usufruit sur l'immeuble commun (art. 271, C. civ. ; C. cass., civ. 1re, 22.3.2005, pourvoi n° 02-18648). L'époux qui demande une prestation compensatoire doit donc être vigilant et faire chiffrer la valeur de l'usufruit qui est demandé à titre de prestation compensatoire (C. cass., civ. 1re, 19.4.2005, pourvoi n° 03-19.691).

.../...

À NOTER (suite)
Le Code de procédure civile prévoit en effet que lorsque des biens ou des droits sont attribués à titre de prestation compensatoire, la décision doit en préciser leur valeur. C'est cette valeur dont il sera tenu compte fiscalement dans le cadre de la réduction d'impôt (voir *L'incidence des règles fiscales*, p. 249) (art. 1080, CPC et 199 octodecies, CGI).
Lorsque ces biens ou droits sont soumis à la publicité foncière, la décision doit préciser en outre les mentions nécessaires à la publication du titre de propriété dans les formes prévues par le décret n° 55-22 du 4 janvier 1955 sur la publicité foncière (art. 1080, CPC).

› Le versement en capital

La prestation compensatoire prend la forme d'un capital dont le montant est fixé par le juge. Mais, lorsque celui à qui est demandée la prestation compensatoire n'est pas en mesure de verser le capital, le juge l'autorise à s'en libérer sur huit années, sous forme de versements périodiques indexés selon les règles applicables aux pensions alimentaires (art. 274 et 275, C. civ.). Enfin, si l'âge ou l'état de santé de celui qui demande la prestation compensatoire ne lui permettent pas de subvenir à ses besoins, le juge peut alors seulement fixer la prestation compensatoire sous forme de rente viagère (art. 276, C. civ.).
Une fois le montant du capital déterminé, le juge aux affaires familiales va devoir statuer sur ses modalités de versement, parmi les possibilités suivantes, prévues par la loi :

• Le versement d'une somme d'argent

C'est la solution la plus fréquente en raison de sa simplicité. Elle implique cependant que le débiteur dispose immédiatement des liquidités correspondantes. C'est aussi la solution la plus avantageuse pour le bénéficiaire car il n'y a pas d'aléa (risques d'impayés).

• L'abandon de biens en nature, meubles ou immeubles

Celui qui doit la prestation compensatoire peut s'en acquitter en faisant « abandon » à son conjoint d'un ou de plusieurs de ses biens. Cet abandon de biens peut porter sur des meubles ou des immeubles. Il peut être effectué en propriété, en usufruit, ou seulement pour l'usage ou l'habitation viager ou temporaire. Cette possibilité de cession forcée ne doit cependant être envisagée que de façon subsidiaire. Elle ne doit être ordonnée par le juge que si d'autres modalités d'exécution ne sont pas envisageables (C. cass., civ. 1re, 28.5.2014, pourvoi n° 13-15760 ; QPC, 13.7.2011, n° 2011-151).
Avant la réforme du 30 juin 2000, seul un abandon du bien en usufruit pouvait être imposé à un époux et non un abandon en pleine propriété. Dorénavant, le juge peut imposer à un époux de céder à son conjoint la pleine propriété d'un bien. Cette disposition a été très critiquée dans la mesure où elle s'apparente à une véritable expropriation du débiteur de la prestation compensatoire. En pratique,

le jugement de divorce vaut « cession forcée » du bien abandonné, l'avocat devant se préoccuper des formalités de publicité foncière.
Il faut noter que l'accord de l'époux débiteur, depuis la réforme du 26 mai 2004, reste exigé pour l'attribution de biens qu'il a reçus par succession ou donation (art. 274, C. civ.).
Différentes précisions s'imposent :
- la décision doit préciser la valeur (voir l'encadré ci-dessus) mais aussi la durée de l'usufruit. Par exemple, l'épouse va recevoir la jouissance ou l'usufruit du domicile conjugal jusqu'à la majorité des enfants. À défaut, il est dû pendant toute la vie du créancier ;
- l'abandon peut porter sur un bien propre ou un bien commun aux époux. Dans ce dernier cas, il porte sur la part du débiteur de la prestation compensatoire ;
- la prestation compensatoire ne peut pas prendre la forme d'une jouissance gratuite du logement familial en indivision. Selon un arrêt, peu explicite, cette possibilité n'est pas conforme aux textes (C. cass., 28.11.2002, pourvoi n° 00-20577).

Le panachage des formes de capital

Le débiteur peut panacher le versement d'une prestation compensatoire en capital sur huit ans avec différentes formes de capital. Par exemple, il effectue des versements périodiques sur huit ans et accorde à son ex-conjoint l'usufruit du domicile conjugal (art. 275-1, C. civ.).
Cette disposition s'applique aux prestations compensatoires fixées depuis le 1er janvier 2005.

Le panachage de la rente viagère et du capital

Par ailleurs et comme on le verra sous la rubrique suivante concernant les rentes viagères, le montant de la rente peut être minoré, « *lorsque les circonstances l'imposent* », par l'attribution d'une fraction en capital (art. 276, C. civ.).
Cette disposition s'applique aux prestations compensatoires fixées depuis le 1er janvier 2005.

Les délais de paiement du capital

Dans le meilleur des cas, le capital est versé en une seule fois. Ce capital sera par exemple réglé par l'abandon d'un appartement d'un des époux à l'autre, ou le versement d'une somme d'argent. Mais, lorsque le débiteur n'est pas en mesure de verser le capital dans ces conditions, le juge peut fixer les modalités de paiement, de façon échelonnée, dans la limite maximale de huit années (ce délai, comme cela ressort des travaux parlementaires, a été établi par correspondance avec la durée des produits financiers offerts par les institutions bancaires).
Ces paiements sont faits sous forme de versements périodiques indexés selon les règles applicables aux pensions alimentaires (art. 275, C. civ.).

ATTENTION

Date du premier versement Le premier versement ne peut pas être laissé à une date indéterminée comme par exemple le jour où la contribution du débiteur à l'entretien de ses enfants ne sera plus versée (C. cass., civ. 1re, 6.7.2005, pourvoi n° 03-18038). En effet, la prestation est due (ici son premier versement) dès que la décision a acquis « force de chose jugée » (voir *À partir de quand est due la prestation compensatoire ?*, p. 209).

Le paiement du solde du capital après la liquidation du régime matrimonial

Pour apurer les comptes de l'après-divorce, la loi autorise le débiteur de la prestation compensatoire (ou ses héritiers) à se libérer à tout moment du solde du capital. De même, après la liquidation du régime matrimonial, le bénéficiaire de la prestation compensatoire peut saisir le juge d'une demande en paiement du solde du capital (art. 275, C. civ.).
Il est possible de procéder à une substitution uniquement partielle du capital à la rente, ce qui sera particulièrement utile si le débiteur ne dispose pas de la totalité du capital équivalent (art. 276-4, C. civ.).

› L'usufruit

Comme on l'a vu, la prestation compensatoire peut prendre la forme d'un abandon de l'usufruit d'un bien. Encore faut-il savoir ce que recouvre cette notion et à quoi elle engage.

Définition de l'usufruit

L'usufruit est le droit d'user et de percevoir les « fruits » d'un bien. L'usufruitier a un droit d'usage sur l'immeuble c'est-à-dire qu'il peut habiter une maison ou la louer, exploiter les terres…
Il a droit aux « fruits » (loyers, fermages…) et il peut prendre part aux assemblées de copropriétaires si une clause du règlement de copropriété le prévoit. Il peut céder son usufruit. Concernant ses obligations, il ne peut modifier la destination de l'immeuble. Il doit exécuter les réparations d'entretien et locatives.
D'un point de vue fiscal, il doit régler la taxe foncière normalement établie à son nom en vertu de l'article 1400 II du Code général des impôts (à la différence du locataire ou du titulaire du droit d'usage et d'habitation). Il doit aussi régler la taxe d'habitation s'il habite la maison. La taxe d'habitation doit en effet être réglée par celui qui habite dans les lieux (s'il la loue, ce sera bien entendu au locataire d'acquitter cette taxe).
Le nu-propriétaire doit régler les grosses réparations que l'article 605 du Code civil met à sa charge. Il ne peut pas céder son bien sans l'accord de l'usufruitier. En cas de refus de l'usufruitier, il ne peut pas se passer de cet accord même en saisissant le juge (C. cass., civ. 1re, 13.10.1993, pourvoi n° 91-20707).
En cas de vente, les droits de l'usufruitier restent inchangés, malgré le changement de propriétaire. En pratique cependant, la vente de la seule nue-propriété est rare, car elle présente un faible intérêt, sauf si l'usufruit arrive à son terme. En

effet, au terme de l'usufruit, le nu-propriétaire va redevenir pleinement propriétaire.
S'il s'agit d'un bail rural, l'usufruitier ne peut le signer qu'avec l'accord du nu-propriétaire (art. 595, C. civ.).

À NOTER
L'usufruit d'un bien immobilier Le conjoint peut avoir intérêt à demander l'usufruit d'un appartement ou d'une maison, ce qui lui permet de percevoir des loyers régulièrement (il peut également s'agir de bâtiments ou de terrain, à vocation agricole ou autre). Il peut aussi, pour ne pas changer son cadre de vie, notamment s'il y a des enfants mineurs, demander l'usufruit du logement de la famille. Dans ce cas il ne percevra pas de loyer mais conservera son domicile.
De son côté, l'autre conjoint, qui n'a pas de liquidité, peut trouver intéressante (et peut-être moins culpabilisante s'il est à l'origine de la rupture) la formule de l'usufruit.

La valeur de l'usufruit

L'usufruit est le plus souvent évalué suivant la méthode fiscale. En vertu de l'article 669 du Code général des impôts, pour le calcul des droits de mutation, l'usufruit est calculé selon l'âge de l'usufruitier, en pourcentage sur la valeur totale du bien, comme suit.
Si l'usufruitier est âgé de :
- moins de 21 ans révolus, l'usufruit est égal à 90 % et la nue-propriété à 10 % de la propriété entière ;
- moins de 31 ans révolus, l'usufruit est égal à 80 % et la nue-propriété à 20 % ;
- moins de 41 ans révolus, l'usufruit est égal à 70 % et la nue-propriété à 30 % ;
- moins de 51 ans révolus, l'usufruit est égal à 60 % et la nue-propriété à 40 % ;
- moins de 61 ans révolus, l'usufruit est égal à 50 % et la nue-propriété à 50 % ;
- moins de 71 ans révolus, l'usufruit est égal à 40 % et la nue-propriété à 60 % ;
- moins de 81 ans révolus, l'usufruit est égal à 30 % et la nue-propriété à 70 % ;
- moins de 91 ans révolus, l'usufruit est égal à 20 % et la nue-propriété à 80 % ;
- plus de 91 ans révolus, l'usufruit est égal à 10 % et la nue-propriété à 90 %.

Comme on vient de le voir, l'usufruit entraîne des charges autant pour le nu-propriétaire que pour l'usufruitier. Par ailleurs, les praticiens insistent sur l'inconvénient de cette formule qui laisse subsister entre les ex-époux des relations de nu-propriétaire à usufruitier (qui peuvent parfois être sources de conflits) et sur le fait que la charge que représente l'abandon d'un usufruit viager peut même finir, à certains égards, par être économiquement plus lourde qu'un transfert de propriété.

MON CONSEIL

Faut-il préférer un abandon du droit d'usage et d'habitation à l'usufruit ? Le juge du divorce peut attribuer, à la place de l'usufruit, un simple droit d'usage et d'habitation (art. 275, C. civ.).

Les époux doivent connaître les avantages et les inconvénients de cette formule. Le droit d'usage et d'habitation est considéré comme un diminutif de l'usufruit (art. 625 et s., C. civ.). À la différence du droit d'usufruit, l'usager ne peut pas céder son droit ni, en principe, louer la chose. Le titulaire du droit ne peut donc pas percevoir les fruits du bien (loyers…), ni le vendre.

En revanche, les obligations de l'usager (impôt, entretien du bien) sont quasiment équivalentes à celles de l'usufruitier (art. 629 et 635, C. civ.).

Fiscalement, il n'a cependant pas à régler la taxe foncière et la taxe d'enlèvement des ordures ménagères (art. 1400, 1408-1, 1523, CGI). Le propriétaire, de son côté doit régler les grosses réparations et ne peut céder son bien sans l'accord du créancier de la prestation compensatoire.

Le droit d'usage et d'habitation, à la différence de l'usufruit, est indisponible, insaisissable et ne peut pas être loué (art. 631 et 634, C. civ.). C'est un avantage pour le propriétaire du bien, en difficulté financière, qui en accorde l'usage et l'habitation : son bien ne pourra pas être saisi (D. Grillet, D. 96, chr. p. 339).

› Le versement sous forme de rente viagère

Lors des débats parlementaires préliminaires aux réformes de la prestation compensatoire, il avait été envisagé de ne conserver le règlement de la prestation compensatoire que sous la forme d'un capital, compte tenu des nombreux problèmes posés par le versement des rentes, problèmes accrus par une quasi-impossibilité de révision (irrégularité des paiements, taux important d'impayés, charge devenant trop lourde pour les débiteurs au fil des ans…). Cependant, il a été jugé que les rentes viagères ne pouvaient pas être totalement écartées. Dans certaines situations, il a semblé que c'était la seule solution raisonnable et humaine à adopter. Pour certaines épouses, en raison de leur âge ou du fait qu'elles se sont consacrées au foyer familial, la prestation compensatoire est en effet la seule ressource dont elles puissent disposer.

La rente viagère a donc été maintenue par le législateur (art. 276, C. civ.).

Il résulte cependant des textes que :

- elle n'est ordonnée qu'à titre exceptionnel, la décision du juge devant être spécialement motivée ;
- elle n'est ordonnée que si l'âge ou l'état de santé du créancier ne lui permet pas de subvenir à ses besoins.

La loi prévoit que la rente est indexée, l'indice étant déterminé comme en matière de pension alimentaire.

À NOTER

Variation du montant de la rente Le montant de la rente, avant indexation, est fixé par le juge aux affaires familiales de façon uniforme pour toute sa durée ou peut varier par périodes successives suivant l'évolution probable des ressources et des besoins (art. 276-1, C. civ.). Il s'agit là d'une possibilité de souplesse donnée au juge. La jurisprudence a cependant précisé que cette règle ne peut s'appliquer qu'à condition de fixer, pour chaque période, un montant déterminé. En pratique, il semble que cette faculté soit assez peu utilisée, alors qu'elle présenterait un intérêt certain, par exemple pour tenir compte de la mise à la retraite du débirentier.

Par ailleurs, le montant de la rente peut être minoré depuis la réforme du 26 mai 2004, « *lorsque les circonstances l'imposent* », par l'attribution d'une fraction en capital (art. 276, C. civ.). Le but des textes tel qu'il ressort des travaux parlementaires est « *d'adapter au mieux la prestation aux besoins du créancier et à la consistance du patrimoine du débiteur, en permettant de combiner les différentes formes de versement en capital et de prévoir des prestations associant capital et rente* » (rapport sur la réforme du 26 mai 2004 de M. Patrick Delhatte, n° 1338). Cela devrait permettre au bénéficiaire de la prestation compensatoire par exemple d'obtenir l'usufruit du logement familial afin d'y rester avec ses enfants et une rente mensuelle. Cette disposition s'applique aux prestations compensatoires fixées depuis le 1er janvier 2005.

ATTENTION

Le problème de l'insolvabilité Les réformes n'ont pas touché à la question des personnes se plaçant volontairement en situation d'insolvabilité pour ne pas avoir à régler de prestation compensatoire. Il faut savoir, sur un plan général, que l'insolvabilité frauduleuse constitue un délit. Par ailleurs, des mesures peuvent être prises, en cours de procédure de divorce, dans le cadre des mesures urgentes afin d'éviter ces manœuvres.

› La substitution d'un capital à une rente

Les versements des rentes auxquels sont astreints les débiteurs peuvent être à l'origine de situations difficiles. Aussi, suivant la même logique que la priorité donnée au versement en capital, la loi prévoit que la rente viagère peut à tout moment être transformée en capital.

Le décret n° 2004-1157 du 29 octobre 2004 fixe la méthode de capitalisation. Le juge aux affaires familiales n'a donc pas la liberté d'évaluer ce capital, mais doit respecter les termes de ce texte qui précise que le capital alloué au crédirentier est égal à « *un montant équivalant à la valeur actuelle probable de l'ensemble des arrérages de la rente, à la date, selon le cas, de la décision du juge opérant cette substitution ou du décès du débiteur… cette valeur résulte d'un taux de capitalisation de 4 % et des probabilités de décès du crédirentier, selon son âge et son sexe, établies par les tables de mortalité INSEE 98-2000* ». Des tables de conversion sont annexées à ce décret fixant le

montant du capital équivalant à 1 € de rente annuelle (annexe I pour les rentes viagères, annexe II pour les rentes temporaires).
Elles sont consultables sur le site : www.legifrance.gouv.fr.

> **Cas pratique**
>
> **Quand s'applique le décret fixant la méthode de capitalisation de la prestation compensatoire ? Je verse une prestation compensatoire à vie depuis 10 ans. Ce texte s'impose-t-il à moi ?**
>
> Le décret en question ne répond pas à votre question. Il faut cependant noter que l'article 276-4 du Code civil fixant le principe de la capitalisation renvoie expressément à l'intervention d'un décret. Or, si l'on se réfère aux dispositions transitoires de la réforme du 26 mai 2004, la demande de capitalisation peut être invoquée, même pour les prestations compensatoires en cours de versement au 1er janvier 2005 (date d'entrée en vigueur de la réforme) et même avant le 30 juin 2000 (date de la précédente réforme de la prestation compensatoire). On peut donc penser que la méthode imposée par le décret pourra être invoquée pour des prestations compensatoires antérieurement versées, comme dans votre cas. La jurisprudence devra fixer ce point.

Cette transformation peut être demandée au juge aux affaires familiales :
- par le débiteur de la prestation compensatoire (s'il vient à disposer d'un capital ou, le cas échéant en contractant un emprunt ; mais la loi est muette sur la possibilité de déduire fiscalement les intérêts de l'emprunt pris pour rembourser le capital). Il est possible pour le débiteur de procéder à une substitution uniquement partielle du capital à la rente, s'il ne dispose pas de la totalité du capital équivalent ;
- par le créancier de la prestation compensatoire s'il établit qu'une modification de la situation du débiteur permet cette substitution, notamment lors de la liquidation du régime matrimonial (art. 276-4, C. civ.).

La demande est faite au juge de la même façon qu'une demande en révision (par requête, l'avocat n'étant pas obligatoire). Elle peut être effectuée, au vu des textes, avec versement du solde en une seule fois (sous forme de paiement en liquidités ou d'abandon de bien ou tout autre moyen prévu en matière de paiement en capital) ou moyennant versements périodiques sur huit ans.
Le refus du juge de substituer un capital à tout ou partie de la rente viagère doit en tout état de cause être spécialement motivé.

MON CONSEIL

Conditions à remplir Les conditions ne sont pas les mêmes suivant que la demande émane du débiteur ou du bénéficiaire de la prestation :

- demande du débiteur : il doit justifier être en mesure de le régler et l'âge ou l'état de santé du créancier ne fait pas obstacle à une telle substitution. Peu importe l'existence de changement dans la situation des époux (C. cass., civ. 1re, 31.5.2005, pourvoi n° 03-12217) ;
- demande du bénéficiaire de la prestation : elle ne peut reposer que sur la modification de la situation du débiteur et non sur d'autres raisons telles les nombreuses difficultés rencontrées pour obtenir le paiement de la rente alors que les revenus du débiteur restaient confortables et que des organismes de crédit avaient accepté de lui prêter des sommes importantes (C. cass., civ. 1re, 12.12.2006, pourvoi n° 05-11945).

› La jurisprudence

Il peut être intéressant de faire le point sur les décisions rendues en matière d'attribution de prestation compensatoire ces dernières années.

Premier constat concernant les rentes viagères et leur caractère exceptionnel : il faut noter la sévérité de la Cour de cassation pour les affaires qui arrivent devant elle. Ainsi un arrêt d'appel a été cassé car il avait accordé une rente viagère à une épouse de 57 ans et sans avenir dans le secteur de son activité professionnelle. Ces arguments ne suffisent pas pour la Cour de cassation : la cour d'appel aurait dû vérifier en quoi l'âge ou l'état de santé de l'épouse ne lui permettait pas de subvenir à ses besoins (C. cass., civ. 2e, 13.12.2000, pourvoi n° 00-21880). L'état de santé du bénéficiaire semble le critère le plus important. Ainsi une femme de 59 ans, handicapée à 80 % disposant d'une faible retraite peut toucher une rente viagère (CA Besançon, 17.10.2000, Juris-Data n° 145312). Il en est de même d'une femme de 49 ans en longue maladie se trouvant dans l'impossibilité de trouver un emploi à l'avenir, ne possédant pas de patrimoine immobilier et bénéficiant d'une pension de retraite incomplète car elle n'avait pas suffisamment cotisé (C. cass., civ. 1re, 30.6.2004, pourvoi n° 02-11355).

A pu également bénéficier d'une rente viagère une femme qui :

- était à la retraite et dont les charges étaient supérieures à ses ressources, ce dont il résultait qu'en raison de son âge, elle ne pouvait subvenir à ses besoins (C. cass., civ. 1re, 13.11.2003, pourvoi n° 02-13386) ;
- était âgée de 60 ans et justifiait d'un emploi d'assistante maternelle agréée pour un enfant, alors qu'elle avait consacré son existence à la vie familiale et à l'éducation de ses deux enfants et ne s'était pas constitué de droit à la retraite (C. cass., civ. 1re, 9.12.2003, pourvoi n° 01-16796).

À l'inverse, une décision a refusé une rente viagère à une femme de 42 ans, pourtant sans emploi et sans formation, bénéficiant pour seules ressources des prestations sociales (C. cass., civ. 1re, 23.4.2003, pourvoi n° 01-11108).

Dans un autre cas, cette rente a été refusée à une femme de 59 ans, mais que sa santé n'empêchait pas de subvenir à ses besoins (CA Paris, 1.2.2001, Juris-Data n° 137766 ; sources : JCP, G, 2.1.2002, Dt de la Famille).

› La transmissibilité aux héritiers du débiteur

La charge de la prestation compensatoire est transmissible aux héritiers du débiteur, principe qui suscite de nombreuses critiques. Le décès du débiteur oblige en effet ses héritiers à continuer le versement de la prestation. Ce qui est très mal vécu, c'est quand les héritiers sont, non pas les enfants du couple, mais la seconde épouse ou les enfants de la première union. Ceux-ci doivent assurer cette charge financière, perçue comme étant injuste.

En outre, dès lors que la prestation compensatoire est destinée à remédier à la disparité que la rupture du mariage provoque dans les conditions de vie des conjoints, on peut se demander si elle ne devrait pas rester une charge propre au débiteur, sa transmission à ses héritiers ne se justifiant pas.

Les réformes successives en ont pourtant conservé le principe en en limitant les conséquences, la prestation compensatoire étant dorénavant prélevée sur la succession. Ce choix est essentiellement justifié par le caractère alimentaire que peuvent revêtir les rentes viagères pour des épouses relativement âgées, qui n'ont pas exercé d'activité professionnelle, et que le décès de leur ex-mari priverait de tout revenu si la charge de la rente n'était pas transmissible à ses héritiers (Rapport fait au nom de la commission des lois sur la réforme de la prestation compensatoire du 26 janvier 2000).

Le paiement de la prestation compensatoire, quelle que soit sa forme, est donc prélevé sur la succession. Le paiement est supporté par tous les héritiers, qui n'y sont pas tenus personnellement, dans la limite de l'actif successoral, et en cas d'insuffisance, pour les légataires particuliers dans la limite de leurs émoluments (art. 280, C. civ.). Cette mesure est très importante pour les enfants communs qui ne devront pas continuer le versement de la prestation compensatoire à leur mère, les enfants du premier lit à leur belle-mère, la seconde épouse à la première dans le cadre d'une communauté universelle (il avait dans ce dernier cas été jugé, sous l'empire des anciens textes, que tel devait être le cas).

Si la prestation compensatoire a été fixée sous forme d'un capital, le solde de ce capital devient immédiatement exigible (il n'est donc plus possible de demander la révision des modalités de versement de ce capital – art. 280, C. civ.).

Si la prestation compensatoire a été fixée sous forme d'une rente, il lui est substitué un capital immédiatement exigible. La substitution s'effectue selon des modalités fixées par décret et vues plus haut (voir *La substitution d'un capital à une rente*, p. 251).

Rien n'empêche les héritiers de décider ensemble de maintenir les formes et modalités de règlement de la prestation compensatoire qui incombaient à l'époux débiteur, en s'obligeant personnellement au paiement de cette prestation (art. 280-1, C. civ.). L'action en révision leur est alors ouverte. Leur accord est opposable aux tiers à compter de sa notification au bénéficiaire de la prestation si celui-ci n'est pas intervenu à l'acte (art. 280, art. 280-1, C. civ.).

À NOTER

Pour éviter les désagréments liés à la transmission de la prestation compensatoire

Les époux peuvent choisir une rente temporaire, comme par exemple une rente viagère sur la tête du débiteur.

En fixant la prestation compensatoire sous forme de rente viagère, il est également possible de demander au débiteur de souscrire une assurance-décès dont les bénéficiaires seraient ses héritiers, les déchargeant ainsi du fardeau de la prestation compensatoire.

Le juge aux affaires familiales peut par ailleurs imposer dans un divorce contentieux au débiteur de souscrire, comme le prévoit l'article 277 du Code civil « un contrat garantissant le paiement de la rente ou du capital » (voir la rubrique suivante).

La déductibilité de la pension de réversion de la rente viagère

La pension de réversion, partie de la retraite d'un époux, est attribuée, sous certaines conditions, au conjoint divorcé, assimilé à un conjoint survivant (voir *Les conséquences fiscales du divorce*, p. 293). Quand l'assuré est remarié, la pension de réversion est partagée entre le conjoint survivant et les précédents conjoints divorcés, au prorata de la durée respective de chaque mariage.

Depuis la réforme du 30 juin 2000, les pensions de réversion, éventuellement versées du chef du conjoint décédé, sont déduites de plein droit (sans qu'aucune demande ne soit nécessaire) du montant de la prestation compensatoire lorsque celle-ci, au jour du décès, prenait la forme d'une rente (cette déduction s'applique tant dans l'hypothèse de substitution du capital à la rente viagère au décès du débiteur que du maintien par les héritiers du versement de la rente viagère) (art. 280, art. 280-1, C. civ.).

Par ailleurs, si les héritiers usent de la possibilité que leur donne la loi de maintenir la prestation compensatoire telle qu'elle a été réglée par le défunt (art. 280-1, C. civ.) et, sauf décision contraire du juge saisi par le créancier, une déduction du même montant continue à être faite si le bénéficiaire de la prestation perd son droit ou subit une variation de son droit à pension de réversion (art. 280-2, C. civ.).

Cas pratique

Une femme de soixante ans touche une prestation compensatoire viagère de 915 €. Son ex-mari meurt. La femme peut bénéficier d'une pension de réversion de 610 €. Les héritiers lui devront une prestation compensatoire de 305 €.

Les possibilités de révision des héritiers

Les héritiers, on l'a vu plus haut, ont la possibilité de maintenir les formes et modalités de la prestation compensatoire en s'engageant à la régler comme le défunt. Dans cette hypothèse, ils bénéficient comme lui aurait pu le faire, d'une possibilité de révision, de suspension ou de suppression de la pension. De même comme le défunt, ses héritiers peuvent à tout moment se libérer du solde du capital indexé, si la prestation était versée sous forme de rente viagère (art. 280-1, C. civ.).

Les garanties en cas de non-paiement

C'est à celui qui demande la prestation compensatoire de penser à demander une garantie. De son côté, le juge aux affaires familiales peut l'imposer. Il ne s'agit cependant que d'une simple faculté laissée à l'appréciation du juge ; celui-ci n'est pas obligé d'y avoir recours. Dans la pratique, on constate malheureusement que peu de prestations compensatoires sont garanties.

À NOTER

Recouvrir des impayés Les impayés d'une prestation compensatoire sous forme de rente peuvent faire l'objet des procédures de recouvrement prévues pour les pensions alimentaires (voir *Les pensions alimentaires impayées*, p. 393)
La procédure pénale d'abandon de famille peut être utilisée (voir *L'abandon de famille*, p. 395).

› La souscription d'un contrat

Pour garantir un paiement régulier de la prestation compensatoire, la loi autorise le juge à l'assortir de garanties limitativement énumérées par la loi, à savoir : un gage, une caution ou une hypothèque. Le juge peut également imposer à l'époux débiteur de souscrire un « *contrat garantissant le paiement de la rente ou du capital* » (art. 277, C. civ.). L'objet de cette modification est d'inclure les contrats d'assurance parmi les garanties que peut imposer le juge à l'époux redevable d'une prestation compensatoire sous forme de rente. On peut penser que cet ajout est de nature à consolider les droits du bénéficiaire, même si, en pratique, se pose le problème du risque assurable : invalidité, décès, insolvabilité.

› L'hypothèque

Le paiement de la prestation compensatoire est de plein droit garanti par l'hypothèque légale prévue par l'article 2121 du Code civil pour le paiement des droits et créances d'un époux sur les biens de l'autre.
Ce paiement est aussi garanti par l'hypothèque judiciaire. Définie dans l'article 2123 du Code civil comme résultant des « *jugements, soit contradictoires, soit par défaut, définitifs ou provisoires, en faveur de celui qui les a obtenus* », elle permet au créancier, bénéficiaire de l'hypothèque, d'« *inscrire son droit sur tous les immeubles appartenant actuellement à son débiteur* » et de « *prendre des inscriptions complémentaires sur les immeubles entrés par la suite dans le patrimoine de son débiteur* », celui-ci pouvant toutefois demander leur réduction si ces inscriptions sont excessives (art. 2161, C. civ.). Elle peut être inscrite pendant le délai d'un an à compter de la dissolution du mariage, et prend rang au jour de son inscription.

ATTENTION

L'inscription d'hypothèque La publication du jugement de divorce au service des publications foncières (ex-Conservation des hypothèques) ne vaut pas inscription d'hypothèque (C. cass., civ. 3e, 13.12.2000, pourvoi n° 99-10902). Il est nécessaire de respecter les prescriptions prévues en matière de prise d'hypothèque (art. 2137 et s., C. civ.).

La fixation amiable

L'article 268 du Code civil prévoit que les époux peuvent pendant l'instance soumettre au juge des conventions (accords) réglant tout ou partie des conséquences du divorce. Le juge, après avoir vérifié que les intérêts de chacun des époux et des enfants sont préservés, homologue les conventions en prononçant le divorce.

Cette disposition vise à permettre au juge d'homologuer une convention des époux relative à la détermination de la prestation compensatoire. Les époux peuvent ainsi prévoir que le versement de la prestation cessera à compter de la réalisation d'un événement déterminé (par exemple, le remariage du créancier, le départ à la retraite du débiteur, le décès du débiteur pour éviter dans ce dernier cas une transmission de la prestation…). La prestation peut ainsi prendre la forme d'une rente attribuée pour une durée limitée ou d'une rente viagère sans qu'il soit nécessaire de remplir les conditions légales d'âge et d'état de santé de son bénéficiaire.

Cette disposition est très importante. En effet, les parties, dans tous les divorces contentieux, peuvent désormais déroger à l'interdiction des rentes temporaires. Les époux peuvent avoir tout intérêt à s'accorder dans le cadre d'une procédure contentieuse une liberté comparable à celle dont bénéficient les époux qui divorcent par consentement mutuel.

Peut-elle être révisée ?

La question de la révision d'une prestation compensatoire doit être envisagée selon qu'elle résulte d'un accord entre les époux ou de la décision judiciaire. Il faut également envisager les différentes modalités qu'elle peut prendre : capital échelonné ou rente.

Le capital

Si la demande de révision porte sur le capital (qui, par hypothèse, est accordé sous forme de versements périodiques dans la limite de huit ans), seul le débiteur peut en demander la révision et uniquement en cas de changement important de sa situation. À titre exceptionnel, le juge peut alors, par décision spéciale et motivée, autoriser le versement du capital sur une durée totale supérieure à huit ans (art. 275-1, C. civ.). La révision ne porte donc pas sur le montant de la prestation compensatoire mais sur l'échéancier.

La rente viagère

Si la révision porte sur une rente viagère, le débiteur peut en demander la baisse, la suppression ou la suspension en cas de changement important dans les ressources ou les besoins de l'une ou l'autre des parties (licenciement du débiteur, par exemple). Ici, contrairement au capital, le changement peut donc être un changement dans la situation du débiteur ou dans celle du créancier : si ce dernier fait un riche remariage par exemple, le débiteur pourra invoquer ce nouvel élément. La révision ne peut avoir pour effet de porter la rente à un montant supérieur à celui fixé initialement par le juge (art. 276-3, C. civ.).
Avant l'intervention de la loi n° 2004-39 du 26 mai 2004, la rente viagère pouvait être révisée en cas de changement important dans « *les ressources ou les besoins des parties* ». Selon les travaux parlementaires, cette modification textuelle vient du fait que certains magistrats rejetaient la demande de baisse de la prestation par les débiteurs aux motifs que la disparité constatée lors du divorce existe toujours au moment de la demande, neutralisant ainsi l'amélioration de la situation du créancier (qui aurait permis la baisse) par celle du débiteur.
Par ailleurs, la révision de la rente viagère est ouverte non seulement au débiteur mais aussi au créancier. Selon les travaux parlementaires, s'il est normal qu'une révision à la baisse puisse intervenir en cas de changement important des ressources ou des besoins de l'une ou l'autre des parties, il est normal que ce mécanisme joue dans les deux sens et qu'en cas d'amélioration par la suite de la situation du débiteur ayant obtenu une diminution de la rente, le créancier puisse lui aussi demander une révision de la rente, le montant de celle-ci ne pouvant alors dépasser le montant fixé initialement par le juge.

MON CONSEIL

La retraite du débiteur de la prestation compensatoire Le juge aux affaires familiales refusera de faire droit à une demande en révision sur des faits déjà pris en compte lors de la fixation de la prestation compensatoire.
Par exemple, le changement de situation financière résultant de la retraite du mari peut être écarté s'il en a déjà été tenu compte au titre de l'évolution de sa situation dans un avenir prévisible lors de la fixation de la prestation compensatoire (C. cass., civ. 1re, 28.6.2005, pourvoi n° 02-16556).

Cas pratiques

La prestation compensatoire que je verse sous forme de rente viagère cesse-t-elle en cas de remariage de mon ex-épouse ?
Depuis la réforme du 30 juin 2000, cet élément pourra vous permettre, s'il a une incidence sur les revenus de votre épouse, de demander une diminution de la rente versée sinon une suppression de celle-ci.

Je verse une rente viagère à mon ex-femme depuis 1989. J'estime que cela constitue maintenant pour elle un avantage excessif. Sur quel texte m'appuyer pour en demander la diminution, voire la suppression ?
Les rentes viagères fixées par le juge ou par convention avant l'entrée en vigueur de la loi n° 2000-596 du 30 juin 2000 relative à la prestation compensatoire en matière de divorce peuvent être révisées, suspendues ou supprimées à la demande du débiteur ou de ses héritiers lorsque leur maintien en l'état procurerait au créancier un avantage manifestement excessif au regard des critères posés à l'article 276 du Code civil.
La loi de simplification du droit et des procédures dans les domaines de la justice et des affaires intérieures n° 2015-177 du 16 février 2015, prévoit qu'il peut être tenu compte de la durée du versement de la rente et du montant déjà versé.
C'est à vous de prouver cet avantage excessif (voir C. cass., civ. 2e, 19.9.2007, pourvoi n° 06-20193).
Par ailleurs, vous pouvez en même temps invoquer l'article 276-3 du Code civil, applicable à la révision, à la suspension ou la suppression des rentes viagères fixées par le juge ou par convention avant l'entrée en vigueur de la réforme de 2007, en prouvant un changement important dans les ressources et les besoins des parties (art. 33 de ce texte). Par exemple, la maladie d'Alzheimer diagnostiquée chez l'ex-mari a été considérée comme étant de nature à justifier la révision de la prestation compensatoire (CA Orléans, Ch. de la famille, 4.11. 2008, n° RG 08/00371).

Comment la demander ?

Depuis le 1er janvier 2005, la révision peut être demandée au juge aux affaires familiales sans avoir à passer par un avocat.
La prestation compensatoire judiciairement révisée prend effet à la date de la demande de révision. C'est ce qu'a décidé la 1re chambre civile de la Cour de cas-

sation à propos de la demande en suppression par le mari d'une rente qu'il versait à sa femme (C. cass., civ. 1re, 19.4.2005, pourvoi n° 03-15.511).

La suspension et suppression des versements

La rente viagère peut être suspendue en cas de changement important dans les ressources ou les besoins des époux ou de l'un ou l'autre d'entre eux (art. 276-3, C. civ.). Les critères sont donc les mêmes que pour une révision de rente. Bien plus, elle peut être supprimée suivant ces mêmes critères.

Cas pratique

Une suspension de six mois dans les versements avait été ordonnée, avant la réforme, dans le cas d'un débiteur de prestation compensatoire, gérant d'une SARL, de création récente, n'ayant pas encore eu le temps de réaliser des bénéfices. Dans cette affaire, le paiement de la prestation compensatoire, jointe à celui de la pension pour l'enfant du couple, aurait eu pour l'intéressé, dont les ressources se trouvaient très diminuées, des conséquences d'une exceptionnelle gravité (CA Paris, 1re ch. C, 9.10.1984).

La suspension, qui était considérée comme une des formes de la révision, ne pouvait être prononcée que pour une durée déterminée, et non jusqu'au retour à meilleure fortune (C. cass., civ. 2e, 31.03.1993, pourvoi n° 91-18832).

ATTENTION

En ce qui concerne le capital dont les versements sont échelonnés dans le temps, la loi prévoit seulement une modification de l'échéancier, mais non la suspension ou la suppression des versements.

Le cas particulier du divorce par consentement mutuel

Le cadre légal des prestations compensatoires fixées par le juge présente donc, sauf en cas d'accord entre époux, une certaine rigidité. Les époux peuvent y échapper en se mettant d'accord sur des dispositions plus proches de leurs souhaits. Dans le cadre du divorce par consentement mutuel, la liquidation du régime matrimonial doit être homologuée au moment du prononcé du divorce. Les époux peuvent donc trouver des modalités de versement de la prestation compensatoire correspondant plus spécifiquement à leur situation personnelle. Ils apprécient eux-mêmes s'il y a lieu à prestation compensatoire, fixent son montant et ses modalités dans la convention qu'ils soumettent à l'homologation du juge : ce dialogue permet de trouver un accord sur le bien-fondé de la prestation et d'en adapter la forme au plus près des vœux de chacun d'eux.

La fixation de la prestation compensatoire

› La liberté des époux

L'article 278 du Code civil prévoit que les époux fixent le montant et les modalités de la prestation compensatoire dans la convention qu'ils soumettent à l'homologation du juge. Ils peuvent prévoir que le versement de la prestation cessera à compter de la réalisation d'un événement déterminé. La prestation peut prendre la forme d'une rente attribuée pour une durée limitée.
Les époux bénéficient en effet d'une grande liberté dans le cadre de ce divorce puisqu'ils peuvent organiser les mesures qui les concernent pour l'après-divorce (sous le contrôle du juge). En ce qui concerne la prestation compensatoire, ils peuvent ainsi fixer d'un commun accord le montant, la durée et le point de départ de la prestation compensatoire.

› Les principales clauses utilisées

Ainsi, une clause peut valablement prévoir :
- que la rente est versée de façon temporaire ;
- qu'elle est due à partir d'une date antérieure au divorce, par exemple la date de la séparation de fait entre les époux (C. cass., civ. 2e, 28.1.1998) ;
- qu'elle est versée par virement de compte bancaire à compte bancaire ;
- qu'elle cessera d'être versée en cas de remariage ou de concubinage de l'époux créancier ;

- qu'elle sera amenée à varier suivant tel ou tel paramètre. De telles clauses sont très fréquemment insérées dans les conventions.

> **Cas pratique**
> Les époux prévoient que la prestation compensatoire diminuera lors de la retraite du débiteur ou encore que la prestation est fixée en proportion des revenus, par exemple 15 % lors de l'activité, 5 % lors de la retraite.

De nombreuses solutions sont trouvées en relation avec la liquidation du régime matrimonial. Ainsi une clause peut prévoir un paiement en capital à titre de prestation compensatoire par abandon de la soulte (un partage est fait avec soulte quand les partageants reçoivent des attributions supérieures à leurs droits, à charge de verser aux autres une soulte qui peut être une somme d'argent ou d'un bien).

> **À NOTER**
> **Soulte et prestation compensatoire** Une épouse doit dans le cadre de la liquidation de la communauté une soulte à son mari. L'époux lui doit, de son côté, une prestation compensatoire, compte tenu de la disparité de leurs revenus. Il va lui abandonner, dans le cadre de la convention homologuée par le juge, à titre de prestation compensatoire, la soulte que celle-ci devrait normalement lui verser. Il y aura donc compensation entre la soulte que la femme doit verser à son mari dans le cadre du partage, et la prestation compensatoire que le mari doit verser à sa femme.

De même, un partage inégal de la communauté peut être organisé dans le cadre du versement de la prestation compensatoire (un immeuble de grande valeur est attribué à la femme, le mari gardant celui de plus faible valeur et qui n'est pas encore soldé, le restant des prêts étant à sa charge).

Il en résulte une plus forte proportion de paiement en capital dans ce genre de procédure. Le juge va cependant contrôler les conventions qui lui sont soumises et notamment les clauses relatives aux prestations compensatoires. Il peut dont être amené à refuser de les homologuer si elles fixent de façon inéquitable les droits et obligations de chacun (par exemple, un époux se laisse convaincre d'abandonner tout droit à une prestation compensatoire alors que ses ressources sont peu élevées).

Enfin, les époux peuvent insérer des clauses leur permettant de saisir le juge d'une demande de révision du montant de la prestation en cas de changement important (voir *La révision de la prestation compensatoire*, p. 247).

La révision de la prestation compensatoire

Les époux peuvent également sous certaines conditions revenir devant le juge pour faire modifier la prestation compensatoire.

› Application d'une clause de révision

Les époux peuvent insérer, dans leur convention, une clause de révision de la prestation compensatoire. L'article 279 du Code civil les autorise en effet à prévoir une clause indiquant que chacun d'eux pourra, en cas de changement important dans leurs ressources ou besoins de l'une ou l'autre des parties, demander au juge de procéder à une révision de la prestation compensatoire.

› Révision sans clause

En l'absence de clause de révision, les époux peuvent modifier les modalités de versement de la prestation compensatoire dans le cadre d'une nouvelle convention soumise au juge. Mais que se passe-t-il s'ils sont en désaccord ? Avant la réforme, quand les époux n'avaient pas prévu de clause de révision, et à défaut d'accord entre eux pour établir une nouvelle convention homologuée, la jurisprudence les autorisait à demander la révision judiciaire (C. cass., civ. 2e, 6.2.1985, BC n° 31 ; art. 273, C. civ.). Cela permettait aux époux, ayant omis d'insérer une clause de variation de la prestation compensatoire, de conserver la possibilité de demander une révision, comme des époux divorçant sur un autre cas de divorce. Une telle possibilité de révision est actuellement possible même en l'absence de clause. Les époux ont la possibilité de demander la révision d'une prestation compensatoire, qu'ils aient prévu une clause de révision ou non, sur le fondement de l'article 275 (révision du capital), 276-3 (révision de rentes viagères) et 276-4 du Code civil (substitution d'un capital à une rente viagère).

L'incidence des règles fiscales

L'influence du droit fiscal est déterminante pour les modalités de versement de la prestation compensatoire.

Le capital

La taxation du fisc va dépendre du mode de règlement et de la nature des biens ayant servi à ce paiement en capital. Seules les grandes lignes sont données ici. Il convient de se reporter pour plus de précisions aux instructions fiscales figurant sur le site http://bofip.impots.gouv.fr/ :
- BOI-IR-RICI-160-20-20150212 pour la réduction d'impôt,
- BOI-IR-RICI-160-10-20120912 pour la déduction d'impôt.

› Impôt sur le revenu

En cas de versement d'une somme d'argent, il existe deux régimes fiscaux distincts en fonction de l'échelonnement des paiements. Ce régime se veut incitatif pour l'époux qui règle au plus vite le capital :
- réduction d'impôt : quand le capital est versé immédiatement ou dans un délai maximal de douze mois à compter du jugement qui ne peut plus faire l'objet d'une voie de recours, le débiteur bénéficie d'une réduction d'impôt égale à 25 % du montant des versements effectués conformément à la convention ou au jugement de divorce. Un plafond est cependant fixé à 30 500 € (la réduction ne peut donc dépasser 7 625 €). Cette réduction peut s'appliquer sur un an ou s'étaler sur deux ans suivant la date des paiements (art. 199 *octodecies*, CGI). De son côté, le bénéficiaire de la prestation compensatoire n'a pas à la déclarer à titre de revenus mais doit régler un droit d'enregistrement (voir page suivante) ;
- déduction fiscale : quand les paiements s'étalent sur plus de douze mois, ils sont déduits, comme la rente, intégralement des revenus du débiteur et sont en contrepartie déclarés par le créancier (art. 80 *quater* et 156, II, 2ᵉ, CGI).

> **Cas pratique**
> Un jugement de divorce passé en force de chose jugée le 1er octobre 2004 prévoit le versement d'un mari à sa femme d'une prestation compensatoire sous la forme d'une somme de 60 000 € à régler en une fois le 1er décembre 2004.
> Pour l'imposition des revenus 2004 :
> – le mari bénéficie d'une réduction de son impôt sur le revenu de 7 625 € (30 500 € x 25 %) ;
> – la femme n'est pas imposable sur cette somme au titre de l'impôt sur le revenu.

La réduction d'impôt s'applique également en cas d'attribution de biens en propriété et d'attribution d'un droit temporaire ou viager d'usage, d'habitation ou d'usufruit (l'instruction fiscale susvisée prévoyant le cas de la prestation compen-

satoire en capital prend la forme de l'attribution d'un usufruit temporaire dont la durée s'exécute sur une période de 5 ans).
Elle est aussi accordée au titre du paiement d'une prestation compensatoire en capital (numéraire, biens en propriété ou droit temporaire ou viager d'usage, d'habitation ou d'usufruit), lorsque celui-ci résulte de la conversion décidée par le juge d'une rente fixée par une précédente convention homologuée ou un jugement et qu'il est versé dans les 12 mois du jugement de conversion (voir ci-dessous).
Rappel : la convention homologuée ou la décision qui prononce le divorce doit préciser la valeur des biens ou des droits attribués à titre d'abandon de biens ou de droit. C'est cette valeur dont il sera tenu compte fiscalement dans le cadre de la réduction d'impôt (art. 274-2, C. civ. ; art. 1080, CPC et art. 199 *octodecies*, CGI) (voir *L'incidence des règles fiscales,* p. 249).
La réduction d'impôt est dans cette hypothèse égale à 25 % du montant des versements effectués, des biens ou des droits attribués, retenu pour la valeur fixée dans la convention de divorce homologuée par le juge ou par le jugement de divorce, et dans la limite du plafond de 30 500 € apprécié par rapport à la période mentionnée ci-dessus.

ATTENTION
Le jugement de divorce Depuis la loi du 26 mai 2004, il est possible d'obtenir une copie exécutoire des jugements de divorce par consentement mutuel sans paiement préalable des droits d'enregistrement.

› Droits d'enregistrement

En cas de versement d'une somme d'argent ou de versement sous forme de bien meuble ou immeuble (paiement immédiat ou sur moins de douze mois), un droit d'enregistrement doit être réglé par celui qui en bénéficie.
Le montant de ce droit dépend de savoir si l'argent ou le bien est d'origine commune ou propre.
• En principe, dans les régimes de communauté, les versements effectués au moyen de biens communs en nature (biens achetés pendant la communauté) ou en argent (les salaires sont considérés comme des biens communs) sont assimilés à des opérations de partage. Le droit à régler est le droit de partage de 2,50 % (pour plus de précision, voir *Le partage de la communauté,* p. 278). Ce droit est, calculé successivement sur la valeur de l'actif net des biens revenant à l'époux (c'est-à-dire actif brut moins les charges) à la suite du partage proprement dit et sur celui constituant la prestation compensatoire, sans double imposition et sans déduction des soultes et plus-values.
La règle est la même pour les versements effectués au moyen de biens indivis acquis pendant le mariage sous le régime de la séparation des biens.
• Les versements effectués au moyen de biens propres (dans le régime communautaire) ou personnels (dans le régime de la séparation de biens) sont soumis à la perception d'une imposition fixe de 125 € quand le versement est effectué sur moins de douze mois, et qu'il s'agit d'une somme d'argent ou d'une taxe de publi-

cité foncière de 0,60 % (0,715 % avec les impositions additionnelles) en cas de remise d'un bien immobilier. La même règle s'applique aux conversions en capital (art. 1133 *ter*, CGI ; art. 276-4 et 280, C. civ.). Cette règle est issue de la dernière réforme sur le divorce qui précise que « *les transferts et abandons prévus en matière de prestation compensatoire ne sont pas assimilés à des donations, quelles que soient leurs modalités de versement* », afin d'éviter que les versements en capital entre ex-époux en conséquence du divorce soient soumis comme c'était le cas avant la réforme aux droits de mutation à titre gratuit lorsqu'ils provenaient des biens propres de l'un d'eux (art. 281, C. civ.).
S'il s'agit de versements sur une période de plus de douze mois, il n'y a pas de droits d'enregistrement à régler.

La substitution d'un capital à une rente

• En ce qui concerne l'impôt sur le revenu, la loi précise que le capital substitué fera l'objet, suivant les modalités de versements pour celui qui le verse, d'une réduction ou d'une déduction d'impôt.
Par exemple, si l'on prend une prestation compensatoire viagère de 534 € par mois, le débiteur peut proposer à son ex-femme le versement d'une somme de 30 500 € versée sur cinq ans soit 6 100 € par an. Il pourra déduire cette somme de ses revenus puisqu'elle est versée sur plus de douze mois mais son ex-femme devra la déclarer. Elle tentera donc de son côté d'obtenir un versement immédiat ou sur moins d'un an et le juge devra trancher.
• En ce qui concerne les droits d'enregistrement, la loi prévoit que les abandons de biens propres ou personnels ou les versements d'une somme d'argent sur moins de douze mois substitués à la rente, sont soumis à un droit de 125 € (art. 1133 *ter*, CGI). Dans les conditions suivantes, la substitution d'un capital aux arrérages futurs, versé ou attribué sur une période au plus égale à douze mois à compter de la date à laquelle le jugement prononçant la conversion est passé en force de chose jugée, ouvre droit à la réduction d'impôt. Son assiette est alors égale au capital total reconstitué limité à 30 500 € et retenu dans la proportion qui existe entre le capital dû à la date de la conversion et le capital total reconstitué à cette même date. Le capital total reconstitué s'entend de la valeur du capital versé ou attribué à la date de conversion, majoré de la somme des rentes versées jusqu'au jour de la conversion et revalorisées en fonction de la variation de l'indice moyen annuel des prix à la consommation constatée entre l'année de versement de la rente et celle de la conversion (art. 199 *octodecies*, CGI).

À NOTER

Le cas des prestations panachant rente et capital Le bénéfice de la réduction d'impôt accordée à l'ex-époux débiteur de la prestation compensatoire est refusé quand celle-ci est versée pour partie sous forme de rente (art. 199 octodecies, CGI). En clair, les contribuables sont incités à payer toute la prestation compensatoire en capital pour bénéficier d'une fiscalité avantageuse.

La rente

› Impôt sur le revenu

La rente viagère est déductible, à hauteur du montant fixé judiciairement, des revenus de celui qui la verse et imposable entre les mains de celui qui la reçoit (art. 80 *quater*, art. 156 II, 2e, CGI).

À NOTER

Les accords amiables Les sommes versées au titre d'un simple accord amiable ne sont pas déductibles. Il est indispensable d'être en possession d'un jugement.

› Droits d'enregistrement

Il n'y a pas lieu à perception de droit d'enregistrement.

Cas pratique

Mon ex-femme a obtenu à titre de prestation compensatoire un droit d'usage et d'habitation sur notre logement. Qui doit payer les charges de copropriété ? Il me semble que ce doit être elle puisqu'elle a la jouissance des lieux.

Votre raisonnement n'est pas celui adopté par la Cour de cassation. Dans une affaire similaire, les époux ont été condamnés à régler ensemble les charges de copropriété (C. cass., 23.2.2000, pourvoi n° 98-17231).

Les conséquences du divorce sur les biens

➤ Une des conséquences du divorce consiste notamment dans la liquidation du patrimoine commun du couple.

➤ Les questions délicates de l'organisation de cette liquidation, celles du sort du logement de la famille, du maintien ou non des différentes prestations sociales ou des donations entre les époux doivent être clairement comprises.

Que devient le logement familial ?

Le sort du logement familial pendant l'instance en divorce a été étudié dans la rubrique : La vie du ménage pendant le divorce. Il faut simplement rappeler que par logement de la famille, on entend la résidence principale de la famille, c'est-à-dire du couple et des enfants (s'il y en a).
Le juge du divorce aura également à régler la question du sort du logement de la famille, cette fois définitivement, après le divorce. Il s'agit d'une question importante tant sur un plan pratique (d'un point de vue financier) que psychologique.
Deux hypothèses sont à envisager :
– le logement est la propriété des deux époux ou de l'un d'entre eux ;
– le logement est en location.

Le logement est la propriété des deux époux

› Quand le bien est-il commun ou propre ?

Sous le régime de la communauté, le logement est la propriété des deux époux quand il a été acquis pendant le mariage (c'est un bien commun).
Lorsque les époux sont séparés de biens, le bien est commun quand le logement a été acheté en indivision par les époux.
Sous le régime de la communauté, le logement est la propriété d'un seul époux quand il a été acquis avant le mariage, ou pendant le mariage sous certaines conditions (notamment, il a été acheté au moyen d'un bien propre en respectant la formalité de remploi d'un propre ; voir *La liquidation du régime matrimonial*, p. 264).
Quand les époux sont séparés de biens, les biens acquis avant ou pendant le mariage leur sont personnels, sauf s'ils ont été acquis en indivision.

› Les époux sont d'accord sur le sort du logement

Le bien est commun

Lorsque le bien est commun, les époux peuvent se mettre d'accord pour vendre le logement, ou pour que celui-ci soit attribué à l'un d'eux moyennant paiement d'une soulte (contrepartie financière). On rencontre fréquemment cette hypothèse dans le cadre des conventions signées par les époux dans les divorces par consentement mutuel. Le versement d'une soulte peut d'ailleurs, dans le cadre de cet accord, être compensé par celui d'une prestation compensatoire prévue pour le même montant.

Ils peuvent également se mettre d'accord pour une attribution du bien commun à titre de prestation compensatoire (sur ces questions, voir *La prestation compensatoire*, p. 205).
Une autre option peut être de laisser leurs biens, ou certains d'entre eux, en indivision sans les partager. Les époux peuvent à cet égard signer une convention devant notaire (art. 1873-3, C. civ.).
L'indivision permet de différer le moment de la vente du bien et, donc, de laisser aux ex-conjoints le temps de s'organiser, par exemple pour racheter la part de l'autre et, de façon générale, d'attendre un marché immobilier plus favorable.
Il faut cependant savoir, sur un plan plus personnel, que sa gestion nécessite un minimum de contacts entre les ex-époux : par exemple, sur la question des réparations à apporter au bien ou encore des décisions à prendre vis-à-vis de la copropriété. Les relations entre ex-conjoints doivent être suffisamment apaisées pour qu'ils puissent prendre les décisions qui s'imposent à bon escient.
Dans le cadre d'une convention d'indivision, certains de ces points peuvent être abordés à l'avance.

MON CONSEIL
Rester en indivision malgré un divorce peut entraîner des tensions. Il est indispensable de prendre les conseils des professionnels que sont l'avocat et le notaire.

• Le bien est un bien propre

Quand le bien est un bien propre, les époux peuvent se mettre d'accord pour une attribution à l'un d'entre eux à titre de prestation compensatoire (par exemple, quand le bien est l'ancien logement familial). Cette possibilité est fréquemment utilisée dans le cadre des conventions incluses dans les divorces par consentement mutuel.

› Les époux sont en désaccord sur le sort du logement et s'adressent au juge du divorce

Quand les époux ne parviennent pas à s'entendre, la loi donne pouvoir au juge lors du divorce de trancher la question du sort du logement en statuant sur les demandes de maintien dans l'indivision ou d'attribution préférentielle des époux (art. 267, C. civ.). Il convient de noter cependant, sur un plan pratique, que ces questions d'indivision et de l'attribution préférentielle sont dans la majorité des cas réglées lors de la liquidation après le divorce.

• Le maintien en indivision

Le juge peut décider, à la demande d'un époux, du maintien du bien en indivision. Ce maintien peut être décidé pour une durée de cinq ans au plus. Ce délai peut cependant être renouvelé jusqu'à la majorité du plus jeune des enfants (s'il y a des enfants) ou, à défaut, jusqu'au décès du conjoint survivant (art. 823, C. civ.).
Lorsqu'il décide du maintien en indivision, le juge règle la question de l'indemnité d'occupation pour celui qui occupe le logement.

L'attribution préférentielle

Dans la mesure où sa situation financière le lui permet, un conjoint peut demander au juge du divorce que lui soit attribué à titre préférentiel le logement familial, moyennant rachat de la part de son conjoint.
En principe, l'attribution préférentielle porte sur le logement de la famille au jour du prononcé du divorce. Mais il a été admis que cette condition pouvait faire l'objet d'une appréciation souple par les tribunaux. Notamment dans le cas où l'un des époux a été contraint de partir provisoirement du domicile conjugal du fait des menaces en raison du climat de violence instauré par son conjoint (CA Paris, civ. 1re, 19.2.85, D. 85, p. 405, C. cass., civ. 1re, 13.4.92, pourvoi n° 90-16893).

ATTENTION

Une résidence effective Seul le conjoint qui réside effectivement dans le logement peut en demander l'attribution préférentielle en cas de liquidation de la communauté. Elle n'est pas possible pour une résidence secondaire notamment, même si la maison a toujours appartenu à la famille de l'épouse qui la réclamait, ces motifs étant inopérants (C. cass., civ. 1re, 1.7.1997, pourvoi n° 95-12263).

Cette attribution reste toutefois facultative pour le juge qui statue souverainement en fonction des intérêts en présence (notamment la présence d'enfants). Le juge peut décider que la soulte sera payée comptant (art. 832, 1476 et 1542, C. civ.).

Cas pratique

Une femme s'est vu refuser l'attribution préférentielle du logement, compte tenu de son âge (quarante-cinq ans) et du fait que son absence d'activité professionnelle ne rendait pas difficile ou pénible l'installation dans un autre logement, qu'elle n'avait pas la garde d'un enfant mineur et qu'en ce qui concernait sa fille majeure, elle n'établissait pas que sa résidence dans le logement était nécessaire à la poursuite des études (CA Paris, 11.1.1982).

L'attribution du logement à titre de prestation compensatoire

La jouissance d'un bien peut être attribuée à un époux au titre de la prestation compensatoire. Le bien peut être attribué non seulement en usufruit mais également sous certaines conditions en pleine propriété.

Cas pratique

Peut-on saisir le juge après le divorce pour une attribution de la jouissance gratuite du logement familial ?

Le juge aux affaires familiales peut attribuer à l'un des époux dans le cadre de l'ordonnance de non-conciliation la jouissance gratuite du logement familial (voir *Les mesures provisoires*, p. 95). Si aucune demande n'a été faite à ce titre pendant l'instance en divorce, la question s'est posée de savoir s'il était possible de le demander ultérieurement. La Cour de cassation répond par la négative : il n'appartient pas au juge aux affaires familiales saisi après le divorce d'attribuer la jouissance gratuite du domicile à l'épouse (C. cass., 6.6.2002, pourvoi n° 00-15232).

Le logement est la propriété d'un seul époux (le bail forcé)

Si le local servant de logement à la famille appartient en propre ou personnellement à l'un des époux, le juge peut le concéder à bail au conjoint qui exerce seul ou en commun l'autorité parentale sur un ou plusieurs de leurs enfants lorsque ceux-ci résident habituellement dans ce logement et que leurs intérêts le commande : c'est ce qu'on appelle le « bail forcé » (art. 285-1, C. civ.). Le juge fixe la durée du bail et peut renouveler celui-ci jusqu'à la majorité du plus jeune des enfants.

Le bail forcé est conclu moyennant paiement d'un loyer correspondant à cette occupation privative. Il peut être résilié par le juge si des circonstances nouvelles le justifient ou si le locataire ne respecte pas ses obligations (non-paiement de loyer, enfants quittant le domicile…).

Le juge n'est pas obligé d'accorder le bail forcé. Il lui appartient de décider en fonction des éléments du dossier et compte tenu de l'intérêt des enfants auxquels le législateur a voulu, dans la mesure du possible, éviter un changement de cadre de vie à la suite du divorce de leurs parents.

Cas pratique

Un mari s'est vu attribuer l'attribution préférentielle du logement (sa femme ayant quitté le domicile conjugal) en même temps que la résidence des enfants (CA Paris, 24e, sect. C, 18.9.2003, Dt de la Famille, Éd. Juris-Classeur, 1.2004, p. 21).

Selon la Cour de cassation, la demande d'attribution de bail du logement ne peut être faite qu'auprès du juge du divorce et non postérieurement, devant le tribunal de grande instance statuant sur les difficultés de la liquidation (C. cass., civ. 2e, 28.3.2002, pourvoi n° 00-18050).

La modalité du bail forcé est en pratique rarement utilisée.

Le logement est en location

Le droit au bail peut être attribué, en considération des intérêts sociaux et familiaux en cause, à l'un des époux par la juridiction saisie de la demande (art. 1751, C. civ.).

Quand les époux divorcés réclament l'attribution du droit au bail de l'appartement qui abritait le foyer conjugal, la préférence est souvent donnée par les tribunaux à celui chez qui réside l'enfant ou (et) à celui qui peut le moins facilement se reloger.

L'attribution du droit au bail ouvre droit à récompense ou à indemnité au profit de la communauté ou de l'époux colocataire. Son montant dépend de l'avantage résultant, pour le bénéficiaire, de l'attribution privative qui lui a été faite et peut notamment correspondre à la dépense supplémentaire que devrait exposer l'attributaire s'il se trouvait obligé de se reloger (TGI Seine, 3e ch., 21.6.1965, D. 1966, Som. p. 65).

Cas pratique

La maison est un bien propre de mon conjoint. Il veut divorcer. Peut-il me mettre à la porte avec nos enfants ?

La question du logement ne se posera que si le divorce est prononcé. En effet, si la demande en divorce est rejetée, un des époux ne peut, même s'il est propriétaire du bien, vendre son logement sans l'accord de l'autre (art. 215, C. civ.). Dans le cadre de la procédure de divorce, un des conjoints (en général celui à qui les enfants sont confiés), peut obtenir la jouissance du domicile conjugal (art. 255, C. civ.). Cette jouissance se fait en principe moyennant règlement d'une indemnité d'occupation, sauf si le juge estime que l'occupation doit être gratuite au titre du devoir de secours d'un époux envers l'autre. Dans ce cas, il sera tenu compte pour votre mari de cette occupation gratuite pour le calcul des pensions alimentaires qu'il peut être amené à verser. Le jugement de divorce peut enfin accorder un bail forcé du logement, c'est-à-dire imposer à votre mari de vous le louer. Enfin, le bien peut être accordé, en usufruit ou en pleine propriété, au conjoint à titre de prestation compensatoire ou de pension alimentaire pour les enfants (art. 275 et 294, C. civ.). En résumé, en fonction de votre dossier (présence d'enfant notamment, montant des revenus…), vous pourrez rester dans les lieux ou non.

Le sort des donations et avantages matrimoniaux après le divorce

Deux cas doivent être distingués : les donations consenties entre les époux et les donations consenties aux époux (ou futurs époux). La question se pose du sort de ces donations lors du divorce.
Dans les donations entre époux, il convient à nouveau de distinguer les donations de biens « à venir », qui portent sur des biens sur lesquels le donateur n'a, au moment où il dispose, aucun droit (cas, par exemple, de la donation au dernier vivant), des donations de « biens présents », qui portent sur des biens qui sont dans son patrimoine au moment où il fait sa donation.

Les donations et avantages entre époux

› Quelle est la différence entre donations (ou legs) entre époux, présents d'usage et avantages matrimoniaux ?

En cours de mariage, les époux peuvent être amenés à se faire des donations. Il peut s'agir de donations directes (par exemple, don d'une somme d'argent par un époux séparé de fait à l'autre, donation d'un bien propre à son conjoint…) ou de donations de biens « à venir », comme les donations au « dernier vivant » qui ne prennent effet qu'au moment du décès du donateur. Les époux peuvent également se léguer certains biens par testament.

Les donations de biens présents, qui prennent effet au cours du mariage et sont consenties entre époux depuis le 1er janvier 2005 sont irrévocables dans les conditions de droit commun (art. 1096, art. 953 à 958, C. civ.).

Les donations de biens à venir sont en revanche révocables (art. 1096, C. civ.).

Les « présents d'usage » sont irrévocables. Cela signifie qu'une fois donnés, ils ne peuvent plus être repris (tel peut être le cas d'une bague de fiançailles, par exemple).

Cas pratique

Un conjoint (et/ou sa famille) peut-il, lors du divorce, demander à récupérer une bague de fiançailles ?

> Cette question alimente effectivement une jurisprudence importante, ce qui peut s'expliquer compte tenu de son impact affectif, symbolique et financier.
> La bague de fiançailles fait partie de ce qu'on appelle les présents d'usage (ou cadeaux de noce). Ces cadeaux sont acquis définitivement à l'époux. Ni l'époux ni les beaux-parents ne peuvent obtenir restitution du présent. Pourtant, en pratique, le fait que la bru emporte, suite au divorce, la bague de fiançailles peut paraître dans certaines familles insupportable, surtout s'il s'agit d'un bijou resté longtemps dans la famille du donateur (celui qui donne). Certains tribunaux ont donc admis la restitution de cette bague en se fondant sur un autre terrain juridique que celui de la donation à la bru ou du « présent d'usage » (par exemple, la donation n'a été faite qu'au fils à charge pour lui, pendant le mariage, de « prêter » l'objet à sa femme...).
> En fait, tout dépend du prix affectif et/ou réel de la bague : elle ne doit être rendue que s'il s'agit d'un souvenir de famille excédant la qualification du présent d'usage, c'est-à-dire présentant une valeur pécuniaire et/ou sentimentale.

Un avantage matrimonial est une clause insérée dans un contrat de mariage qui permet, lors du partage de la communauté (par divorce mais aussi par décès), d'avantager l'un des conjoints et donc de déroger au principe selon lequel la communauté se partage par moitié entre les époux.
C'est ainsi qu'une clause peut prévoir qu'un des époux prélèvera sur la communauté tel ou tel bien avant le partage, ou encore que la communauté sera attribuée pour deux tiers à l'un et pour un tiers à l'autre (ou à ses héritiers) (clause de partage inégal de la communauté).
L'adoption du régime de communauté universelle est également considérée comme un avantage matrimonial.
Comme pour les donations, on distingue :
- les avantages prenant effet au cours du mariage : l'adoption d'une communauté universelle, par exemple, est considérée comme un avantage matrimonial s'appliquant en cours de mariage ;
- les avantages prenant effet à la dissolution du régime matrimonial ou au décès de l'un des époux (clause de partage inégal, clause d'attribution intégrale de la communauté...).

Ces avantages matrimoniaux suivent le même sort que les donations en cas de divorce des époux.

› Les conséquences du divorce

On pense souvent que le divorce entraîne automatiquement la révocation des donations et/ou autres avantages entre époux. Cela n'est pas exact.
Les divorces soumis à la nouvelle législation sont ceux dont la requête a été déposée depuis le 1er janvier 2005 ou dont l'assignation est délivrée à compter de cette date (la convention homologuée après cette date pour les divorces sur consentement mutuel). Pour ces divorces, les règles sont les suivantes :
- le divorce est sans incidence sur les avantages matrimoniaux (voir définition ci-dessus) et sur les donations de biens présents qui prennent effet au cours du mariage quelle que soit leur forme (art. 265, 1er al., C. civ.).

Ces donations et avantages matrimoniaux sont irrévocables depuis le 1er janvier 2005. Le divorce n'y change rien : les époux ne peuvent pas reprendre ce qu'ils ont donné même s'ils divorcent.

À NOTER

Les clauses de non-divorce Prévoir dans l'acte de donation une clause selon laquelle la donation qu'un époux consent à l'autre sera révoquée en cas de divorce ou de séparation de corps est illicite. C'est en tout cas ce qu'a décidé la Cour de cassation, estimant que les dispositions impératives de l'article 265, 1er alinéa, du Code civil font obstacle à l'insertion, dans une donation de biens présents prenant effet au cours du mariage, d'une clause résolutoire liée au prononcé du divorce ou à une demande en divorce,
Dans cette affaire, le mari avait fait donation à sa femme d'un droit viager d'usage et d'habitation portant sur un appartement, une cave et un parking propre. Puis, quelque temps plus tard, il avait engagé un divorce pour altération définitive du lien conjugal. La décision des premiers juges, qui avaient appliqué la clause et ordonné à la femme de quitter les lieux, a été cassée (C. cass., civ. 1re, 14.3.2012, pourvoi n° 11-13791)

Si les époux ont adopté le régime de la communauté universelle, les règles du partage seront celles de ce régime à savoir le partage de l'intégralité des biens. Chaque conjoint est propriétaire de la moitié de l'ensemble des biens.
Cependant, cette règle est écartée en présence d'une clause, prévue dans le contrat de mariage, selon laquelle les époux peuvent reprendre les biens qu'ils ont apportés à la communauté (art. 265, C. civ.). Il s'agit donc d'un moyen de revenir sur la règle du maintien de l'avantage matrimonial (modification apportée par l'article 43 de la loi n° 2006-728 du 23 juin 2006, applicable depuis le 1er janvier 2007) ;
- le divorce emporte en revanche révocation de plein droit des avantages matrimoniaux qui ne prennent effet qu'à la dissolution du régime matrimonial ou au décès de l'un des époux et des dispositions à cause de mort, accordés par un époux envers son conjoint par contrat de mariage ou pendant l'union (par exemple, donation au dernier vivant), et ce sauf volonté contraire de l'époux qui les a consentis. Cette volonté est constatée par le juge au moment du prononcé du divorce et rend alors irrévocables l'avantage ou les dispositions maintenus (art. 265, 1096, C. civ.).

Cas pratique

Des époux ont opté pour un contrat de communauté universelle avec attribution au dernier vivant. Leur divorce entraîne comme conséquences :
– la liquidation de leurs biens suivant les règles de la communauté universelle ;
– au décès de l'un des époux, son ex-conjoint ne bénéficiera pas des règles favorables de la clause d'attribution intégrale de la communauté, sauf accord en sens contraire lors du divorce.

Les donations faites aux époux par des tiers

Le divorce n'a pas d'incidence sur ces donations. En effet, dans la mesure où elles ont été régulièrement faites, les donations sont irrévocables, c'est-à-dire que l'objet donné ne peut être repris.

Cas pratiques

Mon beau-père a donné (à mon mari et à moi) par chèque une importante somme d'argent. Nous sommes en instance de divorce. Peut-il récupérer cette somme lors du partage ?

Non, votre ex-beau-père ne peut pas récupérer cette somme. Il n'est pas possible de revenir sur une donation sous prétexte du divorce, et ce même si le divorce a été prononcé aux torts exclusifs de sa belle-fille qui a reçu le don.

Mes parents viennent de me donner une somme d'argent en espèces que j'ai déposée sur un compte bancaire joint à mon nom et celui de mon époux. J'ai demandé le divorce pour faute contre lui. Vais-je pouvoir récupérer toute la somme ?

Tout dépend si vos parents ont établi un document écrit lors de cette donation vous en instituant seule bénéficiaire. Si rien n'a été fait, si la somme a été virée sans précision par exemple, c'est la communauté qui est présumée avoir été gratifiée. En clair, votre mari a droit à la moitié de cette somme.

La liquidation du régime matrimonial

Qui dit divorce dit séparation des patrimoines. Un des buts du divorce est de dissocier des intérêts pécuniaires entremêlés : il va en effet falloir déterminer les droits respectifs de chacun. La question des comptes à faire entre les époux peut être ardue dans la mesure de l'enchevêtrement de leurs intérêts, de leur régime matrimonial, et du temps passé avant de liquider leur régime.
La loi du 26 mai 2004 a cherché à favoriser une préparation plus précoce par les époux de la liquidation de leur régime matrimonial afin qu'une vision globale soit donnée au juge de l'état du patrimoine des époux au moment où il statue, notamment, sur la prestation compensatoire.

Les différents régimes matrimoniaux

Le régime de communauté légale (ou communauté réduite aux acquêts) est celui dont dépendent automatiquement les époux qui n'ont pas signé de contrat de mariage (art. 1400, C. civ.). Certains époux demandent également à un notaire de leur rédiger un contrat de mariage de communauté dans lequel ils adaptent le régime légal à leur cas particulier (par exemple, ils prévoient dans ce contrat certains avantages matrimoniaux pour l'un d'entre eux comme une clause d'attribution de l'intégralité de la communauté en cas de décès d'un des époux). Ils peuvent également déclarer dans ce contrat qu'ils se soumettent aux règles de la communauté légale. Selon les cas, les règles indiquées ci-dessous vont ou non s'appliquer à leur cas.
Le régime de la communauté légale est de loin le régime majoritaire. Mais l'obligation de liquider et de partager un bien à la suite d'un divorce (ou pendant le divorce, dans le cadre d'un divorce par consentement mutuel) est applicable à tous les régimes matrimoniaux.
Pour les régimes de communauté conventionnelle, il faut respecter lors du partage les règles prévues spécifiquement pour ce régime. Par exemple, pour un régime de communauté universelle, il n'existe pas de biens propres ou de biens communs (ni de dettes propres ou communes). Le partage va donc se faire sur cette base.
Pour le régime de communauté de meubles et acquêts, l'actif commun comprend les biens meubles possédés par les époux avant le mariage.
Le régime de séparation de biens est différent puisque, dans ce régime, chaque époux est réputé seul propriétaire de ses biens. Il n'y a donc pas en principe de partage à effectuer. Il arrive néanmoins fréquemment que le couple achète un bien en indivision. Dans cette hypothèse, les époux devront liquider et partager cette indivision. Le règlement de cette indivision est, comme pour l'indivision

postcommunautaire des époux communs en biens, régi par les articles 815 et suivants du Code civil.
Sous réserve de ces précisions, ce chapitre concerne essentiellement les époux mariés sous un régime de communauté.

> **Cas pratique**
> **Mon mari est médecin. Nous sommes en procédure de divorce. Ai-je des droits sur son activité ? Autrement dit, la clientèle d'un époux exerçant une activité libérale pendant le mariage, de même que les matériels et les locaux de cet époux, sont-ils considérés comme faisant partie de l'actif de communauté ?**
> **Ai-je des droits également sur les revenus de mon mari pendant la procédure de divorce jusqu'au partage ?**
> Ces différents éléments et notamment la clientèle médicale doivent être portés à l'actif de la communauté pour leur valeur patrimoniale estimée au jour du partage. Par ailleurs, pendant la période qui va de l'ordonnance de non-conciliation au partage, les époux sont soumis au régime de l'indivision et non plus aux règles de la communauté (art. 815 et s., C. civ.). Cette indivision, dite « post-communautaire » (la communauté est dissoute à compter de l'ordonnance de non-conciliation), s'accroît de la plus value du fonds libéral (C. cass., civ. 1re, 2.5.2001, pourvoi n° 99-11336). Ceci étant, l'indivisaire gérant (ici votre mari) peut demander, conformément aux règles de l'indivision, une rémunération de son travail (art. 815-12, C. civ.).

La composition du patrimoine à partager : l'ordonnance de non-conciliation ou le report

• Entre les époux, la date de la dissolution de la communauté remonte au jour de l'ordonnance de non-conciliation ou, quand il s'agit d'un divorce par consentement mutuel, à la date de l'homologation de la convention réglant l'ensemble des conséquences du divorce, à moins que celle-ci n'en dispose autrement (art. 262-1, C. civ.). La date de la dissolution peut également être la séparation de fait du couple en cas de report des effets du divorce (art. 262.1, C. civ.). Passé cette date, les époux ne sont plus soumis au régime de la communauté mais à celui de l'indivision post-communautaire, dont les règles sont très différentes. Cette dualité de régimes est bien sûr source de complexité (voir *La dissolution de la communauté entre les époux et l'indivision*, p. 193).
• Vis-à-vis des tiers en revanche, les époux restent mariés jusqu'à la transcription du divorce à l'état civil et continuent donc à disposer des pouvoirs qu'ils tiennent notamment de leur régime matrimonial (voir *Les dates des effets du divorce*, p. 189).

› Le principe

• Pour les tiers, pendant le mariage (et donc pendant l'instance en divorce), si un époux fait une dette, les biens communs des époux vont en principe en répondre. En effet, le tiers n'est pas informé de l'instance en divorce. Il peut donc se retourner, pour obtenir paiement de ce qui lui est dû, contre la communauté, sauf hypothèse de fraude du conjoint et de complicité du tiers (art. 1413, C. civ.). Les époux continuent à s'engager solidairement pour les dettes ménagères (art. 220, C. civ.). Les règles du régime de communauté et celles applicables quel que soit le régime des époux (voir *La vie du ménage pendant la procédure de divorce*, p. 67) s'appliquent jusqu'à la transcription du jugement de divorce.

• Dans les rapports entre époux, en revanche, le jugement de divorce prend effet dès la date de l'ordonnance de non-conciliation ou, quand il s'agit d'un divorce par consentement mutuel, à la date de l'homologation de la convention réglant l'ensemble des conséquences du divorce, à moins que celle-ci n'en dispose autrement (art. 262-1, C. civ.).

Cette rétroactivité a été instituée en partie pour protéger l'un des époux des agissements de l'autre pendant l'instance en divorce, figeant ainsi (dans la mesure où le divorce est prononcé) la consistance des biens à partager et des dettes à répartir entre les époux lors de l'ordonnance de non-conciliation :

- les biens acquis pendant l'instance en divorce après cette date ne seront plus des biens communs mais des biens personnels ;
- les revenus de biens propres échus ou perçus en cours d'instance après cette date restent propres à chaque époux ;
- les revenus du travail (salaires notamment) ne tombent plus dans la communauté, mais restent propres à l'époux qui les gagne ;
- les dettes souscrites restent personnelles, l'autre conjoint n'y est pas tenu, etc.

Cas pratique

Un mari procède à l'immatriculation de la société qu'il a créée après l'assignation* en divorce. Sa femme demande, lors de la liquidation du régime, que les parts appartenant à son mari concernant cette société soient comprises dans la masse des biens communs à partager. Sa demande a été rejetée (C. cass., civ. 1re, 3.12.1985).

Un mari acquiert pendant le mariage des parts d'une société de fait au sein de laquelle il exerce la profession d'expert-comptable. À la date de l'assignation en divorce*, il en détient 2/6 en pleine propriété et 1/6 en nue-propriété. Par la suite, le cabinet se transforme en société civile professionnelle. L'un des associés meurt et le mari hérite de sa part soit 1/6 en usufruit (ce qui augmente sa part dans la société). Sa femme demande au juge de la liquidation à faire valoir ses droits sur cet héritage. La Cour de cassation refuse : selon elle, « *la composition du patrimoine de la communauté se détermine à la date à laquelle le jugement de divorce prend effet dans les rapports patrimoniaux entre époux* ». Il ne faut donc tenir compte que de la consistance du patrimoine au jour de l'assignation en divorce (C. cass., civ. 1re, 28.1.2003, D. 2003, p. 643).

** Avant l'entrée en vigueur de la réforme, la date à retenir était l'assignation en divorce.*

Cela n'empêche pas que la valeur (et non la consistance) du patrimoine doit être appréciée au jour le plus proche du partage. En outre, cette règle ne concerne, comme indiqué plus haut, que les relations entre les époux et non les tiers.

Cas pratique

Madame achète un appartement pendant l'instance en divorce après l'ordonnance de non-conciliation. Le divorce est prononcé. Le bien est considéré comme personnel à Madame.

Cependant, s'il y a des créanciers de la communauté (notamment créancier de Monsieur dont la dette est née pendant le mariage), ils conservent leurs droits sur ce bien (et notamment de le saisir) puisque la rétroactivité ne lui est pas opposable.

› Le report de la dissolution de la communauté : la date de la séparation de fait

À la demande de l'un des époux, le juge aux affaires familiales peut fixer les effets du jugement à la date à laquelle ils ont cessé de cohabiter et de collaborer (art. 262-1, C. civ.). Cette demande ne peut être faite qu'à l'occasion de la procédure de divorce. Pour obtenir le report, il faut donc prouver l'existence d'une séparation de fait ou, plus exactement, de la cessation de toute collaboration et cohabitation. La preuve de la cessation de cohabitation est facile à rapporter. Celle de la cessation de la collaboration entre époux est plus délicate. Le fait de continuer à régler ensemble les dettes communes, après la séparation, ne constitue pas forcément, pour les tribunaux, la volonté de collaborer des époux, mais peut tout simplement signifier que les époux ne veulent pas laisser dépérir le patrimoine commun. L'intention des époux doit donc être recherchée (C. cass., civ. 2e, 7.10.1999, pourvoi n° 98-12824).

Dans les arrêts plus récents, on remarque une plus grande latitude laissée aux époux demandant le report. Dès lors que la séparation de fait est prouvée, la fin de la collaboration entre époux est présumée. C'est à l'autre conjoint, refusant le report, d'apporter la preuve d'une poursuite de cette collaboration (C. cass., civ. 1re, 31.3.2010, pourvoi n° 08-20729 ; C. cass., 1re civ., 16.6.2011, pourvoi n° 10-21438). Il faut alors prouver la volonté commune, allant au-delà des obligations découlant du mariage ou du régime matrimonial, pour caractériser le maintien de la collaboration des époux).

Cas pratiques

- Tel est le cas lorsque l'épouse se porte co-emprunteur avec son mari d'un prêt destiné à financer les travaux d'amélioration et d'aménagement de l'appartement acquis par le mari après la fin de la cohabitation (C. cass., civ. 1re, 17.11.2010, pourvoi n° 09-68292).
- En revanche, le remboursement d'emprunts communs par un époux avant la rupture de la cohabitation ne constitue pas un fait établissant la poursuite de cette collaboration. Il en est de même du fait pour l'époux d'alimenter le compte de son épouse ou de régler les dépenses des enfants. (C. cass., civ. 1re, 16.6.2011, pourvoi n° 10-21438 ; 3.12.2014, n° 13-25581).

Dans ces cas, ne seront pas intégrés dans la masse commune à partager entre eux les revenus et biens acquis alors que les époux n'avaient plus d'intérêts pécuniaires ensemble à une époque où toute communauté de vie avait cessé. C'est donc à la date du report que va être apprécié l'actif ou le passif de la communauté. C'est à cette date que prend fin la communauté et commence l'indivision postcommunautaire.

Les étapes de la liquidation et du partage

En prononçant le divorce, le tribunal se borne à ordonner la liquidation et le partage des intérêts matrimoniaux des époux.
La loi du 26 mai 2004, portant réforme du divorce, avait imposé un calendrier pour les opérations de liquidation et de partage après que le divorce soit passé en force de chose jugée. En l'espèce, les ex-époux disposaient d'un délai d'un an augmenté le cas échéant de 6 mois pour ce faire (ancien art. 267-1, C. civ.). Cet article a été supprimé par la loi n° 2009-526 du 12 mai 2009 de simplification du droit. Reste que plusieurs dispositions issues de la réforme intéressent la liquidation, celle-ci devant être privilégiée dès l'ordonnance de non-conciliation.

› Une proposition dès l'audience de conciliation

Le juge aux affaires familiales peut, au titre des mesures provisoires, désigner un professionnel (expert-comptable, notaire, commissaire-priseur…) en vue de dresser un inventaire estimatif ou de faire des propositions quant au règlement des intérêts pécuniaires des époux, et de désigner un notaire chargé d'élaborer un projet de liquidation du régime matrimonial et de formation des lots à partager (art. 255, C. civ. ; art. 1115, CPC) (voir *Les mesures provisoires*, p. 95). Un accord du couple sur les biens à partager (les lots) peut ainsi permettre au juge aux affaires familiales, par la connaissance de ses lots, de fixer de manière plus précise et plus pertinente le montant et les modalités de la prestation compensatoire.

› Une proposition de règlement dès l'assignation

De plus, l'assignation doit, à peine d'irrecevabilité, comporter une proposition de règlement des intérêts pécuniaires et patrimoniaux des époux (art. 257-2, C. civ.) (voir *Les procédures et règles communes*, p. 37, *Comment se déroule la procédure (hors divorce par consentement mutuel) ?*, p. 42).

› La prise en compte des accords pendant la procédure et la liquidation anticipée

L'article 265-2 du Code civil permet la conclusion de conventions portant sur la liquidation du régime matrimonial (ce que l'on appelle la liquidation anticipée) (voir ci-dessous).
Les époux peuvent, pendant l'instance, soumettre à l'homologation du juge des conventions réglant tout ou partie des conséquences du divorce (noms des époux

divorcés, sort de leurs enfants, prestation compensatoire notamment). Le juge, après avoir vérifié que les intérêts de chacun des époux et des enfants sont préservés, homologue les conventions en prononçant le divorce (art. 268, C. civ.).

Selon l'article 265-2 du Code civil, les époux peuvent, pendant l'instance en divorce, passer toute convention pour la liquidation et le partage de leur régime matrimonial.

« *Pendant l'instance en divorce* » signifie en réalité que l'on se situe après l'assignation en divorce. En revanche, de telles conventions sont interdites en dehors de l'instance en divorce, tant que la communauté n'est pas dissoute (C. cass., civ. 1re, 19.1.1982, pourvoi n° 80-17149). Cependant, les époux peuvent pendant l'instance en divorce régulariser une convention conclue auparavant.

Cette convention doit être passée par acte notarié quand la liquidation concerne des biens soumis à la publicité foncière (à savoir les biens immobiliers).

La convention anticipée est suspendue quant à ses effets au prononcé du divorce et elle ne peut être exécutée, même dans les rapports entre les époux, que lorsque le jugement a pris « force de chose jugée ». Cela signifie que le divorce doit être prononcé pour qu'elle puisse être exécutée par les époux.

La loi autorise un des époux à demander au juge lors du divorce la modification de la convention si les conséquences du divorce telles que fixées dans le jugement remettent en cause les bases de la liquidation et du partage (art. 1451, C. civ.).

› Les pouvoirs du juge lors du divorce

Lorsqu'il prononce le divorce (hors divorce par consentement mutuel et règlement conventionnel), le juge aux affaires familiales est compétent pour intervenir dans les opérations de liquidation et de partage dans trois cas :

- Il peut, à la demande de l'un ou l'autre des époux, si le projet de liquidation du régime matrimonial établi par le notaire désigné dans le cadre des mesures provisoires de l'ordonnance de non-conciliation contient des informations suffisantes, statuer sur les « désaccords persistants » (art. 267, C. civ.). Cela lui permet de trancher les points litigieux entre les époux, qui n'ont pu établir un projet de règlement amiable de leurs intérêts. Selon la circulaire CIV/10/10 du 16 juin 2010, si le projet de liquidation établi par le notaire comporte suffisamment d'informations pour permettre au juge de statuer sur les désaccords entre les époux, et que l'un d'eux lui en fait la demande, le juge doit répondre aux prétentions formulées. Sa décision s'impose alors au notaire liquidateur qui établit ultérieurement l'acte de partage au vu tant du projet d'acte liquidatif que de la décision du juge. D'après cette circulaire, le juge ne peut rejeter la demande des époux qu'en l'absence d'éléments suffisants, par exemple, s'ils ne produisent pas d'évaluation des biens ou si ces évaluations sont trop anciennes.

> **Cas pratique**
> La Cour de cassation a précisé ce que représentaient ces désaccords persistants autorisant le juge du divorce à intervenir. Dans cette affaire, il est rappelé qu'au vu des articles 255 10° et 267, alinéa 4, du Code civil, s'il a désigné un notaire lors de l'audience de conciliation pour élaborer un projet de liquidation du régime matrimonial et de formation des lots à partager et si celui-ci contient des

> informations suffisantes, le juge aux affaires familiales a le pouvoir, en cas de désaccord persistant, de fixer l'indemnité d'occupation à l'occasion du prononcé du divorce (C. cass., civ 1re, 7.11.2012, pourvoi no 11-17377).

Ce n'est dorénavant qu'à défaut d'un règlement conventionnel par les époux ou d'une saisine du juge par les époux en vue de trancher leurs différents que le juge, en prononçant le divorce, ordonne la liquidation et le partage de leurs intérêts patrimoniaux (c'est-à-dire qu'il renvoie les époux à saisir le notaire).

• Il peut accorder à l'un des époux ou aux deux une avance sur part de communauté ou de biens indivis.

• Il peut statuer sur l'attribution préférentielle et l'indivision. L'attribution préférentielle et le maintien d'un bien en indivision peuvent être autorisés par le juge du divorce ou, plus fréquemment, par le juge du partage en fonction des intérêts en présence (art. 267, C. civ.).

• L'attribution préférentielle

L'un des époux peut demander l'attribution préférentielle :

- d'une entreprise ou partie d'entreprise commerciale, industrielle, artisanale, agricole ou libérale dont l'importance n'exclut pas un caractère familial. Celui qui demande l'attribution doit avoir participé à l'exploitation ;
- de la propriété ou du droit au bail du local d'habitation ou à usage professionnel qui servait à la résidence ou à l'exercice de la profession de l'époux demandeur (art. 831 et s., C. civ.).

Voir *Les conséquences du divorce sur les biens,* p. 253, *Que devient le logement familial ?,* p. 255.

L'attribution préférentielle n'est jamais de droit pour les communautés dissoutes par divorce ou séparation de corps. Le juge a donc toute liberté pour l'accorder ou la refuser en fonction des intérêts en présence.

Par ailleurs, il peut toujours être décidé que la totalité de la soulte éventuellement due en raison de cette attribution sera payable comptant (art. 1476, C. civ.).

• L'indivision

Le juge aux affaires familiales peut décider lors du divorce que certains biens devront rester dans l'indivision (art. 267 et 815-1 et s., C. civ.). Le maintien de l'indivision peut être ordonné :

- pour une exploitation agricole ;
- pour la propriété du local d'habitation ou à usage professionnel, avec les objets mobiliers servant à la profession.

(Voir *Le maintien en indivision,* p. 256.)

• Le juge peut également accorder à l'un des époux ou aux deux une avance sur sa part de communauté ou de biens indivis (art. 267, C. civ.).

• Il peut trancher les désaccords.

Si le projet de liquidation du régime matrimonial établi par le notaire désigné au titre des mesures provisoires prises lors de l'audience de conciliation contient des informations suffisantes, les époux (ou l'un d'eux) peuvent demander au juge de régler leurs désaccords (art. 267, C. civ.).

Ces difficultés pourront par exemple concerner le montant de l'indemnité d'occupation pour le logement, le montant de l'indemnité de l'indivisaire gérant, la date de dissolution de la communauté... Ces points tranchés, le règlement du régime matrimonial pourra avoir lieu.

Les opérations de liquidation et de partage

› Le calendrier

La loi du 26 mai 2004 avait imposé un calendrier pour les opérations de liquidation et de partage après que le divorce soit passé en force de chose jugée (délai d'un an augmenté le cas échéant de 6 mois) (ancien art. 267-1, C. civ.). Cet article a cependant été supprimé par la loi n° 2009-526 du 12 mai 2009 de simplification du droit.

› Le juge du divorce est le juge de la liquidation

La loi n° 2009-526 du 12 mai 2009 de simplification du droit a confié au juge aux affaires familiales la liquidation et le partage des intérêts patrimoniaux des époux, et ce pour les demandes engagées à compter du 1er janvier 2010. L'idée de ce texte réside dans le fait qu'étant compétent sur l'ensemble de la procédure de divorce (le divorce proprement dit et ses conséquences patrimoniales), le juge pourra mieux prévenir les conflits postdivorce (art. L. 213-3, COJ).
Comme on l'a vu ci-dessus (*Les pouvoirs du juge lors du divorce*), le juge lors du prononcé du divorce (hors divorce par consentement mutuel et liquidation anticipée) peut être amené, dans le cadre strict de l'article 267 du Code civil, à statuer sur les opérations de liquidation et de partage. À défaut, la question se pose de l'articulation entre procédure de divorce et de liquidation.

• La circulaire CIV/10/10 du 16 juin 2010

La circulaire CIV/10/10 du 16 juin 2010 apporte deux précisions par rapport à ces opérations de liquidation et de partage :
- en prononçant le divorce, le juge ne peut pas désigner, dans le jugement de divorce, de notaire. Il pourra seulement constater que les ex-époux souhaitent confier la liquidation de leur régime matrimonial à tel notaire mais en aucun cas procéder à sa désignation ;
- le procès-verbal de difficulté du notaire chargé de la liquidation ne saisit pas le juge. Il peut cependant être versé aux débats et visé dans le bordereau de pièces annexé à l'assignation en partage, afin de constituer la preuve du partage amiable, prévu à peine d'irrecevabilité par l'article 1360 du Code de procédure civile. Selon cet article, en effet, à peine d'irrecevabilité, l'assignation en partage contient un descriptif sommaire du patrimoine à partager et précise les intentions du demandeur quant à la répartition des biens ainsi que les diligences entreprises en vue de parvenir à un partage amiable. Dès lors qu'il est saisi pour statuer sur la liquidation et la partage, le juge peut, si la complexité des opérations le justifie,

désigner un notaire pour procéder aux opérations de partage et commettre un juge pour surveiller ces opérations conformément l'article 1364 du Code de procédure civile.
Ce sont les articles 1136-1 et 1136-2 du Code de procédure civile qui s'appliquent aux règles de procédure devant le juge. Les demandes relatives à la liquidation et au partage des intérêts patrimoniaux des époux obéissent aux règles de la procédure en matière contentieuse applicable devant le tribunal de grande instance. Les débats sont publics, sous réserve de l'article 435 du même code. La décision est rendue publiquement. La représentation par avocat est donc obligatoire et la procédure est écrite.

• La jurisprudence de 2012

Cette circulaire en déduisait que le juge du divorce n'avait pas le pouvoir de désigner un notaire (ou la chambre départementale des notaires) puisque, en prononçant le divorce, « le juge vide sa saisine ». La procédure après divorce devait débuter par une assignation en partage et le notaire devait être désigné dans le cadre de cette procédure.
La Cour de cassation adopte pourtant une position contraire à la circulaire de 2010, rappelant les termes de l'article 267 : le juge, lorsqu'il prononce le divorce, ordonne la liquidation et le partage des intérêts patrimoniaux des époux. Il peut donc, le cas échéant, désigner un notaire. Il résulte de ces arrêts une simplification et une accélération de la procédure (C. cass., civ. 1re, 7.11.2012, pourvoi n° 12-17394, pourvoi n° 11-10449, 12.4.2012, pourvoi n° 11-20195). Il reste à espérer qu'une intervention du législateur permettra de régler cette question.

À NOTER

La loi de modernisation et de simplification du droit et des procédures Ce texte autorise le gouvernement à prendre par voie d'ordonnance les mesures, relevant du domaine de la loi, nécessaires pour articuler, en cas de divorce, l'intervention du juge aux affaires familiales et la procédure de liquidation et de partage des intérêts patrimoniaux des époux. L'idée est de renforcer les pouvoirs liquidatifs du juge saisi d'une demande en divorce pour lui permettre, le cas échéant, de prendre des décisions relatives à la liquidation et au partage de leurs intérêts patrimoniaux (Loi n° 2015-177 du 16.2.2015 relative à la modernisation et à la simplification du droit et des procédures dans les domaines de la justice et des affaires intérieures).
Selon la circulaire d'application, « il s'agit, à la suite des arrêts rendus par la première chambre civile de la Cour de cassation le 7 novembre 2012 au visa des articles 267 alinéa 1er du Code civil et 1361 alinéa 2 du Code de procédure civile, de clarifier les pouvoirs du juge dans le cadre de la procédure de divorce concernant la liquidation et le partage des intérêts patrimoniaux des époux, en conciliant les différents objectifs de pacification et d'accélération des procédures poursuivis par les lois n° 2004-439 du 26 mai 2004, n° 2006-728 du 23 juin 2006 et n° 2009-526 du 12 mai 2009 ».
Ces dispositions devront faire l'objet d'une ordonnance dans un délai de 8 mois à compter de la publication de la présente loi (Circulaire du 19.2.2015 de présentation des dispositions de la loi n° 2015-177 du 16.2.2015 JUSC1504802C, p. 7 et 8).

› Les opérations de liquidation

La dissolution de la communauté se déroule en deux temps :
- l'état liquidatif qui récapitule l'actif et le passif, les mouvements des comptes bancaires, les placements et les biens immobiliers ;
- les opérations de partage proprement dites.

Il appartient aux ex-conjoints de retrouver factures, contrats et preuves diverses de leurs dépenses, se rappeler qui a payé telle réparation…

ATTENTION

Le recel de biens communs Les cas de dissimulation de patrimoine ou de fraude ne sont pas rares (sur la question du bien omis de la convention, (voir *Le divorce par consentement mutuel*, p. 119). La sanction est lourde pourtant puisque tout ce qui a été caché risque, une fois découvert par les juges, d'être attribué au conjoint. C'est ce que l'on appelle le recel de bien de communauté. Il en est de même de l'époux ayant dissimulé sciemment l'existence d'une dette commune : il doit l'assumer définitivement (art. 1477, C. civ.).

Avant de procéder au partage proprement dit, il y a lieu de procéder à la « liquidation » de la communauté. La liquidation peut se définir comme une opération comptable consistant à fixer et à chiffrer les droits de chacun des ex-époux.

› La ventilation des biens propres et des biens communs

Dans le régime de la communauté légale, on distingue trois catégories de biens : les biens propres du mari, les biens propres de la femme et les biens communs aux époux. Le but de la liquidation du régime matrimonial va être de faire en sorte que chaque époux reprenne ses biens propres et qu'ils se partagent l'actif net (schématiquement, les biens moins les dettes), le partage se faisant sur la base de moitié chacun de cet actif.

Les biens propres sont l'exception, toutes les acquisitions onéreuses réalisées durant le mariage tombant en principe en communauté.

La ventilation des biens entre les propres et la communauté a des conséquences importantes sur la liquidation et le partage de la communauté à la dissolution du mariage.

Qu'est-ce qu'un bien propre ?

Les biens propres sont constitués par le patrimoine personnel de chaque époux qui en conserve la pleine propriété après le divorce (c'est ce qu'on appelle la « reprise » des propres, voir plus loin).

- Sous le régime de la communauté légale, sont considérés comme biens personnels, les biens dont les époux avaient la propriété ou la possession au jour du mariage ou qu'ils ont acquis pendant le mariage par succession, donation ou legs. En revanche, les biens tombent en communauté quand la libéralité est faite aux deux époux conjointement (cas d'une donation aux deux époux, par exemple si les parents du mari ont versé des sommes sur le compte joint des époux. Ces sommes sont communes : CA Besançon, 7.4.1998, JCP 2000, IV, 1245).

• Forment par ailleurs toujours des biens propres, quel que soit le régime matrimonial, les vêtements et linges à usage personnel de l'un des époux, les actions en réparation d'un dommage corporel ou moral, les créances et pensions incessibles et plus généralement les biens qui ont un caractère personnel et tous les droits exclusivement attachés à la personne. Ainsi, quand une indemnité est due non pas en remplacement d'une rémunération mais pour compenser un préjudice personnel, les sommes versées restent des biens propres. Par exemple, en matière d'accident du travail, la rente allouée en réparation d'une incapacité permanente partielle (IPP), compense un préjudice professionnel mais aussi personnel (C. cass., civ. 1re, 5.4.2005, pourvoi n° 02-13-402). Tel est également le cas pour des dommages et intérêts qui seraient dus pour compenser un préjudice corporel après un accident ou une pension d'invalidité (C. cass., civ. 1re, 8.11.2005, pourvoi n° 03-14831) ou encore les arrérages d'une pension de guerre (C. cass., civ. 1re, 8.7.2009, pourvoi n° 08-16-364).
Il a par ailleurs été jugé qu'un contrat, au titre duquel les sommes étaient réclamées, ouvrait droit à une retraite complémentaire de cadre dont le bénéficiaire ne pourrait prétendre qu'à la cessation de son activité professionnelle, et pouvait être considéré comme un bien propre par nature (C. cass., civ. 1re, 30.4.2014, pourvoi n° 12-21484).
• Forment aussi des biens propres par nature les instruments de travail nécessaires à la profession de l'un des époux (véhicule professionnel notamment).
En revanche, les revenus provenant des biens propres sont des biens communs.

Qu'est-ce qu'un propre par accessoire ?

Sont considérés comme des propres « par accessoire » les biens acquis à titre d'accessoire d'un propre ainsi que les valeurs nouvelles et autres accroissements se rattachant à des valeurs mobilières propres. Il en est de même pour les créances et indemnités qui remplacent les propres.
Un exemple de propre par accessoire est celui de la maison construite sur un terrain propre à un époux. La maison est propre « par accessoire » puisque l'immeuble bâti est l'accessoire du terrain, qui est un bien propre. Lors de la dissolution de la communauté en revanche, l'époux devra récompense à la communauté (sur la notion de récompense, voir ci-dessous). Lorsqu'un époux détient des actions d'une société avant son mariage et qu'au cours du mariage il y a augmentation du capital de cette société, les nouvelles actions restent des biens propres puisque rattachées aux anciennes, elles-mêmes biens propres (art. 1406, C. civ.).

La reprise des biens propres

Lorsque la communauté est dissoute à la suite d'un divorce, chacun des époux reprend ses biens propres ou les biens qui les ont remplacés s'ils n'existent plus.

• Le remploi

Le remploi (ou l'emploi) est l'acquisition d'un bien avec l'argent provenant de la vente d'un bien propre d'un des époux. Le bien, ainsi acheté à titre de remploi, devient à son tour bien propre de l'époux qui était propriétaire du bien propre vendu (art. 1434, C. civ.).

Le remploi est censé être fait à l'égard d'un époux toutes les fois que, lors d'une acquisition, cet époux a déclaré que cette acquisition était faite avec une somme provenant de la vente d'un bien propre et à titre de remploi. Ce remploi ne nécessite pas l'accord du conjoint ni du cocontractant (C. cass., civ. 1re, 19.5.1998, pourvoi n° 95-22083). Une clause de remploi va donc figurer dans l'acte d'acquisition.

> **Cas pratique**
> Un acte notarié d'acquisition immobilière mentionne qu'un terrain est acquis avec les fonds personnels du mari mais non que cette acquisition doit tenir lieu de remploi. L'arrêt en déduit que le bien doit tomber en communauté (CA Fort-de-France, 28.5.1999, JCP 2000, IV, 1245).

> **ATTENTION**
> **Conséquence de l'absence de déclaration** Cette double déclaration (déclaration de l'origine des fonds et déclaration de remploi) est indispensable. Elle doit figurer dans l'acte d'acquisition. À défaut, le bien est considéré comme bien commun (C. cass., civ. 1re, 20.9.2006, pourvoi n° 04-18384).

Si le prix et les frais de l'acquisition excèdent la somme dont il a été fait emploi ou remploi, la communauté a droit à récompense pour l'excédent. Si, toutefois, la contribution de la communauté est supérieure à celle de l'époux acquéreur, le bien acquis tombe en communauté, sauf la récompense due à l'époux (art. 1436, C. civ.).

- **L'absence de remploi**

À défaut de cette déclaration de remploi dans l'acte notarié, le remploi n'a lieu que par l'accord des époux et il ne produit ses effets que dans leurs rapports réciproques (art. 1434, C. civ.). L'absence de remploi donne néanmoins lieu à récompense au profit de l'époux s'il prouve l'origine des fonds (voir *Les récompenses*, p. 279).

Qu'est-ce qu'un bien commun ?

- **Les acquêts de communauté**

Selon l'article 1401 du Code civil : « *La communauté se compose activement des acquêts faits par les époux ensemble ou séparément durant le mariage, et provenant tant de leur industrie personnelle que des économies faites sur les fruits et revenus de leurs biens propres* ».

Il est rappelé que cette règle ne va s'appliquer que jusqu'à l'ordonnance de non-conciliation ou la date de séparation de fait des époux en cas de report (art. 262-1 et 1442, C. civ.).

L'actif de la communauté légale des époux mariés se compose donc :

- du produit de leur « industrie personnelle » : les rémunérations rentrent donc dans la communauté, qu'il s'agisse de salaires, émoluments, honoraires, traitements, redevances, intéressements… et quelle que soit la forme du travail ou la profession exercée. Les indemnités que peuvent recevoir les époux en substitut des salaires font partie elles aussi de la communauté. Ainsi, sont communes les sommes perçues par un époux au titre d'une incapacité temporaire totale de travail (ITT) suite à un accident du travail (les prestations dues à ce titre compensent le fait que la personne ne peut plus travailler, c'est donc un substitut de salaire) (C. cass., civ. 1re, 23.10.1990, pourvoi n° 89-14488). Tel est le cas également de l'indemnité de licenciement, de reconstitution de carrière, ou encore les indemnités de préavis, de congés payés, de départ à la retraite…

En revanche, lorsque l'indemnité est due non pas en remplacement d'une rémunération mais pour compenser un préjudice personnel, les sommes versées restent des biens propres.

La valeur d'un fonds de commerce ou d'une clientèle civile ou commerciale fait partie de la communauté quand elle est afférente à un bien commun : en ce qui concerne un cabinet médical par exemple, bien commun des époux (fonds acheté pendant le mariage), il a été jugé que, lors de la dissolution de la communauté, la plus-value de la clientèle doit figurer dans l'actif de la communauté, car elle constitue un « acquêt » provenant de l'industrie personnelle d'un époux (C. cass., civ. 1re, 12.1.1994, pourvoi n° 91-15562) ;

- de ce qui a été acquis par les époux, ensemble ou séparément avec leurs salaires ;
- des fruits et revenus des propres : ils sont en effet communs dès leur perception.

Par exemple, l'argent provenant de la location d'un appartement reçu en héritage par l'un des époux est commun. Les revenus restent en revanche propres s'ils sont « consommés », c'est-à-dire employés à un usage particulier : ils sont par exemple capitalisés ou placés (art. 1403, C. civ.).

Il en est de même de libéralités (donations, par exemple) effectuées au profit des deux époux (voir *Qu'est-ce qu'un bien propre ?*, p. 273).

En l'absence de preuve qu'un bien est propre, il est présumé être commun.

À NOTER

Les fonds déposés sur un compte bancaire sont-ils des biens communs ? Quand la communauté fonctionne (c'est-à-dire pendant le mariage et en cas de procédure de divorce, jusqu'à l'ordonnance de non-conciliation ou le report de la dissolution le cas échéant), les sommes figurant sur les comptes du couple (comptes bancaires, banque postale, comptes d'épargne), qu'il s'agisse d'un compte commun ou des comptes personnels à chaque époux, est présumé appartenir aux deux époux et partagé comme tel lors de la dissolution de la communauté.

Si l'époux perçoit des revenus propres (héritage, par exemple), il a tout intérêt à ouvrir un compte d'épargne à son nom où il ne déposera que ces sommes (en conservant la preuve de leur origine). L'intérêt est qu'en cas de divorce, il n'aura pas à partager ces fonds avec son conjoint.

Si les sommes sont déposées sur un compte bancaire alimenté par ailleurs par des fonds communs, il va devoir déterminer l'origine propre des fonds et son utilisation à des dépenses communes pour faire valoir son droit à récompense. C'est en revanche à celui qui conteste le droit à récompense de prouver que la communauté n'a pas tiré profit de ces fonds (C. cass., civ. 1re, 8.2.2005, pourvoi n° 03-13456).

Cas pratique

Je suis marié sous le régime de la communauté. J'ai acheté un appartement avant le mariage et le remboursement du crédit afférent à cet appartement a continué pendant le mariage. Le notaire me dit que la part du capital non remboursé rentre dans la communauté. Or, ce logement a été habité par le couple puis loué et les revenus de la location dépassaient les mensualités. Peut-on encore dire que l'appartement a été pour partie financé par la communauté alors qu'au contraire il lui a procuré un enrichissement ?

Légalement, les revenus d'un propre tombent dans la communauté (art. 1401, C. civ.). En conséquence, les loyers provenant de la location de cet appartement font partie de la communauté. La perception des revenus d'un bien propre ne constitue pas, de par la loi, un profit réalisé par la communauté et n'entraîne donc pas le paiement d'une récompense en faveur de l'époux propriétaire de ce bien propre. En ce qui concerne la prise en charge par la communauté du prêt, après le mariage, en tant que propriétaire de ce bien vous en devez récompense à la communauté. Mais, selon la jurisprudence de la Cour de cassation, vous ne devez récompense que pour le capital et non les intérêts de l'emprunt remboursés par la communauté. En effet, pour la Cour, ayant droit aux fruits et revenus des propres, la communauté doit corrélativement régler les charges de jouissance du bien – et donc les intérêts qui sont une charge de la jouissance du bien (C. cass., civ. 1re, 31.3.1992, pourvoi n° 90-17212). En contrepartie des loyers perçus par la communauté, cette dernière devait donc supporter les dettes liées à cet appartement, ici les intérêts des emprunts.

- **La présomption de communauté**

Selon l'article 1402 du Code civil : « *Tout bien, meuble ou immeuble, est réputé acquêt de communauté si l'on ne prouve qu'il est propre à l'un des époux par application d'une disposition de la loi.* »

Cette règle est importante car la propriété personnelle de l'époux, si elle est contestée, devra être établie par écrit. Il pourra s'agir d'un inventaire des biens propres ou autre preuve préconstituée, ou encore, à défaut, des écrits, notamment titres de famille, registres et papiers domestiques ainsi que documents de banque et factures. Si un époux est dans l'impossibilité matérielle ou morale de se procurer un écrit, la preuve par témoignage ou présomption peut être admise (art. 1401 et s., C. civ.) (voir *La ventilation des biens propres et des biens communs*, p. 273).

À NOTER

La présomption de communauté Il y a présomption de communauté quand les sommes ayant servi au temps de la communauté à la construction d'une maison sur un terrain propre de l'un des époux ont été fournies par la communauté. L'époux propriétaire de la maison, s'il ne veut pas régler de récompense à la communauté, doit prouver qu'il a disposé de fonds propres ou de matériaux propres pour financer cette construction. Les différentes factures adressées au nom de cet époux, un rappel à son nom, paiement de la taxe locale d'équipement sont des éléments de preuve insuffisants (CA Toulouse, 7.11.2000, D. 2001, IR, p. 1141).

Le partage de la communauté

L'évaluation de l'actif de communauté

La question de l'évaluation des biens à partager va inévitablement se poser. Les biens doivent-ils être évalués au jour de la dissolution de la communauté (c'est-à-dire, selon le cas, l'ordonnance de non-conciliation ou la séparation de fait des époux en cas de report) ou au jour du partage effectif des biens ?
D'après la loi, la date d'évaluation des biens doit être celle de leur valeur à la date de la jouissance divise telle qu'elle est fixée par l'acte de partage, en tenant compte, s'il y a lieu, des charges les grevant. Cette date est la plus proche possible du partage (art. 1476 et 890, C. civ.).

> **Cas pratique**
> Une épouse avait, après l'assignation en divorce, procédé à des réparations sur l'immeuble commun. Lors de la liquidation, la cour d'appel a décidé que cet immeuble devait figurer dans la masse des biens à partager pour sa valeur au jour le plus proche du partage, mais compte tenu de son état au jour de la dissolution de la communauté (date de l'assignation). Pour la Cour de cassation, au contraire, la valeur de l'immeuble doit être effectuée au jour du partage compte tenu de son état à ce moment-là (C. cass., civ. 1re, 7.4.1998, pourvoi n° 96-15358).

La conséquence pratique est que l'indivision va profiter de cette plus-value. Un des époux peut donc avoir droit à une indemnité dans la mesure où il a amélioré le bien commun devenu indivis sur le fondement de l'article 815-13 du Code civil : *« Lorsqu'un indivisaire a amélioré à ses frais l'état d'un bien indivis, il doit lui en être tenu compte selon l'équité, eu égard à ce dont la valeur du bien se trouve augmentée au temps du partage ou de l'aliénation. Il doit lui être pareillement tenu compte des impenses nécessaires qu'il a faites de ses deniers personnels pour la conservation desdits biens, encore qu'elles ne les aient point améliorés.*
Inversement, l'indivisaire répond des dégradations et détériorations qui ont diminué la valeur des biens indivis par son fait ou par sa faute. »

> **À NOTER**
> **Dispense des dettes professionnelles** Depuis une loi n° 2005-882 du 2 août 2005, lorsque le divorce est prononcé, si des dettes ou des sûretés ont été consenties par les époux, solidairement ou séparément, dans le cadre de la gestion d'une entreprise, le tribunal de grande instance peut, dans le cadre des opérations de liquidation, décider d'en faire supporter la charge exclusive au conjoint qui conserve le patrimoine professionnel ou, à défaut, la qualification professionnelle ayant servi de fondement à l'entreprise (art. 1387-1, C. civ.).

Le passif de la communauté

Sont des dettes de la communauté (art. 1409, C. civ.) :
- les dettes alimentaires (exemple, pension alimentaire due à un enfant d'un premier lit) ;

- les dettes nées pendant le mariage.
Font ainsi partie des dettes communes les dettes relatives au fonctionnement d'un commerce propre, les taxes ou impôts relatifs à un immeuble commun, les impôts sur le revenu, ou les redressements fiscaux relatifs aux revenus personnels d'un des époux (en dehors de certaines pénalités) ainsi que le crédit destiné à l'achat d'un bien de consommation.

> **Cas pratiques**
> Une femme mariée contracte un emprunt à son seul nom pour financer l'achat d'un véhicule automobile alors que la carte grise est au nom de son mari. La question s'est posée de savoir qui devait rembourser le crédit en cas de divorce : l'épouse, l'époux ou la communauté ? Pour la cour d'appel, s'agissant d'un acte de la vie courante, le prêt destiné à le financer fait partie du passif commun, le remboursement incombe donc à la communauté (CA Grenoble, 10.3.1998).
> Est également considérée comme faisant partie du passif commun la dette née de la violation d'une clause de non-concurrence (CA Rennes, 18.9.2000, JCP, G, 9.1.2002, p. 74).
> L'emprunt fait par le mari, sans le consentement exprès de sa femme, auprès de ses beaux-parents pendant le mariage figure également dans le passif commun, sauf à cet époux de prouver qu'il a été contracté dans son intérêt personnel (C. cass., civ. 1re, 19.9.2007, pourvoi n° 05-15940).

Les récompenses

La ventilation des biens propres et biens communs peut paraître simple mais souvent, dans les faits, il y a des « glissements de fonds » entre les patrimoines. Par exemple, le mari utilise l'argent de la vente d'un bien qu'il a acquis avant le mariage pour acheter le logement de la famille qu'il a fondée : le bien sera-t-il propre ou commun ? Ou encore, les époux construisent le logement de la famille sur un terrain qui appartenait à l'un d'eux avant le mariage : la maison sera-t-elle propre ou commune ? Dans ces deux cas, il y aura règlement entre les époux (on parle de récompense).
Le mécanisme des récompenses est donc destiné à maintenir l'équilibre des patrimoines propres des époux et de leur patrimoine commun. Il tend notamment à éviter que la masse de biens communs ne se trouve, lors du partage, augmentée ou diminuée au détriment ou au profit du patrimoine propre d'un époux (Rapport de la Cour de cassation, 1998).
Le compte des « récompenses » doit être arrêté pour chaque époux après avoir établi l'actif et le passif de la communauté. Les récompenses (ce que l'on a appelé plus haut des « glissements de fonds » entre les patrimoines) sont des transferts de valeurs ayant eu lieu pendant le mariage entre les biens propres et les biens communs. La communauté a donc bénéficié de sommes provenant de biens propres (ou inversement) et ces sommes vont être compensées lors de la liquidation des biens par une somme qu'on appelle « récompense ». Le calcul des récompenses n'a donc lieu d'être que dans les régimes de communauté et non de séparation de biens. Il n'y a également pas lieu à calculer les récompenses pour des transferts de valeurs réalisés après la dissolution de la communauté, c'est-à-dire après l'ordon-

nance de non-conciliation (ou après la date de report) puisqu'il n'y a plus communauté.
La difficulté en matière de récompenses est que le compte est établi après la dissolution du régime matrimonial des époux, parfois plusieurs mois après l'intervention de ces mouvements de fonds, alors que les époux n'ont pas songé entre eux à tenir une comptabilité détaillée et à se ménager des preuves des mouvements de fonds. D'où les risques évidents de confusion des patrimoines.

- **Quand la communauté a-t-elle droit à récompense ?**

La communauté a droit à récompense quand elle a acquitté la dette personnelle d'un époux (art. 1412, C. civ.). Trois exemples sont donnés ici :
- des travaux sont faits sur une maison léguée à la femme (qui est donc un bien propre à l'épouse) pendant le mariage. Ces travaux sont financés par les salaires et les économies des époux (qui sont des biens communs). Lors du divorce, cette maison va rester un bien propre à la femme, mais celle-ci va devoir à la communauté une récompense en échange du financement des travaux. Pour cela on prend schématiquement la valeur de la maison avant travaux et sa valeur après travaux. La différence est la somme que la femme devra à la communauté, qui sera ensuite divisée par deux entre les époux ;
- une dette contractée dans l'intérêt d'un époux propriétaire d'un bien propre tendant à améliorer ce bien est remboursée à l'aide de fonds communs. L'époux doit à la communauté une récompense qui peut être estimée à la plus-value résultant des travaux financés par la communauté (C. cass., civ. 1re, 16.12.1997, pourvoi n° 96-10249). Ce droit à récompense existe également quand l'amélioration du bien propre a été effectuée au moyen des revenus de ce bien propre. Par exemple, un conjoint affecte les loyers d'un appartement, acquis avant son mariage, à des travaux sur ce bien ou encore à rembourser l'emprunt qu'il avait souscrit pour l'acquérir. Ceci est en effet la conséquence de la règle suivant laquelle les revenus d'un bien propre tombent en communauté (C. cass., civ. 1re, 20.2.2007, pourvoi n° 05-18066) ;
- des instruments de travail nécessaires à la profession d'un époux, qui constituent des biens propres par nature (sous certaines conditions), sont acquis grâce à des fonds communs. La communauté a droit à récompense (art. 1404, C. civ.).

> **Cas pratique**
>
> **Divorcé d'un premier mariage, je verse une rente à titre de prestation compensatoire. Puis je me suis remarié et ai de nouveau divorcé. La prestation que j'avais versée à ma première épouse est-elle considérée comme une dette commune ou une dette propre ? En effet, si elle est considérée comme une dette propre payée avec les fonds de la communauté (pendant le mariage), je vais devoir, selon le notaire qui s'occupe de la liquidation des intérêts financiers entre ma femme et moi, une récompense à la communauté.**
>
> Il a été jugé que la prestation compensatoire due par un époux à sa première épouse constituait pour lui une dette personnelle dont le seul paiement par la communauté ouvrait un droit à récompense au profit de celle-ci (C. cass., civ. 1re, 28.3.2006, pourvoi n° 03-11671).

En revanche, la communauté n'a jamais droit à récompense quand elle a acquitté les dettes contractées par les époux pour l'entretien du ménage ou de l'éducation des enfants (art. 220, C. civ.), ou les dettes alimentaires. On parle alors de « passif définitif ».

À NOTER

Impôt sur le revenu Il en est de même de l'impôt sur le revenu auquel sont assujettis les époux communs en biens pour les revenus qu'ils perçoivent pendant la durée de la communauté.
Cet impôt constitue une dette définitive de celle-ci.
Le paiement d'une telle dette par l'un des époux n'ouvre pas droit à récompense (C. cass., civ. 1re, 17.9.2003, pourvoi n° 02-11532).

Cas pratique

Dans un couple, Monsieur verse une pension alimentaire à ses filles nées d'une précédente union ; Madame règle elle aussi une pension à une fille née d'un premier mariage et une pension alimentaire à son père âgé. Le couple divorce. Chacun demande récompense envers la communauté pour ces différentes pensions : à tort selon la Cour de cassation puisqu'il s'agit d'un passif définitif (art. 1409, C. civ. ; C. cass., civ. 1re, 8.11.2005, pourvoi n° 03-1481).

À NOTER

Le cas du bien acquis par un époux pour partie avec ses fonds propres et pour partie avec des fonds communs Prenons l'exemple d'un bien acquis par les époux avec pour partie leur salaire (bien commun) et pour partie une somme résultant d'un héritage perçu par un époux (bien propre).
Dans cette hypothèse, on prend pour acquis qu'en ce qui concerne le bien propre (l'héritage), la formalité de remploi a bien été effectuée (voir ci-dessus).
La règle posée par la loi est la suivante : si le prix et les frais de l'acquisition excèdent la somme correspondant aux fonds propres à l'époux, mais que les fonds propres constituent la plus grande partie de l'acquisition, le bien est propre. Mais, la communauté a droit à récompense pour l'excédent. En effet, dans cette hypothèse, le bien est propre et la communauté a enrichi un époux. En revanche, si la contribution la plus importante est la contribution de la communauté, le bien devient commun, mais la communauté doit récompense à l'époux à l'origine des fonds propres (art. 1436, C. civ.).

- **Quand la communauté doit-elle une récompense à un époux ?**

La communauté doit récompense quand elle a tiré profit d'un bien propre, par exemple, si elle a encaissé le prix provenant de la vente d'un bien propre. Il en est ainsi notamment lorsque la communauté a encaissé la somme provenant de la vente d'un immeuble propre sans qu'il en ait été fait emploi ou remploi (voir *Qu'est-ce qu'un bien propre ?*, p. 273) ou encore lorsqu'elle a encaissé des fonds propres, par exemple, provenant d'une succession (art. 1433 et s., C. civ.).

L'époux doit prouver le caractère propre du bien vendu ou de l'argent qu'il prétend, par exemple, avoir recueilli par succession ou par donation. Un testament, un titre de propriété d'immeuble, une donation peuvent constituer cette preuve. S'il s'agit d'une donation manuelle ou de vente de valeurs mobilières, la preuve peut être apportée par tous moyens (écrits, attestation...).
Outre le caractère propre des fonds employés, il appartient à celui qui demande la récompense à la communauté d'établir que ces fonds ont profité à celle-ci. Selon la dernière jurisprudence, sauf preuve contraire, le profit résulte notamment de l'encaissement de deniers propres par la communauté (à défaut d'emploi ou de remploi des propres, voir *Qu'est-ce qu'un bien propre ?*, p. 273).

Cas pratiques

Une pension d'invalidité de l'époux est encaissée sur un compte commun. Elle est utilisée par les époux. L'emploi des fonds propres (la pension d'invalidité est un propre du mari) dans l'intérêt de la communauté était donc avéré. Lors de la dissolution du mariage, le mari avait droit à une récompense. Mécontente, la femme faisait valoir que le seul encaissement de fonds propres ne permettait pas de démontrer que la communauté en avait tiré profit. Ce faisant, elle s'appuyait sur un courant jurisprudentiel exigeant cette double preuve. Mais la Cour de cassation a rejeté cet argument (C. cass., civ. 1re, 14.1.2003, pourvoi n° 00-211608).
Deux époux sont mariés sous le régime légal. Dans le cadre de leur divorce, l'épouse demande une récompense fondée sur le règlement qu'elle a effectué pour des impositions communes et l'apurement du découvert d'un compte bancaire joint des époux au moyen de ses fonds propres portés au crédit de ce compte. L'arrêt d'appel énonce que la femme ne démontre pas que ces paiements ont laissé subsister un profit pour la communauté dont les dépenses excédaient notoirement ses facultés. Cet arrêt a été cassé : le profit se déduit de l'encaissement de fonds propres par la communauté (C. cass., civ. 1re, 8.2.2005, pourvoi n° 03-13.456).

Il appartient bien sûr au conjoint qui s'oppose à la récompense d'apporter la preuve que les sommes ont été réinvesties par exemple dans l'achat de fonds propres.

• La plus-value apportée à l'exploitation d'une entreprise propre à un époux du fait de l'activité de l'autre époux peut-elle donner lieu à récompense ?
Quand le bien est commun, cette plus-value rentre dans la communauté (voir *Qu'est-ce qu'un bien propre ?*, p. 273). La question s'est posée de savoir si, quand la plus-value est apportée à un bien propre à un époux, son conjoint responsable en tout ou en partie de cette plus-value avait droit à récompense ou à indemnité. L'exemple type est l'officine de pharmacie, le cabinet médical, le fonds de commerce propre à un époux pour lequel l'autre collabore activement pendant le mariage. Lors de la liquidation, il va demander des comptes à son conjoint. La Cour de cassation estime, sur cette délicate question, que la communauté n'a pas droit à récompense à défaut de valeur « empruntée à la masse commune » (C. cass., civ. 1re, 18.5.1994, pourvoi n° 92-14747 ; 28.2.2006, pourvoi n° 03-16887). Les fruits du travail du conjoint échappent donc totalement à la commu-

nauté. Certaines cours d'appel n'hésitent cependant pas à envisager la question différemment. Ainsi, dans une affaire concernant un cabinet médical, qui était un bien propre du mari et qui avait triplé de volume lors du mariage, la femme demandait lors du divorce la moitié de la valeur de cette plus-value. La cour la lui a accordée en se fondant sur l'article 1401 du Code civil : *« La communauté se compose activement des acquêts faits par les époux ensemble ou séparément durant le mariage, et provenant tant de leur industrie personnelle que des économies faites sur les fruits et revenus de leurs biens propres. »* L'industrie personnelle du mari (c'est-à-dire le fruit de son travail) est donc commune et *« au total c'est bien un tiers de la valeur patrimoniale de la présentation de la clientèle qui est commune au jour de la dissolution »* (CA Besançon, 9.9.1997).

Il aurait pu, le cas échéant, être fait appel à la notion « d'enrichissement sans cause » pour permettre au conjoint d'obtenir une part de l'enrichissement de son conjoint, sous réserve que les tribunaux retiennent ce fondement.

- **L'évaluation des récompenses (art. 1469 et 1473, C. civ.)**

Le montant d'une récompense n'est pas égal à la contribution initiale de l'époux mais à sa quote-part dans la valeur actuelle de la maison qui peut être beaucoup plus élevée.

> **Cas pratique**
> Imaginons une maison achetée pendant le mariage payée en partie avec l'héritage d'un époux. C'est un bien commun (car achetée pendant le mariage) et la communauté doit récompense à l'époux qui a apporté des fonds propre (l'héritage). Une maison achetée pour 76 224 € avec 15 245 € de fonds propre de l'un des époux (1/5) et 60 980 € d'emprunt commun dont la valeur est estimée au jour du partage à 152 450 € fera l'objet d'une récompense versée à l'époux d'1/5 du nouveau prix soit 30 490 € (*Le Monde de l'argent*, 22.10.2001).

Il existe deux modes de calcul d'évaluation des récompenses : celle de la dépense faite ou celle du profit subsistant.

La loi en effet pose le principe d'un mode d'évaluation des récompenses qui tient compte du temps passé entre la dissolution de la communauté (assignation en divorce ou date de la séparation de fait en cas de report) et sa liquidation qui peut être réalisée plus tard.

L'article 1469 du Code civil précise : *« La récompense est, en général, égale à la plus faible des deux sommes que représentent la dépense faite et le profit subsistant.*

« Elle ne peut, toutefois, être moindre que la dépense faite quand celle-ci était nécessaire.

« Elle ne peut être moindre que le profit subsistant, quand la valeur empruntée a servi à acquérir, à conserver ou à améliorer un bien qui se retrouve, au jour de la liquidation de la communauté, dans le patrimoine emprunteur. Si le bien acquis, conservé ou amélioré a été vendu ou cédé avant la liquidation, le profit est évalué au jour de la vente ; si un nouveau bien a remplacé le bien vendu ou cédé, le profit est évalué sur ce nouveau bien. »

> **Cas pratique**
> Correspondent à une dépense nécessaire, permettant de fixer le seuil minimal de la récompense, les travaux effectués à l'aide de deniers communs sur un immeuble propre au mari, même s'ils n'ont pas augmenté la valeur de l'immeuble (profit subsistant), dans la mesure où ils étaient nécessaires pour assurer l'habitabilité de l'immeuble : la récompense a été fixée à la dépense faite (C. cass., civ. 1re, 25.1.2000, pourvoi n° 98-10747).

Si la valeur du bien a doublé lors de la liquidation de la communauté, la récompense sera égale au double de la dépense effectuée.

> **Cas pratiques**
> La communauté finance la construction d'un immeuble sur le terrain propre du mari après démolition de l'immeuble qui s'y trouvait antérieurement. L'évaluation du bien propre doit être faite selon le principe du profit subsistant puisque la valeur empruntée a servi à améliorer un bien propre. La question s'est posée du calcul du « profit subsistant ». Le profit subsistant doit représenter l'avantage réellement procuré au fonds emprunteur au jour du règlement de la récompense, c'est-à-dire de la liquidation de la communauté. Pour chiffrer la récompense due par l'époux à la communauté, il faut prendre en compte la consistance qu'avait le bien propre avant la nouvelle construction.
> Ainsi le calcul du profit subsistant oblige à soustraire de la valeur actuelle du terrain construit non seulement la valeur du terrain nu mais celle du terrain et de l'ancienne construction (C. cass., civ. 1re, 13.1.1993).
> Si cette valeur est nulle, il n'en est pas tenu compte (pour un abri de jardin et une maison en très mauvais état, C. cass., civ. 1re, 25.2.1997).

Lorsque le compte des récompenses est arrêté pour chaque époux, la balance en est faite. Suivant que le solde est débiteur ou créditeur, chaque époux doit en rapporter le montant à la communauté ou en réclamer le paiement (art. 1470 et s., C. civ.).
Les récompenses égales au nominal de la dépense (et non au profit subsistant) portent intérêt de plein droit au jour de la dissolution de la communauté (art. 1473, C. civ.).

L'opération de partage

L'intervention du notaire est obligatoire pour partager une communauté comprenant des immeubles. Le notaire va déterminer la part de chacun des ex-époux dans la communauté.
L'actif net (actif moins passif et récompense dues de part et d'autre) est partagé par moitié entre les époux. Ce partage, simple (en principe) pour les meubles, peut être difficile pour un immeuble. Dans les deux cas, la vente peut avoir lieu à l'amiable ou, en cas de désaccord, aux enchères et les ex-époux se partagent le prix. Un ex-époux peut également garder un bien et, le cas échéant, si la valeur de ce bien est supérieure à ses droits dans l'actif net, il versera à son ex-conjoint une soulte c'est-à-dire une compensation.

Si le notaire ne parvient pas à mettre les parties d'accord, en cas de difficultés, il dresse un procès-verbal de difficulté. Il reviendra alors au juge des affaires familiales, juge de la liquidation, de trancher (voir *Le juge du divorce est le juge de la liquidation*, p. 271).

La fiscalité du partage

Le partage des communautés conjugales (communauté et indivision entre deux époux séparés de biens) est soumis à des droits d'enregistrement ou une taxe de publicité foncière (pour les biens immobiliers) de 1,1 % sur l'actif partagé, déduction faite du passif, mais non des soultes et plus-values (art. 746, CGI ; C. cass., com., 21.4.1992). Ce droit a été porté à 2,50 % par la loi de finance rectificative pour 2011 pour les actes passés depuis le 1er janvier 2012. Toutefois, lorsqu'une convention de divorce a été présentée au juge avant le 30 juillet 2011, le partage donne lieu au droit d'enregistrement ou à la taxe de publicité foncière prévus auparavant (donc 1,10 %) quelle que soit la date de l'homologation de la convention par le juge.
Les actes de partage doivent être soumis à la formalité de l'enregistrement dans un délai d'un mois, ou, s'ils portent sur des biens immobiliers, une publication doit être effectuée à la conservation des hypothèques dans le délai de deux mois.

Les comptes de l'indivision

Pendant la période qui va de l'ordonnance de non-conciliation au partage, les époux sont soumis au régime non de la communauté entre les époux mais à celui de l'indivision. Les règles concernant l'indivision sont celles prévues par les articles 815 et suivants du Code civil. Les biens communs vont changer de nature et vont devenir indivis entre les époux. À partir de cette date, il n'y aura plus de « présomption de communauté » si les époux acquièrent des biens, ni de notion de récompense, par exemple, si un époux rembourse une dette après l'assignation (sur un exemple de ces règles, voir *Les dates des effets du divorce*, p. 189).
Il n'y a ici donc plus de notion de récompense mais éventuellement d'indemnité qui peut être due par l'indivision à un indivisaire et dont il va falloir tenir compte lors du partage.
Les créanciers personnels d'un indivisaire (époux) ne peuvent pas saisir sa part dans les biens indivis, meubles ou immeubles. Mais ils peuvent provoquer le partage au nom de leur débiteur ou intervenir dans le partage provoqué par lui. Les coïndivisaires peuvent arrêter le cours de l'action en partage en réglant la dette pour le débiteur. Ceux qui exerceront cette faculté se rembourseront par prélèvement sur les biens indivis (art. 815-17, C. civ.).

Le passif commun

Les créanciers qui auraient pu agir sur les biens indivis avant qu'il y eût indivision, et ceux dont la créance résulte de la conservation ou de la gestion des biens indivis, sont payés par prélèvement sur l'actif avant le partage. Ils peuvent en outre poursuivre la saisie et la vente des biens indivis (art. 815-17, C. civ.).
Par ailleurs, après la dissolution de la communauté, chacun des époux peut être poursuivi pour la totalité des dettes existant au jour de la dissolution, qui étaient de son fait. En revanche, chaque époux ne peut être poursuivi que pour la moitié

des dettes de communauté qui ont été faites du chef de son conjoint (art. 1482 et 1483, C. civ.).

L'amélioration d'un bien indivis

• Une des questions à régler est celle d'un bien ayant fait l'objet d'une amélioration pendant l'indivision grâce à un époux. L'exemple le plus simple est celui de travaux effectués par un époux indivisaire sur le bien en indivision.
L'article 815-13 du Code civil permet à un époux de se faire indemniser dans les conditions suivantes : « *Lorsqu'un indivisaire a amélioré à ses frais l'état d'un bien indivis, il doit lui en être tenu compte selon l'équité, eu égard à ce dont la valeur du bien se trouve augmentée au temps du partage ou de l'aliénation. Il doit lui être pareillement tenu compte des impenses nécessaires qu'il a faites de ses deniers personnels pour la conservation desdits biens, encore qu'elles ne les aient point améliorés.* »
La variation de valeur d'un bien (par exemple, travaux effectués sur une maison) entre l'assignation et le partage donne donc naissance à une créance entre les époux quand ces variations sont le fait d'un indivisaire (donc d'un des époux).
• Un cas plus complexe est celui où la variation de la valeur est due à l'activité du gérant de l'indivision, à son « industrie personnelle » comme, par exemple, l'accroissement de la valeur d'un fonds de commerce ou d'une clientèle civile pendant l'indivision, d'un cabinet médical…
Quand le bien est indivis, cette plus-value rentre dans l'indivision. La question s'est posée de savoir si le conjoint coïndivisaire responsable en tout ou en partie de cette plus-value avait droit à indemnité.
Pour les tribunaux, en cas d'indivision la règle est la suivante : « *L'activité d'un époux qui gère un fonds de commerce durant l'indivision postcommunautaire ne peut être assimilée à une dépense d'amélioration d'un bien indivis, de sorte que la plus-value constatée accroît l'indivision. Mais l'époux gérant a droit à une rémunération* » (C. cass., civ. 1re, 29.5.1996, 2.5.2001, JCP, G, 9.1.2002, p. 73). Cette indemnité du gérant de l'indivision est prévue par l'article 815-12 du Code civil : « *L'indivisaire qui gère un ou plusieurs biens indivis est redevable des produits nets de sa gestion. Il a droit à la rémunération de son activité, dans les conditions fixées à l'amiable, ou, à défaut, par décision de justice.* »

Le divorce et les prestations sociales

➢ La Sécurité sociale prend en compte le statut du couple divorcé à plusieurs titres et notamment :
– le droit pour le conjoint divorcé de conserver sa qualité d'ayant droit de son ex-conjoint ;
– le droit à la pension de réversion ;
– le droit à une majoration du revenu de solidarité active (RSA).

➢ Connaître ses droits en prenant rendez-vous avec sa caisse s'avère indispensable.

Le droit du conjoint divorcé qui ne travaille pas

Le Code de la Sécurité sociale prévoit un maintien de la qualité d'ayant droit pendant un certain délai et même, sous certaines conditions, pendant une durée illimitée (art. L. 161-15, C. Séc. soc.).

Le maintien des droits pendant une période limitée

Pendant le mariage, si l'un des époux ne travaille pas, il peut, sous certaines conditions, avoir la qualité d'ayant droit de son conjoint. Cette possibilité continue en cas de divorce. En effet, le conjoint divorcé qui ne bénéficie pas à titre personnel du droit aux assurances maladie et maternité continue à bénéficier des prestations en nature (remboursement de soins) du régime dont il relevait en tant qu'ayant droit au moment de la transcription du divorce. Ce droit est maintenu pendant un an ou jusqu'à ce que le dernier enfant à charge ait atteint l'âge de trois ans (art. L. 161-15 et R. 161-5, C. Séc. soc. ; décr. du 14.02.2007). Au terme de cette année, s'il n'a toujours pas d'activité professionnelle – ou s'il n'est pas ayant droit d'un autre assuré, il pourra bénéficier de la couverture maladie universelle (CMU).

MON CONSEIL

CAF et CPAM Il faut insister sur le fait que la personne divorcée doit sans délai, après son divorce, prendre rendez-vous avec sa caisse d'allocations familiales (CAF) et sa caisse primaire d'assurance maladie (CPAM) pour faire le point sur sa situation au regard des aides ou allocations auxquelles elle peut prétendre.

Le maintien des droits pendant une période illimitée sous certaines conditions

À l'expiration de ce délai, les personnes divorcées qui ont eu au moins trois enfants à charge sont affiliées obligatoirement et à titre personnel au régime général, en contrepartie d'une cotisation prise en charge par le régime des prestations familiales. Elles n'ont donc pas à régler les cotisations.
Le conjoint bénéficiant du maintien des prestations pendant une période illimitée peut se retrouver dans une situation où il devient assuré social à titre obligatoire (dans le cadre d'une activité libérale, par exemple). Il n'est donc plus affilié à la

Sécurité sociale en tant qu'ayant droit, mais à titre personnel. Si, par la suite, cette situation cesse et qu'il n'est plus assuré à titre personnel, il retrouve son ancienne situation de maintien de droit pour une période illimitée (circulaire DGR n° 24-94 du 30.3.94).

À NOTER

Le rattachement de l'enfant pour le remboursement des soins L'article L. 161-15-3 dans le Code de la Sécurité sociale prévoit la possibilité de rattachement des enfants au régime d'assurance maladie de chaque parent si ces derniers sont tous les deux assurés sociaux. Chaque parent peut donc se faire rembourser les soins médicaux engagés pour l'enfant et donc l'inscrire sur sa carte Vitale. La demande de rattachement peut être effectuée à tout moment. La modification de la demande est également possible. À défaut de demande par les parents, les prestations sont dues au parent qui effectue la première demande de remboursement de soins. Si l'un des parents cesse d'être assuré social, les prestations sociales sont dues à l'autre parent (décr. n° 2004-557, 16.6.2004).

Les droits du conjoint divorcé en tant que conjoint survivant

Le conjoint divorcé va perdre au décès de son ex-conjoint certains droits dont il aurait pu bénéficier s'il était resté marié. Ainsi en va-t-il de l'assurance veuvage, par exemple. Il faut pourtant savoir que certains droits survivent au divorce. Ces droits sont étudiés de façon approfondie dans l'ouvrage* Successions : le guide pratique 2013, *Prat éditions. Il n'en est dressé ici qu'un simple catalogue, ce qui permettra par la suite aux personnes concernées de se renseigner plus avant (conditions d'ouverture des droits, date de dépôt des demandes…), notamment en prenant rendez-vous, à la suite du décès de son ex-conjoint, auprès de la caisse de Sécurité sociale ou de retraite concernée.

La rente accident du travail en cas de décès

En cas de décès consécutif à un accident du travail ou à une maladie professionnelle, l'ex-conjoint survivant divorcé peut obtenir une rente viagère (art. L. 434-8 et 434-9, C. Séc. soc.) à condition, d'une part, que le mariage (dissous depuis) ait été contracté avant l'accident ou, à défaut, ait duré au moins deux ans à la date du décès, sauf si un enfant est issu du mariage. Mais, l'ex-conjoint survivant ne peut obtenir cette rente que s'il a aussi obtenu une pension alimentaire au moment du divorce, ce qui ne peut arriver que dans le cadre de l'ancien divorce pour rupture de la vie commune ou d'une séparation de corps.

Le capital-décès

L'assurance-décès garantit aux membres de la famille d'un assuré décédé un capital destiné à leur permettre de faire face aux difficultés financières entraînées par cette disparition. Le capital-décès est versé, sous certaines conditions, au décès d'un assuré social, en priorité aux personnes qui étaient à la charge effective, totale et permanente du défunt et par ordre de préférence :

- au conjoint à charge non séparé ni divorcé ;
- aux enfants à charge ;
- aux ascendants à charge ;
- ou enfin à toute autre personne à charge (notamment le concubin).

Parmi les bénéficiaires prioritaires au jour du décès, vient donc en priorité le conjoint (marié) survivant. L'ex-conjoint divorcé n'a donc pas droit au capital-décès ni le conjoint séparé de corps.

La pension de réversion

Il s'agit de prestations en espèces versées après le décès de l'assuré en activité ou en retraite, à son conjoint survivant ou à son ou ses ex-conjoints divorcés.

› Le régime général de la Sécurité sociale

Elle est égale au maximum à 54 % de la pension principale ou rente dont bénéficiait l'assuré.
Elle est attribuée sous condition d'âge de l'ex-conjoint : le conjoint survivant doit être âgé d'au moins 55 ans.
Elle est attribuée sous condition de ressources : pour bénéficier d'une pension de réversion, le demandeur ne doit pas avoir de ressources personnelles supérieures à 2 080 fois le SMIC horaire.
La pension de réversion n'est pas attribuée automatiquement. Elle doit être demandée par l'ex-conjoint survivant.

› Les régimes spécifiques (ARRCO, AGIRC, commerçants...)

Tous les régimes de retraite reversent au veuf ou à la veuve une partie des avantages acquis par le défunt. Les conditions de base vont cependant dépendre des différents régimes de retraite (ARRCO, AGIRC, commerçants...). Pour ces différents régimes spéciaux, il convient lors du décès de l'ex-conjoint de prendre rendez-vous avec la caisse concernée.

Les conséquences fiscales du divorce

➤ **Le divorce va entraîner une imposition séparée des époux (s'ils n'en bénéficiaient pas déjà).**

➤ **La question du quotient familial, en présence d'enfants, va se poser.**

➤ **La fiscalité des pensions alimentaires doit être étudiée.**

➤ **Le sort des impôts relatifs à l'habitation du couple doit également être réglé.**

Les conséquences du divorce pour l'impôt sur le revenu

Les personnes mariées sont majoritairement soumises au principe de l'imposition commune, ce qui implique une déclaration commune (elles ont droit à deux parts si elles n'ont pas de personne à charge). Cette imposition commune est liée au fait que les époux habitent ensemble (art. 6-1, CGI).
De même va se poser la question du rattachement des enfants et de la fiscalité de la pension alimentaire versée pour eux. Le divorce survenu entre les époux va modifier cette donnée.

L'imposition commune et la solidarité entre époux

Une des conséquences de l'imposition commune est la solidarité fiscale des époux prévue par l'article 1685 du Code général des impôts. Cet article prévoit en effet une solidarité des époux pour le paiement de l'impôt sur le revenu (et de la taxe d'habitation) quand ceux-ci sont soumis à une imposition commune. Cette solidarité implique que le fisc peut demander la totalité du règlement des impôts à l'un ou à l'autre des époux. Elle a vocation à s'appliquer pendant l'instance en divorce, et même après le divorce s'il reste des sommes à payer au titre de l'imposition commune. Elle s'applique aux acomptes prévisionnels calculés sur les cotisations d'impôts dues au titre de la dernière année d'imposition commune.
Cette solidarité ne s'applique pas uniquement à l'impôt sur le revenu, elle s'applique également à l'impôt de solidarité sur la fortune (ISF) en application de l'article 1723 *ter*-00-B du Code général des impôts.

MON CONSEIL

Demander une décharge de solidarité Il est toujours possible, si l'on se trouve confronté à des difficultés financières, de demander une décharge de son obligation de paiement auprès du fisc (IR, ISF, taxe d'habitation). Cette décharge peut être accordée si, à la date de sa demande, l'époux se trouve dans l'un des cas suivants :
- le jugement de divorce (ou de séparation de corps) a été prononcé ;
- les intéressés ont été autorisés à avoir des résidences séparées ;
- l'un ou l'autre des époux a abandonné le domicile conjugal ou la résidence commune.

.../...

La décharge est accordée en cas de « disproportion marquée » entre le montant de la dette fiscale à régler et la situation financière et patrimoniale, nette de charges, de l'intéressé.
Elle est refusée en cas de fraude fiscale ou de non-respect des obligations déclaratives de l'intéressé.
Si la personne est dans la gêne, voire l'indigence, et a été déchargée de payer une fraction des impôts, elle peut demander à l'administration fiscale de lui accorder une remise totale ou partielle de la fraction des impositions restant due. La situation s'apprécie au regard de sa seule situation à la date de demande de remise (art. 1691 bis, CGI).
Le décret n° 2012-511 du 18 avril 2012 organise la procédure applicable. Il précise également les modalités à accomplir pour le bénéficiaire d'une décharge pour demander une remise gracieuse de la quote-part restant à sa charge.
Enfin, il faut savoir que le contribuable peut contester le refus de décharge opposé par le fisc dans le cadre d'un recours pour excès de pouvoir devant le tribunal administratif.

L'imposition séparée

Alors que l'imposition commune et solidaire est de règle, l'imposition séparée devient possible dans certains cas de non-cohabitation des époux.
Tel est le cas quand :
- ils sont séparés de biens et ne vivent pas sous le même toit ;
- ils sont en instance de divorce ou de séparation de corps et ont été autorisés à résider séparément : les époux, s'ils ne bénéficiaient pas déjà précédemment d'une imposition séparée, peuvent en bénéficier dès l'ordonnance de non-conciliation les autorisant à résider séparément (ils ont intérêt à le faire pour faire cesser la solidarité vis-à-vis du fisc entre eux) ;
- l'un ou l'autre a abandonné le domicile conjugal et chacun dispose de revenus distincts (art. 6-4, CGI).

L'imposition devient également séparée quand les époux sont divorcés.

Comment s'établit la déclaration de revenus ?

› Divorce ou séparation avant le 1er janvier 2011

Les époux ou ex-époux doivent déclarer ensemble les revenus du ménage, du 1er janvier jusqu'au jour de la fin de la vie commune. Cette fin de vie commune sera, au choix, la date de séparation de fait si les époux sont séparés de biens, la date de l'abandon du domicile conjugal en cas de revenus distincts ou la date de l'ordonnance du juge du divorce autorisant les époux à vivre séparément (voir ci-dessus).

Chaque époux ou ex-époux doit déclarer ses revenus propres et ceux des personnes comptées à sa charge, depuis le jour de la fin de la vie commune jusqu'au 31 décembre.

› Divorce ou séparation depuis le 1er janvier 2011

À compter de l'imposition des revenus de l'année 2011, ces différentes impositions sont remplacées par une imposition unique des personnes concernées pour l'ensemble de leurs revenus de l'année. Chacun des anciens époux est personnellement imposable pour les revenus dont il a disposé pendant l'année du divorce, ainsi que pour la quote-part des revenus communs lui revenant. À défaut de justification de cette quote-part, ces revenus communs sont partagés en deux parts égales entre eux (art. 6-6, CGI).
Chaque époux ou ex-époux doit déclarer ses revenus propres et ceux des personnes comptées à sa charge pour les années suivantes (Instruction fiscale 21.2.2012, 5 B-8-12).

Après le divorce, quel est le quotient familial applicable aux enfants à charge ?

Le quotient familial permet de moduler le montant de l'impôt dû par chaque contribuable ou foyer fiscal en fonction de la situation familiale et des charges de famille de chacun. Ce mécanisme permet de proportionner l'impôt aux facultés contributives du foyer, ces facultés étant elles-mêmes fonction du nombre de personnes qui y vivent.

› Nombre de parts

Chaque enfant donne droit à une demi-part et à une part à partir du troisième enfant (art. 194, CGI).

SITUATION DE FAMILLE	NOMBRE DE PARTS
Divorcé sans enfant à charge	1
Divorcé ayant un enfant à charge	1,5
Divorcé ayant deux enfants à charge	2
Divorcé ayant trois enfants à charge	3
Divorcé ayant quatre enfants à charge	4

et ainsi de suite, en augmentant d'une part par enfant à charge du contribuable.

› Enfants à charge

Quand les parents font l'objet d'une imposition distincte (voir page précédente) chacun d'eux est considéré comme un célibataire ayant à sa charge les enfants dont il assume à titre principal l'entretien. Dans cette situation, l'enfant est considéré comme étant à la charge du parent chez lequel il réside à titre principal (art. 194-I, al. 2, CGI).

En cas de résidence alternée au domicile de chaque parent, les enfants sont supposés être à la charge égale de l'un et de l'autre parent.

Cette présomption peut être écartée s'il est justifié que l'un d'entre eux assume la charge principale des enfants.

Lorsque les enfants sont réputés être à la charge égale de chacun des parents, ils ouvrent droit à une majoration de :

- 0,25 part pour chacun des deux premiers et 0,5 part à compter du troisième, lorsque par ailleurs le contribuable n'assume la charge exclusive ou principale d'aucun enfant ;
- 0,25 part pour le premier et 0,5 part à compter du deuxième, lorsque par ailleurs le contribuable assume la charge exclusive ou principale d'un enfant ;
- 0,5 part pour chacun des enfants, lorsque par ailleurs le contribuable assume la charge exclusive ou principale d'au moins deux enfants.

Pour l'imposition des personnes divorcées vivant seules, le nombre de parts est augmenté de 0,5 lorsqu'ils supportent à titre exclusif ou principal la charge d'au moins un enfant. Lorsqu'elles entretiennent uniquement des enfants dont la charge est réputée également partagée avec l'autre parent, la majoration est de 0,25 pour un seul enfant et de 0,5 si les enfants sont au moins deux. Ces dispositions s'appliquent malgré la perception éventuelle d'une pension alimentaire versée en vertu d'une décision de justice pour l'entretien de ces enfants (art. 194, II, CGI).

À NOTER

Quotient familial et pension alimentaire Le parent auquel les enfants ne sont pas rattachés fiscalement peut déduire de son revenu le montant de la pension alimentaire qu'il verse. En contrepartie, cette pension doit figurer parmi les revenus imposables du parent auquel les enfants sont rattachés fiscalement.

Cependant, en cas de résidence alternée ou de partage égal des charges, le bénéfice du quotient familial ne pouvant se cumuler avec la déduction de la pension alimentaire du revenu, la loi de finances pour 2002 prévoit que le parent ne peut pas déduire de pension alimentaire versée à ses enfants qui sont déjà pris en compte pour la détermination du quotient familial.

Cette disposition s'applique pour l'imposition des revenus 2003 et suivants, c'est-à-dire aux revenus déclarés depuis 2004.

Sur le rattachement fiscal des enfants majeurs, voir *Les enfants*, p. 299

La fiscalité des pensions alimentaires

La déductibilité de la pension alimentaire

Les pensions versées en exécution d'une décision de justice, en cas de divorce ou de séparation de corps (ou d'instance en divorce ou séparation de corps), sont déductibles du revenu de celui qui les verse et imposables par le bénéficiaire, qu'il s'agisse :
- des pensions versées entre époux (pendant la procédure de divorce ou de séparation de corps) ;
- des pensions versées pour les enfants (art. 156-II-2°, CGI).

Les pensions alimentaires pour les enfants faisant l'objet après le divorce d'une révision amiable sont déductibles (art. 156 II 2°, CGI – Inst. 9.7.2002, *BOI* 5 B-15-02). Il s'agit de permettre aux parents divorcés de déduire une pension alimentaire par accord amiable sans avoir à saisir à nouveau le juge. Il faut cependant que le montant de la revalorisation soit compatible avec les ressources du débiteur et les besoins de l'enfant, et que le montant initial de la pension résulte d'un jugement. Cette pension revalorisée peut prendre la forme d'une prise en charge des frais de l'enfant.

ATTENTION

Justificatifs Pour apporter la preuve du versement d'une pension alimentaire déduite de ses revenus, le contribuable concerné doit fournir un justificatif comportant son nom, celui du bénéficiaire, la date et le montant du versement effectué. Les règlements par chèques ou par virement, appuyés sur des relevés bancaires nominatifs, satisfont donc à des exigences. En revanche, de simples récépissés de mandats postaux ne constituent pas un justificatif suffisant (Rép. min., JOAN 12.4.1999, p. 2212).

Il faut par ailleurs noter que ce n'est pas parce que le débiteur d'une pension alimentaire n'a pas déduit le montant de cette pension de son revenu global que la pension alimentaire ne doit pas figurer dans les revenus imposables de son bénéficiaire. Les deux circonstances sont indépendantes. La seule réserve à ce principe concerne les pensions versées aux enfants majeurs, le fisc acceptant que l'imposition soit limitée au montant de la pension déduite des revenus de celui qui la verse (art. L. 80 A, LPF ; Doc. adm. 5 B-2421, 1.9.1999, § 64).

L'indexation Même en l'absence de clause d'indexation, le contribuable peut revaloriser spontanément la pension, sous réserve qu'elle soit conforme à l'évolution du coût de la vie, c'est-à-dire qu'elle suive la variation de l'indice moyen annuel des prix à la consommation (BOI 5 B 9 94 ; voir *L'indexation*, p. 384). De son côté, celui qui reçoit la pension doit répercuter cette revalorisation quand il la déclare dans le cadre de ses revenus.

Les enfants

L'enfant mineur

La déduction des pensions alimentaires pour un enfant mineur (et l'imposition en tant que revenu pour celui qui la reçoit) n'est possible :

- que dans le cas de parents imposés distinctement ;
- pour le parent qui n'a pas l'autorité parentale sur l'enfant ou chez qui l'enfant ne réside pas (et qui ne peut donc pas le compter à charge).

En cas de résidence alternée le parent ne peut pas déduire de pension pour les enfants déjà pris en compte pour le quotient, voir *Après le divorce, quel est le quotient familial applicable aux enfants à charge ?*, p. 297.

Selon l'administration fiscale, les frais entraînés par l'exercice du droit de visite et d'hébergement (frais de voyage, dépenses de week-end, vêtements, inscription à un club de sport pendant les vacances...) n'ouvrent droit à aucune déduction fiscale (Rép. min. 19.11.2001, *JOAN* n° 47936). Il en est de même pour les frais occasionnés par le versement de la pension (mandats postaux, frais de virements bancaires...).

Quand la pension est versée sous forme d'un capital qui permet d'accorder à l'enfant une rente (art. 373-2-3, C. civ.), il est possible de déduire chaque année (dans la limite de 2 700 €), pour chaque enfant, une somme égale au capital versé divisé par le nombre d'années sur lesquelles doit s'échelonner le versement de la rente (art. 156-II-2°, CGI).

L'enfant majeur

Les parents peuvent soit rattacher l'enfant à leur foyer fiscal, soit déduire sa pension (les deux possibilités n'étant pas cumulables).

Rattachement fiscal de l'enfant majeur

Si vous ne déduisez pas de pension alimentaire, vous avez la possibilité de choisir le rattachement. Pour cela, votre enfant ou son conjoint, s'il est marié ou pacsé, doit remplir les conditions suivantes :
- être âgé de moins de 21 ans ;
- être âgé de moins de 25 ans et poursuivre ses études.

Le rattachement permet de bénéficier soit d'une majoration du nombre de parts soit d'un abattement. Tout dépend de sa situation de famille.

Si votre enfant est célibataire et sans charge de famille

Vous avez droit à une majoration du nombre de parts.

Si votre enfant est célibataire et chargé de famille ou marié ou pacsé

Vous bénéficiez d'un abattement sur votre revenu imposable de 5 726 € par personne rattachée pour 2014 (art. 196, B, CGI – voir pour plus d'information sur le site : www.impots.gouv.fr).

Déduction de la pension alimentaire d'un enfant majeur

Si le rattachement n'est pas possible ou si l'enfant ne demande pas ce rattachement, les parents peuvent déduire de leurs revenus la pension alimentaire qu'ils lui versent.

Le montant de déductibilité est plafonné à 5 726 € au titre de l'imposition des revenus de 2014, par an par contribuable. Le montant de déductibilité est ainsi plafonné même si elle est fixée par une décision de justice. Elle s'applique à toutes les dépenses (pension, frais assumés par les parents effectués pour l'enfant). Les

pensions supérieures à ce montant ne peuvent être déduites par celui qui les verse, mais ne seront pas non plus imposables entre les mains de l'enfant qui les perçoit.
Si l'enfant est marié ou pacsé, les parents du jeune mari ainsi que les parents de la jeune épouse ont droit à cette déduction plafonnée à 5 726 € au titre de l'imposition des revenus de 2014 s'ils versent les uns et les autres une pension alimentaire à leurs enfants mariés.
Si l'enfant est marié ou pacsé, et qu'un parent justifie subvenir seul aux besoins du jeune couple, il peut déduire le double de ce montant. Cette même limite s'applique quand les parents justifient participer seuls à l'entretien d'un enfant célibataire, veuf ou divorcé et ayant lui-même un ou plusieurs enfants à charge.

Déduction pour le parent chez qui habite l'enfant majeur

Quand l'enfant majeur habite chez son père ou sa mère, celui-ci peut déduire, sans avoir à fournir de justificatifs, une somme forfaitaire de 3 403 € par an et par enfant aidé pour 2014 (3 403 € × 2 lorsque l'enfant est marié ou pacsé).
La déduction de cette pension alimentaire vous enlève la possibilité d'opter pour le rattachement à l'impôt sur le revenu.
Ce montant forfaitaire recouvre les frais de nourriture et de logement. Il est possible de déduire, en plus de ce montant forfaitaire, les autres dépenses ou versements effectués pour leur montant réel et justifié dans la limite maximale de 5 726 € pour 2014 (Rép. min. n° 37440, *JOAN* 26.8.1996 p. 4594, *BOI* 5 B 14 96).
En revanche, si le parent exécute en nature son obligation alimentaire sans prendre l'enfant sous son toit (par exemple, il prend en charge ses dépenses quotidiennes, il lui fournit un logement), cette évaluation forfaitaire ne s'applique pas. Le parent doit donc être vigilant et garder tous ses justificatifs.

À NOTER

18 ans dans l'année Si votre enfant atteint 18 ans dans l'année, vous avez droit à la déduction intégrale du montant de la contribution versée du 1er janvier à la date de ses 18 ans. De la date de sa majorité au 31 décembre de l'année, le montant de la pension pourra être déduit dans les limites posées par l'administration fiscale.

Cas pratique

Rattachement fiscal ou déduction d'une pension : que choisir ?

Le choix, quand il est possible, entre rattachement fiscal et versement d'une pension déductible des revenus se fait par enfant et pour chaque année concernée. Il n'est pas toujours facile d'opter entre ces deux possibilités. Le parent doit tenir compte de l'avantage respectif, d'une part du nombre de parts au titre du quotient familial (enfant célibataire et sans charge de famille) ou de l'abattement (célibataire et chargé de famille ou marié ou pacsé) et d'autre part de la déduction de la pension alimentaire. Le rattachement d'un enfant peut entraîner d'autres avantages fiscaux. Ainsi, les enfants pris en compte pour le calcul de l'impôt sur le revenu ouvrent droit à des abattements pour charge de famille dans la détermination de l'assiette de la

taxe d'habitation (art. 1411, CGI). Pour ouvrir droit à l'abattement, les enfants rattachés qui sont mariés ou non mariés mais chargés de famille doivent résider sous votre toit.
Si l'enfant n'a pas de revenu propre et si le montant de la pension est faible, il est préférable d'opter pour le rattachement. Si la pension est proche de la limite maximale de la déduction, il peut être préférable de verser une pension et de la déduire. N'hésitez pas à vous renseigner auprès de votre centre des impôts.

› Les époux

Une pension alimentaire entre époux peut être versée pendant la procédure de divorce ou en cas de séparation de corps (art. 255, C. civ.).

ATTENTION
Fiscalité de la prestation compensatoire Le régime fiscal de la prestation compensatoire diffère de celui des pensions alimentaires. Voir *La prestation compensatoire*, p. 205.

La pension alimentaire, versée sous forme de rente, est déductible dans son intégralité des revenus de celui qui la verse. Elle est imposable de la même façon pour celui qui la reçoit.
En revanche, les versements en capital, les frais accessoires tels les frais d'emprunt contractés pour constituer un capital, les sommes versées à titre de dommages-intérêts, ne sont ni déductibles pour celui qui les verse, ni imposables pour celui qui les reçoit (art. 266 et art. 280-1, C. civ., *BOI* 5 B 9 77).
Quand la pension alimentaire, pendant l'instance en divorce, prend la forme d'une mise à disposition à titre gratuit du logement familial, cette mise à disposition est considérée comme un avantage en nature constitutif d'une pension alimentaire (CAA Paris, 2e section A, 28.1.2008, req. n° 06PA00961). Renseignez-vous auprès de votre centre des impôts.

Cas pratiques

Séparée depuis un an de mon épouse sans jugement (séparation de fait), je lui verse à l'amiable tous les mois une somme d'argent. Puis-je la déduire de mes impôts ? Je vous précise que nous sommes imposés distinctement.
Vous ne pouvez pas déduire cette somme à défaut de décision judiciaire fixant cette somme. De son côté votre femme n'a pas à la déclarer.

Quelle est la conséquence fiscale d'un trop perçu ? Mon ex-mari a été condamné en janvier 1999 à me verser une pension d'un montant de 1 525 € par mois. J'ai donc été imposée en 1999 sur 18 300 € (12 x 1 525 €), de même qu'en 2000. En 2001, mon mari a obtenu du juge une diminution de la pension à hauteur de 457 €, avec effet rétroactif. J'ai donc été trop imposée pour le passé ! Puis-je me faire rembourser par les impôts ?
Non, *a priori* (vous pouvez toujours tenter votre chance), aucun dégrèvement ne sera accordé. Mais, en principe, la somme que vous devez reverser, va s'imputer sur ses pensions à venir créant ainsi un déficit reportable sur les cinq prochaines années.

Les impôts relatifs à l'habitation

Le sort des impôts liés à la résidence de la famille va se poser en cas de divorce.

La taxe d'habitation

› La solidarité fiscale

Les époux sont tenus solidairement au paiement de la taxe d'habitation lorsqu'ils vivent sous le même toit (art. 1685, CGI). La cohabitation doit être réalisée à la date légale de l'établissement des impôts, c'est-à-dire le 1er janvier de l'année d'imposition (peu importe que cette cohabitation cesse par la suite).
Comme pour l'impôt sur le revenu ou l'ISF, un époux divorcé peut demander à être déchargé du paiement lorsque, à la date de la demande :
- le jugement de divorce (ou de séparation de corps) a été prononcé ;
- les intéressés ont été autorisés à avoir des résidences séparées ;
- l'un ou l'autre des époux a abandonné le domicile conjugal ou la résidence commune.

La décharge de l'obligation de paiement est accordée par le fisc en cas de disproportion marquée entre la dette fiscale et la situation financière et patrimoniale, nette de charges, du demandeur. La décharge peut également être demandée pour la taxe d'habitation (art. 1691 bis, CGI) (pour plus de renseignements, voir *L'imposition commune et la solidarité entre époux*, p. 295).

› L'imposition

La taxe d'habitation est établie au nom de la personne qui a la jouissance des locaux imposables (art. 1408-I, CGI). Elle est établie pour une année en fonction de la situation du contribuable au 1er janvier. Le contribuable qui quitte le domicile conjugal après le 1er janvier reste redevable de cet impôt pour l'année entière.

La taxe foncière

› L'absence de solidarité

Il n'existe pas de solidarité légale pour les taxes foncières. Leur recouvrement ne peut donc être demandé au conjoint que si l'immeuble est un bien commun au 1er janvier de l'année d'imposition.

› L'imposition

Toute propriété bâtie ou non bâtie est imposable au nom du propriétaire actuel (art. 1400, CGI). C'est donc le propriétaire au 1er janvier de l'année d'imposition qui doit la taxe foncière.

Les conséquences vis-à-vis des enfants

L'autorité parentale

➤ Si le divorce laisse subsister les droits et les devoirs des parents à l'égard de leurs enfants, comment concrètement s'organise la séparation ?

➤ Chez qui les enfants vont-ils vivre ? Qui s'occupe de leur scolarité ?

➤ Comment le juge aux affaires familiales prend-il sa décision ?

➤ Quelles sont les principales difficultés en matière de droit de visite et d'hébergement ?

Qu'est-ce que l'autorité parentale ?

L'enfant est soumis à l'autorité de ses parents jusqu'à sa majorité (18 ans) ou son émancipation. Le Code civil affirme qu'il doit honneur et respect à ses parents, qui de leur côté doivent le protéger. La loi définit ainsi l'autorité parentale : « L'autorité parentale est un ensemble de droits et de devoirs ayant pour finalité l'intérêt de l'enfant. Elle appartient aux parents jusqu'à la majorité ou l'émancipation de l'enfant pour le protéger dans sa sécurité, sa santé et sa moralité, pour assurer son éducation et permettre son développement, dans le respect dû à sa personne. Les parents associent l'enfant aux décisions qui le concernent, selon son âge et sa maturité » (art. 371-1, C. civ.).

Que devient l'autorité parentale en cas de séparation des parents ?

La loi pose comme principe que la séparation des parents doit être sans incidence sur les relations parents/enfants : *« Chacun des père et mère doit maintenir des relations personnelles avec l'enfant et respecter les liens de celui-ci avec l'autre parent... »*, précise l'article 373-2 du Code civil. Si le législateur s'est cru obligé de préciser ce point, on devine aisément les multiples entraves qui, en pratique, gênent l'exercice des droits des parents en cas de séparation.

De son côté, la Convention internationale des droits de l'enfant (CIDE) affirme que l'enfant doit entretenir des relations personnelles et régulières avec ses deux parents (art. 9-3 de la Convention).

L'autorité parentale est une prérogative des parents, qu'ils partagent à part égale s'ils ont en commun l'autorité parentale. Statistiquement, actuellement, comme le voulait la loi, c'est l'autorité parentale conjointe qui est le plus souvent ordonnée. Cependant, l'enfant, lors de la séparation, vit majoritairement chez sa mère. C'est donc elle qui, au quotidien, va prendre les décisions concernant les enfants. En 2001, le ministre déléguée à la famille de l'époque indiquait qu'un adolescent sur quatre vivait avec un seul de ses parents et qu'une pension alimentaire sur cinq était impayée, le sentiment de marginalisation du père n'y étant pas étranger (discours du 27.2.2001 de S. Royal). C'est dans ces conditions qu'une réforme du 5 mars 2002 a eu lieu, prévoyant notamment l'alternance de la résidence des enfants au domicile de chacun de ses parents.

Quelle différence entre droit de garde et autorité parentale ?

Ces notions ont toujours été confondues dans le langage courant (on parle couramment de « parents gardiens »). Elles ne sont pourtant pas synonymes. Il faut savoir qu'autrefois, en cas de divorce, l'attribution de la garde de l'enfant entraînait automatiquement celle de l'autorité parentale. Par la suite, la garde n'a plus été qu'une des prérogatives des parents sur leur enfant (l'une des plus importantes en pratique). Il s'agissait donc de la garde « matérielle » de l'enfant, comprise dans les attributs de l'autorité parentale, en clair le fait que l'enfant habite avec le parent. Puis la notion de garde a disparu des textes, ceux-ci prévoyant la fixation de la résidence habituelle de l'enfant chez l'un de ses deux parents. Enfin, la loi du 5 mars 2002 sur l'autorité parentale supprime la notion de résidence habituelle de l'enfant et autorise expressément la résidence alternée. Le but du texte est de tenter de désamorcer les conflits entre les parents sur la question du lieu de vie de l'enfant.

Quand est prise la décision sur l'autorité parentale ?

› Pendant l'instance en divorce

C'est dès l'ordonnance de non-conciliation qu'est prise le décision sur l'exercice conjoint ou unilatéral de l'autorité parentale, décision qui va s'appliquer pendant l'instance en divorce (voir *Les procédures et règles communes*, p. 37).

› Dans le jugement

Le jugement de divorce (ou la convention homologuée en cas de divorce par consentement mutuel) va fixer les règles d'attribution de l'autorité parentale pour l'après-divorce.

Les mesures concernant les enfants peuvent toujours faire l'objet de voie de recours si l'un des parents n'en est pas satisfait (qu'il s'agisse de l'ordonnance de non-conciliation ou du jugement). Il faut cependant savoir qu'elles bénéficient de l'exécution provisoire, c'est-à-dire qu'elles s'appliquent malgré tout recours. En dehors de ces contestations, ces mesures peuvent faire l'objet d'une demande de révision dans le cadre de l'après-divorce.

Que devient l'autorité parentale en cas de rejet du divorce ?

La loi prévoit spécifiquement le cas où, pour une raison ou une autre, le divorce n'est pas prononcé. Dans ce cas, le juge, en même temps qu'il rejette le principe du divorce, peut statuer notamment sur l'autorité parentale (art. 258, C. civ.). Cette mesure est importante et tient compte d'une situation bien réelle, à savoir qu'en cas de rejet de l'action en divorce, les époux restent séparés de fait. Or les mesures provisoires qui ont eu cours pendant la procédure vont disparaître avec le rejet du divorce. La question de l'autorité parentale peut donc être réglée par le juge qui avait été saisi du divorce. Voir *Les procédures et règles communes,* p. 37, *Le rejet du divorce,* p. 59.

L'autorité parentale et le divorce

Le juge de l'autorité parentale, à savoir le juge aux affaires familiales, est chargé, selon la loi, de veiller « spécialement à la sauvegarde des intérêts des enfants mineurs » (art. 373-2-6, C. civ.). Que recouvre exactement la notion d'intérêt de l'enfant ?

Exercice unilatéral ou conjoint : comment est prise la décision ?

› L'intérêt de l'enfant prévaut

Comme indiqué plus haut, c'est l'exercice conjoint de l'autorité parentale qui est très majoritairement ordonné. Les chiffres sont éloquents : en 2012, l'exercice de l'autorité parentale reste conjointe après le divorce dans 99 % des cas (« Les décisions des juges concernant les enfants de parents séparés ont fortement évolué depuis les années 2000 », *Infostat Justice*, n° 132, 27.1.2015, www.justice.gouv.fr).

C'est l'intérêt de l'enfant qui commande que l'exercice de l'autorité parentale ne soit pas conjoint mais confié seulement à l'un des parents (art. 373-2-1, C. civ.). Selon un praticien : *« L'intérêt de l'enfant, c'est ce qui peut favoriser son développement harmonieux jusqu'à ce qu'il devienne autonome »* (P. Gérard, PA n° 94, du 7.8.1995). Le juge aux affaires familiales doit essayer de préserver au maximum la stabilité, l'équilibre et l'épanouissement personnel de l'enfant lors de la rupture, sans porter de jugement de valeur sur le contexte familial. Ainsi, lors d'un divorce, si l'exercice conjoint est source de conflit et d'instabilité pour l'enfant (grave mésentente des parents, endoctrinement de l'enfant...), il ne sera pas ordonné. De même, tel parent ne se verra pas confier l'autorité parentale s'il doit en résulter une perturbation psychologique de l'enfant ou un état de détresse.

Pour arriver à ce résultat, le juge aux affaires familiales doit apprécier, de façon concrète, le dossier qui lui est soumis. Des raisons tirées des mœurs du parent, de l'éloignement géographique (cet élément n'étant pas en soi suffisant), des relations très conflictuelles existant entre les protagonistes ou du danger pour l'enfant que représenterait le conjoint, ou encore d'autres raisons, indiquées notamment dans le cadre d'une enquête sociale, vont le guider.

Cas pratiques

Dans une affaire à multiples rebondissements dans laquelle un enfant était devenu, selon les termes de l'arrêt, « *un objet dans le conflit interminable et violent* » qui opposait ses parents, l'exerce unilatéral (au bénéfice de la mère) a été ordonné afin de couper court au « *conflit destructeur pour l'enfant qui ne manquerait pas de se prolonger si l'autorité parentale était exercée conjointement* » (TGI Paris, 8.7.1994).

> De son côté, la cour d'appel de Versailles a refusé d'attribuer l'exercice conjoint de l'autorité parentale en raison de la tension et de l'animosité existant entre les parents et de l'éloignement des domiciles. Elle décide, en conséquence, de transférer l'exercice de l'autorité parentale de l'enfant à son père qui apparaît « *plus apte que la mère à lui assurer des conditions d'exercice d'existence stables et équilibrées dans un climat affectif favorable à l'épanouissement de sa personnalité* » (CA Versailles, 1re ch., 7.7.1980, JCP 83. II. 19952).
> Dans un autre arrêt, l'exercice exclusif de l'autorité parentale a été ordonné face à la mésentente des parents incapables de se mettre d'accord sur un plan éducatif (CA Bordeaux, 21.3.2001, Juris-Data n° 140288).

Aucun élément n'est déterminant dans la décision du juge, sous réserve bien entendu des cas particuliers tels celui où l'enfant est en danger chez un des parents (hypothèse de sévices, d'alcoolisme du parent notamment, de risque d'enlèvement) puisque, par définition, le juge est chargé d'intervenir dans une situation concrète et que chaque cas est différent. L'ensemble de ces éléments va être analysé mais c'est l'intérêt de l'enfant qui doit guider le juge.

À NOTER

Du nouveau sur le front de l'autorité parentale ? La proposition de loi n° 664 relative à l'autorité parentale et à l'intérêt de l'enfant, adoptée par l'Assemblée nationale en première lecture le 27 juin 2014, entend renforcer l'exercice conjoint de l'autorité parentale en cas de séparation des parents.

Elle propose de réformer les règles relatives à la résidence de l'enfant, en cas de séparation des parents « et de mettre fin au choix binaire devant être opéré entre la résidence alternée ou la résidence au domicile d'un seul des parents qui cristallise trop souvent leur opposition et constitue une source de conflits ». Le principe serait désormais de fixer la résidence de l'enfant au domicile de chacun de ses parents, sauf circonstances exceptionnelles.

Un mécanisme d'amende civile serait mis en place et le délit de non-représentation d'enfant.

Elle propose également de préciser la signification concrète de l'exercice conjoint de l'autorité parentale et de clarifier la notion d'acte important, qui exige un accord exprès de chacun des parents (voir *Les actes importants*, p. 323).

> **Cas pratiques**
>
> **Est-ce que j'aurai l'autorité parentale sur mon enfant car je ne travaille pas ?**
>
> Le fait de ne pas travailler n'est en aucune façon un obstacle à l'attribution de l'autorité parentale concernant l'enfant du couple.

La résidence de l'enfant, en cas d'autorité parentale conjointe, ou l'autorité parentale, en cas d'exercice unilatéral de l'autorité parentale, est-elle plus souvent confiée au parent qui n'a pas les torts du divorce ?
C'est l'intérêt de l'enfant qui va guider le juge et il peut confier l'enfant au parent qui a les torts exclusifs s'il retient que l'intérêt de l'enfant commande cette solution. Il n'y a pas de règle autre en la matière.

Pour prendre sa décision, le juge doit tenir compte :
- de la pratique que les parents avaient précédemment suivie ou les accords qu'ils avaient pu antérieurement conclure ;
- des sentiments exprimés par l'enfant ;
- de l'aptitude de chacun des parents à assumer ses devoirs et respecter les droits de l'autre ;
- du résultat des expertises éventuellement effectuées, tenant compte notamment de l'âge de l'enfant ;
- des renseignements qui ont été recueillis dans l'enquête et la contre-enquête sociale ;
- des pressions ou violences, à caractère physique ou psychologique, exercées par l'un des parents sur la personne de l'autre (art. 373-2-11, C. civ.).

› La pratique antérieure et les accords entre époux...

Lorsqu'il se prononce sur les modalités d'exercice de l'autorité parentale (exercice conjoint ou unilatéral, mais aussi, en cas d'exercice conjoint, lieu de résidence de l'enfant et, de façon générale, toute autre question ayant trait aux enfants), le juge aux affaires familiales tient compte de la pratique que les parents avaient précédemment pu suivre (par exemple, en matière de religion ou de scolarité de l'enfant) et des accords qu'ils avaient conclus (art. 373-2-11, C. civ.).
Il peut également tenir compte des accords des parents avant le conflit. La pratique montre qu'en cas de séparation des parents, l'intérêt de tous, et spécialement l'intérêt des enfants, est que les père et mère se mettent d'accord pour tout ce qui concerne l'autorité parentale. C'est la meilleure assurance pour éviter des conflits toujours douloureux, et tous les efforts du législateur ont tendu à favoriser la conclusion de tels accords.
La règle s'impose aussi dans les divorces contentieux : lors de la tentative de conciliation, la loi prévoit que le juge devra, s'il ne parvient pas à les faire renoncer au divorce, essayer d'amener les époux à en régler les conséquences à l'amiable, notamment en ce qui concerne les enfants (art. 252-2, C. civ. ; art. 1117, CPC).

À NOTER

Priorité aux accords des parents La loi privilégie les accords entre les parents, que ce soit pour l'attribution de l'autorité parentale, la résidence des enfants, l'organisation du droit de visite, le montant de la pension alimentaire… Les parents peuvent toujours saisir le juge aux affaires familiales afin de faire homologuer la convention par laquelle ils organisent les modalités d'exercice de l'autorité parentale. Le juge « homologue » la convention (c'est-à-dire qu'il lui donne la force d'un jugement) sauf s'il constate qu'elle ne préserve pas suffisamment l'intérêt de l'enfant ou que le consentement des parents n'a pas été donné librement. Ce dernier cas évoque les cas de pression d'un parent sur l'autre (art. 373-2-7, C. civ.).

Par exemple, un juge a refusé l'accord des parents attribuant à la mère seule l'autorité parentale. Cet accord était en fait dicté par l'opposition des parents sur les méthodes éducatives et la renonciation du père à exercer ses droits. En effet, l'intérêt de l'enfant adolescent commandait, au contraire, qu'il voit davantage son père (CA Metz, 11.1.2005, Juris-Data n° 2005-264375 ; Dt de la famille, Éd. Juris-Classeur, mai 2005, n° 101).

› … pris le cas échéant dans le cadre d'une médiation familiale

La loi prévoit que le JAF peut, dans le but de faciliter la recherche par les parents d'un exercice consensuel de l'autorité parentale, leur proposer une mesure de médiation et, après avoir recueilli leur accord, désigner un médiateur familial pour y procéder. Il peut également leur enjoindre de rencontrer un médiateur familial qui les informera sur l'objet et le déroulement de cette mesure (C. civ., 373-2-10).

(Sur le mécanisme de la médiation familiale, voir *La médiation familiale,* p. 103)

› L'audition de l'enfant

Une autre façon pour le juge d'avoir un éclairage intéressant lui permettant de prendre sa décision est d'entendre l'enfant concerné, dans la mesure où il est capable de discernement (art. 388-1, C. civ.).

La Convention internationale des droits de l'enfant (CIDE) précise que l'enfant doué de discernement a le droit d'être entendu et défendu dans toute procédure judiciaire ou administrative le concernant (art. 3-1 et 12-2). Cette convention peut être invoquée devant le juge français en considération de « l'intérêt supérieur de l'enfant » (C. cass., civ. 1re, 18.5.2005, pourvoi n° 02-20613).

En France, la philosophie actuelle des textes est d'associer l'enfant, en fonction de son âge et sa majorité, aux décisions qui le concernent (art. 371-1, C. civ.).

Ainsi, dans toute procédure le concernant, l'enfant capable de « discernement » peut être entendu par le juge aux affaires familiales ou, lorsque son intérêt le commande, par la personne désignée par le juge à cet effet (enquêteur social…). Le juge aux affaires familiales s'assure que l'enfant a été informé de son droit à être entendu et à être assisté par un avocat (C. cass., civ. 1re, 12.4.2012, pourvoi n° 11-20357).

Cas pratiques

Y a-t-il un âge minimum pour entendre l'enfant ?

Une question souvent posée est celle de l'âge à laquelle l'enfant peut être entendu. Il faut préciser d'emblée qu'il n'y pas d'âge prévu par la loi française. Il suffit que l'enfant ne soit pas soumis à l'influence excessive d'un parent et qu'il ait un certain degré de maturité.

Un enfant âgé de neuf ans peut-il être entendu par le juge à l'occasion de la séparation de ses parents ? Je trouve qu'à cet âge, on est incapable de choisir.

Tout dépend du dossier soumis au juge. Le critère n'est pas l'âge de l'enfant mais son « discernement ». Nous vous signalons une décision ayant décidé que ce jeune, âge combiné à d'autres paramètres (pressions des parents), prouvait le manque de discernement de l'enfant (C. cass., civ. 1re, 15.5.2013, pourvoi n° 12-12224).

Cette audition est de droit lorsque l'enfant en fait la demande. Le refus d'audition par le juge ne peut être fondé que sur son absence de discernement. Cette décision ne peut pas faire l'objet d'un recours.

La demande de l'enfant est faite sans forme particulière (si possible lettre avec AR adressée au juge aux affaires familiales). Elle peut intervenir à tout moment de la procédure et même en appel. Une convocation en vue de son audition lui est adressée par lettre recommandée avec demande d'avis de réception, doublée d'une lettre simple (art. 338-1 et s., CPC).

Le juge aux affaires familiales peut, de son côté, éprouver le besoin d'avoir l'avis de l'enfant. Lorsque l'enfant refuse d'être entendu, le juge apprécie le bien-fondé de ce refus.

Lorsque la demande d'audition est formée par les parents, elle peut être refusée si le juge ne l'estime pas nécessaire à la solution du litige ou si elle lui paraît contraire à l'intérêt de l'enfant. Ce refus ne peut faire l'objet d'un recours de la part des parents qu'avec le jugement de divorce.

Le juge, s'il estime que l'intérêt de l'enfant le commande, peut désigner pour procéder à son audition une personne sans lien ni avec lui ni avec ses parents. Cette personne doit exercer ou avoir exercé une activité dans le domaine social, psychologique ou médico-psychologique.

Le jeune peut être entendu seul, avec un avocat (désigné dans le cadre de l'aide juridictionnelle) ou une personne de son choix (membres de sa famille, parrain…). Si ce choix n'apparaît pas conforme à son intérêt, le juge peut procéder à la désignation d'une autre personne.

L'enfant ne peut en revanche pas intervenir dans la procédure, n'étant pas considéré comme « partie » au litige. Dès lors, il ne peut pas intervenir dans le cadre du divorce ou d'une décision le concernant (par exemple, pour demander un changement de résidence) (C. cass., civ. 1re, 4.1.1995, pourvoi n° 92-20682).

Cas pratique

Le juge doit-il donner les résultats de l'audition de l'enfant dans sa décision ?

Il a à plusieurs reprises été décidé que le juge, qui a pris en considération les sentiments exprimés par l'enfant au cours de son audition, n'est pas tenu d'en préciser la teneur dans sa décision (C. cass., civ. 2e, 20.11.1996, pourvoi n° 93-19.937, 22.10.2014, pourvoi n° 13-24945). Il doit en revanche faire mention de cette audition (C. cass., civ. 2e, 20.10.2010, pourvoi n° 09-67468).

À NOTER

L'avocat mais aussi le Défenseur des droits L'enfant d'un couple séparé peut demander l'assistance d'un avocat (s'il n'en connaît pas, il lui en sera désigné un au titre de l'aide juridictionnelle). Il peut également faire intervenir le Défenseur des droits (qui remplace depuis la loi n° 2011-333 du 29 mars 2011 le Défenseur des enfants). Cette autorité peut de même être saisie par ses parents, les membres de sa famille, les services médicaux ou sociaux ou toute association régulièrement déclarée depuis au moins cinq ans à la date des faits et se proposant par ses statuts de défendre les droits de l'enfant.

Pour sa réclamation, l'enfant devra s'adresser à l'un des délégués territoriaux. Ces derniers assureront des permanences dans divers points d'accueil répartis dans toutes les régions françaises (préfectures, sous-préfectures, maisons de justice et du droit, mairies).

› L'aptitude des parents à assumer leurs devoirs et respecter les droits de l'autre

Le but de cette règle est, bien sûr, de responsabiliser les parents. Il s'agit d'un paramètre important dans la prise de décision du juge. Par exemple, un parent systématiquement en retard pour aller chercher l'enfant dans le cadre de son droit d'hébergement ne respecte pas les droits de l'autre parent et cette attitude peut être retenue dans le cadre d'une demande de modification des modalités d'exercice de l'autorité parentale.

Autre exemple : le fait que la mise en place du droit de visite et d'hébergement du père ou de la mère est difficile est un paramètre que retient le juge pour confirmer l'interdiction de sortie de territoire de l'enfant (voir les cas pratiques : *Interdiction de sortie du territoire (IST)*, p. 360).

› Les expertises

Une expertise peut être ordonnée (par exemple, expertise réalisée par un médecin psychiatre).

› Les enquêtes

• L'enquête sociale

La loi prévoit qu'avant toute décision fixant les modalités de l'autorité parentale et du droit de visite ou confiant l'enfant à un tiers, le juge peut donner mission à « toute personne qualifiée » d'effectuer une enquête sociale. Celle-ci a pour but de recueillir des renseignements sur la situation de la famille et les conditions dans lesquelles vivent et sont élevés les enfants (art. 373-2-12, C. civ. ; art. 1072, CPC).

Quand est-elle ordonnée

Cette enquête sera ordonnée, le plus souvent, en cas de conflit entre les parents ou si le juge s'estime insuffisamment informé. Elle peut également être demandée par l'un ou l'autre des parents (ou les deux).

L'enquête sociale est un outil intéressant pour le juge tiraillé entre les deux parents lui permettant de se faire une idée du climat familial. L'enquêteur, après avoir entendu les parents, leur entourage et les enfants eux-mêmes, va rédiger un rapport dont les conclusions peuvent aider le juge à prendre sa décision.

L'enquête sociale ne peut pas être utilisée dans le débat sur la cause du divo rce. Tout ce qui a été dit reste confidentiel.

En pratique, et même si le juge n'est pas lié par les conclusions de l'enquêteur, le résultat de cette enquête est souvent déterminant dans la prise de décision. Bien entendu, quand le conflit entre les parents est aigu, et que le résultat est défavorable à l'un, le travail de l'enquêteur est souvent critiqué et suspecté de manque d'impartialité. Il faut savoir qu'il est toujours possible pour l'époux mécontent de contester les conclusions de l'enquêteur social en demandant une contre-enquête (art. 373-2-11, C. civ.). Par exemple, s'il estime que l'enquêteur a repris les griefs de l'autre parent sans aucune vérification, qu'il s'est livré à une appréciation nettement subjective de son comportement, ou encore s'il n'a pris aucun renseignement dans l'entourage des enfants (sur les référentiels des diligences de l'enquêteur, voir l'encadré page précédente).

Différence d'avec l'expertise, la médiation et l'audition

En effet, si l'enquête n'est pas une expertise (et n'obéit pas en tant que telles aux nombreuses dispositions concernant les expertises prévues dans le Code de procédure civile), elle peut faire l'objet de contestations comme toute enquête effectuée par un technicien. L'enquêteur doit remplir personnellement la mission qui lui était confiée et l'accomplir avec « *conscience, objectivité et impartialité* » comme le précise l'article 237 du Code de procédure civile. En amont, il est possible de demander la récusation de l'enquêteur dès que son nom est connu des parties, dans un certain nombre de cas et notamment s'il a lien familial avec les intéressés ou s'il a connu de l'affaire auparavant (art. 231 à 248 et 341, CPC).

L'enquête sociale se différencie également :

- de la médiation familiale qui vise à pacifier les relations familiales (voir *La médiation familiale*, p. 103). Elle peut être imposée par le juge aux parents contrairement à cette dernière ;
- de l'audition de l'enfant. Il se peut que le juge aux affaires familiales confie à l'enquêteur social la mission d'entendre l'enfant conformément à l'article 388-1 du Code civil. Mais cette audition constitue une investigation particulière distincte de l'enquête sociale proprement dite, à laquelle elle vient s'ajouter (« Enquêteur social : une fonction fragilisée », *Actualités sociales hebdomadaires*, 21.9.2012, n° 2775).

Son tarif

Le tarif de l'enquête sociale est de 600 € si elle émane d'un particulier (700 € s'il s'agit d'une personne morale comme une association). Le montant de l'indemnité de carence est fixé à 30 € et celui de l'indemnité de déplacement à 50 € (art. A. 43-12, CPP). Cette rémunération peut être réduite, après recueil des observations des intéressés, en cas de retard dans l'accomplissement de la mission ou d'insuffisance du rapport (voir en fin d'ouvrage également le reste des diligences à accomplir pour l'enquêteur).

À NOTER

Un statut pour les enquêteurs Un décret n° 2009-285 du 12 mars 2009, modifié par le décret n° 2011-54 du 13 janvier 2011, encadre le statut des enquêteurs sociaux. Il prévoit leur inscription par le président de la cour d'appel sur une liste tenue à la disposition du public dans les locaux du greffe de la cour d'appel, des tribunaux de grande instance et d'instance. Cette liste n'empêche cependant pas le juge de désigner toute autre personne qualifiée de son choix. Le décret rend obligatoire la prestation de serment comme pour l'ensemble des auxiliaires de justice. Les conditions imposées aux enquêteurs, personnes physiques sont les suivantes :

- être âgé de moins de 70 ans à la date de son inscription ;
- exercer ou avoir exercé pendant un temps suffisant une profession ou une activité, notamment dans le domaine social ou psychologique, en relation avec l'objet des enquêtes sociales ;
- n'exercer aucune activité incompatible avec l'indépendance nécessaire à l'exercice de sa mission ;
- avoir sa résidence dans le ressort de la cour d'appel ;
- n'avoir pas été l'auteur de faits ayant donné lieu à condamnation pénale ou à sanction disciplinaire ou administrative pour agissements contraires à l'honneur, à la probité ou aux bonnes mœurs.

Un arrêté du 13 janvier 2011 définit le référentiel des diligences à accomplir en matière d'enquête sociale ordonnée par le juge aux affaires familiales (voir Arrêté du 13 janvier 2011, p. 422).

Ce décret est consultable sur le site du *Journal officiel* : www.legifrance.gouv.fr.

• L'enquête médico-psychologique

Bien que non prévue expressément par la loi, le juge recourt parfois à une enquête médico-psychologique, réalisée par des équipes pluridisciplinaires, composées notamment d'enquêteurs sociaux, de médecins et de psychologues, voire des associations spécialisées dans les problèmes de la famille.

Si la plupart du temps, le cas soumis au juge ne rend pas nécessaire une investigation plus approfondie, l'intervention d'un médecin peut parfois s'avérer nécessaire. Tel sera le cas en présence d'une séparation très conflictuelle accompagnée d'une grande souffrance de l'enfant, se traduisant par des troubles de comportement de toutes natures (avec souvent un naufrage scolaire), en présence de pathologie d'un parent (voire des deux) et, également, en cas d'allégation d'abus ou de

maltraitance sur un enfant. À la place d'une enquête, dans ces différents cas, le juge peut d'ailleurs ordonner une expertise médicale de l'enfant.
La position prise par la Cour de cassation est d'autoriser ce type d'enquête dans la mesure où les parents sont d'accord pour s'y soumettre, acceptant par là même, à l'avance, une éventuelle atteinte à leur vie privée.

> **Cas pratiques**
> Dans un arrêt, un père, lui-même médecin, s'était vu refuser un droit d'hébergement à la suite d'un rapport qu'il contestait, compte tenu des résultats négatifs pour lui. Il invoquait notamment une atteinte à la vie privée, et ce, alors même qu'il était à l'origine de cette demande d'enquête. Sa demande a été rejetée (C. cass., civ. 1re, 5.5.1987, pourvoi n° 85-17537).
> Il a également été jugé qu'une enquête psychologique ordonnée à la seule demande de la mère, et réalisée par une « clinicienne » dans des conditions de forme et de temps incompatibles avec les principes généraux du droit français et des conventions internationales, notamment en raison du non-respect du principe du contradictoire, ne satisfaisait à aucune des obligations légales et réglementaires (CA Versailles, 11.9.1997).

L'autorité parentale conjointe et la présomption d'accord entre parents

› Une réorganisation au quotidien

La question qui se pose, sur un plan pratique, est celle de la réorganisation au quotidien des relations entre les parents après la séparation. La vie commune permet une répartition naturelle et informelle des tâches parentales. Mais, ensuite, en présence d'un exercice en commun de l'autorité parentale, comment va s'effectuer, au jour le jour, le partage des droits et des responsabilités entre les parents ?
La codirection confiée à deux parents qui ne vivent pas ensemble peut s'avérer difficile, surtout s'ils sont éloignés géographiquement ou s'ils n'ont pas le même point de vue sur l'enfant. Certains professionnels ont pu parler de « l'angélisme confondant du législateur » ayant prévu l'autorité parentale conjointe en cas de séparation, d'une législation trop théorique et éloignée des réalités, du risque qui existe à avoir une vision trop « rousseauiste » des rapports entre parents séparés, alors que notre société vivrait une période de crise et de démission parentale. Comment, en effet, faire passer cette égalité de la théorie à la pratique ? L'enfant concrètement, lors de la séparation, va vivre chez l'un de ses parents, sous réserve de l'hypothèse, de la résidence alternée. L'autre parent doit-il être associé à chaque prise de décision ?

À NOTER
La proposition de loi n° 664 relative à l'autorité parentale et à l'intérêt de l'enfant, adoptée par l'Assemblée nationale en première lecture le 27 juin 2014, propose d'ajouter les précisions suivantes concernant l'exercice conjoint de l'autorité parentale afin que les choses soient plus claires entre les parents :
« *Ils (les parents) s'informent réciproquement de l'organisation de la vie de l'enfant et prennent ensemble les décisions qui le concernent* » (insertion dans l'article 372 du Code civil)
et
« *Tout acte de l'autorité parentale, qu'il ait un caractère usuel ou important, requiert l'accord de chacun des parents lorsqu'ils exercent en commun l'autorité parentale. Cet accord n'est pas présumé pour les actes importants* » (insertion d'un nouvel article 372-1 du Code civil).

La loi en effet fait preuve de pragmatisme en créant une règle qui concerne tout particulièrement les parents séparés en vue d'éviter des situations de blocage. Quand les parents bénéficient de l'autorité parentale conjointe sur leurs enfants, chacun d'eux, à l'égard des tiers, est réputé agir avec l'accord de l'autre, quand il fait un acte usuel, c'est-à-dire de la vie quotidienne, concernant l'enfant, sous réserve que le « tiers » soit de bonne foi (art. 372-2, C. civ.). L'article 372-2 du Code civil édicte donc une présomption d'accord pour les actes usuels, valant dispense de preuve de l'accord des deux parents et décharge de responsabilité au bénéfice des tiers de bonne foi (est considéré comme tel celui qui n'est pas au courant d'une dissension entre les parents sur le sujet concerné).
Si cette règle paraît bien pratique pour le parent chez qui habite l'enfant, une difficulté reste cependant : la loi ne définit pas ce qu'est un acte usuel. Là encore, en cas d'accord des parents séparés, les choses se passent facilement. Mais en cas de désaccord, ils doivent faire connaître leur opposition. En effet, la présomption tombe en cas de désaccord manifeste de l'autre parent. Si celui-ci a manifesté son désaccord auprès de l'administration, du médecin (et des tiers en général), il ne peut plus se prévaloir de la présomption.

› Les actes usuels

Sur un plan pratique, les parents ne peuvent pas être mis sur un plan d'égalité car la vie du jeune va être gérée, après la séparation, de près par le parent chez qui il habite… et de plus loin par l'autre. C'est pourquoi les actes usuels (soins à donner aux enfants, organisation des vacances…) relèvent, concrètement, de l'autorité du parent chez qui l'enfant réside.
Sont considérés comme des actes usuels par les tribunaux ceux qui se conforment à une pratique antérieure (comme la réinscription dans un établissement scolaire) ou qui n'engagent pas l'avenir de l'enfant. Tel est le cas d'une demande administrative comme l'établissement d'une pièce d'identité, l'établissement d'un passeport au nom de l'enfant (Décret n° 2005-1726 du 30.12.2005, art. 8), l'inscription dans un organisme de voyage, à un club sportif, une colonie de

vacances, une autorisation pour une sortie scolaire, etc. Cette présomption a pour but de faciliter la vie quotidienne de la famille.

À NOTER

Le point sur le changement d'établissement scolaire et de résidence de l'enfant

Selon les tribunaux, le changement d'établissement scolaire ne constitue un acte important que dans certaines situations. Tel est le cas pour une inscription dans un établissement d'enseignement privé (CA Rouen, 17.12.2009, n° 08/04197), lorsque l'un des parents retire l'enfant d'un établissement religieux où il avait été préalablement inscrit pour le mettre dans un établissement laïc (CA Montpellier, 30.5.1988, Juris-Data n° 198811-583) ou en cas de changement d'orientation (TA Montpellier, 1.10.2009, n° 08/20124).

La proposition de loi n° 664 relative à l'autorité parentale et à l'intérêt de l'enfant, adoptée par l'Assemblée nationale en première lecture le 27 juin 2014, changerait la donne si elle est adoptée puisque le changement d'établissement scolaire est qualifié d'acte important (sur cette notion, voir *Les actes importants*, p. 323).

Quant au changement de résidence de l'un des parents, le droit actuel prévoit déjà que ce changement, dès lors qu'il modifie les modalités d'exercice de l'autorité parentale, doit faire l'objet d'une information préalable et en temps utile de l'autre parent et que, en cas de désaccord, le parent le plus diligent saisit le juge aux affaires familiales qui statue selon ce qu'exige l'intérêt de l'enfant (voir *Le déménagement d'un des parents*, p. 331). La qualification d'acte important serait une clarification supplémentaire. Selon les travaux parlementaires, elle ne signifie pas que l'un des parents pourra faire obstacle au déménagement de l'autre parent, mais simplement que, en cas de désaccord entre les parents à ce sujet, le juge aux affaires familiales devra être saisi et qu'il réexaminera les modalités d'exercice de l'autorité parentale. Que cette règle figure expressément dans le Code civil devrait permettre à chacun des parents de mieux prendre connaissance et donc conscience de ses obligations en la matière.

Voici la proposition concernant le nouvel article 372-1-1 du Code civil : « Le changement de résidence de l'un des parents, dès lors qu'il modifie les modalités de résidence de l'enfant ou le droit de visite de l'autre parent, et le changement d'établissement scolaire sont des actes importants.

« Le juge peut dispenser le changement de résidence ou d'établissement scolaire de l'enfant de l'accord de l'autre parent, si ce changement est motivé par les violences exercées par ce dernier.

« Le juge répartit les frais de déplacement et ajuste en conséquence le montant de la contribution à l'entretien et à l'éducation de l'enfant. »

(Source : rapport n° 1925 de M.-H. Chapdelaine du 7.5.2014).

Constitue également un acte usuel, selon les tribunaux, une autorisation pour une intervention chirurgicale bénigne et médicalement nécessaire ainsi que, de manière générale, les soins médicaux de routine (vaccinations obligatoires, blessures légères, soins dentaires, maladies infantiles bénignes). Dans ces cas, le médecin n'a pas besoin de l'accord des deux parents.

Le tiers intervenu dans un acte usuel à la demande d'un seul époux (par exemple, le médecin) ne peut pas se voir inquiéter juridiquement s'il est de bonne foi. À l'inverse, celui qui a eu connaissance de l'opposition du conjoint n'est pas de bonne foi. Si cette personne connaît un motif d'opposition des parents et passe outre, elle engage donc sa responsabilité. La preuve de sa « mauvaise foi » appartient au parent.

› Les actes importants

Au-delà des actes usuels, le parent chez qui réside l'enfant doit toujours s'assurer de l'accord exprès de l'autre. Sont considérés comme des actes importants, nécessitant l'accord des deux parents ceux qui ne se conforment pas à une pratique antérieure ou qui engagent l'avenir de l'enfant. Tel est le cas pour ce qui touche :

- à la religion de l'enfant (par exemple, organisation de sa communion : TGI Paris, 16.12.1997 ; circoncision rituelle...) ;
- à son orientation scolaire ou professionnelle (décision de redoubler une classe par exemple) ;
- à sa santé quand il s'agit d'une intervention chirurgicale nécessitant l'hospitalisation prolongée de l'enfant, sauf cas d'urgence où le médecin peut agir avec l'accord d'un seul parent ;
- à son adoption (art. L. 224-5, al. 3 du Code de l'action sociale et des familles) ;
- à son nom. Il a en effet été jugé que la décision sur le choix d'un nom d'usage pour un enfant doit être prise d'un commun accord entre les parents. Une mère seule ne peut donc pas décider seule d'adjoindre son nom au nom patronymique de sa fille (C. cass., civ. 1re, 3.3.2009, pourvoi n° 05-17163).

Toutes ces décisions doivent être prises d'un commun accord entre les parents. Si l'autre parent s'y oppose, il pourra saisir le juge aux affaires familiales, en référé le cas échéant s'il y a urgence.

À NOTER

La proposition de loi n° 664 relative à l'autorité parentale et à l'intérêt de l'enfant, adoptée par l'Assemblée nationale en première lecture le 27 juin 2014, propose de créer un nouvel article 372-1 dans le Code civil qui préciserait :

« Tout acte de l'autorité parentale, qu'il ait un caractère usuel ou important, requiert l'accord de chacun des parents lorsqu'ils exercent en commun l'autorité parentale. Cet accord n'est pas présumé pour les actes importants.

Constitue un acte important l'acte qui rompt avec le passé et engage l'avenir de l'enfant ou qui touche à ses droits fondamentaux.

En cas de désaccord, le parent le plus diligent saisit le juge aux affaires familiales, en référé le cas échéant. Le juge statue selon ce qui exige l'intérêt de l'enfant et en prenant en considération les éléments mentionnés à l'article 373-2-11. »

Exercice unilatéral : droits et devoirs de l'autre parent

Le parent qui a l'autorité parentale assume l'essentiel des responsabilités éducatives sur l'enfant. C'est également chez lui que va habiter l'enfant. Que reste-t-il au parent qui n'a pas l'autorité parentale ?

La loi prévoit que les parents doivent pouvoir maintenir des relations personnelles avec leur enfant, malgré une séparation. Celui qui n'a pas l'exercice de l'autorité parentale peut donc (et selon la loi c'est un droit mais aussi un devoir) surveiller l'entretien et l'éducation de l'enfant. Il doit également être informé des « choix importants » relatifs à la vie de l'enfant. La notion de « choix importants » n'est pas définie par la loi. Il est tentant d'y voir une sorte de négatif des actes qui n'entrent pas dans la catégorie des actes usuels. Pour les tribunaux, il s'agit des actes engageant l'avenir de l'enfant : traitements médicaux d'une certaine importance, orientation scolaire et spirituelle, longs séjours à l'étranger, choix de la profession...

Ce parent doit également contribuer à l'entretien et à l'éducation des enfants à proportion de ses ressources, de celles de l'autre parent, ainsi que des besoins de l'enfant par le paiement d'une pension alimentaire. Il bénéficie d'un droit de visite et d'hébergement qui ne peut lui être refusé que pour des motifs graves (art. 371-2, C. civ.).

À NOTER

Le maintien des liens La loi prévoit que « le juge peut prendre des mesures permettant de garantir la continuité et l'effectivité du maintien des liens de l'enfant avec chacun de ses parents » (art. 373-2-6, C. civ.). Le parent qui n'arriverait pas, par exemple, à avoir accès aux informations concernant son enfant, peut utiliser cet article. Il pourrait ainsi, le cas échéant en référé (procédure d'urgence) demander à ce que l'autre parent lui communique certaines informations essentielles pour l'enfant (relatives par exemple, à sa scolarité ou à sa santé). C'est au titre de cet article que le juge aux affaires familiales peut notamment ordonner l'interdiction de sortie de l'enfant du territoire français sans l'autorisation des deux parents (voir *Interdiction de sortie du territoire (IST)*, p. 360).

Le parent qui n'a pas l'exercice de l'autorité parentale conserve donc le droit de surveiller l'entretien et l'éducation des enfants (art. 373-2-1, C. civ.). Ici, contrairement à l'autorité parentale conjointe, il ne s'agit que d'une surveillance. Ce droit ne lui permet pas de contrôler la vie quotidienne de l'enfant ni de participer à la prise de décision, mais uniquement d'être informé et de vérifier que les décisions, qui ont été prises par l'autre parent, l'ont été dans l'intérêt de l'enfant. En conséquence, il pourra, le cas échéant, saisir le JAF qui tranchera le litige en considération de l'intérêt de l'enfant.

Le parent qui n'a pas l'autorité parentale, conserve également le droit de s'opposer au mariage de son enfant mineur (si celui-ci a obtenu une dérogation du procureur du fait d'un motif grave) (art. 148, C. civ.). Il conserve aussi le droit d'autoriser, l'adoption ou l'émancipation de l'enfant. Ce parent peut, en outre,

être chargé, sous certaines conditions, d'administrer en tout ou partie le patrimoine des enfants, si patrimoine il y a.
Quant au contrôle de la scolarité par les parents, les parents séparés, même ceux qui n'ont pas l'autorité parentale, ont droit de connaître les résultats scolaires de leurs enfants et de surveiller leur éducation (comme ils ont le droit d'avoir accès au dossier médical de leur enfant). Voir *L'éducation et la surveillance*, p. 333.

La résidence de l'enfant

Même en cas d'autorité parentale conjointe, comme on vient de le voir, les parents se heurtent à la question du choix de lieu de vie pour l'enfant. C'est au quotidien celui chez qui va résider cet enfant qui va s'en occuper. Et qu'en est-il de l'égalité des parents dans ces hypothèses ? La notion d'« exercice en commun de l'autorité parentale » est-elle lettre morte ? On verra, au fil de ce chapitre, les problèmes entraînés au quotidien par cette règle.

› Comment est-elle fixée ?

Ce que prévoit la loi

Lorsque l'autorité parentale est conjointe, la résidence est fixée « *en alternance au domicile de chacun des parents ou au domicile de l'un d'eux* » (art. 373-2-9, C. civ.). C'est la loi du 5 mars 2002 qui a introduit la notion de résidence alternée et supprimé, par voie de conséquence, la notion de résidence habituelle de l'enfant.
Quand un seul des parents a l'autorité parentale, la résidence est fixée chez ce parent.
Le droit de visite et d'hébergement est le corollaire de la résidence de l'enfant chez l'un des parents (sauf hypothèse de la résidence alternée où la question ne se pose en principe pas).
Le choix de la résidence est important car c'est le parent dit résident, c'est-à-dire celui chez qui habite l'enfant, qui décide de sa vie au quotidien, même si on peut penser que la consécration de la résidence alternée va diminuer le contentieux sur ce sujet. Les parents peuvent s'entendre sur la résidence de l'enfant et soumettre cet accord au juge du divorce. Cet accord peut d'ailleurs intervenir à la suite d'une médiation familiale ordonnée par le juge aux affaires familiales. À défaut, le juge aux affaires familiales va se décider en fonction d'un certain nombre de paramètres.

À NOTER

Quelques chiffres Il résulte d'une étude, réalisée en 2012, que la résidence est fixée chez la mère dans 69 % des divorces. Dans 80 % des cas, la décision reflète l'accord des parties. La proportion est plus forte chez les enfants de moins de 6 ans (82 %) et tend à diminuer quand l'âge des enfants augmente (69 % pour les 15-17 ans). Dans les divorces par consentement mutuel, la différence est moins marquée : enfants de moins de 6 ans (68 %) et 65 % pour les 15-17 ans.
À l'inverse, la résidence chez le père passe de 5 % pour les moins de 6 ans à 16 % pour les 15 ans et plus (« Les décisions des juges concernant les enfants de parents séparés ont fortement évolué depuis les années 2000 », *Infostat Justice*, n° 132, 27.1.2015, www.justice. gouv.fr).

● La résidence comme critère de référence

La résidence de l'enfant constitue un critère de référence pour régler une série de questions juridiques telles que celle :
- de la compétence territoriale des tribunaux (le tribunal compétent en matière de contentieux familial est le tribunal du lieu de résidence de la famille ou, quand les parents résident séparément, de l'enfant) ;
- du bénéficiaire des allocations familiales et des parts fiscales (en principe, c'est celui chez qui réside l'enfant ; voir *Les conséquences fiscales du divorce*, p. 293) ;
- du bénéficiaire, en cas de divorce, de la jouissance du logement familial ou d'un bail forcé.

> **Cas pratique**
> **L'enfant peut-il être confié à un tiers (par exemple, à un grand-parent) ?**
> Effectivement, à titre exceptionnel et si l'intérêt de l'enfant l'exige, notamment quand l'un des parents est privé de l'autorité parentale, le juge peut décider de confier l'enfant à un tiers, choisi de préférence dans sa parenté (art. 373-3, C. civ.).

› Comment le juge va-t-il décider ?

La notion d'intérêt de l'enfant doit, comme en matière d'attribution de l'autorité parentale, et suivant les mêmes modalités, le guider dans son choix. Il doit tenir compte de ce critère et non d'autres paramètres connus de lui tels le désir d'égalité de parents, l'exiguïté du logement ou l'attribution des torts lors d'un divorce (même si, en pratique, ces torts peuvent influencer le juge s'il s'agit, par exemple, d'un parent ayant abandonné le domicile conjugal. (Sur le départ du domicile conjugal, voir aussi *Quelques précautions à prendre par les époux*, p. 26). L'intérêt de l'enfant doit être compris dans sa globalité, dans sa dimension psychologique et matérielle (santé psychologique et physique, sécurité, moralité, éducation et stabilité). Le juge aux affaires familiales va donc étudier les capacités éducatives et affectives des parents au quotidien, les conditions d'occupation des logements, leurs professions respectives et leur temps de disponibilité, la situation matérielle de chacun, l'affection que porte le nouveau conjoint ou concubin (en cas de concubinage) à l'enfant, l'éventuel support affectif et logistique offert par un grand-parent… et également les habitudes de l'enfant en privilégiant sa stabilité et son équilibre personnel. La décision, en cas de conflit important, sera souvent prise sur la base d'un rapport d'enquête sociale ou après avoir entendu l'enfant.

> **Cas pratiques**
> Dans une affaire, l'enfant a été confié à sa mère, au chômage, bénéficiant de plus de temps pour s'en occuper alors que la profession du père l'aurait obligé à le faire garder (CA Rennes, 6.10.1997, Juris-Data n° 046265).
> En revanche, le maintien de la résidence chez le père a été ordonné malgré sa profession absorbante compte tenu des carences éducatives de la mère (CA Bourges, 23.4.1996, Juris-Data n° 043857).

> La résidence est fixée chez le père compte tenu des problèmes relationnels existant avec le nouveau conjoint de la mère (CA Reims, 29.3.1994, Juris-Data n° 041919).
> L'appartenance de la mère aux témoins de Jéhovah n'implique pas en soi un danger pour l'enfant. La résidence a donc, ici, été fixée chez la mère (CA Nîmes, 17.1.1991, GP 94, som. P. 590).

La fixation de la résidence est faite au foyer du parent qui offre à l'enfant le cadre de vie le plus équilibré, favorable à son épanouissement. La scolarité de l'enfant est dans tous les cas une pierre de touche importante : le fait qu'il ait des résultats satisfaisants, ou au contraire, qu'il ne s'intéresse plus à son travail, est l'un des arguments forts en faveur du maintien ou du changement de résidence.
Comme pour l'attribution de l'autorité parentale, la stabilité de l'enfant semble être l'un des facteurs les plus importants pour les juges. Ainsi, ses habitudes de vie d'avant la rupture de ses parents (repères, amis, école, cadre de vie habituel) ont un poids considérable et le juge préférera, sauf éléments pertinents, conserver ce cadre.

> **Cas pratique**
> En présence de parents présentant des capacités éducatives sensiblement équivalentes, la priorité peut être donnée à la stabilité professionnelle et géographique du père, de nature à préserver l'environnement matériel et géographique de l'enfant, alors que la mère psychologiquement fragile, a manifesté le désir de quitter la région (CA Rennes, 22.9.1997, Juris-Data n° 048811).

Le juge aux affaires familiales dispose par ailleurs d'éléments d'information non négligeables pour prendre sa décision. Il peut entendre l'enfant si celui-ci a suffisamment de maturité, ordonner une enquête sociale ou médico-psychologique ou encore proposer une médiation familiale.

› Le cas particulier de la résidence alternée

La résidence de l'enfant peut être fixée en alternance au domicile de chacun de ses parents et ce depuis la loi du 5 mars 2002. Un certain nombre de décisions accordait déjà dans le passé la possibilité pour les parents d'organiser une résidence alternée, en l'absence de précision et donc d'interdiction des textes.
En revanche, le principe de la « garde alternée », qui consistait à confier alternativement l'enfant à la mère et au père pour des périodes équivalentes (par exemple, un mois sur deux), avec partage des attributs de l'autorité parentale (garde mais aussi surveillance et éducation), les deux parents étant alors tour à tour « gardiens de l'enfant », avait été refusée par la Cour de cassation (C. cass., civ. 2e, 2.5.1984). Les magistrats, comme la plupart des psychologues (Françoise Dolto notamment), estimaient en effet que la garde alternée était un facteur de perturbation pour les enfants : facteur d'instabilité dans les conditions de vie des enfants pour ce qui est notamment des incertitudes dans lesquelles elle les laisse en ce qui concerne leurs relations avec chacun de leur parent (lequel d'entre eux est le véritable « responsable » de l'enfant notamment).

Dorénavant, la réforme fait figurer la « résidence alternée » dans le Code civil. Elle peut faire l'objet :
- d'un accord entre les parents homologué par le juge ;
- ou être ordonnée par le juge, sauf si l'intérêt de l'enfant s'y oppose, à titre provisoire à la demande de l'un des parents ou en cas de désaccord entre eux sur le mode de résidence de l'enfant (art. 373-2-9, C. civ.).
La résidence de l'enfant peut être demandée par les deux parents. Elle peut aussi être demandée par un seul des parents ou être ordonnée en cas de désaccord entre eux. Dans ces derniers cas, le juge aux affaires familiales peut ordonner une résidence en alternance provisoire. La résidence alternée peut être confirmée ou non ensuite par le juge aux affaires familiales, en fonction des résultats de cette période probatoire, le cas échéant après une évaluation des conséquences de la mesure sur le développement de l'enfant (par le biais d'une enquête sociale, par exemple).

À NOTER

L'essor de la résidence alternée En 2003, année qui suit la consécration de la résidence alternée par la loi du 4 mars 2002, ce mode de résidence était décidé dans 12 % des divorces et 7 % des séparations de parents non mariés.
Neuf ans plus tard, sa part a fortement augmenté dans tous les types de procédures, pour atteindre 21 % dans les divorces et 11 % pour les parents non mariés (« Les décisions des juges concernant les enfants de parents séparés ont fortement évolué depuis les années 2000 », *Infostat Justice*, n° 132, 27.1.2015, www.justice.gouv.fr).

Certaines décisions prévoient la résidence alternée pour tenter de désamorcer les mauvaises relations parentales et engager davantage le père auprès des enfants. Pourtant, en pratique, les juges peuvent hésiter à ordonner la résidence alternée, comme dans l'un des exemples suivant.

Cas pratiques

Une mère demande, dans un contexte très conflictuel, la diminution du droit de visite du père. Ce dernier demande un transfert de résidence. Une enquête sociale est diligentée montrant l'implication du père dans l'éducation des enfants et le dénigrement systématique de celui-ci par la mère auprès des enfants. Cette attitude maternelle est notée dans le rapport d'enquête sociale comme très préjudiciable pour les enfants. La cour d'appel tranche en faveur d'une résidence alternée (une semaine l'un, une semaine l'autre) puisque la proximité des domiciles le permet. Pour éviter de nouveaux litiges entre les parents , la cour estime préférable que la mère continue à régler les frais de scolarité et de loisirs et le père une pension alimentaire dont le montant est réduit du fait du temps de présence de ses enfants chez lui et des frais quotidiens qu'il devra engager pour eux (CA Paris, 11.7.2002, Dt de la Famille, Éd. Juris-Classeur, 1.2003, p. 21).
Des parents habitent à 500 m l'un de l'autre. Ils ont une égale capacité éducative sur leurs enfants de 14 et 15 ans. Le père dispose d'un large droit de visite. Il demande la résidence alternée. La mère s'y oppose : ils ne s'adressent plus la parole et la résidence alternée n'est pas dans l'intérêt de l'enfant. La cour d'appel tranche en

> faveur de la mère : si l'alternance repose sur des domiciles proches, elle sous-entend également une volonté commune des parents. Or, en l'espèce, leur manque de dialogue rend impossible cette mesure. Elle ne serait que source de conflits en raison des difficultés de mise en place sur le plan financier et fiscal alors surtout que les comptes entre les parents concernant leurs enfants entraînent déjà des conflits (CA Riom, 25.6.2002, Dt de la Famille, Éd. Juris-Classeur, 1.2003, p. 21).

Quelle alternance ?

La loi ne donne pas de mode d'emploi précis de la résidence alternée. L'enfant peut être amené à résider une semaine chez l'un des parents, puis une semaine chez l'autre (ou encore le début de la semaine chez l'un, la fin chez l'autre, quinze jours chez l'un, quinze jours chez l'autre...), avec partage des vacances scolaires, au gré d'un calendrier prévu à l'avance. L'alternance peut en pratique, prendre différentes formes, de la parité la plus stricte à des formules plus souples, privilégiant davantage l'un des parents. La plupart des systèmes actuellement en place se font sur le principe d'une semaine sur deux. Mais on voit aussi la demi alternance : les enfants vivent chez leur mère mais vont chez leur père du mardi soir au jeudi matin chaque semaine.

Cependant, si la loi n'impose pas que le temps passé par l'enfant auprès de son père et de sa mère soit de même durée, les juges doivent tenir compte d'un certain nombre de facteurs : la profession des parents mais surtout l'intérêt de l'enfant.

> **Cas pratique**
>
> Un père bénéficiait d'un emploi présentant la particularité de s'effectuer par rotations de cinq semaines de travail en Arabie Saoudite, suivies de cinq semaines de repos en France. Ce père demandait une résidence alternée de cinq semaines qui lui a été refusée comme étant beaucoup trop longue, compte tenu de l'âge des enfants, et qui entraînait pour eux des troubles psychologiques. Il a donc été décidé de fixer la résidence des enfants une semaine sur deux chez chacun des parents, ce qui, compte tenu des contraintes professionnelles du père aboutissait à ce que le temps de présence des enfants chez leur mère soit plus important (C. cass., 1re ch. civ., 25.4.2007, pourvoi n° 06-16886).

Quand peut-elle être prévue ?

Après avoir été décriée au nom de l'intérêt de l'enfant, la formule du partage du temps de l'enfant entre ses deux parents semble actuellement – quand elle est matériellement possible – reconnue comme pouvant répondre aux besoins de l'enfant et à une meilleure harmonie et partage des droits entre les parents.

Elle entraîne cependant un certain nombre de contraintes : domiciles proches pour que l'enfant conserve son école et ne passe pas son temps dans les trajets, logement adéquat, contacts permanents entre les parents, entente minimale sur les choix éducatifs... et une certaine autonomie de l'enfant. Différentes conditions doivent donc être réunies pour la mise en place réussie d'une résidence alternée. Il faut notamment discerner la faculté d'adaptation de l'enfant ou des parents.

L'aptitude de l'enfant

Il faut bien sûr que la mesure soit ordonnée non dans l'intérêt des parents mais dans celle de l'enfant. Elle peut ainsi être déconseillée pour un enfant trop jeune (les pédo-psychiatres et psychologues semblent placer la barre à six ans mais tout est question de cas d'espèce). Les enfants sont en effet amenés à mener une « double vie », sans repère fixe affectif ni géographique, avec toutes les conséquences qui s'ensuivent sur la construction de leur personnalité. En ce qui concerne l'adolescent, son avis est systématiquement requis. Dès que l'enfant est scolarisé, est pris en compte son emploi du temps scolaire et extrascolaire. Les résultats scolaires de l'enfant ont également une part importante dans la décision du juge.

L'état psychique de l'enfant rentre en ligne de compte : l'équilibre de l'enfant est-il assuré dans le cadre de l'alternance ? Si, par exemple, un enfant présente des signes de fragilité, les juges seront plus enclins à la refuser (surtout s'il s'ajoute à cet élément la mésentente des parents).

À NOTER

Résidence alternée et âge des enfants Selon une étude, la résidence alternée concerne moins de 5 % des enfants ayant moins de 2 ans, le maximum étant entre 6 et 10 ans (21 %).

Elle est beaucoup plus fréquente dans les divorces par consentement mutuel qu'en cas de divorce contentieux (« Les décisions des juges concernant les enfants de parents séparés ont fortement évolué depuis les années 2000 », *Infostat Justice*, n° 132, 27.1.2015 ; cette étude est accessible sur le site www.justice.gouv.fr).

L'aptitude des parents

Il est nécessaire que les parents soient à même de s'entendre, même si cette mesure a pu être ordonnée en présence d'un conflit parental. En clair, un minimum de communication s'impose.

Sur un plan matériel, la résidence alternée nécessite une proximité géographique des parents. Cette mesure ne doit pas nuire à la scolarité d'un enfant ni le conduire à faire des allers et retours trop fatigants.

Enfin, des conditions satisfaisantes d'hébergement sont exigées. De même, les juges vérifieront la disponibilité des deux parents pour s'occuper de l'enfant.

Comment la réussir ?

Ce système permet d'éviter que les liens parents/enfants se distendent. De leur côté les parents sont plus libres (en pratique les mères) et donc peuvent avoir une vie professionnelle et privée différente. Cela peut être un facteur d'ouverture et d'adaptation (vie avec les demi-frères et beaux-parents). Selon les psychologues, la réussite d'une résidence alternée repose d'abord sur l'aspect relationnel plutôt que matériel. Il est fondamental que les parents soient capables de séparer ce qui relève de leur relation conjugale, de ce qui relève de leur rôle de parents. En clair, il faut savoir mettre ses griefs de côté. Si ce premier niveau requis n'est pas atteint, l'organisation matérielle va vite devenir insupportable. Et les enfants seront un enjeu de disputes et de règlements de compte permanents. Il faut bien analyser la situation avant de se lancer car ce mode d'organisation qui demande des relations beaucoup plus fréquentes que la résidence chez l'un des parents... et peut multiplier les causes de conflit.

Quant aux conditions matérielles (les domiciles des parents doivent être proches), il faut avoir la possibilité de donner une chambre à l'enfant. Certains parents seront limités par leurs moyens financiers.

MON CONSEIL

L'avis des spécialistes Les avis des spécialistes de l'enfance sont partagés sur ce mode de résidence. Pour tenter d'y voir clair, outre les conseils des parents l'ayant pratiqué, on peut lire les ouvrages suivants :

- *Le livre blanc de la résidence alternée*, œuvre collective publiée chez Érès ;
- *Le livre noir de la garde alternée*, J. Phelip, chez Dunod.

Cas pratiques

La résidence alternée est-elle compatible avec le versement d'une pension ?

Dans l'absolu, rien n'empêche le versement d'une pension d'un parent au profit de l'autre. La pension est en effet fixée en fonction des ressources des parents et des besoins de l'enfant.

En revanche, quand les revenus sont équivalents, la pension peut être supprimée comme dans une décision qui impose le partage par moitié des frais d'internat de l'enfant (CA Paris, 4.7.2002, Dt de la Famille, Éd. Juris-Classeur, 1.2003, p. 20).

Qui touche les allocations familiales et les autres prestations familiales ?

Depuis le 1er mai 2007, les parents divorcés d'enfants en résidence alternée peuvent opter pour le partage des allocations familiales. Vous pouvez également choisir de désigner un allocataire unique qui percevra les prestations familiales. Les autres prestations familiales (complément de libre choix de mode de garde de la prestation d'accueil du jeune enfant...) ne sont pas actuellement partagées entre les deux parents (voir *Les allocations familiales*, p. 414).

Qui touche les remboursements maladie en cas de résidence alternée?

La question du remboursement des soins concernant les enfants est prévue par l'article L. 161-15-3 du Code de la Sécurité sociale. Cette disposition permet le rattachement des enfants au régime d'assurance maladie de chaque parent, s'ils sont tous les deux assurés sociaux (art. R. 161-8, C. séc. soc.). Chaque parent peut donc inscrire son enfant sur sa carte Vitale.

› Le déménagement d'un des parents

Seule est traitée ici la question du déménagement du parent chez qui l'enfant réside, sans qu'il y ait enlèvement d'enfant (voir *La non-représentation d'enfant*, p. 353, *L'enlèvement international d'enfant*, p. 359).

Le déménagement du parent chez qui l'enfant réside, et qui entraîne des difficultés dans les relations au quotidien parents/enfants, est l'une des sources de contentieux dont sont saisis quotidiennement les juges aux affaires familiales. Cet

éloignement peut avoir des origines diverses. Il peut être conditionné par un projet professionnel, une mutation. Il peut être la conséquence d'une nouvelle union. Il peut faire l'objet d'une discussion entre parents, chacun tentant d'organiser au mieux ses nouvelles relations ou au contraire résulter d'une brutale prise de décision, laissant l'autre parent devant le fait accompli.
Que peut faire le parent quand le déménagement est délibéré pour éloigner l'enfant ? *« Loin des yeux, loin du cœur »*, dit le dicton. Peut-il s'y opposer en demandant au minimum à être informé à l'avance du départ pour lui permettre de s'organiser ? Peut-il prendre acte d'un déménagement brutal pour demander un changement de résidence de l'enfant à son bénéfice ? Nombreux sont les témoignages de parents confrontés à ces situations.

À NOTER
Autorité parentale et résidence Il faut distinguer deux situations :
- si l'autorité parentale n'est confiée qu'à l'un des parents, c'est lui seul qui a le choix de la résidence de l'enfant ;
- en revanche, l'autorité parentale conjointe repose, à la base, sur l'accord des parents quant au choix du lieu de vie de l'enfant. En cas de désaccord, c'est le juge qui tranche.

La loi tente de régler en partie ce problème en imposant aux parents de s'informer mutuellement et en temps utile d'un changement de résidence, avant le déménagement, dès lors que ce déménagement modifie les conditions d'exercice de l'autorité parentale.
En cas de désaccord des parents, le parent le plus diligent saisit le juge qui statue selon ce qu'exige l'intérêt de l'enfant (art. 373-2, C. civ.). La réforme ne prévoit en revanche pas de « sanction civile » à l'absence d'information. De même, le parent ne peut pas juridiquement s'opposer à ce déménagement : il a seulement le droit d'en être prévenu et il doit pouvoir obtenir immédiatement les nouvelles coordonnées de ses enfants ainsi, le cas échéant, qu'une nouvelle répartition des frais de déplacement (voir *Les frais de déplacement* page suivante).
Le parent qui subit ce déménagement peut-il demander un transfert d'autorité parentale à son bénéfice ? Les circonstances du déménagement auront un certain poids sur la décision du juge. Mais la loi précise que la décision est prise en fonction de l'intérêt de l'enfant. Les tribunaux avaient déjà jugé en ce sens.

Cas pratique
Des parents habitant à Toulouse se séparent. L'autorité parentale sur leur tout jeune enfant est partagée et la résidence est fixée chez la mère, le père bénéficiant d'un large droit de visite et d'hébergement qu'il exerce sans encombre pendant cinq ans. Puis la mère part vivre avec son concubin à Barcelone et emmène l'enfant. Le père n'est informé qu'après le déménagement. Il demande un transfert de résidence. Ce qui lui est accordé par le juge de Bordeaux. En revanche, en appel, la décision est infirmée : le seul critère de la fixation de la résidence est l'intérêt de l'enfant. Il faut

> donc uniquement chercher si le déménagement et ses conséquences sont de nature à nuire à l'intérêt de l'enfant. À défaut d'apporter cette preuve, la demande du père est rejetée (CA Toulouse, 27.6.2000, D. 2001, som., p. 2866, note A. Bottiau).

Par ailleurs, le fait, pour le parent qui a l'autorité parentale sur les enfants, de déménager sans notifier à l'autre parent son changement de domicile dans le délai d'un mois à compter de ce changement, est un délit pouvant être puni de six mois de prison et d'une amende (art. 227-5 et s., C. pén.).

À NOTER

Les frais de déplacement En cas de désaccord entre les parents sur les frais de déplacement d'un domicile à l'autre lors de l'exercice du droit de visite et d'hébergement, ils peuvent saisir le juge aux affaires familiales. Ce dernier répartit les frais de déplacement et ajuste en conséquence le montant de la pension alimentaire versée pour l'enfant (art. 373-2, C. civ.). Cette disposition est intéressante puisqu'elle autorise expressément le juge à tenir compte des frais de train, essence, etc. dans le nouveau décompte de la pension alimentaire – concrètement en diminuant celle-ci (voir *La pension alimentaire pour les enfants*, p. 371).

La proposition de loi n° 664 relative à l'autorité parentale et à l'intérêt de l'enfant, adoptée par l'Assemblée nationale en première lecture le 27 juin 2014, entend qualifier le changement de résidence des parents d'acte important. Cela ne devrait rien changer en pratique si ce n'est d'insister sur l'information à donner au parent (voir *Le point sur l'orientation scolaire et le changement de résidence*, p. 332).

L'éducation et la surveillance

En cas de séparation des parents, l'autorité parentale conjointe implique que chacun d'eux ait autant le droit d'intervenir dans les décisions concernant l'éducation des enfants et leurs relations avec les tiers (même si en pratique, comme on l'a vu, c'est le parent chez qui l'enfant réside qui décide des « actes usuels » le concernant). Cependant, même si l'un des deux parents a seul l'autorité parentale, l'autre garde la possibilité de contrôler l'usage qu'il en fait et notamment en matière d'éducation et de surveillance. Quelles sont les questions qui se posent en pratique et comment peuvent se régler les différends ?

› En quoi consistent ces notions ?

L'éducation consiste dans la possibilité, pour les parents, d'accomplir un ensemble d'actes par lesquels ils exercent un contrôle suivi de leur enfant. Ils sont en effet responsables, sur le plan du quotidien, de sa formation intellectuelle et morale. Ils ont le choix du mode d'éducation : enseignement public ou privé, choix d'un établissement scolaire, d'une pratique politique, artistique ou sportive. De même, il appartient aux parents de défendre les « droits de la personnalité de l'enfant » : droit à la vie privée et droit à l'image ; ils peuvent ainsi autoriser ou s'opposer à la reproduction photographique de l'enfant à des fins publicitaires, par exemple.

› La religion de l'enfant

La surveillance s'applique notamment aux choix de la religion, les parents pouvant choisir la religion dans laquelle va être élevé l'enfant. Quand les parents n'ont pas la même religion ou les mêmes pratiques, l'idéal serait qu'ils se concertent en vue de rechercher ensemble la décision la plus favorable au regard de leur culture ou philosophie différente pour l'intérêt de leur enfant. Il faut savoir qu'en cas de conflit, le juge aux affaires familiales peut être saisi de cette question. Il peut se référer, pour trancher le conflit, à la religion d'origine des intéressés ainsi qu'aux pratiques précédemment suivies. Le domaine d'intervention du juge est cependant strictement limité par l'intérêt de l'enfant. En effet, la religion fait partie de la vie privée et de la liberté de conscience des parents. Le juge ne peut donc intervenir en ce domaine que s'il estime que l'intérêt de l'enfant est menacé.

> **Cas pratique**
> Dans une affaire où l'un de ses parents s'opposait fermement à ce choix, un jeune de 16 ans a été condamné à attendre sa majorité pour changer de croyance religieuse : il avait été baptisé dans la religion catholique et voulait devenir témoin de Jéhovah (C. cass., civ. 1re, 11.6.1991, pourvoi n° 89-20878).

› La santé de l'enfant

Les parents sont également responsables de la santé de leur enfant. Ce sont eux qui, pendant la minorité des enfants, ont accès à leurs dossiers médicaux. La CADA (Commission d'accès aux documents administratifs), qui doit être saisie par le patient en cas de difficulté d'accès à son dossier, a donné plusieurs avis concernant la communication de dossiers médicaux aux parents séparés. Elle a ainsi autorisé un parent, qui n'avait pas l'exercice de l'autorité parentale sur son enfant mais bénéficiait seulement d'un droit de visite et d'hébergement, à avoir un accès direct au dossier de son enfant. Dans cet avis elle insiste sur le fait que le père de l'enfant, en dépit de sa situation familiale, n'est pas privé du droit reconnu à tout parent de surveiller l'entretien et l'éducation des enfants et doit être informé des choix importants relatifs à la vie de ces derniers (Avis - CADA, 18.9.2014 n° 2014923 - Rapport 1995 sur l'accès au dossier médical – site Internet : www.cada.fr).

Ainsi, par exemple, le dossier médical est communicable au père titulaire de l'autorité parentale, peu importe qu'un jugement ait confié l'exercice exclusif de l'autorité à la mère.

› Les relations de l'enfant avec les tiers

L'autorité parentale confère aussi à ceux qui en sont investis le droit de contrôler les relations de l'enfant avec les tiers. De même, une autre prérogative des parents (dérivée de l'obligation de surveillance) est de pouvoir exiger que l'enfant demeure à leur domicile. En effet, sans l'autorisation de ses parents, l'enfant ne peut quitter la maison familiale (art. 371-3, C. civ.).

› La scolarité

Le droit d'éducation comporte pour les parents le droit de déterminer l'établissement, public ou privé, dans lequel sera scolarisé l'enfant, de décider du choix et du type d'études (entrée en apprentissage par exemple), et de l'éventuel arrêt de celles-ci après 16 ans (avant cette date, la scolarité est obligatoire). Les parents séparés, même ceux qui n'ont pas l'autorité parentale, ont le droit de connaître les résultats scolaires de leurs enfants et de surveiller leur éducation.

> **À NOTER**
> **L'accès aux résultats scolaires** Certains parents rencontrent des difficultés pour obtenir la communication des résultats de leurs enfants quand ceux-ci résident chez l'autre parent. Afin d'éviter que les parents qui hébergent leurs enfants uniquement pendant les fins de semaines et les vacances scolaires se sentent exclus de la vie scolaire, tous les documents de l'école (fiches de renseignement, bulletins de notes, procédures disciplinaires, orientation, vote des délégués de parents) doivent être adressés aux deux parents. L'adresse des deux parents doit être demandée au début de chaque année scolaire, afin de permettre l'envoi des bulletins de notes et des décisions d'orientation à chacun des deux parents, des rendez-vous avec les maîtres et professeurs pour pouvoir y assister (source : circulaire ministérielle du 13.10.1999, Site du secrétariat à la famille : www.social.gouv.fr).

› Qui est responsable des dommages causés par un enfant de parents séparés ?

• Responsabilité civile

Les tribunaux ont progressivement mis en place un système de responsabilité automatique, presque sans échappatoire pour les parents. En vertu de l'article 1384 alinéa 4 du Code civil, les parents sont solidairement responsables du dommage causé par leurs enfants mineurs sur lesquels ils ont l'autorité parentale et habitant avec eux (notion de cohabitation). Les tribunaux imposaient auparavant une cohabitation effective qui, seule, permettait aux parents de surveiller leurs enfants. Cette notion prévue par l'article 1384, est aujourd'hui interprétée de façon plus large puisque les juges ont pu considérer que la cohabitation ne cesse pas lorsque l'enfant est provisoirement confié à un tiers. Le critère actuellement retenu par la jurisprudence est celui du parent résident chez lequel l'enfant réside.

Exercice d'un droit de visite et d'hébergement

Ainsi, l'exercice du droit de visite d'un parent ne fait pas cesser la cohabitation du mineur avec son autre parent, et donc la responsabilité de celui-ci.

> **Cas pratique**
> Dans cette affaire un jeune de 16 ans avait endommagé une voiture qu'il avait volée. Le propriétaire s'était retourné contre la mère qui avait l'autorité parentale sur l'enfant après son divorce et la mère s'était elle-même retournée contre le père qui

hébergeait l'enfant au moment du vol. La Cour de cassation a retenu, sur le fondement de líarticle 1382 du Code civil, la responsabilité du père divorcé (qui avait commis une faute de surveillance en ne vérifiant pas les horaires de cours de son fils : celui-ci avait « séché » son cours pour voler une voiture) mais aussi celle de la mère qui, en tant que titulaire de l'autorité parentale doit être tenue responsable de plein droit des dommages causés par son fils (C. cass., civ. 2e, 19.2.1997, arrêt Bertrand, pourvoi n° 93-14646).

Plus récemment, une décision ne parle plus de cohabitation mais de résidence habituelle : est responsable le parent investi de l'exercice de l'autorité parentale et de la résidence de l'enfant.

Cas pratique

Un arrêt de la Cour de cassation affirme qu'en cas de divorce, « la responsabilité de plein droit prévue par le quatrième alinéa de l'article 1384 du Code civil incombe au seul parent chez lequel la résidence habituelle de l'enfant a été fixée, quand bien même l'autre parent, bénéficiaire d'un droit de visite et d'hébergement, exercerait conjointement l'autorité parentale.

En conséquence, doit être cassé l'arrêt qui, sans constater qu'il a commis une faute engageant sa responsabilité, retient la responsabilité solidaire du parent, cotitulaire de l'autorité parentale, chez lequel la résidence de l'enfant n'a pas été fixée » (C. cass., crim., 6.11.2012, pourvoi n° 11-86857).

Cela n'empêche pas l'enfant lui-même (C. cass., civ. 2e, 11.9.2014, pourvoi n° 13-16897) ou l'autre parent, si les faits se sont produits pendant le droit de visite et d'hébergement, de voir également sa responsabilité engagée et ce sur le fondement de l'article 1382 du Code civil.

Sur le plan pénal, en revanche (si l'enfant a commis une infraction pénale : homicide involontaire, par exemple), et au regard de la dernière jurisprudence, la responsabilité civile personnelle du parent chez lequel l'enfant n'habite pas ne peut pas être mise en cause.

Cas pratique

Un jeune homme de 14 ans met le feu à de la paille dans un hangar agricole, causant ainsi la mort d'une personne. Le tribunal pour enfants le reconnaît coupable d'homicide involontaire.

Il est condamné, avec son père et sa mère (ces derniers sur le plan civil), à des réparations.

La décision relève en effet le comportement fautif du père « qui s'est désintéressé de son enfant et n'a aucunement exercé son pouvoir de surveillance et de contrôle de l'éducation de celui-ci sur son enfant ».

La Cour de cassation casse la décision sur ce point, et ce au motif que la résidence habituelle de l'enfant était judiciairement fixée au domicile de la mère (C. cass., crim., 29.4.2014, pourvoi n° 13-84207).

Grand-parent

Lorsque l'enfant est confié à un tiers (grands-parents, baby-sitter) de façon provisoire, le ou les parents sont responsables de plein droit de leurs enfants qui habitent avec eux ou qui restent sous leur autorité, même s'ils sont matériellement confiés à des tiers. Cette responsabilité peut, le cas échéant, être partagée si la personne qui garde l'enfant a commis une faute (qu'il conviendra de prouver). La personne qui garde l'enfant (qui peut être dépourvue d'une assurance responsabilité civile) n'a plus à subir les éventuelles conséquences d'un accident causé par ce dernier, quand elle n'a rien à se reprocher.
Les parents peuvent ainsi être déclarés responsables même si l'enfant est confié à sa grand-mère (CA Besançon, 11.2.1998, JCP 98, II, 10150).

> **Cas pratique**
> Il a ainsi été jugé que « les grands-parents ne sont pas responsables de plein droit des dommages causés par les petits-enfants, quand bien même ceux-ci résideraient chez eux, si la garde ne leur en a pas été confiée par l'autorité judiciaire » (C. cass., crim., 8.2.2005, pourvoi n° 03-87447).

École

Même à l'école, les parents restent responsables de leurs enfants (C. cass., civ. 2e, 20.4.2000).

> **Cas pratique**
> Il a été jugé que la présence d'un élève dans un établissement scolaire, même en régime d'internat, ne supprime pas la cohabitation de l'enfant avec ses parents (C. cass., civ. 2e, 29.3. 2001) : « Le fait pour les parents de confier un enfant à un internat ne supprime pas la cohabitation de l'enfant avec ses parents au sens de l'article 1384 alinéa 4 du Code civil, condition de leur responsabilité du fait de leur enfant mineur ; qu'aucune faute ou force majeure n'est établie ni invoquée » (C. cass., crim., 7.1.2004, pourvoi n° 02-87674).

Une des conséquences de l'autorité parentale est donc que les parents sont présumés être responsables, vis-à-vis des tiers, des fautes commises par leur enfant, la victime étant dispensée de prouver une faute commise par les parents dans l'éducation ou la surveillance de l'enfant. Pour les tribunaux, les parents sont ainsi responsables de plein droit des dommages causés par leur enfant mineur.
Les parents ne peuvent s'exonérer de cette responsabilité qu'en prouvant que la force majeure ou la faute de la victime est à l'origine du dommage (et les tribunaux sont très sévères sur ces deux points). La responsabilité des parents est engagée jusqu'à la majorité de l'enfant ou, s'il a été émancipé, jusqu'à 16 ans.

MON CONSEIL

Prendre une bonne assurance Des plus bénins aux plus graves, les dommages causés par les enfants mineurs engagent la responsabilité civile des parents. Leur mise en cause ne repose plus sur l'idée d'une faute d'éducation ou de surveillance, mais sur la nécessité de garantir les tiers contre les risques encourus.

L'assurance « responsabilité civile familiale » n'est pas obligatoire, mais elle est incluse dans 87 % des assurances multirisque habitation. Elle couvre les dommages occasionnés par les enfants mineurs (attention toutefois aux exclusions, liées par exemple à la pratique d'un sport « dangereux » : plongée, saut à l'élastique...).

Dans la mesure où les ascendants (parents, grands-parents...) de l'assuré ne sont pas toujours, aux termes du contrat, considérés comme « tiers », les parents peuvent souscrire des garanties complémentaires.

Les assurances scolaires couvrent également la responsabilité civile de l'enfant. L'étendue de la garantie varie en fonction de deux options (« scolaire », « extra-scolaire »), mais chaque formule comprend, en principe, en plus, une garantie « individuelle accident » pour le cas où l'enfant subirait lui-même un dommage.

› Responsabilité pénale

Les parents ne sont pas responsables pénalement des agissements de leurs enfants. Mais le fait « *par le père ou la mère, de se soustraire, sans motif légitime, à ses obligations légales au point de compromettre la santé, la sécurité, la moralité ou l'éducation de son enfant mineur est puni de deux ans d'emprisonnement et de 30 000 euros d'amende* » est punissable (art. 227-17, C. pén.).

La question des fratries

En principe, les fratries (frères et sœurs) ne doivent pas être séparées, sauf si l'intérêt des enfants commande une autre solution (art. 371-5, C. civ.). Le juge aux affaires familiales a le pouvoir de décider que certains d'entre eux vont résider chez leur père et les autres chez leur mère. Il s'agit, comme toujours, d'une appréciation cas par cas.

Droit de visite et d'hébergement et droit de correspondance

Lorsque la résidence de l'enfant est fixée au domicile de l'un des parents, le juge aux affaires familiales statue sur les modalités du droit de visite de l'autre parent (art. 373-2-9, C. civ.).
Quand l'autorité parentale est unilatérale, le parent qui n'a pas l'autorité parentale bénéficie de ce droit qui ne peut lui être retiré que pour motif grave (art. 373-2-1, C. civ.).
En cas de difficulté, ce droit peut être exercé dans un espace de rencontre désigné par le juge.

Les modalités

› Les modalités usuelles

Le libre droit de visite semble être la meilleure formule dans l'intérêt des enfants, sous réserve que le bénéficiaire de ce libre droit de visite n'abuse pas de la situation. Il est d'ailleurs d'usage, même lorsqu'un libre droit de visite est appliqué, de prévoir qu'en cas de difficultés, les parents recourront aux usages en la matière. Selon ces usages, on prévoit que le parent bénéficiaire exercera son droit de visite un week-end sur deux (les 2e et 4e week-ends du mois ou les 1er, 3e et éventuellement 5e week-ends du mois) et son droit d'hébergement la moitié des grandes et petites vacances scolaires en alternant selon les années paires et impaires (première moitié les années paires, seconde moitié les années impaires ou l'inverse).

À NOTER
Décompte des week-ends C'est le premier jour d'un week-end qui détermine si celui-ci est le dernier du mois ou le premier du mois suivant. Par exemple, le week-end du samedi 30 juin et du dimanche 1er juillet est le dernier week-end du mois de juin.

Cas pratiques

Peut-on obtenir un droit de visite et d'hébergement si cela n'a pas été ordonné lors du jugement de divorce ?
Il est tout à fait possible de revenir devant le juge pour obtenir ce droit s'il n'a pas été accordé lors de la procédure de divorce. Il en est de même si cela a été refusé, s'il est justifié d'un élément nouveau.

Existe-t-il un article spécifiant que le droit de voir ses enfants le week-end dure jusqu'au lundi si ce jour est férié ? Peut-on bénéficier des ponts pour garder ses enfants chez soi ? Si j'ai le droit de voir mes enfants du samedi matin après la

classe au dimanche 18 heures, s'ils n'ont pas école le samedi, est-ce que je peux les prendre le vendredi soir après l'école sans me mettre en tort ? Dois-je prendre mes enfants pour des vacances d'une semaine comme à la Toussaint, car, dans mon jugement, il est indiqué que, pour les vacances de deux semaines, j'ai droit à la moitié, mais rien n'est prévu pour les vacances courtes ?
Tous ces points doivent absolument faire l'objet d'un accord entre les parents. Si certains points ne semblent pas clairs aux parents, il ne faut pas hésiter à questionner son avocat sur l'organisation concrète de ses droits de visite et d'hébergement et le juge dès la première audience.
Après le divorce, il faut prendre contact avec un avocat, et (ou) s'adresser au juge aux affaires familiales.
De façon générale, si les parents ne parviennent pas à s'accorder et à se prévenir suffisamment à l'avance (certains utilisent la règle de la lettre recommandée avec demande d'avis de réception un mois avant la date de départ), la règle est de s'en tenir strictement à la décision de justice, à la lettre près. Ainsi, si le droit s'exerce le week-end, il ne s'exerce pas pendant le pont ou le jour férié. Si le parent ne doit prendre les enfants que le samedi à la sortie des classes, il ne peut pas les prendre le vendredi à la sortie des classes (sous prétexte que les enfants n'ont parfois pas classe le samedi), mais doit les prendre le samedi chez son ex-conjoint. En ce qui concerne les vacances, si le droit d'hébergement n'est prévu que pour les vacances longues (entièrement ou pour moitié), c'est qu'il est exclu pour les vacances courtes. Rien n'empêche en revanche de demander au juge une réorganisation de ces droits s'ils ne conviennent pas.

› Le paiement de la pension pour l'enfant

Un certain nombre de questions reviennent souvent chez les parents séparés. L'une d'entre elle concerne l'obligation de continuer à régler la pension alimentaire alors que l'on héberge les enfants pendant les vacances. La réponse est qu'effectivement, le versement de la pension alimentaire est indépendant du droit de visite et d'hébergement : elle doit être réglée sur toute l'année. Autrement dit, que l'on prenne ou non ses enfants pendant les périodes fixées par le jugement, la pension alimentaire doit être payée avec régularité, et ce même si le parent hébergeant les enfants pendant les vacances doit faire face de son côté à certains frais tels des frais de nourrice ou de garde (rien n'empêche d'ailleurs de demander une augmentation de la pension dans l'hypothèse où l'ex-conjoint ne prend jamais les enfants, ce qui peut avoir une incidence sur le budget du parent chez lequel habite l'enfant).

› Les frais de transport

Un autre point qui provoque de fréquentes dissensions entre les parents est celui des frais de transport de l'enfant. La décision judiciaire peut indiquer que c'est au parent, exerçant son droit de visite et d'hébergement, de venir chercher l'enfant et le ramener en assumant les frais du voyage. Mais elle peut également partager les trajets et les frais de transports entre les parents. En fait toutes les

solutions peuvent être prévues par le juge aux affaires familiales qui se décide en fonction des raisons de l'éloignement des parents, de leur emploi du temps et de leurs ressources comparées. Ce point doit être clairement précisé par le juge aux affaires familiales afin d'éviter que ce genre de conflit n'envenime la situation. En cas de déménagement rendant plus difficile et plus onéreux les frais de déplacement d'un domicile à l'autre, la loi prévoit l'intervention du juge (art. 373-2, C. civ.) (voir *Le déménagement d'un des parents*, p. 331).
Des sanctions pénales pour non-représentation d'enfant sont encourues tant par le parent chez lequel habite l'enfant qui ne veut pas le remettre à l'autre parent que par celui qui refuse de rendre l'enfant à l'issue du droit de visite et d'hébergement (voir *La non-représentation d'enfant*, p. 353).

› Un droit et non une obligation

Il faut par ailleurs savoir que le droit de visite et d'hébergement est un droit et non une obligation. Si le parent ne prend pas ses enfants, il n'encourt pas de sanction pénale. En revanche, si cette attitude est systématique, il doit savoir qu'elle pourrait être retenue contre lui au titre de son désintérêt pour l'enfant (par exemple, s'il désire plus tard que les enfants viennent vivre avec lui, il peut lui être reproché ses négligences). En effet, l'aptitude de chacun des parents à assumer ses devoirs et respecter les droits de l'autre est un des critères dont le juge aux affaires familiales tient compte dans toute prise de décision concernant l'autorité parentale.

MON CONSEIL

En cas d'empêchement Si le parent qui doit prendre l'enfant le week-end ou les vacances est empêché de le faire (en raison de son organisation professionnelle, de son état de santé, par exemple), il lui est conseillé de prévenir au plus tôt l'autre parent (par téléphone confirmé par un courrier) et bien sûr ses enfants.

Outre l'élémentaire courtoisie, il est donc opportun de prévenir en temps utile l'autre parent en proposant ponctuellement d'autres modalités concernant l'exercice de ce droit. Si la difficulté revient de façon récurrente, le parent concerné doit saisir le juge aux affaires familiales, après avoir tenté de trouver un accord avec l'autre parent, pour qu'une autre organisation soit trouvée au mieux des intérêts de chacun.

› Le refus de l'enfant

Certains parents invoquent, pour justifier leur demande de suppression du droit de visite et d'hébergement, le refus de l'enfant. Cet argument ne peut être invoqué sans raisons solides (comme par exemple, des fugues répétées de l'enfant, une situation de détresse vécue à chaque déplacement attestée par un médecin…). Tous ces éléments doivent en effet être prouvés par le parent qui les invoque (attestations, constat d'huissier…).
En dehors de ces cas, les tribunaux estiment que la résistance d'un enfant (surtout s'il est en bas âge) n'est pas une cause exonérant le parent de ses obligations :

celui-ci doit en effet permettre un exercice correct des droits de l'autre parent ; plus précisément, les tribunaux exigent du parent chez lequel habite l'enfant qu'il mette tout en œuvre pour que le séjour chez l'autre parent se passe bien. Les décisions n'hésitent pas à traiter de « manipulations » l'attitude de certains parents sur leurs enfants empêchant cet exercice correct. La question se pose différemment s'il s'agit d'un adolescent ; il est particulièrement difficile de « forcer » un adolescent à aller voir son parent s'il n'en a pas envie. Si le parent chez lequel habite le jeune se retrouve devant le tribunal, il pourra invoquer le refus de son enfant. Si l'enfant est considéré comme suffisamment mûr pour se prononcer, il est d'ailleurs possible qu'il soit entendu dans le cadre de la procédure et qu'une enquête sociale soit ordonnée.

MON CONSEIL

En cas de difficultés relationnelles Quand il existe des difficultés relationnelles enfant/parent, et avant d'envisager la suppression pure et simple de ces relations, ce parent peut demander au juge aux affaires familiales que soit décidée la mise en place de mesures particulières, au moins à titre provisoire.

Ainsi, dans le cas de relations conflictuelles, le droit de visite et d'hébergement peut être limité aux seules visites (sans hébergement). Ce droit peut également s'effectuer chez un tiers (membre de la famille ou un ami) ou dans un lieu neutre comme les espaces de rencontre par exemple – art. 373-2-9 (voir *Espaces de rencontre : un lieu protégé*, p. 344).

Si l'enfant ne connaît pas son parent, le juge aux affaires familiales peut proposer une instauration progressive du droit de visite et d'hébergement suivant un calendrier convenu à l'avance (sur tous ces points, voir *Comment résoudre les principaux conflits ?*, p. 344).

Le droit de correspondre avec son enfant (lettre, téléphone, messagerie électronique)

Ce droit de correspondance n'est pas prévu par les textes. Mais les tribunaux estiment, en cas de conflit sur ce sujet, qu'un droit de correspondance (lettre mais aussi téléphone, messagerie électronique...) peut être mis en place judiciairement. Il arrive qu'effectivement un parent ne puisse avoir aussi souvent qu'il le souhaiterait son enfant au téléphone, l'autre parent se plaignant d'une ingérence ou d'une atteinte à sa vie privée. Ces questions peuvent être soumises au juge pour que soient fixées les modalités pratiques des échanges téléphoniques.

Cas pratiques

Une décision complète le droit de visite et d'hébergement du père qui habite à Lyon par une possibilité de communications téléphoniques entre le père et sa fille, âgée de 10 ans et résidant avec sa mère à Toulon, librement mises en œuvre avec un minimum d'une fois par semaine (CA Aix-en-Provence, 12.3.1998, Juris-Data n° 040735, JCP, G, 27.6.2001, chr., p. 1274).

Une cour d'appel a même enjoint, sous astreinte (somme d'argent à verser par jour de retard), à la mère de communiquer au père son numéro de téléphone. La cour ajoute au droit de visite et d'hébergement du père sur sa fille de 6 ans un « *droit de communication par téléphone* » en déclarant qu'il est « *inconcevable de limiter le nombre d'appels que le père peut donner à sa fille à une seule fois par semaine le vendredi soir à 20 heures* » (CA Besançon, 3.12.1999, Juris-Data n° 135852, JCP, G, 27.6.2001, chr., p. 1274).
Une mère a été mise dans l'obligation de fournir une carte téléphonique par mois aux enfants pour que ceux-ci puissent l'appeler (CA Lyon, 20.1.1988, Juris-Data n° 056300).

Quels sont les principaux types de conflits en matière de droit de visite et d'hébergement ?

On peut constater une recrudescence des recours judiciaires à l'occasion des fêtes de Noël et des congés d'été, et en général à l'occasion des vacances scolaires. Les problèmes principaux sont en effet les suivants :
- les parents ne se communiquent pas assez tôt leurs contraintes et dates de vacances, source de contentieux et de situation de crise pour les enfants ;
- l'enfant refuse de partir en vacances avec le parent titulaire du droit d'hébergement ;
- un parent « oublie » de venir chercher l'enfant pour le week-end et les vacances dans le cadre duquel s'exerce son droit de visite ;
- le parent qui exerce le droit de visite souhaite suspendre le versement de la pension alimentaire pendant l'hébergement…

À NOTER

Le déménagement et l'exercice du droit de visite Un autre problème courant est celui du déménagement d'un des parents qui rend plus difficile l'exercice du droit de visite et d'hébergement. Il convient de rappeler ici qu'un devoir d'information est mis à la charge des parents avant tout déménagement, par la réforme de l'autorité parentale du 5 mars 2002.
Par ailleurs, la pension alimentaire pour l'enfant peut être revue pour tenir compte des frais de déplacement (voir *Le déménagement d'un des parents,* p. 331).

Il est conseillé, en cas de conflits aigus, de s'adresser préalablement au juge aux affaires familiales pour demander une réorganisation du droit de visite et d'hébergement (notamment quand un parent déménage). La demande se fera par l'intermédiaire de l'avocat lors d'un divorce ou, après le divorce, par requête adressée au juge.

Cas pratiques

Le droit d'hébergement peut-il être retiré si le parent vit dans un petit appartement qui n'a pas de chambre pour l'enfant ?

Il faut savoir qu'un droit de visite et d'hébergement ne peut être refusé au parent que pour motif grave. En cas de demande de retrait, une enquête sociale sera probablement diligentée et c'est notamment sur la base de ce rapport que le juge va statuer. Le seul fait du manque de place pour l'enfant dans le logement d'accueil ne paraît pas constituer un motif grave.

Peut-on refuser le droit de visite au conjoint qui ne paie pas la pension alimentaire ou qui la paie irrégulièrement ?

Le non-paiement de la pension alimentaire ou l'irrégularité des versements n'entraîne pas la suppression automatique du droit de visite. Cependant, l'époux créancier d'une pension alimentaire impayée peut demander judiciairement la condamnation du débiteur pour abandon de famille et le cas échéant la suppression (provisoire ou non) du droit de visite et d'hébergement.

Comment résoudre les principaux conflits ?

Tout d'abord pour éviter les difficultés pratiques sur l'exercice du droit de visite, il ne faut pas hésiter à demander au juge aux affaires familiales qu'il en précise l'exercice : par exemple, le week-end commence le vendredi soir à la sortie des classes… Suivant les difficultés auxquelles est confronté le parent qui reçoit l'enfant ou le parent qui l'envoie, des solutions peuvent être envisagées.

En cas de refus d'exercice du droit de visite et d'hébergement, il est possible de demander au juge de l'exécution (juge du tribunal de grande instance) de fixer une astreinte, c'est-à-dire une somme d'argent que le parent fautif devra payer s'il n'exerce pas correctement ses obligations (CA Rennes, 18.3.1982, D. 83, IR p. 449).

Si le parent craint que le droit de visite et d'hébergement ne perturbe l'enfant, il peut obtenir, au moins à titre provisoire, une limitation de ce droit à un droit de visite sur place, en sa présence ou en celle d'un tiers. Il peut également demander que ce droit s'exerce dans un lieu neutre, tel un espace de rencontre.

› Espaces de rencontre : un lieu protégé

Le droit de visite, lorsque l'intérêt de l'enfant le commande, peut être exercé dans un endroit désigné par le juge.

Lorsque l'intérêt de l'enfant le commande ou lorsque la remise directe de l'enfant à l'autre parent présente un danger pour l'un d'eux, le juge peut en effet en organiser les modalités pour qu'elle présente les garanties nécessaires. Il peut ainsi prévoir qu'elle s'effectue dans un espace de rencontre qu'il désigne, ou avec l'assistance d'un tiers de confiance ou du représentant d'une personne morale qualifiée (art. 373-2-9, C. civ.).

Le décret n° 2012-1153 du 15 octobre 2012 définit les modalités d'organisation et de fonctionnement de ces lieux « sécurisés », la finalité étant d'assurer également la qualité de l'accueil. Le texte impose également à l'espace de rencontre de recueillir un agrément pour pouvoir être désigné par une autorité judiciaire.
Un décret n° 2012-1312 du 27 novembre 2012 intègre deux articles dans le Code de procédure civile :
- Lorsqu'en statuant sur les droits de visite et d'hébergement, à titre provisoire ou sur le fond, le juge décide de cette modalité, il fixe la durée de la mesure et détermine la périodicité et la durée des rencontres.
- Il peut à tout moment modifier ou rapporter sa décision d'office, à la demande conjointe des parties ou de l'une d'entre elles ou à la demande du ministère public.
En cas de difficulté dans la mise en œuvre de cette mesure, la personne gestionnaire de l'espace de rencontre en réfère immédiatement au juge (CPC, art. 1180-5 et s., 1199-2).

› Autres aménagements

L'organisation du droit de visite et d'hébergement peut en effet faire l'objet d'aménagements particuliers : instauration progressive, suivant un calendrier convenu à l'avance, quand le parent n'a pas vu depuis longtemps son enfant ; droit exercé chez un tiers qui peut être un membre de la famille (par exemple, grand-parent, un parrain, un oncle ou une tante…) ou un ami et en sa présence… Cette solution est utilisée pour des raisons matérielles (domiciles des deux parents trop éloignés, logement du parent bénéficiaire du droit de visite trop petit…) ou psychologiques (parents pouvant présenter des difficultés en raison par exemple d'un alcoolisme, de troubles psychiques, d'une instabilité…). Dans cette dernière hypothèse, des lieux de rencontre neutres sont choisis (voir ci-dessus).
Quand l'un des parents est étranger – ou vit à l'étranger – un droit de visite en France dans un espace de rencontre avec interdiction de sortie de territoire peut être décidé en cas de risque d'enlèvement de l'enfant. De même, dans certains cas de pratiques religieuses excessives, il peut être interdit au parent de pratiquer sa religion avec l'enfant ou de l'emmener à des réunions pendant l'hébergement.
En cas de conflits aigus, le juge peut accorder une suspension ou un retrait du droit d'hébergement en ne conservant qu'un simple droit de visite, tout en ordonnant une enquête sociale concernant l'enfant.
L'enfant peut être entendu par le juge s'il en remplit les conditions.

Cas pratique

Peut-on voir ses enfants séparément dans le cadre d'un droit de visite et d'hébergement ou doit-on les prendre ensemble ? Le parent chez lequel l'enfant réside peut-il refuser de présenter un enfant si l'autre parent ne prend pas les enfants ensemble ?

Non, le parent ne peut imposer que les enfants soient pris ensemble à défaut de précision du jugement. Il se rend coupable du délit de non-représentation d'enfant en ne permettant pas à l'autre parent de voir l'un de ses enfants, comme il le souhaite, dans le cadre de l'organisation de ses droits prévue dans le jugement (un week-end sur deux...). En effet, il a été jugé qu'une mère de deux enfants qui refuse de confier seulement l'un d'eux au père, exerçant son droit de visite séparément à l'égard de cet enfant, alors que la décision judiciaire n'imposait pas au père d'exercer son droit à l'égard des deux enfants simultanément, se rendait coupable du délit de non-représentation d'enfant (C. cass., crim., 13.2.1962 et 21.2.1967, pourvoi n° 66-90930).

En quoi consiste le motif grave permettant un refus de droit de visite et d'hébergement ?

Seul un motif grave permet de refuser ou de limiter un droit de visite et d'hébergement en cas d'autorité parentale unilatérale (art. 373-2-1, C. civ.). Ce motif grave doit également être prouvé en cas d'autorité parentale conjointe comme on peut le voir dans le cas pratique suivant.

Cas pratique

Un père qui exerçait conjointement l'autorité parentale s'est vu refuser un droit de visite et d'hébergement, car il n'avait pas rendu visite depuis un certain temps à son fils handicapé. En outre son logement ne permettait pas un hébergement adapté. Selon la Cour de cassation, « ...c'est dans l'exercice de son pouvoir souverain d'appréciation que la cour d'appel, qui tient des articles 371-1, 372 et 373-2-8 du Code civil le pouvoir de refuser à un parent tout droit de visite et d'hébergement » (C. cass., civ. 1re, 9.2.2011, pourvoi n° 09-12119).

Le motif grave peut être tiré des mœurs ou du comportement du parent à qui va être confié l'enfant (violence, alcoolisme ou toute autre pathologie du parent, présence d'un nouveau conjoint ou concubin avec lequel l'enfant a des relations conflictuelles, dénigrement fréquent de l'ex-conjoint devant l'enfant, risque d'enlèvement de l'enfant...), mais aussi plus fréquemment du désintérêt du parent pour son enfant. Il est systématiquement établi en cas d'attouchements sexuels ou de sévices – avérés – sur l'enfant. Il est apprécié au cas par cas par le juge aux affaires familiales en fonction des éléments de chaque dossier. Sur un plan général, le juge aux affaires familiales supprime, suspend ou limite le droit de visite et d'hébergement lorsque son exercice entraîne des effets négatifs sur l'enfant : désarroi, angoisse, troubles psychologiques... À l'inverse, et il s'agit d'une question souvent posée, les conditions de logement du parent hébergeant sont rarement considérées comme susceptibles d'entraîner une limitation ou un refus de droit de visite.
Le motif grave peut être lié à la religion du parent. Mais dans ce cas, il faut apporter la preuve qu'elle s'accompagne d'excès : le juge saisi ne peut restreindre l'étendue des pouvoirs des parents que dans le but de protéger l'enfant. La règle est en effet la liberté pour les parents de l'éducation religieuse à donner à leur enfant (voir *L'éducation et la surveillance*, p. 333).

Cas pratiques

Il a été fait interdiction au père d'emmener les enfants dans une communauté religieuse catholique à l'occasion de l'exercice de son droit de visite (CA Nancy, 20.5.1996, JCP 97, n° 1115).

La suspension du droit de visite a été ordonnée dans le cas d'un père qui faisait peser sur ses filles, très jeunes, des pressions morales et psychologiques, compte tenu de sa religion, notamment en exigeant le port du voile islamique, et le respect de l'interdiction de se baigner dans des piscines publiques (C. cass., civ. 1re, 24.10.2000, Juris-Data n° 0006367).

Il en est de même en cas d'adhésion de la mère à une secte qui se caractérisait par certaines pratiques thérapeutiques pouvant s'avérer dangereuses pour l'enfant (C. cass., civ. 1re, 25.6.1998).

Le motif grave peut être lié au risque d'enlèvement d'enfant. Une crainte pour le parent français dans certains couples binationaux est en effet que le parent étranger n'emmène l'enfant dans son pays et ne le ramène pas. Dans cette hypothèse, il faut saisir très rapidement le juge aux affaires familiales d'une demande tendant à obtenir une interdiction de sortie du territoire, afin de rendre le départ de l'autre parent illégal (art. 373-2-6, C. civ.) (voir *L'enlèvement international d'enfant,* p. 359). La question s'est posée de savoir si une suppression ou une limitation du droit de visite était conforme aux normes de la Convention européenne des droits de l'homme. La Cour de cassation y a répondu par la négative dans le cas ci-dessous.

Cas pratique

Les troubles importants de la personnalité d'un parent peuvent représenter ce motif grave. Dans cette hypothèse, le respect dû à la vie privée et familiale, prévu par la Convention européenne des droits de l'homme (CEDH), ne fait pas obstacle à ce que le juge supprime le droit de visite et d'hébergement d'un père pour protéger l'enfant considéré comme étant en péril (C. cass., civ. 1re, 19.12.2000, pourvoi n° 99-14620). Dans cette affaire, un père de famille présentait de graves troubles de la personnalité et nécessitait même des soins en milieu spécialisé. Le juge aux affaires familiales avait alors décidé la suppression de son droit de visite et d'hébergement, son enfant étant également psychologiquement très fragile. La cour d'appel se ralliant à cette décision, le père invoquait notamment le droit au respect de la vie privée et familiale prévu par l'article 8 de la Convention européenne des droits de l'homme. La Cour de cassation répond très succinctement que les premiers juges ont souverainement apprécié les éléments de fait du litige et tranché celui-ci conformément aux règles de droit applicables. Quant à la prétendue violation de l'article 8, la réponse est des plus claires : « *Le respect dû à la vie privée et familiale ne fait pas obstacle à ce que le juge intervienne [...] pour protéger l'enfant d'un péril* ».

Les modifications

L'attribution et le contenu de l'autorité parentale doivent pouvoir être adaptés à la vie de l'enfant, son évolution et celles de ses parents. Qu'il s'agisse d'un accord passé entre les parents au moment de la séparation ou d'une décision de justice, les règles prévues lors de la séparation ne sont pas immuables.

Faire la preuve d'un élément nouveau

C'est pourquoi la loi prévoit que les décisions relatives à l'exercice de l'autorité parentale, qu'il s'agisse de l'attribution de celle-ci (autorité parentale conjointe ou non) ou de l'aménagement des relations des parents avec leurs enfants (droit de visite, résidence…) peuvent être modifiées ou complétées à tout moment par le juge, à la demande des ou d'un parent ou du procureur de la République, qui peut lui-même être saisi par un tiers, parent ou non (art. 373-2-13, C. civ.).

Le parent qui demande une modification doit apporter la preuve d'un élément nouveau par rapport à cette décision. C'est cet élément qui permettra au juge de reconsidérer le dossier.

La modification peut être demandée à tout moment d'une procédure de divorce. De même, après un jugement de divorce définitif, chaque parent peut s'adresser au juge aux affaires familiales pour demander une modification, sous réserve de justifier d'un élément nouveau. Tel sera le cas si l'enfant veut changer de résidence par exemple parce qu'il ne s'entend pas avec un beau-parent. Ce conflit constitue l'élément nouveau non prévu dans la décision d'origine.

Quand les parents sont en conflit sur la modification demandée, le juge aux affaires familiales, avant de statuer sur une telle demande, qui peut avoir des conséquences graves pour les enfants, ordonne généralement une mesure d'instruction. Il tient compte également des sentiments exprimés par les enfants.

Cas pratiques

Est-il obligatoire de saisir le juge après un divorce pour « formaliser » un accord sur une nouvelle organisation entre les parents divorcés ?

Si les parents s'entendent entre eux sur un nouvel aménagement de leurs relations avec l'enfant (modification du droit de visite, par exemple), le recours au juge ne s'impose pas. Ceci étant dit, il est toujours préférable de disposer d'un jugement qui permette, le cas échéant d'être exécuté si l'un des deux parents ne respecte pas l'accord. Il suffit de demander au juge d'« homologuer » l'accord en s'adressant à son greffe par requête. Par ailleurs, la convention homologuée pourra être adressée à la CAF et aux impôts pour que les nouvelles modalités concernant les enfants soient prises en compte (changement de résidence, par exemple).

Un enfant veut changer de « résidence » et vivre chez son père. L'autre parent est d'accord. Le père ne veut pas car il a refait sa vie et a d'autres enfants de son nouveau mariage. Le juge peut-il imposer que l'enfant aille chez le père ?
Le juge va prendre en considération les éléments du dossier qui lui sera soumis par la mère, demandant le changement de résidence. Ce changement ne peut être ordonné qu'en fonction de l'intérêt de l'enfant. Cependant, compte tenu de la résistance du père, il serait étonnant que cette résidence lui soit imposée.

Les droits des tiers

› Les droits des grands-parents

L'enfant a le droit d'entretenir des relations personnelles avec ses grands-parents. Seul son « intérêt » peut faire obstacle à l'exercice de ce droit (art. 371-4, 1er al., C. civ.). À défaut d'accord entre les parents et les grands-parents, les modalités de ces relations sont réglées par le juge aux affaires familiales qui peut accorder un droit de visite ou même d'hébergement aux grands-parents suivant les circonstances de fait.
La multiplication des divorces a effectivement fragilisé la position des grands-parents, notamment paternels, qui calquent les visites à leurs petits-enfants sur le droit de visite exercé par leur fils. Et ce alors que, paradoxalement, les divorces entraînent une plus grande implication des grands-parents dans l'éducation de leurs petits-enfants. Ils sont très sollicités durant la petite enfance, les mères travaillant et les structures de garde étant souvent débordées. Ils le sont également sur un plan financier pour régler une pension alimentaire pour leurs petits enfants en cas de carence des parents.

MON CONSEIL
Les pistes à privilégier Le conseil à donner à ces grands-parents est de ne s'adresser qu'en dernier recours au juge aux affaires familiales et de tenter, en amont, une médiation familiale. S'ils se décident cependant pour l'action en justice, ils doivent prendre contact avec un avocat, indispensable pour mener cette procédure, totalement indépendante de celle concernant le divorce.

› Les droits des autres personnes (beaux-parents, oncles et tantes, parrains et marraines...)

En considération de certaines situations, le juge aux affaires familiales peut accorder un droit de correspondance ou de visite à d'autres personnes, parents ou non. La loi prévoit en effet que, si tel est l'intérêt de l'enfant, le juge aux affaires familiales fixe les modalités des relations entre l'enfant et un tiers, parent ou non, en particulier lorsque ce tiers a résidé de manière stable avec lui et l'un de ses parents, a pourvu à son éducation, à son entretien ou à son installation, et a noué avec lui des liens affectifs durables (art. 371-4, al. 2).

Par exemple, les grands-parents par le sang peuvent obtenir un droit de visite de leurs petits-enfants adoptés plénièrement par une autre famille. Il en est de même d'un parrain par exemple, ou du second conjoint (compagnon ou compagne) ayant élevé l'enfant. La décision sera, de toute façon, prise en fonction de l'intérêt de l'enfant (art. 371-4, C. civ.).

› Obtenir des droits plus étendus

L'autorité parentale n'appartient qu'aux seuls parents. Cela semble évident mais on s'aperçoit que les juges peuvent être saisis de demandes émanant de non-parents. Ainsi, il a été jugé qu'il était impossible d'attribuer l'autorité parentale au second mari de la mère (TGI Paris, 16.12.1997, GP 18.3.1998).

Concrètement, la question s'est posée des pouvoirs au quotidien des tiers entourant l'enfant et notamment ceux qui l'élèvent : le beau-parent (terme pris au sens large) dans les familles recomposées (1,6 million d'enfants vivent au sein d'une famille recomposée), les grands-parents à qui les enfants ont pu être temporairement confiés, voire, comme une affaire récente, le père qui s'était occupé de l'enfant sans savoir qu'il n'était pas le sien.

Plusieurs solutions sont envisageables pour ces tiers :

• **Utiliser les dispositions de l'article 373-3, alinéa 2, du Code civil**, prévu en cas de séparation des parents, selon lequel : « Le juge peut, à titre exceptionnel et si l'intérêt de l'enfant l'exige, notamment lorsqu'un des parents est privé de l'exercice de l'autorité parentale, décider de confier l'enfant à un tiers, choisi de préférence dans sa parenté. » Il vient d'être jugé – dans une affaire où ce tiers demandant que l'enfant lui soit confié était le père dont la paternité avait été contestée – que cette possibilité ne se limite pas au cas où l'un des parents est décédé ou se trouve privé de l'exercice de l'autorité parentale (C. cass., civ. 1re, 25.2.2009, pourvoi n° 07-14849).

Cependant, d'un point de vue procédural, seuls les parents et le ministère public, lui-même éventuellement saisi par le tiers, peuvent saisir le juge aux affaires familiales de cette demande. Ainsi, ni les grands-parents, ni les beaux-parents – ou tout autre tiers intéressé – ne pourraient saisir directement le juge : ils restent dépendants de la demande des parents et doivent se borner à saisir les services du parquet.

• **Demander au parent un mandat (procuration)**. En confiant leur enfant à un tiers, on peut d'ailleurs considérer que les parents leur donnent tacitement mandat pour les actes de la vie quotidienne, à savoir les actes usuels (visites médicales de contrôle, par exemple) (voir *L'autorité parentale conjointe et la présomption d'accord entre parents*, p. 320). Pour certains actes, comme les sorties d'école, un mandat express pourra être demandé et communiqué à l'établissement, le parent autorisant, par exemple, pour la durée de l'année scolaire, le tiers à aller chercher l'enfant. Il en est de même pour les actes non usuels (intervention chirurgicale).

• **Obtenir à son bénéfice une délégation d'autorité parentale** : le partage de l'autorité parentale avec un tiers.

Selon les travaux parlementaires : *« Si cette procédure peut être utilisée au profit d'autres tiers, comme les grands-parents, elle concerne essentiellement les beaux-parents, qui pourront ainsi bénéficier d'un statut juridique au sein des familles recomposées. »*

La délégation d'autorité parentale :
- peut être demandée par l'un ou les deux parents ;
- ne suppose pas la remise de l'enfant au tiers ;
- ne dessaisit pas les parents de leur autorité qui est simplement partagée ;
- est subordonnée à l'accord du ou des parents détenteurs de l'autorité parentale ;
- résulte d'un jugement rendu par le juge aux affaires familiales qui peut être saisi des difficultés d'application qu'elle est susceptible de poser.

Le texte prévoit que : *« Les père et mère, ensemble ou séparément, peuvent, lorsque les circonstances l'exigent, saisir le juge en vue de voir déléguer tout ou partie de l'exercice de leur autorité parentale à un tiers, membre de la famille, proche digne de confiance, établissement agréé pour le recueil des enfants ou service départemental de l'aide sociale à l'enfance… »* (art. 377, al. 1er, C. civ.).

Cette délégation est possible, quel que soit l'âge de l'enfant. Elle peut également être prononcée même en l'absence de remise du mineur à un tiers, à partir du moment où *« les circonstances l'exigent »* : les parents pourront donc, tout en bénéficiant de l'aide de tiers, continuer à élever leurs enfants.

Autre cas prévu : celui du désintérêt manifeste des parents. Dans cette hypothèse, ou dans celle où les parents sont dans l'impossibilité d'exercer tout ou partie de l'autorité parentale, le particulier, l'établissement ou le service qui a recueilli l'enfant peut saisir le juge afin de demander au juge aux affaires familiales une délégation totale ou partielle de l'autorité parentale (art. 377, al. 2, C. civ.).

Dans ces deux cas, les parents doivent être appelés à l'instance. Si l'enfant fait l'objet d'une mesure d'assistance éducative, la délégation ne peut intervenir qu'avec l'avis du juge des enfants et des parents (art. 377, al. 3, C. civ.).

La délégation de l'autorité parentale, qu'elle soit totale ou partielle, doit résulter d'un jugement du juge aux affaires familiales.

Cette délégation peut prendre la forme d'un partage de l'autorité parentale entre le délégant (le parent) et le délégataire (grand-parent, un beau-parent, membre de la famille ou tiers) pour les besoins de l'éducation de l'enfant. Dans cette dernière hypothèse, le père ou la mère ne renonce donc pas à ses droits. Ce partage de l'autorité parentale ne peut être décidé par le juge qu'avec l'accord des deux parents s'ils exercent en commun l'autorité parentale (art. 377-1, C. civ.).

Selon les travaux parlementaire : *« Il serait, en effet, pour le moins paradoxal d'autoriser un partage de l'autorité parentale avec un tiers, qui peut être le beau-père, sans l'accord du père, alors même que l'un des objectifs de la réforme est d'assurer une véritable coparentalité en renforçant le rôle du père en cas de séparation. »*

Dans le cadre de ce partage de l'exercice de l'autorité parentale, les actes usuels accomplis par les parents et le tiers sont présumés être accomplis avec l'accord de chaque partie, conformément à l'article 372-2 du Code civil (voir *L'autorité parentale*, p. 307, *L'autorité parentale conjointe et la présomption d'accord entre parents*, p. 320). Les actes usuels peuvent en effet être accomplis par le(s) parent(s) qui délègue(nt) ou les personnes qui bénéficient de cette délégation. Les autres actes exigent l'accord des parents et du tiers.

En cas de difficultés, le juge aux affaires familiales peut être saisi par les parents, le tiers ou le ministère public. Sa décision devra tenir compte de la pratique antérieurement suivie, des sentiments de l'enfant, de la capacité des parties à respecter les droits de l'autre et des renseignements recueillis lors de l'enquête sociale et l'aptitude de chacun à respecter ses devoirs et les droits de l'autre.

Cas pratique

Puis-je intervenir en tant que grand-père dans la procédure de divorce en cours, notamment lors de la prochaine audience de conciliation, pour avoir un droit de visite ? En effet, ma belle-fille s'oppose à mes droits sur l'enfant et cette procédure me semble le moment opportun pour faire valoir mes droits.

Non, la procédure de divorce ne concerne que les seuls époux. Le seul droit de visite et d'hébergement que le juge peut fixer est celui du parent (CA Metz, 23.11.1993, Juris-Data n° 050351).

Si vous désirez aller en justice pour faire valoir vos droits, il faut saisir le juge aux affaires familiales du domicile de l'enfant. Bien que la jurisprudence ne soit pas fixée sur ce point, la plupart des secrétariats de ces juridictions exigent une assignation effectuée par avocat.

À NOTER

Un statut pour les tiers ? Plus précisément intitulé « Intérêt de l'enfant, autorité parentale et droits des tiers », ce rapport déposé fin 2009 préconise d'élargir la possibilité de partager l'autorité parentale entre les parents et un tiers, notamment dans le cadre d'une convention homologuée par le juge.

Lors d'une intervention aux états généraux de la famille, en janvier 2010, le garde des Sceaux a confirmé sa volonté de clarifier les règles relatives à l'autorité parentale et aux droits des tiers.

Ce rapport, très documenté, peut être consulté sur le site de La Documentation française.

La proposition de loi n° 664 relative à l'autorité parentale et à l'intérêt de l'enfant, adoptée par l'Assemblée nationale en première lecture le 27 juin 2014, entend reconnaître la place croissante prise par les tiers, les beaux-parents en particulier (mais elle pourrait être utilisée par d'autres personnes, tels les grands-parents), dans l'éducation et la vie quotidienne des enfants, avec lesquels ils nouent des liens affectifs étroits et durables.

Elle étend la présomption d'accord de l'autre parent prévue pour les actes usuels à l'égard des tiers de bonne foi (voir *L'autorité parentale conjointe et la présomption d'accord entre parents*, p. 320) aux actes qu'un parent a autorisé un tiers à accomplir. Les beaux-parents pourraient ainsi prendre en charge les enfants pour les actes usuels (aller chercher l'enfant à l'école, l'emmener chez le médecin…) sans accord écrit préalable de l'autre parent.

Bien plus, elle prévoit un « mandat d'éducation quotidienne », qui, quand les parents sont d'accord, leur permettront d'accomplir les actes usuels à l'égard de l'enfant et de bénéficier d'un document qui en atteste.

Il est également proposé de clarifier la distinction entre la délégation et le partage de l'exercice de l'autorité parentale. Quand les parents sont d'accord, le partage sera facilité, car il ne sera plus subordonné à l'existence de circonstances exceptionnelles et prendra la forme d'une convention homologuée par le juge. À suivre donc…

La non-représentation d'enfant

De nombreuses questions ont trait à cet aspect de l'autorité parentale. En effet, si les gens sont bien conscients que le fait de ne pas payer une pension alimentaire est une infraction pénale, ils sont moins bien renseignés sur l'aspect pénal de l'autorité parentale. Les questions souvent posées sont : le droit de visite et d'hébergement est-il un droit ou une obligation ? Y a-t-il infraction si le parent concerné ne peut pas prendre l'enfant (il est malade le week-end où l'enfant doit venir, ou bien il ne peut prendre qu'un enfant sur deux) ? Y a-t-il infraction quand l'enfant ne veut pas venir ? Quel parent est en infraction : celui qui ne reçoit pas l'enfant ou celui qui ne l'envoie pas chez l'autre parent ?

Des comportements trop fréquents

D'autres cas sont plus dramatiques : on pense bien sûr à l'enlèvement d'enfant dans le cadre de l'exercice du droit de visite ou d'hébergement ; mais aussi aux conflits parfois très aigus (et plus fréquents) entre parents qui, ponctuellement ou systématiquement, ne peuvent pas se mettre d'accord, par exemple, sur les dates des vacances de leurs enfants, et des drames que cela peut engendrer pour ces derniers.

Il existe également des procédés plus subtils et plus sournois qui consistent à se servir des enfants, en suscitant ou excitant leur sentiment d'hostilité vis-à-vis de l'autre parent, pour refuser un exercice correct du droit de visite et d'hébergement ; ou, tout simplement, en n'usant pas, par indifférence ou manque d'intérêt, de son influence sur l'enfant (surtout quand il est jeune) pour vaincre cette hostilité et faire que l'enfant se rende chez l'autre parent. Il est admis que le refus d'un enfant peut être provoqué par une manipulation, même inconsciente du parent « *qui exerce sur l'enfant, surtout lorsqu'il est en bas âge, un ascendant et une influence prépondérante* » (C. cass., crim., 12.5.1954, Dalloz, 1955, 229).

Il faut réserver ici le cas de circonstances particulières ou graves (l'enfant est atteint d'une maladie grave ou d'une infirmité excluant tout déplacement ; le parent a la crainte que l'enfant ne soit enlevé et emmené à l'étranger sans retour ; le parent chez qui doit se rendre l'enfant présente un danger pour l'enfant). Dans ces hypothèses, le juge civil (juge aux affaires familiales ou juge des enfants) doit être saisi rapidement de la question, dès que les faits sont connus, dans le cadre d'un retrait (ou d'une suspension) de droit de visite ou d'hébergement, voire de l'autorité parentale, ou d'un aménagement du droit de visite et d'hébergement (par exemple, en présence d'un tiers).

Qu'est-ce que la non-représentation d'enfant ?

C'est le fait de volontairement empêcher une personne d'exercer ses droits de parent. Le fait de refuser indûment de représenter un enfant mineur à la personne qui a le droit de le réclamer (par décision de justice) est puni d'un an de prison et de 15 000 € d'amende (art. 227-5, C. pén.).

À NOTER

Une simple contravention ? La proposition de loi n° 664 relative à l'autorité parentale et à l'intérêt de l'enfant, adoptée par l'Assemblée nationale en première lecture le 27 juin 2014, disqualifie le délit en contravention de quatrième classe sauf si la personne concernée a déjà fait l'objet d'une contravention pour un fait identique au cours des deux années précédentes.

Ces faits sont donc sanctionnés dans les cas suivants :
- le parent qui a l'autorité parentale ne permet pas l'exercice du droit de visite et d'hébergement de l'autre parent ;
- inversement, le parent qui n'a pas l'autorité parentale ne remet pas l'enfant à l'autre parent, par exemple à l'issue des périodes d'hébergement.

Ces règles sont étendues à l'hypothèse d'autorité parentale conjointe (l'autorité est partagée mais l'enfant a sa résidence chez l'un des parents et l'autre exerce en fait un droit de visite et d'hébergement).

Ces faits sont sanctionnés plus sévèrement quand l'enfant est retenu plus de cinq jours en laissant l'autre parent dans l'ignorance de l'endroit où il se trouve ou hors de France (art. 227-9, C. pén.).

MON CONSEIL

Pourquoi engager une procédure pénale ? La violation d'une décision judiciaire accordant un droit de visite et d'hébergement à un parent est un délit sévèrement puni par le Code pénal (voir ci-dessus). Mais est-il intéressant d'aller au pénal pour le parent qui n'arrive pas à faire respecter ses droits ?

La question qui se pose, comme toujours en ce qui concerne les enfants est quelle peut être une solution judiciaire véritablement adaptée à ce type d'infraction où la récidive est relativement importante ? Il faut savoir également que la prison ferme est rarement infligée aux coupables de ce délit (sauf pour les multirécidivistes). Le but du parent qui engage l'action au pénal est donc moins d'obtenir une condamnation (amende ou prison) qu'un moyen d'intimidation pour que l'exercice de ses droits se passe ensuite correctement.

.../...

Il s'agit là d'un problème plus général que les infractions familiales, et la justice recherche depuis un certain temps la possibilité de mesures alternatives aux seules poursuites pénales pour un certain type de délinquance. À ce titre, le parquet (procureur de la République), saisi d'une plainte, a la possibilité d'ordonner une médiation ou une composition pénale qui peut permettre de responsabiliser le parent et faire évoluer la situation (voir *Les maisons de justice et du droit (MJD), les délégués du procureur de la République et la composition pénale*, p. 33).
Porter plainte ne doit être que la solution ultime quand toutes les autres solutions ont échoué, que les faits dénoncés persistent et que la mauvaise foi est avérée. Instaurer un dialogue en amont avec l'autre parent, saisir le cas échéant le juge aux affaires familiales d'une demande de modification du droit, voire d'une demande de résidence de l'enfant à son profit : ces différentes solutions doivent être d'abord envisagées.

Quels sont les principaux cas de non-représentation d'enfant ?

Le délit de non-représentation d'enfant suppose un élément intentionnel. Il faut avoir délibérément décidé de ne pas respecter la décision de justice. Cela sous-entend que l'on ne dispose d'aucune excuse valable à son attitude. Par exemple, le seul manque de confiance en son ex-conjoint qui doit prendre les enfants (motif souvent invoqué dans ce type d'affaire) ne suffit pas s'il ne repose pas sur des bases solides (C. cass., crim., 22.6.2005, pourvoi n° 04-85511).
Qu'en est-il des situations, fréquentes en pratique, où le parent invoque le refus de l'enfant ou ses problèmes de santé pour éviter de l'envoyer chez l'autre parent ? Dans ce second cas, il faut que l'excuse soit reconnue valable par le tribunal (tel est le cas si l'enfant doit subir un traitement particulier) (voir *Cas où aucune infraction n'a été retenue*, p. 357).
La résistance de l'enfant, son animosité à l'égard de celui qui est en droit de le réclamer ne constituent en principe, pour celui qui a l'obligation de le représenter, ni une excuse légale ni un fait justificatif, à moins de circonstances exceptionnelles. La jurisprudence est constante sur ce principe, désireuse de sanctionner également la « résistance passive » du parent qui ne va pas s'opposer ouvertement à l'exercice de ce droit, mais va organiser parfois une véritable mise en scène au terme de laquelle il résulterait une opposition farouche de l'enfant d'aller voir son parent.

Cas pratiques

Ainsi, un arrêt a sanctionné le parent en précisant que c'est à lui de démontrer qu'il a, en vain, usé de son autorité pour convaincre et inciter sérieusement l'enfant à suivre le bénéficiaire du droit de visite : « *...il ne suffit pas, à l'heure du droit de visite, d'exhorter l'enfant à suivre son père, mais il faut, surtout dans des cas difficiles, comme en l'espèce, se livrer à toute une préparation psychologique pour faire accepter par l'enfant l'exercice de son droit par l'autre parent... les constats*

> *d'huissier et les deux attestations produites (par la mère pour justifier son attitude) ne démontrent pas que celle-ci a usé de son autorité... mais sont plutôt révélateurs d'une sorte de mise en scène, l'enfant refusant de descendre du véhicule garé à proximité du domicile paternel, alors qu'il n'était même pas allégué qu'il ait refusé d'y prendre place...* » (C. cass., crim., 13.4.1988, pourvoi n° 87-80712).
> De même, a été condamnée une mère qui avait abusé le père en lui faisant croire que sa fille était malade, de façon à ce qu'il n'aille pas la chercher pour exercer son droit de visite (C. cass., crim., 18.12.2002, D. 2003, IR p. 666).

En revanche, la résistance d'un adolescent doit être prise en compte dans la mesure où elle est susceptible de représenter un obstacle insurmontable au droit du parent. La non-représentation d'enfant exige, en effet, pour être sanctionnée une attitude consciente et volontaire du parent.
Les parents doivent également savoir que lorsque le droit de visite et d'hébergement s'exerce sur plusieurs enfants, elle n'impose pas que ce droit s'exerce simultanément sur les enfants, à défaut de précision en sens contraire de la décision. Autrement dit, ce n'est pas parce que l'un des enfants refuse de venir ou est souffrant que les autres ne peuvent pas aller chez leur parent.

Exemples de condamnations

Ont été condamnés pénalement :
- une mère qui n'a pas présenté l'enfant aux dates proposées par le père, qui disposait d'un libre droit de visite accordé par l'ordonnance de non-conciliation, et alors qu'elle n'établissait pas avoir suggéré d'autres modalités de rencontre (C. cass., crim., 5.2.1958, D. 58, p. 325) ;
- la mère de deux enfants qui refusait de présenter un enfant au père, prétextant la maladie de l'autre enfant et le fait qu'elle ne veut pas les séparer (C. cass., crim., 21.2.1967, BC n° 74) ou usant de stratagème en faisant croire au père que sa fille était malade (C. cass., crim., 18.12.2002, pourvoi n° 02-83667) ;
- un parent qui ne présente pas l'enfant, celui-ci refusant de voir l'autre parent (voir cependant ci-dessous). Selon les tribunaux en effet, c'est au parent qui doit présenter l'enfant à l'autre d'user de son influence et de son autorité pour que s'exerce correctement et conformément à la décision judiciaire le droit de visite et d'hébergement. Ce n'est pas à l'autre parent d'essayer de « capter » la confiance des enfants (C. cass., crim., 12.5.1954, BC n° 175) ;
- une mère qui refusait d'envoyer l'enfant chez son père, ce que les juges ont considéré être une tendance à la surprotection de l'enfant, une interprétation négative de sa part du moindre geste du père et un total manque de confiance envers lui. La mère a été condamnée car les qualités paternelles étaient incontestables et l'enfant avait besoin de contact avec lui (C. cass., crim., 22.6. 2005, pourvoi n° 04-85511).
- les parents invoquent souvent l'attitude de l'enfant qui ne veut pas voir l'autre parent. Cet argument n'est retenu par les juges qu'en cas de preuve d'un danger avéré. « Attendu que, pour confirmer le jugement et écarter le moyen de défense

pris de l'état de nécessité, l'arrêt retient que la violence du père n'est pas établie par la procédure et les attestations produites et qu'il appartenait à la prévenue de faire respecter le jugement du 22 janvier 2009… » (C. cass., crim., 14.3.2012, pourvoi n° 11-85421).

Cas où aucune infraction n'a été retenue

Ont été relaxés :
- un parent qui ne présentait pas l'enfant, celui-ci étant âgé de 15 ans, du fait de son opposition (C. cass., crim., 14.3.1972, JCP, II, n° 17405) ;
- un parent qui ne présente pas son enfant de 12 ans à son père, car il a appris que ce dernier se livrait à des attouchements sexuels sur l'enfant sous prétexte d'éducation sexuelle. L'enfant dans cette affaire (il s'agissait d'un enfant dont les parents séparés n'étaient pas mariés mais les règles sont les mêmes qu'en matière de divorce) vivait ses visites comme un « cauchemar », sa résistance s'étant notamment concrétisée par des fugues (CA Agen, 27.6.1985, Gaz. Pal. 86, Som., p. 137) ;
- un parent qui n'a pas présenté l'enfant, ce dernier devant faire l'objet d'un traitement très particulier et quotidien sous peine de décès, ce dont il était attesté par un médecin spécialiste (CA Dijon, 19.12.1984) ;
- le fait d'être « obsédé » par la crainte de voir son enfant enlevé à l'étranger par le père qui a gardé de nombreux contacts dans son pays d'origine (CA Dijon, 19.12.1984, Gaz. Pal. 1985, p. 256).

L'obligation de notifier son changement d'adresse

Le fait, pour le parent qui a l'autorité parentale, de déménager sans notifier à l'autre parent son changement de domicile dans le délai d'un mois à compter de ce changement est également un délit pouvant être puni de six mois de prison et d'une amende (art. 227-5 et s., C. pén.).

Comment agir au pénal ?

La victime peut :
- porter plainte auprès du commissariat de police ou du poste de gendarmerie le plus proche en se déplaçant ou en écrivant ;
- rédiger une plainte adressée au procureur de la République du tribunal de grande instance du domicile familial ;
- faire délivrer une citation directe par huissier de justice devant le tribunal correctionnel.

Aux termes de l'article 382 du Code de procédure pénale, le tribunal correctionnel compétent est celui du lieu de l'infraction, celui de la résidence du prévenu c'est-à-dire la personne contre laquelle la procédure est dirigée (ou encore du lieu d'arrestation ou de détention de ce dernier). Pour le délit de non-représentation d'enfant, l'infraction est commise au lieu où doit être effectuée la remise de l'enfant, conformément aux dispositions de la décision de justice accordant le droit de visite et d'hébergement.

Qu'est-ce que le détournement de mineur ?

Le détournement de mineur est le fait de soustraire un enfant des mains de ceux qui exercent l'autorité parentale ou auxquels il a été confié. Les peines ne sont pas les mêmes si cette « soustraction » est le fait d'un ascendant (parent ou grand-parent) ou commise par un tiers.
S'il s'agit d'un ascendant, le détournement est puni d'un an d'emprisonnement et de 15 000 € d'amende (quelles que soient les circonstances). La loi du 5 mars 2002 a porté à trois ans d'emprisonnement et à 45 000 € d'amende les peines prévues quand l'enfant mineur est retenu indûment hors du territoire français (enlèvement international).
S'il s'agit d'un tiers, le détournement (sans fraude ni violence) est puni de cinq ans de prison et 75 000 € d'amende (art. 227-7 et 227-8, C. pén.). Si le tiers a agi avec fraude ou violence (ce qui sous-entend que le mineur n'était pas consentant), il s'agit alors d'enlèvement de mineur, crime puni de 30 ans de réclusion criminelle ou de la réclusion à perpétuité (art. 224-5, C. pén.).

ATTENTION

Une obligation de dénonciation Le fait pour une personne d'avoir connaissance de la disparition d'un jeune de moins de quinze ans et de ne pas en informer les autorités (judiciaires ou administratives), en vue d'empêcher ou de retarder la mise en œuvre des procédures de recherche est puni de deux ans d'emprisonnement et de 30 000 € d'amende (art. 434-4-1, C. pén., introduit par la loi n° 2007-297 du 5 mars 2007).

L'enlèvement international d'enfant

Il faut entendre par enlèvement international d'enfant le fait pour un parent d'emmener son enfant dans un autre pays de façon durable (non pas seulement pendant les vacances) et le refus de remettre cet enfant à l'autre parent au moment prévu. De façon générale, cet enlèvement est l'œuvre du parent avec lequel l'enfant ne vit pas habituellement.
Par souci d'une justice plus efficace, un tribunal de grande instance est désigné au sein de chaque cour d'appel pour connaître des cas de déplacements internationaux d'enfants. L'appel des jugements rendus en première instance est examiné par une formation de la cour d'appel où siège le magistrat délégué à la protection de l'enfance. Un magistrat du parquet général est également spécialisé dans le traitement de ces affaires (art. L. 226-1, L. 312-1-1, COJ).

Comment prévenir l'enlèvement international d'un enfant ?

Il ne s'agit pas ici de prévenir un « kidnapping » en bonne et due forme, qui consiste à emmener hors de France l'enfant de façon cachée : il est malheureusement quasiment impossible de se prémunir contre ce type d'acte.
L'enlèvement dont il est question ici est celui qu'entreprend un parent de façon apparemment légale, en prenant l'enfant avec lui, par exemple à l'occasion de vacances, soit lors d'un déménagement, puis en « oubliant » de le ramener. Souvent – mais pas toujours – il s'agira du parent qui exerce un droit de visite et d'hébergement de l'enfant et emmène celui-ci dans son pays. La prévention contre un tel enlèvement peut alors s'exercer à deux niveaux : au moment du divorce ou après le divorce.

MON CONSEIL

Savoir s'entourer de conseils avant le départ de l'enfant Il est souvent plus facile d'empêcher le déplacement illicite que de retrouver l'enfant une fois celui-ci parti. En cas de séparation des parents ou si un jugement a été rendu relatif l'autorité parentale de l'enfant, il peut être utile de discuter du projet de voyage avec un avocat ou une association d'aide aux parents victimes d'un déplacement illicite qui a l'expérience de telles situations. Il peut être également nécessaire de se renseigner auprès d'un avocat du pays concerné.
Une liste d'avocats francophones est disponible auprès des consulats de France à l'étranger. Si à quelque moment que ce soit, il existe de sérieuses craintes que l'enfant court le risque d'être illicitement déplacé, il faut en discuter avec les autorités policières ou toute organisation susceptible de fournir assistance et conseils.

› La prévention au moment du divorce

C'est naturellement au moment du divorce que vont être aménagés les droits de visite et d'hébergement du parent chez qui l'enfant ne réside pas. C'est donc à ce moment-là que l'on peut demander que soient prises un certain nombre de mesures, même si une telle demande reste encore possible par la suite. Bien entendu, c'est lorsque démarre la procédure de divorce que le risque de « vengeance » de l'époux, qui emmène l'enfant avec lui par dépit ou pour faire souffrir l'autre, est le plus grand. Dans ces cas, il est possible d'agir avec célérité puisqu'en vertu de l'article 1109 du Code de procédure civile, le juge aux affaires familiales peut autoriser un des époux à assigner l'autre selon une procédure très rapide (« assignation à jour fixe »), et ce afin notamment de prendre rapidement des mesures concernant les enfants (voir *Les différentes procédures d'urgence*, p. 112).

Les mesures envisageables sont les suivantes :

• Interdiction de sortie du territoire (IST)

Raisons justifiant une telle mesure

Le juge aux affaires familiales peut ordonner l'interdiction de sortie de l'enfant du territoire français sans l'autorisation des deux parents. Cette mesure est inscrite au fichier des personnes recherchées (FPR) par le procureur de la République (art. 373-2-6, C. civ.). Le but de l'interdiction est, notamment, de permettre le maintien des liens de l'enfant avec ses deux parents, règle d'or en matière d'autorité parentale.
Il faut, bien entendu, justifier une telle demande, car elle peut priver l'autre parent, par exemple s'il est étranger, de la possibilité de faire voir à l'enfant « son » pays (y compris les grands-parents qui y habitent souvent). Cette justification n'est pas une simple formalité.

> **Cas pratiques**
> Le simple fait que l'autre parent ait une nationalité étrangère n'est pas suffisant pour justifier une interdiction du territoire.
> En revanche, le fait qu'il n'existe aucune convention d'entraide judiciaire entre la France et le pays de l'autre parent (ce qui rendrait les opérations de rapatriement de l'enfant très difficiles) a été retenu par les tribunaux comme motif pour justifier une interdiction de sortir du territoire (C. cass., civ. 1re, 3.2.1982, pourvoi n° 80-16027).

Les raisons pouvant justifier une interdiction de sortie du territoire sont souvent liées à l'attitude des parents.

> **Cas pratiques**
> Le fait qu'un parent menace d'enlever l'enfant justifie une telle mesure (CA Bordeaux, 6e ch., 17.12.1996, CA Rennes, 6e ch., 2.5.1990). Les attitudes des père et mère sont passées au crible : ainsi, si une mère, avant son divorce, a déjà tenté de rejoindre son amant habitant dans un pays lointain, une mesure d'interdiction du territoire pourrait se révéler justifiée (CA Orléans, 24.2.1988).

Il en est de même du risque représenté par une mère de nationalité franco-canadienne ayant conservé des attaches familiales fortes au Canada où vivaient ses parents.
Son activité professionnelle lui permettait de retrouver un emploi à l'étranger. La mise en place du droit de visite et d'hébergement du père s'était par ailleurs révélée difficile. Dans cette affaire plus récente, les juges, compte tenu de la situation familiale, de la nécessité pour l'enfant de maintenir des relations avec chacun de ses parents et du risque pouvant affecter la continuité et l'effectivité de ces liens, a confirmé l'interdiction de sortie du territoire français de l'enfant sans l'autorisation des deux parents (C. cass., civ. 1re, 3.3.2010, pourvoi n° 08-21059).

La réglementation

L'interdiction de sortie de territoire de l'enfant est encadrée par le décret n° 2012-1037 du 10 septembre 2012.
Art. 1180-3 CPC : « Lorsque le juge aux affaires familiales prononce ou modifie une mesure, prise en application de l'article 373-2-6 du Code civil, d'interdiction de sortie du territoire d'un enfant mineur sans l'autorisation de ses deux parents, le greffe du juge aux affaires familiales en avise aussitôt le procureur de la République qui fait inscrire cette mesure au fichier des personnes recherchées ou fait procéder à la modification de l'inscription. Lorsqu'une requête en divorce ou en séparation de corps mentionne l'existence d'une ordonnance de protection en cours d'exécution comportant une mesure d'interdiction de sortie du territoire d'un mineur sans l'autorisation de ses deux parents, le greffe du juge aux affaires familiales en avise aussitôt le procureur de la République. Celui-ci, après s'être assuré que les conditions mentionnées par l'article 1136-13 sont réunies, fait procéder en conséquence aux modifications de l'inscription au fichier des personnes recherchées en ce qui concerne la durée de validité de la mesure. »
Art. 1078 CPC : « La demande [en divorce ou en séparation de corps] mentionne, le cas échéant, l'existence d'une ordonnance de protection concernant les époux en cours d'exécution à la date de son introduction. L'ordonnance, accompagnée de la preuve de sa notification, est jointe à la demande. » Selon la circulaire, le greffe du JAF ainsi informé devra transmettre l'information au procureur de la République afin que ce dernier fasse le nécessaire auprès du fichier des personnes recherchées. »
Art. 1180-4 CPC : « I.- La sortie du territoire d'un mineur faisant l'objet d'une mesure, prise par le juge des affaires familiales en application de l'article 373-2-6 du Code civil, d'interdiction de sortie du territoire sans l'autorisation des deux parents, est subordonnée au recueil de l'accord de chacun des parents selon les modalités prévues aux II, III et IV du présent article.
II.- Chacun des deux parents, conjointement ou séparément, déclare, devant un officier de police judiciaire ou, sous le contrôle de celui-ci, devant un agent de police judiciaire, autoriser l'enfant à quitter le territoire, en précisant la période pendant laquelle cette sortie est autorisée ainsi que la destination de cette sortie. Cette déclaration est faite au plus tard cinq jours avant la date à laquelle la sortie du territoire du mineur est envisagée, sauf si le projet de sortie du territoire est

motivé par le décès d'un membre de la famille du mineur ou en cas de circonstances exceptionnelles dûment justifiées.
Lors de la déclaration, l'officier ou l'agent de police judiciaire vérifie l'identité du ou des déclarants et leur qualité de parent de l'enfant.
Un procès-verbal est dressé et signé par l'officier ou l'agent de police judiciaire et le ou les parents déclarant. Un récépissé est remis à chaque parent déclarant.
L'officier ou l'agent de police judiciaire transmet le procès-verbal pour information au procureur de la République. Il communique sans délai les informations utiles au gestionnaire du fichier des personnes recherchées afin que ce service procède à l'inscription de l'autorisation dans ce fichier.
III.- Les dispositions du II ne sont pas applicables lorsque le mineur voyage en compagnie de ses deux parents.
IV.- Lorsque le mineur voyage en compagnie d'un seul de ses parents, la procédure prévue au II n'est pas applicable pour le recueil de l'autorisation du parent qui accompagne le mineur lors de la sortie du territoire. L'autorisation de l'autre parent est recueillie préalablement à la sortie du territoire du mineur, conformément à la procédure prévue au II. »
(Voir la circulaire n° INTD1237386C du 20.11.2012 sur le site www.interieur.gouv.fr/).

• Opposition à la sortie de territoire (OST) à titre conservatoire

Mesure administrative courte et provisoire, elle permet au(x) titulaire(s) de l'autorité parentale de s'opposer sans délai à la sortie du territoire de leur enfant, et ce, en l'attente d'une décision judiciaire d'interdiction de sortie du territoire (décret n° 2010-569 du 28.5.2010).
La circulaire n° INTD1237386C du 20 novembre 2012 en a précisé les contours.
Elle peut être demandée par le père ou la mère exerçant conjointement l'autorité parentale, par un parent qui exerce seul l'autorité parentale et qui en justifie ou par toute autre personne disposant d'une délégation judiciaire de l'autorité parentale et qui en justifie.
Le demandeur à la mesure doit fournir au soutien de sa demande :
- un formulaire de demande, rempli et signé sur place, remis au guichet ;
- un justificatif d'exercice de l'autorité parentale (jugement, extrait d'acte de naissance de l'enfant mentionnant la filiation...) ;
- un justificatif de son identité (copie de la carte nationale d'identité ou du titre de séjour, en cours de validité...) ;
- un justificatif permettant d'établir l'identité de l'enfant (copie de la carte nationale d'identité...) ;
- tout document pertinent permettant au service d'étudier la demande et de prendre une décision (extrait de jugement de divorce, copie de billet d'avion...).
Si le demandeur vit en France, il doit déposer sa demande auprès de la préfecture, de la sous-préfecture ou du haut-commissariat de la République (de préférence au service des passeports). Si le service est fermé (nuit, week-end ou jour férié, par exemple) et que le voyage est imminent, le demandeur doit déposer sa demande auprès du commissariat ou la gendarmerie le plus proche.

Si le demandeur ne vit pas en France mais que son enfant s'y trouve, il doit faire la demande auprès du Bureau de l'entraide civile et commerciale internationale du ministère de la Justice.
Dans tous les cas, si le demandeur avait préalablement saisi le juge aux affaires familiales (ou le juge des enfants), en vue d'obtenir une mesure d'interdiction de sortie de territoire (IST), il doit le signaler lors du dépôt de la demande.
Si la décision d'OST conservatoire est prise, les services préfectoraux informent la police aux frontières et l'enfant est alors inscrit au fichier des personnes recherchées (FPR) et fait l'objet d'un signalement au système d'information Schengen (SIS).
Par ailleurs, si aucune demande d'IST n'avait été faite auparavant, le préfet qui a délivré l'OST conservatoire saisit les services du procureur de la République afin que celui-ci décide de saisir ou non le JAF (ou le juge des enfants) en urgence d'une demande d'IST.
Une information sur la prise de la mesure est aussi envoyée aux parents concernés.
La mesure d'OST prise à titre conservatoire est valable 15 jours maximum et n'est pas prorogeable.

Mesures contraignantes pour l'autre parent (étranger)

Plutôt que d'interdire à l'enfant de sortir du territoire national, il peut être intéressant de faire peser sur l'autre parent des obligations telles qu'il n'enlèvera pas l'enfant. On peut envisager deux types de mesures : celles qui empêcheront le parent étranger à partir avec l'enfant, et celles dont le but est d'assurer que le parent étranger ramène l'enfant le moment voulu.

Les mesures visant à empêcher le parent étranger de partir avec l'enfant

Il s'agit de mesures moins contraignantes que l'interdiction de sortir du territoire national. Ainsi, on peut prévoir que, pendant tout le temps de l'exercice de son droit de visite et d'hébergement, le parent étranger devra déposer son passeport et/ou autres papiers d'identité soit auprès de l'autre parent, soit auprès d'une autre personne (avocat, huissier, consul, notaire...). De cette manière, il ne pourra pas quitter la France avec cet enfant.

> **Cas pratique**
> Une décision peut parfaitement limiter, dans l'intérêt des enfants, l'exercice du droit de visite et d'hébergement du père au territoire français, après remise par ce dernier de son passeport. Dans une affaire jugée par la Cour de cassation, cette limitation a été rendue nécessaire compte tenu de son refus de se conformer aux décisions de justice et de laisser son enfant rentrer en France, où réside la mère, à l'issue de ses vacances à l'étranger (C. cass., 1re civ., 17.1.2006, pourvoi n° 03-14421).

Il peut s'agir aussi d'une localisation du droit de visite : le parent exerçant son droit de visite ne pourra alors visiter l'enfant qu'à un certain endroit fixé par le juge.

Les mesures visant à assurer le retour de l'enfant après son passage possible dans le pays du parent étranger

Il s'agit, par exemple, d'obtenir pour l'enfant une autorisation officielle de sortie du territoire étranger avant même que celui-ci n'y soit parti, pour être sûr que le départ soit possible.

Il est aussi possible de prévoir que l'enfant ne pourra partir dans le pays étranger de son parent que lorsque celui-ci aura obtenu, dans ce pays, l'*exequatur* de la décision de divorce ayant accordé la résidence habituelle de l'enfant à l'autre parent. L'exequatur a pour effet de rendre opposable la décision de divorce, y compris les dispositions concernant les enfants, aux autorités étrangères (les dispositions contenues dans le jugement seront reconnues dans ce pays étranger). Il sera donc plus facile d'y obtenir un jugement ordonnant le retour des enfants. De même, certains préconisent un engagement officiel du parent souhaitant emmener l'enfant de ramener celui-ci (en précisant bien les dates d'arrivée et de départ) même si l'efficacité d'un tel engagement peut paraître douteuse.

Le droit d'emmener l'enfant dans son pays peut aussi être soumis à des conditions financières (garanties bancaires, astreinte) de façon à assurer que le parent étranger a un intérêt financier à ramener l'enfant.

› La prévention à d'autres moments

Comme dans toute matière concernant les enfants, il est aussi possible de revenir devant le juge aux affaires familiales pour aménager les droits de visite et d'hébergement des enfants. Il est possible alors de demander l'application d'une des mesures indiquées ci-dessus, par la procédure des référés s'il y a urgence.

Que faire si l'enfant a été enlevé ?

Ici, nous supposons que l'enfant a été enlevé, peut-être en dépit des mesures indiquées ci-dessus. En effet, il ne faut pas se méprendre sur l'efficacité de certaines mesures telles que l'interdiction de sortie du territoire. Il n'est pas certain que l'enfant soit effectivement contrôlé à la frontière, surtout si on la franchit aux grandes heures de voyage des vacances, en voiture, et surtout à l'intérieur de l'espace Schengen (l'espace Schengen est constitué par le territoire d'une certain nombre de pays de l'Union européenne, notamment la France, l'Allemagne, les pays Benelux, etc. Les contrôles des frontières entre ces pays ont été supprimés).

Dans ce cas, il faut tenter de récupérer l'enfant. Pour ce faire, il faudra souvent intenter une action judiciaire dans le pays étranger qui appliquera sa propre loi selon laquelle souvent l'enfant ne doit pas être restitué (c'était le cas, par exemple, des mères d'Alger). En effet, même si les tribunaux français ont ordonné le retour de l'enfant, les tribunaux étrangers n'appliqueront pas nécessairement ce jugement – à moins qu'ils n'aient reconnu explicitement (par la procédure d'exequatur) le jugement français.

Il faudra donc se battre devant les tribunaux de l'État étranger afin qu'ils ordonnent le retour de l'enfant. Un tel combat ne sera pas facile. Heureusement,

aujourd'hui, un certain nombre de conventions ont été conclues dans cette matière, qui viennent en aide aux parents concernés.
La procédure à suivre sera différente selon que l'enfant est retenu dans un pays ayant ratifié la convention de La Haye ou la convention du Luxembourg, ou si le pays est lié à la France par une convention bilatérale d'entraide judiciaire en la matière.

MON CONSEIL

Médiation internationale Si l'enfant a été déplacé dans un autre pays et que l'un de ses parents n'arrive pas à obtenir ni son retour ni même des contacts réguliers avec lui, au-delà des solutions judiciaires, toujours nécessaires, il peut paraître souhaitable de trouver une solution permettant un apaisement du conflit. C'est l'objet de la Mission d'aide à la médiation internationale pour les familles (MAMIF) à la Direction des affaires civiles et du sceau (ministère de la Justice), laquelle peut mettre en place une médiation associant les deux parents vivant dans deux États différents, afin de rechercher un accord permettant ainsi à l'enfant d'entretenir ou de rétablir des relations avec chacun de ses père et mère (voir *Les adresses de vos interlocuteurs,* p. 419).

› Que faire et dans quel délai ?

La rapidité est une condition essentielle pour une bonne application de la convention. Plus le temps passe et plus l'enfant déplacé s'intègre dans son nouveau milieu. Un retour ordonné tardivement risque de provoquer un nouveau traumatisme.
Pour savoir si un pays a signé cette convention (et doit donc l'appliquer) il faut s'adresser au Bureau du droit international et de l'entraide judiciaire internationale auprès du ministère de la Justice.
Lorsqu'un parent est victime d'un déplacement illicite d'enfant en France vers un autre pays signataire, il doit aussitôt saisir ce bureau qui transmettra la demande (de retour ou d'exercice du droit de visite ; voir ci-dessous) à l'autorité centrale du pays dans lequel se trouve l'enfant. Il est important d'aviser simultanément de la situation le ministère des Affaires étrangères, sous-direction de la coopération en droit international de la famille (voir *Les adresses de vos interlocuteurs,* p. 419).

À NOTER

Enlèvement international et rôle du Parquet L'article 6 de la proposition de loi sur l'exécution des décisions de justice, en cours d'adoption, comporte des dispositions spécifiques au déplacement illicite international de mineurs pour une meilleure effectivité des décisions ordonnant le retour d'un mineur : il reconnaît au ministère public, représentant de l'autorité centrale désignée par le gouvernement français pour assurer la mise en œuvre de ces instruments, le droit de requérir directement la force publique selon des modalités à définir par décret en Conseil d'État.

Le ministère des Affaires étrangères travaille en coopération avec le ministère de la Justice et peut aider le parent, en collaboration avec le Consulat de France

concerné à l'étranger, à obtenir des nouvelles de l'enfant lorsque celui-ci a été localisé et à mener à bien votre procédure à l'étranger.
L'intervention des autorités centrales est entièrement gratuite pour le parent victime d'un déplacement, s'il en remplit les conditions (à savoir notamment être ressortissant d'un État signataire de la convention). D'autre part, le parent requérant bénéficie d'une assistance judiciaire et juridique dans le pays requis (pays où a été emmené et où est retenu l'enfant) pour tout ce qui relève de la convention.
La police peut également être contactée si le parent est en possession d'une décision de justice fixant ses droits d'autorité parentale, le parent déposant une plainte pour non-représentation d'enfant (voir *La non-représentation d'enfant*, p. 353).
(Source : www.diplomatie.fr)

› Conventions bilatérales

Certaines de ces conventions sont des conventions bilatérales, ce qui signifie qu'elles ne concernent que la France et le pays étranger en question. Ces conventions ont été conclues avec les pays suivants :
- Algérie (21.6.1988) ;
- Bénin (27.2.1975) ;
- Brésil (30.1.1981) ;
- Congo (1.1.1974) ;
- Djibouti (27.9.1986) ;
- Égypte (15.3.1982) ;
- Liban (12.7.1999) ;
- Hongrie (21.7.1980) ;
- Maroc (10.8.1981) ;
- Niger (19.2.1977) ;
- Portugal (10.10.1984) ;
- Québec (9.9.1977) ;
- République tchèque (10.5.1984) ;
- Sénégal (29.3.1974) ;
- Slovaquie (10.5.1984) ;
- Tchad (6.3.1976) ;
- Togo (23.3.1976) ;
- Tunisie (18.3.1982).

Pour tous renseignements sur les conventions, on peut consulter le site Internet : www.enlevement-parental.justice.gouv.fr
Le contenu de ces conventions varie, mais leur but est de faciliter le retour de l'enfant emmené ou retenu illégalement. Il est à noter que certaines conventions doivent être appliquées dès le jugement de divorce. Il faut donc demander à un avocat spécialisé en la matière d'obtenir la convention concernée, et ce dès avant le divorce.

› Conventions multilatérales

• La convention de La Haye

Une convention multilatérale est une convention qui lie plus de deux États. En matière d'enlèvement d'enfant, il existe une convention très importante, la convention de La Haye du 25 octobre 1980. Elle a été signée par la France et par de nombreux autres pays d'Europe et d'Amérique du Nord (environ une soixantaine). Cette convention prévoit un retour automatique de l'enfant auprès du parent chez qui cet enfant réside habituellement. La procédure de récupération de l'enfant n'est pas engagée par le parent auquel l'enfant a été enlevé, mais par l'État dont il est ressortissant – en France, il convient pour cela de s'adresser au Bureau du droit international auprès du ministère de la Justice.
Il existe certaines exceptions où l'enfant n'est pas retourné automatiquement, notamment si ce retour peut entraîner pour lui un danger physique ou psychique ou une situation intolérable. Tel est le cas également s'il s'agit, par exemple, d'un adolescent qui désire rester avec son parent. Bien entendu, les tribunaux doivent apprécier au cas par cas si une telle situation existe (C. cass., civ. 1re, 21.11.1995). Cette appréciation doit se faire avec rigueur en fonction de l'intérêt supérieur de l'enfant (C. cass., civ. 1re, 19.11.2014).
Le retour peut aussi être refusé si le parent auquel l'enfant a été enlevé a par la suite acquiescé au déplacement ou au non-retour (C. cass., civ. 1re, 16.12.1992).
Pour savoir si un pays a signé cette convention (et doit donc l'appliquer), il faut s'adresser au Bureau du droit international et de l'entraide judiciaire internationale auprès du ministère de la Justice.
La convention s'applique à tout enfant de moins de 16 ans, quelle que soit sa nationalité, qui avait sa résidence dans un État adhérant à la convention immédiatement avant l'atteinte aux droits du parent. Pour l'application de la convention, chaque État a désigné une autorité centrale. En France, l'autorité centrale désignée est le Bureau de l'entraide judiciaire en matière civile et commerciale au ministère de la Justice (voir *Les adresses de vos interlocuteurs*, p. 419).
Selon le site Internet du ministère des Affaires étrangères, la convention de La Haye « *part du principe que tout déplacement brutal d'un mineur du lieu de sa résidence habituelle, sans l'accord du détenteur de la garde, porte gravement atteinte aux intérêts de l'enfant et constitue une voie de fait à laquelle il faut mettre fin dans les plus brefs délais, sans examen au fond du litige latent existant entre les parents. Sa démarche part d'un constat pratique : l'auteur de l'enlèvement se réfugie avec l'enfant dans un autre État (son État d'origine le plus souvent) avec l'intention d'y conforter ou d'y légaliser sa situation. Le moyen le plus efficace de l'en dissuader est de faire en sorte qu'un tel acte soit privé de toute conséquence pratique et juridique. Pour toute question relative à la garde c'est « l'intérêt de l'enfant » qui prime. L'enfant a droit à la stabilité, à pouvoir demeurer dans sa « résidence habituelle », considérée comme l'un des fondements essentiels de son équilibre et de son développement* ».
L'action en retour de l'enfant doit être dissociée de l'attribution de l'autorité parentale que le juge aux affaires familiales (juge du divorce ou juge saisi ultérieu-

rement) est seul à même d'apprécier. Cette procédure ne peut pas être utilisée en cas de contestation entre les parents sur l'autorité parentale.

Cas pratique
Une mère, de nationalité canadienne, bénéficiant de l'autorité parentale sur son enfant, l'emmène au Canada. Le père, habitant en France, s'insurge et saisit directement le garde des Sceaux pour assurer le retour de son fils. Suite au rejet de sa demande, il saisit les juridictions administratives de la question. Dans son arrêt le Conseil d'État estime notamment qu'il ne lui appartient pas d'intervenir dans un conflit relatif à l'autorité parentale. Effectivement, s'agissant d'une mère naturelle (non mariée), celle-ci avait le choix de la résidence de l'enfant (CE, 30.6.1999, D. 2000, p. 1, note F. Boulanger).

L'efficacité de cette procédure, que certains ont assimilée à une sorte de « référé international » (le référé est une procédure d'urgence) résulte de l'absence d'examen au fond du litige existant entre les protagonistes. Son application est facilitée depuis le 1er mars 2005 (voir ci-dessous).

À NOTER
Un exercice correct du droit de visite L'article 21 de la convention de La Haye permet également de solliciter que soit organisé un droit de visite et d'hébergement sur un enfant qui ne réside pas dans le même pays que le parent demandeur, ou que l'exercice du droit de visite qui a été reconnu à ce dernier soit judiciairement protégé. À ce titre, une demande visant l'organisation ou la protection de l'exercice effectif d'un droit de visite peut être adressée à l'autorité centrale d'un État contractant selon les mêmes modalités qu'une demande visant au retour de l'enfant. Mais dans les faits cette convention est un instrument surtout axé sur le retour des enfants illicitement déplacés.

Le règlement européen « Bruxelles II bis »

Le règlement n° 2201/2003 du 27 novembre 2003 du Conseil de l'Europe, appelé aussi règlement « Bruxelles II bis », est entré en application le 1er mars 2005 pour l'ensemble des États de l'Union européenne, excepté le Danemark. Il concerne les règles de compétence des décisions en matière matrimoniale, de responsabilité parentale et d'enlèvements d'enfants. Sur cette dernière question, il complète et s'articule avec la convention de La Haye.

Le parent, dont l'enfant a été déplacé vers un autre État membre, peut solliciter son retour au lieu de sa résidence habituelle (art. 10 du règlement).

Le juge de l'État membre dans lequel se trouve l'enfant, saisi d'une demande de retour du mineur au lieu de sa résidence habituelle, doit alors déterminer si le déplacement ou la rétention est illicite ou non.

En cas de réponse positive, la juridiction doit ordonner son retour immédiat dans l'État de résidence habituelle.

En cas de réponse négative, il doit faire transmettre par l'autorité centrale française sa décision et les pièces du dossier au juge de la résidence habituelle, lequel invitera les parents à présenter leurs observations, s'ils ne l'ont pas encore saisi.

Ce dernier juge rendra alors sa décision sur le fond du droit, c'est-à-dire statuera sur les modalités d'exercice de la responsabilité parentale (dont la résidence de l'enfant, et l'organisation du droit de visite).
Cette décision « finale », si elle fixe la résidence de l'enfant dans l'État de résidence habituelle (et induit de fait un retour de l'enfant), s'impose à celle rendue dans l'État de refuge.
(Source : www.enlevement-parental.justice.gouv.fr)

La convention du Luxembourg

C'est une convention européenne, sur la reconnaissance et l'exécution des décisions en matière d'autorité parentale. Elle concerne les enfants de moins de 16 ans. Elle a été signée par la France le 20 mai 1980 et un certain nombre de pays tels l'Allemagne, l'Autriche, la Belgique, l'Espagne, la Turquie… Elle a pour objectif de s'assurer de la régularité internationale d'une décision étrangère avant de la rendre applicable dans un des pays signataires.
Elle revient à une action en exequatur simplifiée. Elle se propose en effet de vérifier que la décision étrangère présente toutes les garanties formelles d'une bonne administration de la justice, et qu'elle ne heurte pas les principes fondamentaux du pays dans lequel elle doit être exécutée.
Chaque État a désigné une autorité centrale chargée de l'application de cette convention. En France, l'autorité centrale désignée est située au ministère de la Justice, bureau de l'entraide judiciaire en matière civile et commerciale (voir *Les adresses de vos interlocuteurs*, p. 419). En pratique lorsqu'un parent est victime d'un déplacement illicite d'enfant vers un des pays signataires, il devra aussitôt saisir ce bureau.
(Source : Site Internet du ministère des Affaires étrangères)
Les résultats de l'application de la convention du Luxembourg s'avèrent décevants, notamment quant aux délais, nettement plus longs que pour la convention de La Haye du 25 octobre 1980. En outre, il est à noter que dans chaque État de l'Union européenne (à l'exception du Danemark), le règlement européen n° 2201/2003 du Conseil dit de « Bruxelles II bis » relatif à la compétence, la reconnaissance et l'exécution des décisions en matière matrimoniale et en matière de responsabilité parentale prévaut sur la convention du Luxembourg.
(Source : www.enlevement-parental.justice.gouv.fr)

La pension alimentaire pour les enfants

➤ Le contentieux de la pension alimentaire pour les enfants (dite contribution à l'entretien et à l'éducation de l'enfant) représente une part importante des conflits de l'après-divorce. Les parents reviennent fréquemment devant le juge aux affaires familiales pour demander une modification de la pension alimentaire fixée lors de l'ordonnance de non-conciliation, puis dans la décision de divorce.

➤ Ce contentieux est également celui du non-paiement de la pension alimentaire et son aspect pénal : l'abandon de famille.

➤ Il est indispensable de connaître la raison d'être de cette pension et de la fixer au mieux, tout en sachant qu'il est possible de revenir devant le juge en cas d'éléments nouveaux.

La fixation de la pension lors du divorce

L'obligation d'entretien des parents vis-à-vis de leurs enfants existe pendant le mariage (art. 203, C. civ.) et continue bien sûr après le divorce (art. 373-2-2, C. civ.). Cette obligation prend la forme d'une pension alimentaire. Elle est la prolongation de l'obligation alimentaire prévue par l'article 203 du Code civil qui dispose que les époux contractent ensemble, et par le seul effet du mariage, l'obligation de nourrir, d'entretenir et d'élever leurs enfants. L'obligation d'entretien et d'éducation résulte d'une obligation légale à laquelle les parents ne peuvent pas échapper sauf à démontrer une impossibilité matérielle de payer (une telle impossibilité n'est que difficilement admise par les tribunaux).

Pension alimentaire, autorité parentale et résidence alternée

› Pension alimentaire et autorité parentale

L'obligation alimentaire des parents existe, que l'autorité parentale soit exercée en commun (la pension alimentaire est versée au parent chez lequel réside l'enfant) ou non (la pension alimentaire est versée au parent qui a l'autorité parentale et chez lequel l'enfant réside).
En effet, le parent chez qui vit l'enfant contribue en nature à l'entretien et à l'éducation de l'enfant par la prise en charge quotidienne des besoins de l'enfant. L'autre parent y contribue en versant une pension alimentaire. Le versement d'une pension alimentaire est donc lié à la question de la résidence de l'enfant (même si la dernière réforme parle de versement d'une pension alimentaire versée par l'un des parents à l'autre en ne faisant plus état de la résidence de l'enfant) (art. 373-2-2, C. civ.) (voir *L'autorité parentale,* p. 307).

› Pension alimentaire et résidence alternée

La dernière réforme de l'autorité parentale votée le 5 mars 2002 a mis l'accent sur la possibilité, pour les parents, d'organiser une alternance dans la résidence de leurs enfants. Les enfants peuvent ainsi, par exemple, vivre une semaine chez papa, une semaine chez maman. On peut penser que si le partage de résidence est égalitaire (comme dans notre exemple, une semaine/une semaine), la question d'un versement de pension alimentaire ne devrait plus se poser. Mais c'est oublier que la fixation de la pension alimentaire, selon la loi, dépend de deux paramètres : les ressources des parents et les besoins de l'enfant. Si les ressources des parents sont déséquilibrées, il pourra y avoir versement d'une pension.

› L'impossibilité de renoncer à demander une pension alimentaire

Le droit d'obtenir une pension alimentaire est d'ordre public. Concrètement, cela signifie que toute décision portant renonciation à l'avance à une pension alimentaire ou à sa révision est impossible.

> **Cas pratiques**
> Dans le cadre d'un divorce par consentement mutuel, un époux, chez qui l'enfant réside, n'a pas demandé à son conjoint de pension alimentaire pour l'enfant dans la convention homologuée. Cela ne l'empêche pas d'exiger ultérieurement de l'autre parent qu'il lui verse une pension alimentaire pour l'entretien de l'enfant. Il faut rappeler que, selon la jurisprudence : « *...l'obligation d'entretien et d'élever les enfants résulte d'une obligation légale à laquelle les parents ne peuvent échapper qu'en démontrant qu'ils sont dans l'impossibilité matérielle de le faire* » (C. cass., civ. 2e, 17.10.1985, BC n° 157).
> Dans une autre affaire, les conjoints avaient, dans une clause spécifique de leur convention homologuée, précisé que la mère chez qui vivaient les enfants renonçait à toute demande de pension. Cela ne l'a pas empêché de changer d'avis par la suite et d'obtenir ce versement (C. cass., civ. 1re, 2.5.2001, GP 13.1.2002, som. p. 16).
> Il a été jugé en revanche qu'un parent peut valablement renoncer à réclamer un arriéré de pensions alimentaires. En effet, selon les tribunaux, l'impossibilité de renoncer s'applique pour la pension à venir mais non pour les arrérages échus (C. cass., civ. 1re, 15.5.1973, D. 73, p. 478).

L'évaluation de la pension alimentaire

Ce sont les parents eux-mêmes qui proposent ou qui demandent un certain montant pour la pension alimentaire en fonction des besoins des enfants, de leurs possibilités financières et de ce qu'ils connaissent de la situation de l'autre. Il est souhaitable que chaque parent présente dès l'audience de non-conciliation, sous forme d'un tableau, un récapitulatif de son budget mensuel moyen, avec, en photocopie, les justificatifs des différents postes annoncés.

› Un barème indicatif

Il faut savoir qu'il existe une table de référence pour fixer le montant des pensions alimentaires (voir *Barème des pensions alimentaires*, p. 423). Son objectif est d'harmoniser les méthodes utilisées par les magistrats. Elle se base sur les revenus de celui qui doit la pension, le nombre total d'enfants à la charge du parent débiteur et l'amplitude du droit de visite et d'hébergement. Elle ne tient donc pas compte ni d'autres ressources du débiteur, ni des ressources de l'autre parent, ni des besoins de l'enfant.

Pour autant, elle n'est qu'indicative. Les parents peuvent donc faire valoir entre eux et auprès du juge tous les éléments qu'ils estiment utiles pour relativiser le montant déterminé par le barème (besoins spécifiques de l'enfant notamment).

Rappelons que selon l'article 371-2 du Code civil : « Chacun des parents contribue à l'entretien et à l'éducation des enfants à proportion de ses ressources, de celles de l'autre parent, ainsi que des besoins de l'enfant. »

Cas pratique

Une décision de la Cour de cassation a, à cet égard, refusé l'application de cette table en rappelant les termes de l'article 371-2. Les juges, lorsqu'ils fixent le montant de la pension, ne peuvent pas se contenter d'appliquer le barème sans motiver concrètement leur décision au regard de cet article (C. cass., civ. 1re, 23.10.2013, pourvoi n° 12-25301).

À NOTER

Calculer le montant de sa pension Le ministère du Droit des femmes met en ligne un simulateur de calcul de pension alimentaire, afin de permettre aux familles de calculer rapidement la pension alimentaire par enfant, ainsi que le total de la pension alimentaire. Il rappelle le caractère indicatif de cette méthode et que seul le juge, s'il est saisi, peut prononcer le montant définitif de la pension en prenant en compte la situation spécifique des parents : http://femmes.gouv.fr/simulateur-de-pension-alimentaire

› Les ressources

L'ensemble des ressources dont disposent les parents doit être pris en compte. Ces ressources comprennent notamment les revenus du travail, les allocations chômage, les retraites, les pensions d'invalidité, les indemnités perçues à la suite d'un accident, les revenus du patrimoine, les avantages en nature (logement de fonction par exemple), etc.

Cas pratiques

Une allocation d'éducation spéciale doit être prise en compte pour le calcul de la contribution à l'entretien et à l'éducation d'un enfant handicapé :

« L'ensemble des ressources dont dispose le parent qui a la charge effective de l'enfant doit être pris en compte, au même titre que la situation spécifique que celui-ci, pour la détermination par le juge de la contribution de l'autre parent à l'entretien et à l'éducation de l'enfant.

Dès lors, c'est à bon droit qu'une cour d'appel pour le calcul de la contribution mensuelle du père à l'entretien et à l'éducation de son fils handicapé, prend en compte l'allocation d'éducation spéciale versée à la mère qui a la charge effective de l'enfant. » (C. cass., civ. 2e, 9.12.1999, D. 2000, IR, p. 11).

Les allocations familiales doivent être prises en compte dans les revenus du parent qui les perçoit.

En effet selon la Cour de cassation, « [...] pour la détermination de la contribution de chacun des parents à l'entretien et à l'éducation des enfants, les allocations familiales peuvent être prises en compte au titre des ressources dont chacun d'eux dispose » (C. cass., civ. 1re, 17.11.2010, pourvoi n° 09-12621).

Une prestation compensatoire n'a pas à être incluse dans l'appréciation des ressources. Son but est en effet de compenser les disparités dans les conditions de vie respectives des époux (C. cass., civ. 1re, 19.11.2014, pourvoi n° 13-23732).

À NOTER

Les ressources du conjoint ou du concubin du créancier En cas de concubinage, ou de remariage, il est tenu compte des ressources du nouveau conjoint (ou concubin) de celui qui touche la pension alimentaire. Cette question est importante en pratique compte tenu du nombre de recompositions familiales.

Cas pratiques

Puis-je être condamnée à verser au père de mes enfants, qui en a obtenu la garde, une pension alors qu'il n'est pas certain que je trouve du travail, ayant cessé celui-ci pour m'occuper de mes enfants ?

Pour les tribunaux, la nécessité d'entretenir et d'élever les enfants résulte d'une obligation légale à laquelle les parents ne peuvent échapper qu'en démontrant qu'ils sont dans l'impossibilité de le faire. Il a été jugé que le seul fait que le parent ne justifie pas qu'il ne peut travailler ou a des charges de famille l'en empêchant ne suffit pas à caractériser l'impossibilité morale (C. cass., civ. 2e, 1.4.1992). Donc, vos arguments pour éviter de régler une pension risquent de ne pas être retenus par le juge.

Mon ex-mari était lors de notre divorce sans ressource et handicapé. Il bénéficie maintenant d'une allocation compensatrice pour aide d'une tierce personne. Pensez-vous que je puisse revenir devant le juge pour demander ne serait-ce qu'un montant minime de pension pour notre enfant ?

Il a effectivement été jugé que l'allocation compensatrice pour aide d'une tierce personne bien qu'incessible et insaisissable ne devait pas nécessairement être exclue du calcul des ressources du débiteur d'une obligation alimentaire, quand celui-ci dispose d'autres revenus ou allocations sur lesquels peut être exécutée cette obligation (C. cass., civ. 2e, 7.6.1990).

L'absence de ressource ou la faiblesse de celle-ci pourrait donc conduire à une exonération de versement de la pension alimentaire du parent débiteur ou à une suspension de celle-ci. Une recherche des ressources d'un parent peut s'avérer indispensable, par exemple s'il les dissimule, au besoin en demandant une injonction de communiquer les pièces, et le cas échéant sous astreinte (l'astreinte est une somme d'argent due par jour de retard ; art. 132 et s., CPC).

Cas pratique

Quelle est la procédure quand un époux a dissimulé des revenus pour obtenir une grosse pension ? Quel recours ai-je maintenant que je suis divorcé depuis trois ans mais que je viens seulement d'apprendre cette fraude ?

Il est toujours possible, par simple lettre, de saisir le juge aux affaires familiales de ce type de problème. Il faut bien entendu que vous justifiiez de la dissimulation que vous invoquez ou en tout cas que vous ayez quelques éléments en ce sens. À l'audience, vous pourrez demander au juge qu'il soit fait injonction à l'autre partie de communiquer ses déclarations de revenus des dernières années. Si votre ex-époux n'y défère pas, le juge pourra en tirer toutes conséquences de droit. Le juge peut également demander la communication des documents intéressant votre litige à l'administration fiscale (art. L. 143, LPF). Si vous obtenez gain de cause, il faudra demander au juge que la pension alimentaire nouvellement fixée soit prévue rétroactivement à la date de la première décision.

ATTENTION

La preuve de l'existence de revenus Selon les tribunaux, il n'existe pas une « présomption de revenu », c'est-à-dire que le juge ne peut pas condamner un débiteur à payer une pension en se bornant à énoncer que l'intéressé n'est pas dépourvu de revenus sans rechercher avec précision les véritables revenus des époux. Une autre décision a été cassée par la Cour de cassation car elle s'était bornée à énoncer qu'en l'absence d'information concernant les ressources des parties il y avait lieu de fixer la pension à un certain montant (C. cass., civ. 2e, 12.10.1985 et 10.12.1980).
Dans le cadre d'une expertise comptable ordonnée pour connaître le patrimoine des conjoints, l'expert peut se faire remettre tous les documents qu'il estime nécessaires à l'accomplissement de sa mission (art. 1116, CPC). En cas de carence des parties, l'expert informe le juge qui peut ordonner la production des documents, éventuellement sous astreinte. Le juge peut aussi, le cas échéant, autoriser l'expert à passer outre et à déposer le rapport en l'état. Le juge peut tirer bien entendu toutes conséquences de droit du défaut de communication des documents à l'expert (art. 275, CPC) (voir *Les procédures et règles communes*, p. 37).

› Les charges

Les charges des parents comprennent les impôts, les crédits concernant le véhicule, les meubles ou autres, les charges courantes relatives à la maison (loyer, charges locatives, EDF, GDF, taxe d'habitation, taxe foncière…), les assurances concernant l'habitation, le véhicule… Il s'agit là de postes de dépenses qui doivent être indiscutables dans leur montant et dans leur utilité. Sont en principe exclues les charges jugées excessives eu égard aux revenus des époux ou les dépenses disproportionnées engagées dans l'intérêt exclusif d'un seul conjoint. L'idée générale est que le devoir alimentaire vis-à-vis de ses enfants a un caractère prioritaire.

Cas pratique

Cet arrêt concerne un jeune majeur, enfant né d'un couple non marié, mais le cas aurait été jugé de la même façon s'agissant d'un enfant mineur (ou majeur) de parents divorcés. Un père tentait de s'exonérer du paiement d'une pension alimentaire pour son fils poursuivant ses études, alléguant l'importance de ses propres charges. Les tribunaux ne l'ont pas suivi : « *Les charges que le père allègue ne sauraient le dispenser de s'occuper en priorité de l'entretien de son fils, qui, n'ayant pas de ressources propres, poursuit ses études, puisqu'il s'agit de charges*

> *non obligatoires qui excèdent les nécessités de la vie courante : remboursements d'emprunts importants, assurance sur la vie...* » (CA Paris, 12.7.1985, D. 86, IR p. 80).

À NOTER

Les ressources du conjoint ou du concubin du débiteur En cas de remariage ou de concubinage, les époux, ensemble ou séparément, peuvent être tenus des dettes alimentaires vis-à-vis de la famille qu'ils avaient créée auparavant. Quand la dette ne concerne qu'un époux (par exemple, entretien d'un enfant d'un premier lit, prestation compensatoire due après le divorce), les ressources du conjoint ou du concubin sont-elles prises en compte pour l'appréciation de la pension alimentaire ?
Les tribunaux prennent effectivement en compte, pour apprécier les capacités financières de celui à qui une pension (ou une prestation compensatoire) est réclamée, les ressources de son conjoint ou de son concubin. Il ne s'agit pas d'un quelconque devoir alimentaire du beau-parent (au sens large) – qui n'existe pas actuellement dans notre droit – mais du principe de l'unité économique du foyer qui implique de tenir compte du partage des charges de la vie courante liées à la cohabitation dans l'appréciation des facultés contributives du débiteur de la pension.

› Le coût de l'enfant

« *Chacun des parents contribue à l'entretien et à l'éducation des enfants à proportion de ses ressources, de celles de l'autre parent, ainsi que des besoins de l'enfant...* » (art. 371-2, C. civ.). La réforme de l'autorité parentale du 5 mars 2002 a inscrit le critère des besoins de l'enfant dans la loi.
Jusqu'à présent, la Cour de cassation considérait qu'il n'était pas nécessaire de rechercher les besoins de l'enfant pour apprécier le montant de la pension alimentaire. Pour la Cour il suffisait au juge saisi de se déterminer en fonction des ressources des parents (C. cass., civ. 2e, 2.3.1994, BC n° 77). Toutefois, les juges du fond tenaient compte en pratique des besoins de l'enfant : sports ou loisirs choisis, type d'école fréquentée...
Les besoins de l'enfant varient suivant le contexte : tel enfant suivra une formation particulière plus coûteuse (par exemple, école bilingue ou école sport-étude) ou fera l'objet d'un suivi médical particulier. Il est donc important pour le parent demandeur d'une pension alimentaire de prévoir un budget mensuel d'entretien et d'éducation de leurs enfants.
Les cas de figure sont variés. Ainsi par exemple, il est possible qu'aucune pension ne soit versée quand chaque parent héberge un enfant. Un père peut ainsi être déchargé de sa contribution à l'entretien et l'éducation d'un enfant à la charge de sa mère s'il pourvoit seul et sans participation de celle-ci au besoin de l'autre enfant commun, et ce eu égard aux ressources respectives des parties et des charges qu'ils supportent.

Cas pratique

Quelles sont les statistiques concernant le montant moyen d'une pension alimentaire pour un enfant ?

D'après une étude, le montant de la pension síélève en moyenne à 166 € par enfant et par mois en cas de divorce.

Les montants sont susceptibles de varier, notamment en fonction de l'existence ou non d'un accord entre les parents (en moyenne, en présence d'un accord, les pensions sont plus élevées), l'âge et l'importance de la fratrie (« Les décisions des juges concernant les enfants de parents séparés ont séparés ont fortement évolué depuis les années 2000 », *Infostat Justice*, n° 132, 27.1.2015, www.justice.gouv.fr).

La forme de cette pension

› Le versement d'une rente

Dans la grande majorité des cas, le versement de la pension alimentaire pour les enfants prend la forme d'une rente versée tous les mois au parent créancier (qui, dans la grande majorité des cas, est la mère) suivant les modalités prévues par jugement. Souvent, ce jugement ordonne un règlement tous les premiers ou cinq du mois. La décision peut prévoir que le versement de la pension alimentaire se fera par virement bancaire ou par tout autre moyen de paiement. Ce versement peut être effectué auprès du tiers chez qui réside l'enfant dans le cas où, à titre exceptionnel, la résidence de l'enfant est confiée à un tiers (art. 373-2-2 et 373-3, C. civ.).

› La prise en charge des frais concernant l'enfant

La pension alimentaire peut également prendre en tout ou partie la forme d'une prise en charge directe des frais exposés pour l'enfant (art. 373-2-2, C. civ.). En effet, l'obligation de fournir des « aliments » peut être exécutée en nature en fournissant à l'autre parent des moyens de subsistance (abandon de l'usufruit du logement familial par exemple) ou encore en réglant directement les factures (par exemple, paiement des frais de l'hôpital où est soigné l'enfant, prise en charge des études...).
Concrètement, un père peut, par exemple, proposer de prendre en charge les frais d'internat de son fils à la place du versement d'une pension ou verser une pension réduite du fait de ce paiement. Cela autorise les parents qui prennent en charge des frais importants ou réguliers, à demander au juge d'imputer ces frais sur la pension qu'ils doivent verser.

› L'abandon de bien en usufruit ou à titre de droit d'usage et d'habitation

Cette possibilité est prévue par les articles 373-2-2 et 373-2-3 du Code civil. Elle se rencontre souvent dans le cadre de l'instance en divorce : par exemple, la jouissance du domicile conjugal est laissée à l'un des conjoints qui y reste avec les

enfants au titre du devoir de secours entre époux ou (et) d'une exécution en nature de la pension alimentaire pour les enfants.
Ainsi, l'ordonnance de non-conciliation peut attribuer le logement à la mère des enfants en complément de la pension alimentaire due pour ceux-ci, ou encore dire que la pension prendra la forme d'une attribution gratuite du logement. Cette possibilité existe également – plus rarement – dans le cadre de l'après divorce. Le jugement de divorce peut par exemple ordonner que, jusqu'à la majorité des enfants, la pension alimentaire soit versée pour partie sous forme d'un versement mensuel et pour partie par l'abandon par l'un des conjoint, de l'usufruit du logement.
Cela peut permettre au parent de conserver l'usage gratuit de l'ancien logement familial où il va continuer d'habiter avec ses enfants sans paiement d'une indemnité d'occupation ou moyennant versement d'une indemnité réduite car cette indemnité tient compte du devoir alimentaire envers les enfants (C. cass., civ. 1re, 20.11.1990).

› Le versement d'une somme entre les mains d'un organisme

Quand la consistance des biens du débiteur s'y prête, la pension peut être versée sous la forme d'une somme d'argent entre les mains d'un organisme accrédité chargé d'accorder en contrepartie à l'enfant une rente indexée (par exemple, versement d'un capital à une compagnie d'assurance destiné à produire une rente mensuelle pour l'enfant).

› L'affectation de biens productifs de revenus

C'est ce que l'on appelle la constitution d'une « maintenance » au profit des enfants. Il faut noter que la gestion des fonds n'est jamais confiée au créancier ou au parent bénéficiaire de l'autorité parentale.
Elle est attribuée sous la forme d'un portefeuille de valeur mobilière dont les revenus sont directement versés par la banque, l'agent de change ou un notaire au créancier.
Il faut savoir que le versement d'une somme entre les mains d'un organisme et l'affectation de biens productifs de revenus sont des modalités peu utilisées.

La procédure

La pension est fixée par le juge aux affaires familiales : à titre provisoire dans le cadre de l'ordonnance de non-conciliation lors de la première audience devant le juge et, à titre définitif, par jugement de divorce.

› La première audience

Il est indispensable de se déplacer à l'audience où sera prise la décision sur la pension alimentaire pour les enfants. La tentation de ne pas se déplacer est souvent grande, surtout quand un des conjoints ne veut pas divorcer. Or le juge peut très bien décider ne pas renvoyer l'affaire et prendre sa décision sur la pension alimentaire (et sur d'autres aspects du divorce) en l'absence de l'époux défaillant et sur les seuls éléments invoqués par l'époux présent.

› Le jugement de divorce

La pension alimentaire pour les enfants est ensuite fixée par le jugement de divorce (souvent le jugement reprend le montant fixé par l'ordonnance de non-conciliation).

> **Cas pratique**
>
> **Qui décide de la pension alimentaire pour les enfants et à partir de quand est-elle versée ?**
>
> Lorsqu'il s'agit d'un divorce par consentement mutuel, c'est la convention homologuée par le juge aux affaires familiales qui règle cette question. Dans les autres types de divorces, la pension alimentaire est fixée par le juge aux affaires familiales, dans un premier temps à titre provisoire par l'ordonnance de non-conciliation lors de la première audience (l'audience de conciliation) et, dans un second temps, à titre définitif, par le jugement de divorce. Elle est versée à compter du prononcé de l'ordonnance de non-conciliation au titre des mesures provisoires.
>
> Rien n'empêche bien entendu les parents de s'entendre sur le principe et les modalités de la pension et de faire homologuer leur accord par le juge aux affaires familiales.
>
> Une demande de modification peut ensuite être demandée au juge aux affaires familiales par l'un des parents par simple requête.

Peut-on avoir des garanties que la pension sera versée ?

Le juge aux affaires familiales peut imposer à l'époux débiteur de donner une caution pour garantir le paiement de la rente. Il peut également ordonner l'inscription d'une hypothèque. Le juge peut de même imposer au débiteur de souscrire un contrat garantissant le paiement de la pension alimentaire – un contrat d'assurance par exemple. Dans le cas d'un divorce par consentement mutuel, ces garanties peuvent figurer dans la convention homologuée par le juge (art. 293, C. civ.). Ces garanties sont peu utilisées en pratique.

À partir de quand est due la pension alimentaire ?

La pension pour les enfants peut être due en vertu :
- de l'ordonnance de non-conciliation ;
- de la décision de divorce ;
- d'une décision ultérieure.

La pension alimentaire pour les enfants fait partie des mesures bénéficiant de l'exécution provisoire. Il a été jugé que la pension pour les enfants due en vertu de l'ordonnance de non-conciliation est exécutoire de droit dès son prononcé. Il y a donc lieu de retenir la date de l'ordonnance (C. cass., civ. 1re, 11.1.2005, pourvoi n° 02-31011). Il ne faut cependant pas oublier de signifier la décision (voir *Les mesures provisoires ne durent que pendant l'instance en divorce*, p. 97).

Cas pratique

Quels documents faut-il apporter au juge dans le cadre d'une demande de pension alimentaire ?

Si c'est vous qui demandez la pension alimentaire, vous devrez fournir au juge tous documents concernant votre situation financière : bulletins de salaire, certificats de non-imposition, attestation de chômage ou de congé longue maladie, loyers, enfants à charge, crédits, frais EDF et de téléphone… et les justificatifs des frais concernant l'enfant : frais scolaires, de santé…

Les grands-parents

C'est souvent (pas toujours) quand les parents divorcent que les grands-parents sont mis à contribution. Les demandes alimentaires à l'encontre de l'ex-beau-père ou belle-mère se rencontrent relativement souvent.
L'obligation d'entretien des enfants, prévue par l'article 203 du Code civil, ne vise que le père et la mère. Mais parallèlement, en leur qualité d'ascendants, les grands-parents peuvent se trouver tenus de l'obligation alimentaire mise à la charge par la loi des ascendants pour leurs descendants dans le besoin (art. 205, C. civ.). Les tribunaux ont dû déterminer, en l'absence de précision dans les textes, comment s'articulent ces deux sortes d'obligations.
Lorsque l'obligation alimentaire concerne des enfants, ce sont les parents de l'enfant qui sont débiteurs au premier chef de la pension alimentaire par rapport aux grands-parents ou autres aïeuls (C. cass., civ. 1re, 6.3.1990, BC n ° 58). Les grands-parents ne peuvent être tenus de verser des aliments à leurs petits-enfants dans le besoin que si les parents ne peuvent, en tout ou en partie, faire face à leurs propres obligations. Dans cette mesure, ils sont en revanche tenus d'aider leurs petits-enfants.

Cas pratique

Dans le cadre d'un divorce obtenu en 1981, la mère obtient la garde des trois enfants et une pension de 1 500 F (229 €) est fixée à la charge du père. A la suite de défaut de paiement, le père est condamné pour abandon de famille. La mère se retourne vers ses anciens beaux-parents et les assigne pour obtenir une contribution pour leurs petits-enfants à hauteur de 2 409 F (367 €) au total (il était prouvé qu'elle ne disposait d'aucun revenu professionnel, ses ressources étant limitées aux allocations familiales).

> Les grands-parents sont condamnés en première instance à verser une somme totale de 1 500 F (229 €) pour les trois enfants. Peu désireux de verser ces mensualités, ils saisissent la cour d'appel : selon eux, leur obligation n'est que subsidiaire, la demande dirigée contre eux doit donc être déclaré irrecevable. Par ailleurs, l'état de besoin des petits-enfants ne leur paraît pas démontré, pas plus que la carence totale du père (leur fils) dans le paiement des pensions. La cour d'appel balaye ces différents arguments : « *Mais considérant que l'obligation que l'article 203 du Code civil met à la charge des époux de nourrir, entretenir et élever les enfants n'exclut celle que les articles 205 et 207 du même code imposent en leur faveur aux autres ascendants que dans la mesure où les parents peuvent y faire face ; que, s'il n'en est pas ainsi il suffit, pour que les aliments soient accordés à des mineurs sur le fondement de ces derniers textes (et donc que les grands-parents payent une pension), que la partie à qui ils sont réclamées ait la possibilité de les payer et que les bénéficiaires soient dans le besoin* ». En l'espèce, la carence du père était démontrée, même si elle n'était que partielle.
> Par ailleurs, selon la cour, l'état de besoin des enfants ne peut disparaître que quand le parent débiteur s'acquitte intégralement de sa pension sans que le versement mensuel d'une somme symbolique par le père puisse suffire à paralyser l'action des grands-parents (CA Versailles, 29.9.1989, D. 92, p. 67).

En revanche, les grands-parents ne sont en aucun cas tenus d'exécuter des jugements prononcés contre leur enfant défaillant (C. cass., civ. 1re, 28.5.2014, pourvoi n° 12-29803).

Les modifications après divorce

Il convient de distinguer la réévaluation automatique d'une pension au fil des années correspondant au coût de la vie (l'indexation), de la possibilité de demander une révision de la pension.

L'indexation

› Le principe

La pension alimentaire est indexée sur un indice représentatif du coût de la vie qui est en principe prévu dans la décision. À défaut, elle peut être faite d'office par les intéressés (art. 208, C. civ.). Les pensions alimentaires sont généralement indexées sur l'indice des prix à la consommation publiés par l'INSEE : l'Institut national de la statistique et des études économiques.

À NOTER

L'INSEE Il publie plusieurs indices des prix : « Ensemble des ménages hors tabac », indice qui offre la couverture catégorielle et géographique la plus large et « Ménages urbains dont le chef est employé ou ouvrier hors tabac ». L'indice des prix à utiliser est l'indice des prix hors tabac.

› Comment calculer la pension indexée

Les règles de l'indexation sont les mêmes, qu'il s'agisse d'une pension alimentaire pour les enfants ou entre époux, de la prestation compensatoire entre époux versée sous forme de rente ou de la contribution aux charges du mariage.
Il faut d'abord regarder dans la décision prévoyant l'indexation de la somme que l'on veut réévaluer quelle est la catégorie de l'indice de référence (exemple : série « Ensemble des ménages » ou série « Ménages urbains dont le chef est ouvrier et employé »). Dans la catégorie retenue, il faut ensuite déterminer quel est le mois de l'indice d'origine : janvier, février… sachant que les indices sont publiés environ deux mois après le mois de référence (l'indice du mois de janvier est publié au *Journal officiel* de mars). La décision peut prévoir également que l'indice de référence sera celui publié à la date du jugement et que la pension alimentaire sera revalorisée toutes les dates anniversaire du jugement…
Il faut ensuite comparer, pour effectuer la réévaluation, deux indices du même mois (exemple : janvier 2014 et janvier 2015). L'indexation se calcule alors en multipliant le montant que l'on veut indexer par le nouvel indice (exemple : l'indice de janvier 1999) et en divisant par l'indice d'origine (exemple : l'indice de janvier 1998), soit :

$$\frac{\text{somme d'origine} \times \text{indice actuel}}{\text{indice d'origine}}$$

Cas pratique

La pension alimentaire pour mon fils n'a pas été révisée depuis deux ans par rapport au coût de la consommation. Puis-je la réactualiser maintenant ? Comment demander le montant de la différence ?

Puis-je le faire par simple courrier ou faut-il un avocat ?

Il faut vous reporter à votre jugement afin de savoir quel indice a été choisi (sachant qu'en général il s'agit de l'indice des ménages urbains, indice calculé sans tabac) et de quel mois : le jugement peut préciser que la révision aura lieu tous les 1er janvier (il faudra donc prendre le dernier indice paru à cette date) ou que l'indice à prendre en compte est le dernier indice paru à la date anniversaire du jugement. L'indexation doit être calculée tous les ans en prenant à chaque fois le même indice (indice de janvier par exemple), multiplier le montant de la pension par le nouvel indice puis diviser l'ensemble par l'ancien indice. Vous n'avez pas besoin d'avocat. Il vous suffit de demander au père de l'enfant cette indexation par simple lettre.

La révision

Une pension alimentaire versée pour un enfant peut faire l'objet de demandes de modification du fait de l'évolution :
- des besoins de l'enfant (il prend de l'âge, il a d'autres loisirs, les vêtements coûtent plus chers…) ;
- de la situation des parents qui contribuent à son entretien : par exemple, ils se remarient et fondent un nouveau foyer créateur, le cas échéant, de nouvelles ressources et charges, un parent est licencié et ne touche plus que les allocations chômage, un autre est hospitalisé en longue durée…

Tous ces événements incitent les parents à remettre en cause le montant de la pension fixée par le tribunal parfois plusieurs années auparavant. À tout moment, la pension alimentaire versée pour un enfant peut faire l'objet d'une révision (à la hausse ou à la baisse), d'une suspension, voire d'une suppression ordonnée par le juge, dans la mesure où le parent demandeur peut faire la preuve d'un élément nouveau intervenu depuis la fixation initiale de la pension (par exemple, perte brutale de son emploi).

À NOTER

Révision de la pension Que l'obligation alimentaire soit fixée à l'amiable sous forme d'un accord écrit ou par le juge, qu'elle soit exécutée en nature ou sous forme de pension alimentaire, elle est toujours révisable.

Cas pratiques

Dans le cadre d'une demande de révision de la pension alimentaire que je compte engager, je souhaite savoir s'il est possible d'avoir accès à la feuille de déclaration de revenus de son ex-conjoint, ceci dans le but de préciser ma demande. Quelles démarches faut-il faire pour pouvoir consulter ce document ?

L'article L. 143 du Livre des procédures fiscales prévoit que toute juridiction de l'ordre judiciaire saisie d'une action tendant à une condamnation pécuniaire peut, si elle l'estime opportun, ordonner aux parties ou à l'administration fiscale la communication des documents d'ordre fiscal dont la production est utile à la solution du litige. Par ailleurs, en tant qu'ex-épouse bénéficiant d'une décision de justice fixant la pension alimentaire, vous avez accès à la liste des personnes assujetties à l'impôt sur le revenu ou à l'impôt sur les sociétés (et ce, quelle que soit la direction des services fiscaux dans le ressort de laquelle l'imposition de votre ex-mari est établie). Ces listes sont complétées par l'indication du nombre de parts retenu pour l'application du quotient familial, du revenu imposable et du montant de l'impôt mis à la charge de chaque redevable. Il faut d'ailleurs remarquer que, depuis la loi de simplification du droit n° 2007-1787 du 20 décembre 2007, ce droit à l'information fiscale profite également à votre ex-mari. (art. L. 111, LPF).

Dans la mesure où nous sommes d'accord sur le principe d'une modification de la pension que je verse pour les enfants, devons-nous passer devant le juge aux affaires familiales ?

Les parents peuvent toujours se mettre d'accord pour modifier une pension alimentaire sans saisir le juge. Ils peuvent également soumettre au juge leur accord pour homologation. Cette homologation a pour avantage, par rapport à l'accord amiable, de constituer un « titre exécutoire » garantissant les droits de celui qui accepte la modification. L'homologation vaut jugement et autorise une saisie en cas de non-respect de l'accord. Le fisc exigeait, avant la réforme sur l'autorité parentale du 5 mars 2002 un jugement pour permettre les déductions fiscales de pensions alimentaires révisées. Désormais, un jugement n'est plus requis (voir *La pension alimentaire pour les enfants,* p. 371, *Les conséquences fiscales du divorce,* p. 293).

› À partir de quand s'applique la révision ?

Le juge aux affaires familiales peut faire remonter la modification à la date où il est saisi mais également à la date de l'événement qui la justifie (et donc avant la demande en justice). Par exemple, il peut faire remonter la diminution au moment où le débiteur a perdu son travail. Mais attention, il faut penser à demander le bénéfice de cette mesure qu'il n'est pas toujours certain d'obtenir : « *Si la pension alimentaire prévue par les articles 203 et suivants du Code civil peut être supprimée à compter de l'événement qui justifie sa suppression, aucun texte ne contraint le juge à choisir cette date* » (C. cass., civ. 2e, 23.6.1993, pourvoi n° 92-11174).

› La diminution, la suspension ou la suppression de la pension alimentaire

Le parent qui verse la pension entend parfois demander une diminution, une suspension ou une suppression de pension. Sont souvent invoqués les cas suivants :

● Les baisses de revenus

Il faut prouver une réelle baisse de revenus ainsi que le fait que le débiteur de la pension n'a pas d'autres sources de revenus susceptibles de compenser cette baisse (par exemple revenus d'immeubles...). Il a ainsi été jugé que : « *La cessation de l'activité professionnelle due à une aggravation de l'état de santé ne constitue pas une condition suffisante pour obtenir une réduction de la pension dès lors qu'il est établi que l'époux débiteur peut disposer d'autres ressources suffisantes pour payer la pension destinée à l'entretien et l'éducation des enfants* » (TGI Auxerre, 30.11.1982).
Un parent au chômage pourrait ainsi demander une suspension de sa pension ou une diminution. Il en serait de même si le parent est, par exemple, hospitalisé pour une maladie de longue durée.

● Les augmentations des charges

Le débiteur peut être enclin à faire état devant le juge des charges qu'il a engagées postérieurement à la décision de divorce, telles que celles résultant de crédits pris pour un achat immobilier ou des crédits à la consommation qui grèvent son budget. Cependant, pour les juridictions, le devoir d'entretien prime sur de telles charges susceptibles uniquement d'améliorer le niveau de vie du parent. Cet argument a donc peu de chances d'être reçu.
Un autre cas souvent évoqué est celui du parent débiteur qui fonde un nouveau foyer (concubinage ou mariage) et qui demande en conséquence une diminution de la pension versée compte tenu de ses nouveaux frais (enfants, maison, nouveaux crédits auto maison...). Ces éléments peuvent effectivement être retenus par le juge pour justifier la diminution de la pension. Là encore, la constitution d'un dossier financier à présenter au juge s'avère très important afin que le juge puisse visualiser immédiatement les différences dans la situation du demandeur par rapport à la décision précédemment ordonnée.

● Les arguments tirés de l'autorité parentale (droit de visite et d'hébergement, changement de lieu de résidence...)

Le refus de paiement de la pension alimentaire pendant les vacances

Les parents se demandent souvent s'ils peuvent ne pas régler la pension alimentaire pendant les périodes où ils hébergent leurs enfants (période de vacances). Pour eux, en effet, ils exercent alors leurs obligations en nature et n'ont donc pas à régler de pension quand ils hébergent l'enfant. Cet argument est inopérant. Le versement de la pension est totalement indépendant des modalités

d'exercice de l'autorité parentale. Le parent doit s'en tenir scrupuleusement aux termes du jugement.
Une autre hypothèse est celle où les enfants sont laissés au parent qui bénéficie du droit de visite pendant des périodes plus longues que celles prévues dans la décision de justice. Un des parents demande alors que la question de la pension soit revue. Mais en principe, sauf précision figurant dans le jugement, la pension continue à être versée pendant la période du droit de visite et d'hébergement. Ceci dit, il reste possible de revenir devant le juge en se fondant sur cet élément nouveau par rapport à la première décision pour qu'il soit pris en compte dans une demande de diminution.

Le non-exercice du droit d'hébergement

Le fait de renoncer à exercer son droit de visite et d'hébergement n'entraîne pas de dispense de paiement de la pension alimentaire. Au contraire, si le parent n'exerce pas son droit d'hébergement pendant les périodes fixées par le jugement, l'autre parent pourrait demander une augmentation de la pension, cette demande pouvant être justifiée par le fait que les charges concernant les enfants ont corrélativement augmenté.
De la même façon, il est parfois demandé, en présence d'un enfant qui ne désire pas voir son parent ou d'un parent qui fait tout pour empêcher un exercice correct du droit de visite et d'hébergement, si la pension peut être diminuée ou supprimée. La réponse est négative. La question se déplace vers les questions plus générales des problèmes liés à l'exercice du droit de visite et d'hébergement qui doivent être réglés.

Cas pratiques

Mon fils (quinze ans) ne vient jamais me voir. Mon divorce date d'il y a maintenant quatre ans. J'ai toujours versé une pension régulièrement mais j'ai décidé d'arrêter du fait de cette attitude. En ai-je le droit ?

Non, ce n'est pas possible. Juridiquement, l'obligation alimentaire n'est pas réciproque pour les enfants mineurs. Cela signifie concrètement que vous avez l'obligation légale de régler votre pension, quelle que soit l'attitude de votre fils. Les devoirs sont du côté des parents et les fautes des enfants ne peuvent priver ceux-ci de leurs droits.

Je suis actuellement dans d'importantes difficultés financières. Mon ex-femme ne veut pas en entendre parler. Puis-je demander un moratoire au juge dans le paiement des mensualités de la pension alimentaire pour ma fille (par exemple sur deux ans) ?

Des difficultés temporaires peuvent effectivement entraîner une suspension du versement de la pension pendant une durée déterminée (et non jusqu'à retour à meilleure fortune). Nous vous conseillons de vous adresser rapidement au juge en justifiant de ces difficultés.

• Les frais occasionnés par l'exercice du droit de visite et d'hébergement et autres frais non prévus

Du côté de celui qui verse la pension

Pendant son droit d'hébergement, le parent peut être dans l'obligation de prévoir un mode de garde (nourrice, centre aéré...). Il est parfois demandé que ces sommes soient déduites de la pension alimentaire qu'il verse par ailleurs : cela n'est pas possible. Sauf bien sûr accord des parents, c'est au parent qui héberge l'enfant de régler cette question et les frais sont à sa charge.

En ce qui concerne les frais de déplacement (frais kilométriques, frais de trains, voire avion...) liés à l'exercice du droit de visite et d'hébergement, l'usage veut, à défaut d'accord sur ce point des parents, que ce soit au parent qui bénéficie du droit de visite et d'hébergement d'assumer la charge de venir chercher l'enfant au domicile du parent chez qui il réside ou qui a l'autorité parentale, et de l'y ramener. Il est cependant tout à fait possible aux parents de prévoir un partage des frais.

Cette règle peut également être infléchie notamment en cas de déménagement, surtout s'il est lointain, qui est le fait du parent chez qui l'enfant habite. Comme cela a été expliqué, en cas de désaccord entre les parents sur les frais de déplacement d'un domicile à l'autre occasionnés par un déménagement, ils peuvent saisir le juge aux affaires familiales qui répartit les frais de déplacement et ajuste en conséquence le montant de la pension alimentaire versée pour l'enfant. Le juge peut ainsi décider d'un partage des frais ou, plus fréquemment, ordonner une diminution de la pension alimentaire pour tenir compte de l'éloignement (art. 373-2, C. civ.).

ATTENTION

Selon l'administration fiscale, les frais liés au droit de visite n'ouvrent pas droit à déduction pour la personne qui en supporte la charge, dès lors qu'ils sont déjà pris en compte par le juge lors de la fixation de la pension (voir *Les conséquences financières du divorce*, p. 203) (BOI, 9.7.2002, 5 B-15-02).

Du côté de celui qui touche la pension

La pension alimentaire est censée couvrir tous les frais concernant l'enfant. Si des frais importants surviennent concernant l'enfant, et à défaut d'accord entre les parents, le parent doit saisir le juge aux affaires familiales d'une demande d'augmentation de la pension alimentaire ou de prise en charge de ces frais par l'autre parent.

Cas pratique

Si la mère de mes enfants, qui en a la garde, décide de partir à 500 km comme elle l'envisage, qui de nous deux devra prendre en charge les frais de déplacement ?

Il n'y a pas de règles préétablies en la matière et chaque cas est étudié séparément à défaut d'accord entre les époux. L'usage veut que ce soit au parent qui a le droit de visite et d'hébergement de faire venir (à ses frais) l'enfant du domicile du parent chez qui il réside habituellement ou qui a l'autorité parentale, et qui l'y ramène. Mais cette règle peut être infléchie si le déménagement, surtout s'il est lointain, est le fait du parent qui a l'autorité parentale. Vous devez demander un partage des frais de déplacement ou une prise en compte de ces frais en obtenant concrètement une diminution de la pension versée à votre enfant.

• Le changement de résidence

Il arrive qu'un enfant désire aller vivre chez le parent chez lequel il ne résidait pas ou qui n'avait pas l'autorité parentale (selon que celle-ci est conjointe ou non). Il s'agit ici moins d'un problème de modification de la pension que d'un changement de la décision judiciaire fixant les modalités de l'autorité parentale. Il faut donc retourner devant le juge aux affaires familiales pour demander ce changement. Il a en effet été jugé que la volonté d'un enfant de vivre auprès de l'un de ses parents ne constitue pas un motif légitime permettant d'obtenir la mainlevée d'une procédure de paiement direct prévue en cas de non-paiement de la pension alimentaire ou le remboursement des sommes versées.

Cas pratique

Je paye une pension alimentaire pour mon fils qui va venir vivre chez moi. Que dois-je faire pour ne plus payer de pension à mon ex-mari ?

Vous devez saisir le juge aux affaires familiales de ces nouvelles modalités, et ce même si votre ex-conjoint est d'accord avec vous sur tous ces points. Le juge va prendre acte de cette situation et vous pourrez présenter ce document à l'administration fiscale et aux organismes sociaux (CAF…) pour bénéficier des avantages liés à la résidence de l'enfant.

› L'augmentation de la pension

Une demande peut être effectuée en cas d'augmentation des besoins de l'enfant, dans la mesure où ces besoins sont normaux et qu'il ne s'agit pas de dépenses somptuaires ou exceptionnelles : par exemple, l'enfant a pris de l'âge, il a d'autres loisirs, les vêtements coûtent plus cher, il change d'école et entre dans le privé, il bénéficie d'un suivi médical extrêmement coûteux …

Une demande d'augmentation peut de même être rendue nécessaire en cas de diminution des revenus (ou augmentation des charges) du parent qui a la charge principale de l'enfant.

Elle peut également être sollicitée quand le parent qui héberge l'enfant apprend que le parent débiteur s'est remarié avec quelqu'un qui gagne largement sa vie ou encore qu'il a dissimulé une partie de ses revenus. Le remariage du débiteur de la pension alimentaire (ou son concubinage) peut modifier les données sur lesquelles le juge s'est appuyé pour la fixation initiale de la pension, dans la mesure où les dépenses que le nouveau conjoint (ou concubin) assume spontanément allègent les charges du débiteur, et c'est effectivement cet allégement qui est retenu par les tribunaux.

Le seul fait que le débiteur soit remarié ou en concubinage ne suffit cependant pas à justifier une augmentation de la pension alimentaire. Il faut que celui qui

demande l'augmentation justifie de ressources nouvelles ou de l'existence d'une économie dans les charges de la vie courante.
Le juge va donc se livrer à une appréciation de la situation au cas par cas. Il n'existe en effet aucune obligation alimentaire entre le second conjoint ou concubin et les enfants d'un premier lit (art. 206 et 207, C. civ.).
On peut ainsi noter que prendre en considération les revenus du second foyer revient à instaurer une sorte de contribution indirecte du conjoint (ou concubin) du débiteur. Ainsi, en cas de remariage sous le régime de la communauté légale, c'est au final la communauté qui sera débitrice (sans possibilité de récompense) de cette dette commune, puisque les gains et salaires des époux sont réputés biens communs (art. 1409, C. civ.).

Cas pratiques

Je viens d'acheter un appartement avec mon concubin moitié chacun. Cet homme verse une pension alimentaire pour ses trois enfants d'un précédent mariage. Son ex-femme a-t-elle le droit de lui demander une augmentation de pension parce qu'il vit avec moi (nous avons eu deux enfants) : peut-elle se baser sur nos deux salaires pour demander une révision de la pension et dans ce cas, si mon concubin ne peut pas payer, serai-je tenu de lui payer cette pension ?

Il est effectivement possible que le fait que le père des enfants soit en concubinage avec vous soit pris en considération par le juge dans la mesure où cet élément a une incidence sur les ressources et les charges du parent débiteur de la pension. Ceci dit, il faut que la mère des enfants prouve que ce concubinage entraîne une augmentation des revenus du couple ou un allégement des charges courantes. Il n'est donc pas certain qu'elle obtienne gain de cause, surtout si vous avez eu des enfants avec votre concubin.

Je suis divorcée du père de mon enfant. Il me verse une pension pour l'enfant. Celui-ci doit se faire poser un appareil correcteur non remboursé par la Sécurité sociale. De plus, j'ai régulièrement des frais importants à régler pour mon enfant. Puis-je exiger une participation financière (par exemple, la moitié des frais) en plus de la pension alimentaire ?

Non, vous ne pouvez pas exiger cette participation. À défaut d'accord entre vous sur la répartition de ces gros frais, vous devez saisir le juge en demande de partage des frais, ou, si ces frais reviennent régulièrement, d'augmentation de la pension. Une certaine jurisprudence oblige en effet l'autre époux à participer aux grosses dépenses concernant l'enfant. Mais il faut le demander au juge. Vous pouvez également vous fonder, dans le cadre de votre demande d'augmentation, sur l'article 373-2 du Code civil qui prévoit que la pension peut prendre la forme d'une prise en charge des frais concernant l'enfant.

La procédure

Le juge peut être saisi par requête ou par assignation en la forme des référés (ou en référé) s'il y a urgence (le recours à un huissier de justice est alors nécessaire) (voir *Comment saisir le juge après le divorce ?*, p. 61).

Les pensions alimentaires impayées

Après un divorce ou une séparation, il est parfois difficile de se faire payer son dû pour ses enfants : le nombre d'impayés en matière de pensions alimentaires en est la preuve.

Comment réagir rapidement ?

Les recours contre celui qui ne paye pas une pension alimentaire, une prestation compensatoire ou une contribution aux charges du mariage sont à la fois nombreux, variés et efficaces. Ces procédures sont d'ailleurs d'autant plus efficaces qu'elles seront mises en œuvre rapidement, dès les premiers incidents de paiement. Le créancier doit être en possession d'une décision de justice « exécutoire ». Cela peut être l'ordonnance de non-conciliation, la décision du juge aux affaires familiales augmentant la pension (ce sont des décisions qui sont exécutoires même en cas d'appel), le jugement de divorce, la convention homologuée en cas de divorce par consentement mutuel. Un simple accord signé par les époux ne pourrait en revanche pas donner lieu à une procédure de recouvrement forcé. En cas de paiements irréguliers, le bénéficiaire d'une pension alimentaire n'a pas le droit de se faire justice lui-même, par exemple en privant le débiteur de son droit de visite et d'hébergement.

À NOTER

Qu'est-ce qu'un titre exécutoire ? Un titre exécutoire est un titre ou un acte, revêtu de la formule exécutoire, permettant à son bénéficiaire de recourir à son exécution, forcée si nécessaire. En principe, quand un jugement fait l'objet d'un appel, son exécution est « suspendue », ce qui signifie qu'il ne peut être exécuté tant que le délai pour faire appel n'est pas terminé ou, en cas d'appel tant que dure la procédure.

Les décisions relatives aux pensions alimentaires pour les enfants et la contribution aux charges du mariage sont exécutoires même en cas d'appel (art. 1069-5, 1084 à 1087, 1180-2, CPC). On dit qu'elles sont exécutoires de plein droit. Cela signifie qu'elles peuvent donner lieu, par exemple, à une saisie ou une procédure de paiement direct même en cas d'appel du débiteur. La seule condition est que le bénéficiaire de la pension ait fait signifier au débiteur ladite décision.

Quelle procédure choisir ?

Des procédures peuvent être utilisées en cas d'impayés, qu'il s'agisse d'une pension alimentaire (par exemple, une pension pour un enfant ou entre époux pendant la procédure de divorce), d'une contribution aux charges du mariage, mais aussi, sous certaines conditions, d'une rente de prestation compensatoire. Deux possibilités de réaction s'offrent aux victimes d'impayés : aller au pénal ou demander le recouvrement des sommes au civil (paiement direct ou saisies notamment).

> **À NOTER**
> **Du nouveau pour les impayés de pension alimentaire ?** La loi n° 2014-873 du 4 août 2014 contient, parmi ses dispositions, le principe d'une garantie contre les impayés de pensions alimentaires qui devrait permettre de protéger les femmes seules confrontées à des impayés en créant progressivement une garantie publique. Vingt départements expérimentent la garantie contre les impayés de pensions alimentaires à compter du 1er juillet 2014. L'expérimentation se poursuit sur 18 mois.

› La voie pénale

La voie pénale n'est pas une procédure de recouvrement permettant d'obtenir le paiement des mensualités impayées (sauf hypothèse d'une condamnation de sursis avec mise à l'épreuve ou d'ajournement de peine, voir ci-dessous). Le créancier pourra seulement se porter partie civile en demandant des dommages et intérêts. Elle ne peut être utilisée en cas de paiement partiel de la pension. Mais c'est un moyen de pression (peur de la sanction pénale pour le débiteur) qui se révèle très efficace en pratique.
Dès la réception de la plainte (avant l'engagement des poursuites), le procureur de la République peut également ordonner une médiation pénale ou une composition pénale. Le but de ces mesures (rentrant dans le cadre d'une justice dite de proximité) est d'offrir une possibilité d'alternative à la sanction pénale en proposant au prévenu notamment de s'acquitter de sa dette.

› La voie civile

La voie civile est une procédure permettant le recouvrement des impayés. La procédure la plus simple et rapide est le paiement direct. Il suffit pour la personne qui n'est pas payée de contacter un huissier de justice proche de son domicile. Il n'est en revanche pas nécessaire de faire intervenir un avocat. L'huissier va s'adresser, pour se faire payer, à l'employeur ou tout autre organisme ou personne versant régulièrement des sommes entre les mains du débiteur (banque, locataire...). Il va demander le recouvrement des six dernières mensualités (il ne peut pas demander plus dans le cadre de cette procédure simplifiée) et des mensualités à venir.
Le créancier peut également faire intervenir (s'il s'agit d'une pension pour un enfant) l'organisme débiteur des prestations familiales en s'adressant à sa caisse d'allocations familiales (CAF).
Il peut également poursuivre son débiteur comme n'importe quel autre débiteur en toutes matières (notamment si l'arriéré dépasse six mois), à savoir notamment

en utilisant les procédures de saisie-attribution, de saisie des rémunérations, voire de saisie immobilière.
Il peut de même combiner deux procédures : par exemple, si l'arriéré de la pension alimentaire dépasse six mois, il peut utiliser la procédure de saisie sur les rémunérations entre les mains de l'employeur pour les arriérés dépassant les six mois et demander à l'huissier de procéder en parallèle à une procédure de paiement direct pour avoir paiement des mensualités à venir directement de l'employeur.

ATTENTION
La prescription en matière de pension alimentaire La prescription en matière de pension alimentaire impayée est de cinq ans (art. 2277, C. civ.). Il n'est donc pas possible de demander au tribunal la condamnation à plus de cinq ans d'arriérés.

La procédure pénale

› L'abandon de famille

L'abandon de famille est le fait pour une personne de demeurer plus de deux mois sans verser la totalité d'une pension alimentaire pour ses enfants fixée par une décision de justice. Plus précisément, c'est le fait, pour une personne, de ne pas exécuter une décision judiciaire ou une convention judiciairement homologuée lui imposant de verser au profit d'un enfant mineur, d'un descendant, d'un ascendant ou du conjoint une pension, une contribution, des subsides ou des prestations de toute nature dues en raison de l'une des obligations familiales prévues par le Code civil. (art. 227-3, C. pén.).
Ce délai de deux mois court à compter de la signification de la décision de justice ou, en cas d'interruption des versements, à partir du dernier versement. D'ailleurs, une nouvelle condamnation peut à nouveau intervenir quand, après une première condamnation, le coupable demeure à nouveau deux mois sans verser ce qu'il doit. Il n'est pas rare qu'une personne soit ainsi condamnée à plusieurs reprises.
Pour les tribunaux, ce délit suppose la réunion de trois conditions :
- une dette fixée dans un titre exécutoire (ordonnance de non-conciliation par exemple, jugement prononçant le divorce, ou encore jugement statuant sur une demande de modification, arrêt d'appel, etc.) ;
- un défaut de paiement intégral de la dette pendant plus de deux mois ;
- une intention coupable.

Le fait de ne pas payer en temps voulu les sommes dues n'entraîne donc pas automatiquement de condamnation pénale. Il faut que soit apportée la preuve du caractère intentionnel de l'infraction.

Comment porter plainte ou saisir le tribunal correctionnel ?

La victime des impayés peut :
- porter plainte auprès du commissariat de police le plus proche en se déplaçant ou en écrivant ;
- rédiger une plainte adressée au procureur de la République du tribunal de grande instance de son domicile ;
- faire délivrer par huissier de justice une citation directe devant le tribunal correctionnel de son domicile (art. 227-3, C. pén.).

Dans la plainte, le plaignant doit préciser son état civil, nom et adresse, expliquer la situation de fait, donner le détail des sommes dues et joindre, si possible, un exemplaire de la décision qui a fixé la pension alimentaire (ou la rente de prestation compensatoire), en précisant l'adresse du débiteur si cette adresse est connue. Le dépôt d'une telle plainte est gratuit.

Le créancier peut aussi directement citer le débiteur devant le tribunal correctionnel par l'intermédiaire d'un huissier de justice.

> **Cas pratique**
>
> **Une personne qui ne paie pas de pension alimentaire pour son enfant peut-elle être privée de son droit de visite ?**
>
> Le non-paiement de la pension alimentaire n'entraîne pas la suppression automatique du droit de visite. Avant la réforme de l'autorité du 5 mars 2002, le parent condamné pour le délit d'abandon de famille pouvait effectivement être privé de l'exercice de l'autorité parentale et, par exemple, de son droit de visite et d'hébergement, tant qu'il n'avait pas recommencé à assumer ses obligations pendant une durée d'au moins six mois (art. 373, C. civ. ancien). Cette sanction intervenait de plein droit sans qu'il soit nécessaire de saisir le juge civil pour qu'il constate cette perte de l'autorité parentale (C. cass., civ. 1re, 8.11.1982, BC n° 323).
>
> La réforme de l'autorité parentale a modifié l'article 373 du Code civil en supprimant l'abandon de famille dans les cas de perte d'autorité parentale.

Les sanctions

La sanction prévue est une peine d'emprisonnement de deux ans et une amende de 15 000 €. La prison ferme est rarement prononcée par les tribunaux (sauf hypothèse de multirécidiviste). Les tribunaux préfèrent ordonner, dans certains cas, un sursis avec mise à l'épreuve ou un ajournement de peine permettant au débiteur de se mettre en règle en payant l'arriéré et les mensualités dues. En amont, c'est-à-dire au stade de la plainte, avant que l'affaire vienne devant le tribunal correctionnel, le procureur de la République a la possibilité d'ordonner une médiation pénale ou une composition pénale.

Des peines complémentaires peuvent également être ordonnées comme l'interdiction des droits civiques, civils et de famille (interdiction de voter ou d'être éligible), l'interdiction de quitter le territoire, la suspension ou l'annulation du permis de conduire (art. 131-26 et 227-29, C. pén.).

La persistance dans le non-paiement peut entraîner de nouvelles condamnations. Ainsi, l'absence de paiement dans les deux mois de la condamnation peut entraîner une nouvelle condamnation.

> **Cas pratique**
> Un ex-époux est condamné à payer à son ex-épouse une somme de 60 000 F (9 147 €) à titre de prestation compensatoire par une décision de justice en date du 2 mars 1992. N'ayant pas exécuté cette décision, il est condamné pour abandon de famille par jugement du 2 juin 1994, devenu définitif (signifié à l'ex-époux, absence de voie de recours) le 2 août suivant. N'ayant toujours pas rempli son obligation en décembre 1994, il est cité à nouveau devant le tribunal correctionnel pour abandon de famille.
> Il a été déclaré coupable une nouvelle fois dans la mesure où il est resté de nouveau plus de deux mois sans avoir réglé sa dette et il n'a pas proposé d'établir son état d'impécuniosité dans lequel il prétendait se trouver. Ce délit se renouvelle donc chaque fois que son auteur démontre par son comportement sa volonté de persévérer dans son attitude (C. cass., crim., 2.12.1998, BC n° 326).

› Que risque le débiteur d'une pension alimentaire (ou d'une prestation compensatoire) s'il n'indique pas ses changements de domicile ?

Il s'agit effectivement là d'une obligation légale. Lors d'un déménagement, la notification de changement de domicile doit intervenir dans un délai d'un mois à compter du changement. À défaut, le débiteur encourt une peine d'amende de 7 500 € et (ou) une peine de prison de six mois (art. 227-4, C. pén.).

› L'organisation frauduleuse de l'insolvabilité

Le débiteur d'une pension alimentaire ou d'une prestation compensatoire qui organise son insolvabilité en vue de se soustraire à l'exécution de son obligation encourt une peine d'emprisonnement de trois ans et une amende de 45 000 € (art. 314-1 à 314-9, C. pén.).

L'organisation frauduleuse de l'insolvabilité peut consister pour le débiteur à augmenter le passif ou diminuer l'actif de son patrimoine, à diminuer ou dissimuler ses revenus, ou encore à dissimuler ses biens.

La procédure civile

Une procédure de recouvrement peut être engagée :
- sur la base d'un jugement définitif (aucune voie de recours n'a été exercée) ;
- ou d'un jugement exécutoire de plein droit (immédiatement).

Il peut ainsi s'agir de l'ordonnance de non-conciliation, de la décision prononçant le divorce, d'une décision ultérieure statuant sur les paiements, etc.

Le bénéficiaire d'un jugement doit donc le faire signifier en s'adressant à un huissier de justice et attendre l'expiration du délai d'appel (sous les réserves figurant ci-dessous concernant les décisions exécutoires de plein droit).
Une fois une telle décision exécutoire obtenue, le bénéficiaire de cette pension n'a plus besoin, pour le recouvrement de l'impayé, de saisir à nouveau le juge. Ces procédures ont également pour intérêt d'assurer le règlement des termes des pensions qui viendront à échéance après leur mise en œuvre.
Différentes techniques spécifiques ont été créées :
- la procédure de paiement direct est une procédure simplifiée de saisies entre les mains d'un tiers (art. L. 213-1 et suivants, R. 213-1 à R. 213-10, C. proc. civ. ex) ;
- la procédure de recouvrement public permet le recouvrement par les comptables du Trésor (loi n° 75-618 du 11.7.1975) ;
- la loi du 22 décembre 1984 (intégrée dans le Code de la Sécurité sociale) permet aux caisses d'allocations familiales de recouvrer à la place du bénéficiaire la pension alimentaire impayée (voir *Les allocations familiales*, p. 414).
Ces procédures n'empêchent bien sûr pas l'intéressé d'utiliser les procédures de saisies existantes (voir *Les autres saisies*, p. 403).
Par ailleurs, sur un plan pénal, ne pas payer régulièrement sa pension alimentaire peut entraîner la condamnation du débiteur pour le délit d'« abandon de famille » (voir *L'abandon de famille*, p. 395).

À NOTER
Les recherches du débiteur et les pouvoirs de l'huissier de justice Le bénéficiaire de la pension peut, notamment après le divorce, avoir perdu de vue le débiteur de la pension, ce qui peut lui rendre difficile un recouvrement. Il peut également avoir du mal à localiser son actif patrimonial. La loi a en partie tenu compte de cette difficulté en donnant d'importants pouvoirs aux huissiers de justice.

› Le paiement direct

Le paiement direct consiste, pour le créancier de la pension alimentaire (de la prestation compensatoire ou de la contribution aux charges du mariage) bénéficiaire d'une décision de justice exécutoire, à se faire payer directement par l'employeur de son débiteur ou par tout autre dépositaire de fonds détenus pour le compte de son débiteur (banque, CCP, caisse d'épargne, caisse de retraite, chômage, locataires...) dès qu'un mois n'a pas été payé à son terme, sans avoir, à nouveau, à engager un procès (art. L. 213-1 à L. 213-6 et R. 213-1 à R. 213-10, C. proc. civ. ex.).
En ce qui concerne cependant les prestations compensatoires, les textes sur le paiement direct et le recouvrement public des pensions précisent qu'elles ne sont applicables qu'aux prestations compensatoires versées « sous forme de rente ». Sont donc exclus de ces deux procédures les versements de prestations compensatoires sous forme de capital. Cela est dommage car ce capital peut prendre la forme de mensualités (capital versé sur huit ans par exemple) susceptibles pourtant de rester elles aussi impayées...

MON CONSEIL

RAR ou huissier Il est conseillé à celui qui réclame le versement d'impayés d'adresser une mise en demeure au débiteur par lettre recommandée avec avis de réception. Il peut également s'adresser directement à un huissier de justice qui notifiera une sommation à payer et se préoccupera de la suite de la procédure.

Il suffit de s'adresser à l'huissier de justice du lieu de sa résidence qui engagera la procédure de paiement direct dont les frais sont à la charge du débiteur de la pension. Il faut adresser à cet huissier un dossier comprenant :
- un exemplaire du jugement de condamnation ;
- un décompte des sommes qui restent dues ;
- tous renseignements sur le débiteur : identité, adresse, numéro de sécurité sociale, de caisse de retraite, de CCP, de compte bancaire, identités des locataires du débiteur s'il est bailleur…

Aucune avance ne peut être demandée par l'huissier au créancier. Si le paiement direct ne peut être obtenu, les frais de la procédure sont réglés par le Trésor public.

Cette procédure permet d'obtenir le recouvrement des mensualités à venir et des six dernières mensualités, le règlement de cet arriéré se faisant en versements égaux établis sur douze mois.

Cas pratique

Une pension indexée de 500 €, payable à partir d'avril 2002, n'a jamais été versée (soit un impayé de 3 000 € en septembre). Le créancier fait une demande de paiement direct le 10 septembre auprès de la société qui emploie son débiteur. À compter d'octobre 2002, le montant suivant sera prélevé sur le salaire :
– au titre du terme courant, la somme de 500 € ;
– et chaque mois pendant un an, la somme de 250 € représentant 1/12 de l'impayé des 6 derniers mois.

Soit, au total, la somme de 750 €.

Le prélèvement direct du terme mensuel courant d'une créance alimentaire et des six derniers mois imputés ne peut pas être poursuivi sur l'intégralité de la rémunération, une somme égale au montant du RSA (revenu de solidarité active) étant laissée à la disposition du débiteur.

En cas de concours de créanciers (plusieurs créanciers réclament des sommes au débiteur), le créancier de la pension alimentaire est payé en priorité, par préférence à tout autre créancier.

Le tiers saisi (employeur, banque, locataire suivant le cas) est tenu de verser directement les sommes dues au fur et à mesure qu'elles deviennent exigibles.

Les contestations relatives à la procédure de paiement direct sont portées devant le juge de l'exécution du domicile du débiteur.

Dans le délai de huit jours, l'huissier notifie la demande de paiement direct, par lettre recommandée, au tiers débiteur. Ce dernier dispose à son tour de huit jours

pour en accuser réception. Dès lors, il est tenu de verser directement la pension à son bénéficiaire (sous peine de sanctions pénales).
Il faut qu'il y ait eu non-paiement, total ou partiel, d'au moins une échéance à son terme. Un retard peut également donner lieu à cette procédure. Cette procédure peut également être utilisée quand le débiteur refuse de payer seulement l'indexation de la pension alimentaire, dans l'hypothèse où il a payé le principal (C. cass., civ. 2e, 5.6.1985, D. 86, IR, p. 113).

ATTENTION

Le créancier de mauvaise foi Le créancier de la pension qui a, de mauvaise foi, fait usage de la procédure de paiement direct peut être condamné à une amende.

Cas pratique

Je viens de faire l'objet d'une demande de paiement direct alors que j'ai payé la pension, du mois d'octobre, certes avec un peu de retard. Je ne comprends pas et désire annuler cette procédure. À qui dois-je m'adresser ? Je croyais qu'il fallait au moins un mois d'impayé. S'agit-il d'une mensualité échue ?

Vous devez saisir le juge de l'exécution dans le ressort de votre domicile. Mais attention, cette saisine ne suspend pas les prélèvements. La procédure de paiement direct est instituée en cas de défaut de paiement, total ou partiel, d'une échéance à son terme. En conséquence, l'exigence d'un solde échu et exigible permet la mise en œuvre de la procédure. Si la pension doit être réglée le 1er du mois, et qu'elle n'est pas payée le 2, une procédure de paiement direct peut être enclenchée.

› La saisie des rémunérations

Il s'agit d'une procédure souvent utilisée pour recouvrer des impayés. Cette procédure doit être utilisée si l'arriéré dépasse six mois (voir *Le paiement direct*, p. 398) et si l'intéressé perçoit un salaire ou toute rémunération versée à quelque titre que ce soit :
- retraite ;
- allocation de chômage ;
- indemnité journalière de Sécurité sociale versée en cas de maladie ou d'accident du travail…

Tout créancier muni d'un titre exécutoire constatant une créance liquide et exigible peut faire procéder à la saisie des rémunérations dues par un employeur à son débiteur. La procédure se déroule devant le tribunal d'instance et est prévue par les articles L. 3252-1 et suivants du Code du travail.
Le juge d'instance compétent est celui du lieu où demeure le débiteur. Si celui-ci n'a pas de domicile connu, le juge compétent est celui du lieu où demeure l'employeur (tiers saisi). La saisie doit toujours être précédée d'une tentative de conciliation.

À NOTER

Du côté du débiteur La possibilité de bénéficier d'un délai de paiement est exclue en matière d'impayés de pension alimentaire. L'article 1244-1 du Code civil qui prévoit la possibilité d'obtenir en justice un « délais de grâce » de deux ans ne s'applique pas aux créances d'aliments. C'est ce qui vient d'ailleurs d'être jugé dans une affaire où un père faisait l'objet d'une saisie des rémunérations pour la pension au profit de son enfant qu'il n'avait pas réglé (C. cass., civ. 2e, 10.4.2014, pourvoi n° 13-13469).

La procédure

Le créancier dépose sa requête au greffe du tribunal qui convoque alors le débiteur à une audience de conciliation (au moins quinze jours avant la date de cette audience). À défaut de conciliation, il est procédé à la saisie après vérification de la créance par le juge. Si le débiteur ne se présente pas à l'audience, le juge peut décider de convoquer à nouveau les parties ou de faire procéder à la saisie directement.

La saisie

Les opérations de saisie sont suivies par le greffier. L'acte de saisie, établi par le greffe, est notifié à l'employeur. Celui-ci doit adresser au greffe, dans les 15 jours de cette notification, tous les renseignements demandés (situation de droit existant entre lui et le débiteur saisi, existence d'autres saisies le cas échéant, montant des rémunérations versées…). À défaut, il pourrait être condamné à une amende civile ainsi qu'à des dommages-intérêts, et peut être déclaré débiteur des retenues qui auraient dû être opérées (c'est-à-dire que c'est l'employeur qui devra payer les sommes réclamées).

L'employeur adresse tous les mois par chèque la somme fixée au greffe qui la transmet au créancier. Si l'employeur omet d'effectuer ces versements, il peut être déclaré personnellement débiteur. La saisie prend fin en cas d'accord entre le créancier et le débiteur ou en cas d'extinction de la dette.

En principe, les sommes saisies s'imputent d'abord sur les intérêts puis sur le capital, mais le juge peut décider d'abord d'une imputation sur le capital. Il peut également diminuer le taux des intérêts.

Il n'est pas possible de saisir la totalité des rémunérations car une somme égale au RSA (Revenu de solidarité active) doit être laissée à la disposition du débiteur. Il s'agit du RSA perçu par un allocataire seul, sans considérations familiales (décr. n° 2004-836 du 20.08.2004).

Cas pratique

Le débiteur d'une pension alimentaire peut-il demander le bénéfice d'une procédure de surendettement ?

S'il est surendetté, le débiteur d'une pension alimentaire peut demander le bénéfice d'une procédure de surendettement, mais ses dettes d'aliments ne pourront faire l'objet de mesure de suspension. L'article L. 331-5 du Code de la consommation exclut expressément la suspension des poursuites contre le débiteur de pension

alimentaire. Cette disposition a évidemment pour but de privilégier le créancier de la pension alimentaire, car celui-ci ne peut pas se voir opposer un plan de règlement de la dette. Mais elle est très critiquée car on constate que fréquemment le débiteur est lui-même dans une situation de précarité… qui justifie sa demande de procédure de surendettement. Par ailleurs, le Code civil exige que le débiteur dispose de ressources suffisantes pour pouvoir aider le membre de sa famille dans le besoin.
En revanche, dans le cadre du règlement de la situation globale du surendettement, pourront être prises en compte les dettes alimentaires. De même, un débiteur de pension alimentaire pourrait invoquer la procédure de surendettement pour demander une diminution de sa pension, voir une suppression de celle-ci. Tout est ici une question d'appréciation du juge saisi (Droit du surendettement et dettes d'aliments, G. Pignarre, JCP éd. G, 8.7.1998).

› Le cas particulier de la saisie de la pension alimentaire ou de la prestation compensatoire

Les provisions, sommes et pensions présentant un caractère alimentaire pour leur bénéficiaire sont protégées parce qu'elles sont indispensables à sa subsistance.
Certaines de ces sommes ne peuvent être saisies que par un créancier lui-même titulaire d'une créance alimentaire (par exemple, pour obtenir le paiement d'une contribution aux charges du mariage ou d'une pension alimentaire pour les enfants après divorce). Sont donc insaisissables, sauf par le créancier d'aliments, notamment les pensions alimentaires, la contribution aux charges du mariage et la prestation compensatoire de l'époux divorcé (art. L. 112-2, C. proc. civ. ex.).
Y a-t-il des sommes que même le créancier d'aliments ne peut pas saisir ? Le créancier d'aliments ne peut saisir certaines prestations sociales (les allocations familiales, l'allocation au jeune enfant, l'allocation parentale d'éducation, le complément familial, l'allocation de rentrée scolaire, l'allocation de soutien familial... sous certaines limites (art. L. 553-4, C. séc. soc.).
Certaines sommes sont par ailleurs totalement insaisissables, même pour le créancier d'aliments.
Tel est le cas notamment pour :
- l'allocation aux adultes handicapés (art. L. 821-5, C. séc. soc.) ;
- l'allocation de logement et l'aide personnalisée au logement (art. L. 351-9, C. constr. hab.) ;
- le revenu de solidarité active, RSA ;
- les allocations chômage du régime de solidarité (allocation de solidarité spécifique et d'insertion) ;
- les prestations en nature de la Sécurité sociale (remboursement de frais et de médicaments, de transport, etc. ; art. L. 322-6, C. séc. soc.).

Si l'allocataire fait l'objet d'une saisie de ses prestations familiales, il doit immédiatement demander à sa caisse d'allocations familiales (CAF) une attestation précisant le montant des prestations qui lui sont versées afin d'empêcher la saisie.

› Les autres saisies

Le créancier de la pension impayée peut choisir une autre procédure de saisie, qui n'est pas spécifique aux pensions alimentaires, en s'adressant à un huissier de justice pour lui demander de procéder notamment :
- au blocage des comptes bancaires de son débiteur dans le cadre d'une saisie-attribution et au prélèvement à son profit si le compte est créditeur ;
- à la saisie du véhicule de son débiteur par déclaration à la préfecture ou par immobilisation du véhicule ;
- à la saisie des biens mobiliers de son débiteur s'ils ont une certaine valeur (à défaut, elle est déconseillée compte tenu de son coût et de sa longueur) ;
- à une saisie immobilière ;
- à une saisie des droits incorporels (droits d'associés, par exemple).

› Comment faire pratiquer le recouvrement par le Trésor public ?

En cas d'échec d'un moyen de recouvrement, le créancier de la pension alimentaire peut également demander au comptable du Trésor de recouvrer à sa place la pension alimentaire en utilisant les procédures applicables au recouvrement des impôts (loi n° 75-618 du 11.7.1975). Ce recouvrement peut porter sur les mensualités à venir et sur les six dernières mensualités qui ont précédé la date de la demande.
Il suffit pour le créancier d'adresser, par lettre recommandée avec demande d'avis de réception, une demande de recouvrement public au procureur de la République du tribunal de grande instance dont dépend son domicile, en précisant le montant des sommes dues, les nom, prénoms, adresse, profession, numéro d'immatriculation à la Sécurité sociale du débiteur et adresse de l'employeur du débiteur et en joignant photocopie de la décision fixant la pension alimentaire (ou de la prestation compensatoire) et tout document justifiant qu'une autre procédure a été engagée et est restée infructueuse (attestation de l'huissier qui a poursuivi vainement, du greffier du tribunal...).
Le montant de la pension est majoré de 10 % au profit du Trésor à titre de frais de recouvrement ainsi que des frais de poursuite.
Le créancier qui obtient de mauvaise foi la mise en œuvre de la procédure de recouvrement direct peut être condamné à une amende.
Ce recours, en pratique, n'a pas toujours l'efficacité souhaitée.

› Comment faire intervenir l'organisme débiteur des prestations familiales (ASF) ?

Le créancier peut également s'adresser à sa caisse d'allocations familiales (CAF) (voir *Les allocations familiales*, p. 414). Il convient seulement ici d'indiquer qu'il peut obtenir une allocation de soutien familial (ASF) versée à titre d'avance sur la créance alimentaire, ce qui pourra l'aider pendant cette période de difficulté financière. Si la pension n'est que partiellement payée par le débiteur, l'organisme complète ce versement par une « allocation différentielle ». Surtout, la CAF dispose du droit non seulement de récupérer l'allocation de soutien familial versée, mais aussi de se faire payer les mensualités futures de la pension alimentaire. L'intéressé n'est pas obligé de passer par l'intermédiaire d'un huissier de justice (comme pour la procédure de paiement direct) ou d'un avocat pour demander le recouvrement public.

Cas pratiques

Je suis en possession d'une décision judiciaire condamnant mon ex-mari à me verser une pension. Mais il a disparu et je n'ai plus d'adresse. Cela vaut-il la peine d'essayer de le retrouver ? Que peut faire un huissier dans mon cas présent ?

Selon la loi instituant la procédure de paiement direct, les administrations au service de l'État (le fisc, le fichier national des chèques irréguliers – FNCI – les fichiers départementaux des cartes grises des préfectures notamment) et les collectivités publiques, les organismes de Sécurité sociale, sont tenus de réunir et de communiquer à l'huissier de justice tous renseignements dont ils disposent permettant de déterminer l'adresse du débiteur de la pension alimentaire, l'identité et l'adresse de son employeur ou de tout tiers débiteur ou dépositaire de sommes liquides ou exigibles.

Sachez que le débiteur de votre pension alimentaire est dans l'obligation de vous signaler tout changement d'adresse sous peine de sanctions pénales. Vous pouvez également vous adresser au service des recherches dans l'intérêt des familles, à la préfecture de votre domicile.

Ayant une pension alimentaire à verser pour mes enfants et ayant des difficultés financières, si je ne peux payer que la moitié de la somme que peut faire mon ex-conjoint : peut-il déposer plainte pour abandon de famille ?

L'abandon de famille est le fait pour une personne de demeurer plus de deux mois sans verser la totalité d'une pension alimentaire fixée par une décision de justice. Pour les tribunaux, ce délit suppose la réunion de trois conditions : une dette fixée dans un titre exécutoire, un défaut de paiement intégral de la dette pendant plus de deux mois et une intention coupable. Dans le cas exposé, il n'y a pas de risque sur un plan pénal dans la mesure où le débiteur s'acquitte d'une partie de sa dette. Ceci dit, compte tenu des difficultés financières, et à défaut de s'entendre sur ce point avec son ex-conjoint, il est conseillé de saisir le juge aux affaires familiales d'une demande de diminution de pension alimentaire.

La pension alimentaire des enfants majeurs

L'entretien des enfants devenus majeurs, prévu par l'article 371-2 du Code civil, est une source importante de litiges. En effet, à partir de quand est-il légitime de considérer qu'un enfant doit pouvoir économiquement se suffire à lui-même ? Les procédures, relatives à la fixation ou au recouvrement de la pension alimentaire opposent tantôt les parents entre eux, tantôt directement l'enfant à l'un ou l'autre de ses père et mère ou aux deux.

Précision apportée par l'ordonnance de non-conciliation ou le jugement de divorce

Dans la plupart des cas, la décision fixant la pension pour les enfants prévoit la survie de cette pension après la majorité. À défaut, elle est présumée continuer au-delà, et, par exemple, un père débiteur ne pourrait pas demander la mainlevée d'une procédure de paiement direct sous prétexte que l'enfant a atteint sa majorité.

> **Cas pratique**
>
> **Suite à un divorce, je paie une contribution pour ma fille. Puis-je cesser de régler sans préavis cette contribution dès lors qu'elle est majeure ? Dans quels cas suis-je obligé de poursuivre les versements ? Que dois-je exiger comme documents ? Et le cas échéant, comment vérifier la véracité de ces derniers ?**
>
> Il faut tout d'abord vous reporter aux termes du jugement de divorce. De façon générale, il faut savoir que, selon les tribunaux, une pension alimentaire est due jusqu'à la fin des études des enfants et l'obtention d'un emploi rémunéré non occasionnel. Le devoir d'entretien et d'éducation ne s'éteint en effet pas à la majorité de l'enfant mais se prolonge au-delà (art. 371-2, C. civ.).
>
> La contrepartie de cette contribution est que le jeune, et le parent qui le prend en charge, doivent fournir tous renseignements au parent débiteur concernant la poursuite d'études sérieuses notamment (bulletins d'inscription universitaire, résultats des épreuves de fin d'année, etc.).
>
> Nous vous conseillons en un premier temps de vous rapprocher de l'intéressé en exigeant les pièces indiquées. Si vous n'obtenez pas de réponse ni auprès de votre ex-épouse ni de votre fille, vous pouvez saisir le juge aux affaires familiales en demande de cessation de pension.

Nous vous déconseillons en revanche de cesser de vous-même le versement au risque de vous voir notifier une procédure de paiement direct (procédure prévue en cas de non-paiement de pension). Par ailleurs, il faut savoir que la pension reste due à votre ex-femme si elle a la charge effective de l'enfant, conformément à l'article 373-2-5 du Code civil... et cet article ne vise pas que les situations où le jeune suit des études, mais a été étendu aux cas de chômage, maladie, handicap du jeune.

Action engagée par l'un des parents après le divorce

L'article 373-2-5 du Code civil précise : « *Le parent qui assume à titre principal la charge d'un enfant majeur qui ne peut lui-même subvenir à ses besoins peut demander à l'autre parent de lui verser une contribution à son entretien et à son éducation. Le juge peut décider ou les parents convenir que cette contribution sera versée en tout ou partie entre les mains de l'enfant.* » L'idée de ce texte est de ne pas laisser le parent assumer seul la charge financière d'un enfant majeur, que ce dernier poursuive ou non des études, et par ailleurs d'éviter que le jeune fasse directement une demande auprès de ses parents.

Les conditions dégagées par la jurisprudence à cet égard sont :

- que l'enfant soit à la charge effective d'un de ses parents (qu'il habite ou non avec lui, bien que certaines juridictions exigent cette cohabitation) ;
- qu'il ne puisse subvenir à ses besoins (chômeur, étudiant, existence d'un handicap, d'une maladie, etc.).

Cas pratique

Mon fils touche le RSA. Il me demande maintenant une pension alimentaire. J'estime que ce n'est pas à moi de payer mais à l'État. Que puis-je faire ?

Le texte instituant le RSA prévoit que cette allocation n'est que subsidiaire. Celui qui en réclame le versement doit en effet faire une demande de pension alimentaire auprès des membres de sa famille qui la lui doivent. C'est dans ce contexte qu'une demande vous est adressée. Si vous contestez le principe du versement d'une pension alimentaire à votre fils, ce qui est un autre problème, vous devrez en justifier.

Action engagée directement par l'enfant

Le jeune majeur peut toujours de son côté demander à l'un ou à l'autre de ses parents de lui verser une pension. Au vu de la jurisprudence, deux cas doivent cependant être envisagés.

› Aide à la poursuite des études

Le jeune poursuit des études qualifiées par le juge de sérieuses, c'est-à-dire dénuées d'échecs graves, et débouchant avec vraisemblance sur une profession. Il peut donc obtenir le versement d'une pension alimentaire destinée à l'aider à aller jusqu'au bout desdites études. Selon un arrêt : « *Si l'obligation que les époux, en application de l'article 203 du Code civil, contractent ensemble de nourrir, entretenir et élever leurs enfants cesse en principe à la majorité de ceux-ci, ils demeurent cependant tenus après cette date de leur donner, à proportion de leurs ressources, les moyens de poursuivre leurs études* » (CA Paris, 29.3.1985).
Les tribunaux estiment donc que, en cas de poursuite d'études du jeune, il est en droit de demander une pension alimentaire, cette action étant fondée sur la poursuite après la majorité de l'obligation parentale d'entretien prévue pendant la minorité.

> **Cas pratique**
> La Cour de cassation a pris ainsi en considération les aptitudes remarquables de deux enfants pour imposer au père divorcé de leur donner les moyens de préparer pour l'une l'agrégation et pour l'autre l'internat en médecine (C. cass., civ. 2e, 19.10.1977, GP 78, som. p. 8).

L'âge du jeune peut parfois être considéré comme accessoire.

> **À NOTER**
> **La preuve des études** Les parents ont le droit d'être informés du suivi des études. Le jeune doit, selon la majorité des décisions, apporter la preuve des faits qu'il invoque et certaines juridictions subordonnent le versement de la pension à la justification par le jeune auprès du parent débiteur de la pension, de la poursuite de ses études (certificat de scolarité attestant du suivi des études, résultats universitaires...). Faute de quoi, la pension ne sera pas ou ne sera plus versée.
> Il a été jugé qu'un certificat de scolarité attestant qu'un jeune a bien suivi les cours de première année de BTS justifiait du suivi des études. En revanche, le fait d'être admis en deuxième année de BTS est insuffisant (CA Douai, 7.2.1991, D. 92, som. p. 69).

L'obtention d'un emploi rémunéré est une notion bien floue. Quand le parent qui verse la pension demande la suppression de son versement car il estime que son enfant « gagne sa vie », il devra, à défaut d'accord avec l'intéressé – ou l'autre parent – s'adresser au tribunal.
Or, on ne peut que constater la diversité des décisions sur cette question. Quand peut-on dire qu'un enfant est financièrement autonome ? Si certains événements ne font pas de doute (le jeune a décroché un emploi fixe rémunéré), d'autres sont susceptibles de difficultés d'interprétation. Selon certaines juridictions, cela signifie disposer au moins du SMIC ou bénéficier d'un contrat d'apprentissage rémunéré (salaire établi en proportion du SMIC). Pour d'autres, cela signifie disposer de moyens permettant au jeune de subvenir à ses besoins courants.

D'autres tribunaux insistent sur le fait que l'emploi doit être « non occasionnel ». Ils en déduisent que l'obtention d'un contrat aidé par l'état (dispositif de formation en alternance, stage...) ne peut à lui seul justifier une interruption des versements.

› Aide au jeune dans le besoin

L'enfant peut ne pas poursuivre d'études mais être dans le besoin (maladie, handicap, chômage...) et nécessiter une aide.
Selon les tribunaux, quand le jeune est dans le besoin, il peut demander une contribution à ses parents :
- sur le fondement de la poursuite de l'obligation parentale d'entretien et d'éducation des articles 203 et 371-2 du Code civil ;
- ou sur le fondement des articles 205 et 207 du Code civil, qui permet à toute personne en difficulté, de demander une pension alimentaire à ses parents en justifiant de son état de besoin.
Aucune démarcation claire n'est posée par les arrêts pour permettre le choix entre ces deux actions. Celles-ci sont accueillies indifféremment malgré leur différence de régime. En revanche, dans les deux cas, c'est au jeune de faire la preuve de ses difficultés.

> **Cas pratique**
> Un jeune obtient la condamnation de son père, par jugement rendu le 26 août 2005, à lui verser une pension alimentaire de 300 € par mois.
> La cour d'appel la supprime à compter du 1er septembre 2006.
> Le jeune saisit la Cour de cassation qui rejette son pourvoi retenant que le jeune : « (...) qui avait la charge de la preuve de la persistance de son état de besoin, ne rapportait pas cette preuve en ne versant aucune pièce propre à établir qu'il poursuivait des études universitaires, la cour d'appel a pu en déduire que la pension versée par son père pouvait être suspendue à compter du 1er septembre 2006 (...) » (C. cass., civ. 1re, 8.4.2009, pourvoi n° 08-13161).

Certaines décisions prolongent l'obligation d'entretien en raison de la maladie de l'enfant de son handicap, ou de son mauvais état de santé.
En ce qui concerne le chômage, pour accorder (ou refuser) une pension alimentaire, les tribunaux se fondent, soit sur la prolongation de l'obligation d'entretien, soit sur l'obligation alimentaire prévue entre ascendants et descendants.
Or, il faut savoir que :
- la jurisprudence sur le fondement des articles 203 et 373-2-5 du Code civil (poursuite des devoirs d'entretien et d'éducation après la majorité) est favorable au jeune, la seule limite étant que l'enfant ne peut pas subvenir seul à ses besoins (C. cass., civ. 2e, 29.5.1996, pourvoi n° 94-20511) ;
- l'obligation alimentaire au profit d'un descendant fondée sur l'article 205 du même code est en revanche conçue plus restrictivement. Les tribunaux sont en effet très exigeants et demandent que la situation dans laquelle se trouve ce jeune ne lui soit pas imputable.

Cas pratique

La situation dans laquelle se trouve un jeune a pu être considérée comme lui étant imputable, dans la mesure où ses études étaient terminées depuis un certain temps et qu'il n'avait pas fait pas de véritables recherches d'emploi. Il n'a donc pas pu obtenir de pension alimentaire sur le fondement de l'article 205 du Code civil (C. cass., civ. 1re, 25.6.1996, pourvoi n° 94-17619).

À NOTER

Les conséquences pour le parent débiteur Pour le parent à qui est demandée la pension, les conséquences du fondement de l'action peuvent être différentes. En effet, quand le jeune se fonde sur l'article 203 du Code civil (notamment s'il poursuit des études, voir ci-dessus), les tribunaux estiment que les parents ne peuvent échapper à l'obligation d'entretien et d'éducation qu'en démontrant qu'ils sont dans l'impossibilité matérielle de le faire (C. cass., civ. 2e, 18.3.1992, pourvoi n° 90-20535). Cette impossibilité matérielle est difficilement acceptée en pratique.

En revanche, des difficultés financières du débiteur de la pension pourront plus facilement être acceptées dans le cadre de l'action alimentaire entre ascendants et descendants (art. 205, C. civ.).

Exemple : Un arrêt a accordé une réduction de sa contribution à un père chômeur et justifiant de ses recherches d'emploi ainsi que du fait qu'il n'avait pas d'autres sources de revenus (notamment patrimoine financier) alors que son enfant était sous contrat de formation et touchait une partie du SMIC (C. cass., civ. 2e, 20.11.1996, pourvoi n° 95-14363).

La mise en œuvre de l'obligation alimentaire

› Le jeune peut-il engager seul l'action ?

Quand l'enfant habite chez le parent, c'est le plus souvent ce dernier qui fait la demande pour le jeune. Certaines juridictions ont pourtant admis une action directe de l'enfant. Quand l'action est fondée sur la notion de besoin du jeune (art. 205, C. civ.), c'est en principe à lui de saisir le juge pour fixer la pension. Il a en effet acquis la capacité d'agir seul en justice depuis sa majorité.

› La pension alimentaire peut-elle être versée directement à l'enfant ?

Quand l'enfant vit chez son parent, la pension est en principe versée entre les mains de ce parent chez qui il habite ou chez celui qui pourvoit à son entretien. Mais le juge peut décider – ou les parents convenir, par exemple quand l'enfant n'habite pas chez son parent – que la pension peut être versée directement, en tout ou en partie entre les mains du jeune.

Cas pratiques

La faculté de verser la contribution entre les mains de son enfant n'est pas subordonnée à une demande de celui-ci (C. cass., civ. 1re, 11.2.2009, pourvoi no08-11769).

Elle semble cependant subordonnée à son accord, comme dans cette affaire où la Cour de cassation décide que « c'est par une appréciation souveraine des éléments produits et sans méconnaître le droit au respect de la vie familiale » que les premiers juges peuvent décider qu'il n'y a pas lieu à faire droit au versement direct de la pension entre les mains d'un enfant majeur, alors que, d'une part, il poursuit des études supérieures et continue à résider chez sa mère qui en assure la charge à titre principal, d'autre part, il n'est lui-même pas favorable, ainsi qu'il ressort d'une lettre versée aux débats, à un versement direct de la contribution de son père entre ses mains (C. cass., civ. 1re, 4.6.2009, pourvoi n° 08-17106).

› Comment le parent peut-il s'exonérer du versement en cas de demande de l'enfant ?

• La poursuite d'études

Comme cela a été précisé pour la minorité de l'enfant, il est difficile pour un parent (dans la très grande majorité des cas, le père) de paralyser la demande de versement d'une pension alimentaire sur la base de difficultés matérielles. Les tribunaux exigent en effet une impossibilité matérielle de faire face à ses obligations alimentaires : ces obligations doivent être assumées en priorité par rapport aux autres charges de la vie courante. Ces éléments pourront cependant être invoqués pour tenter d'obtenir une modération de la pension.
En revanche, le parent peut tenter de contester le principe de la poursuite des études : par exemple, il n'est en possession d'aucun justificatif d'inscription universitaire, il n'a pas eu communication des résultats de fin d'année…

Cas pratique

Je verse une pension à mon ex-femme pour mon fils majeur. Puis-je demander la cessation du versement en exigeant que mon fils vienne vivre avec moi afin que je puisse vérifier le suivi des études ?

Non, il a été jugé que les enfants étant majeurs et poursuivant des études sont libres de choisir leur résidence et que leur père ne pouvait subordonner sa contribution à l'obligation pour les enfants de venir vivre avec lui (C. cass., civ. 2e, 28.1.1981, pourvoi n° 79-13209).

• Le chômage et autres difficultés

Comme on l'a vu, la position du débiteur sera différente selon que son enfant se fonde sur la poursuite de l'obligation de contribuer à son entretien et à son éducation ou aux obligations alimentaires existant entre descendants et descendants. Dans le premier cas, il lui est difficile, comme en cas de poursuite des études de son enfant, de s'en dégager. En revanche, si l'action est fondée sur

l'article 203 du Code civil, le parent peut invoquer, comme pour toute obligation alimentaire :
- sa propre absence de ressource ;
- d'éventuels torts à la charge du jeune à son égard ou le fait qu'il est négligent dans ses recherches d'emploi.
Il est rappelé que c'est au jeune de faire la preuve de son état de besoin (voir *Action engagée directement par l'enfant*, p. 406).

› Comment le parent peut-il s'exonérer du versement en cas de demande de l'autre parent en charge de l'enfant ?

Le débiteur de la pension (dans la très grande majorité des cas, le père), qui veut demander la suppression ou la diminution du versement accordé dans le cadre de cet article, doit prouver, conformément aux règles de preuve de l'article 1315 du Code civil, que son versement n'était pas justifié et donc que :
- l'enfant n'est plus à la charge de l'autre parent ;
- ou que lui-même n'est plus en mesure de régler la pension - graves difficultés et notamment une impossibilité matérielle de faire face à ses obligations alimentaires pourtant prioritaires par rapport aux autres (C. cass., civ. 2e, 29.5.1996).

• Est-ce au père ou à la mère de faire la preuve de la charge de l'enfant ?

La preuve que l'enfant n'est plus à charge de l'autre parent est en pratique difficile à apporter pour l'autre parent. On avait pu constater, dans un premier temps, un infléchissement de la jurisprudence en faveur du débiteur de la pension comme le démontrait une décision de la Cour de cassation, dans une affaire où la mère demandait, dans le cadre du divorce, une pension alimentaire pour l'enfant majeur. La Cour de cassation a décidé que l'ex-épouse ne produisait pas de justificatif de la situation de l'enfant âgé de 24 ans et des dépenses engagées pour lui. En conséquence, la Cour confirmait la décision de la cour d'appel qui avait supprimé la pension. Cette décision a été qualifiée par une partie de la doctrine comme un revirement de jurisprudence. En effet, la preuve de l'incapacité pour le jeune de subvenir à ses besoins a dû être apportée par la mère en charge de la jeune majeure. Cette jurisprudence facilite en tout cas la charge de la preuve par les pères désireux de ne plus payer de pensions alimentaires à leur enfant majeur (C. cass., civ. 2e, 26.9.2002, D. 2002, IR, p. 2775).
Des décisions plus récentes sont intervenues qui reviennent clairement sur cette jurisprudence : à l'occasion de faits similaires, le père a échoué dans sa demande de suppression de pension alimentaire pour son fils majeur. D'après la Cour de cassation, il appartient à celui qui demande la suppression d'une contribution à l'entretien de l'enfant de rapporter la preuve des circonstances permettant de l'en décharger, preuve non rapportée en l'espèce (C. cass., civ. 1re, 7.11.2012, pourvoi n° 12-17374, 4.12.2013, pourvoi n° 12-28686).
En revanche, l'argument suivant lequel les études de l'enfant ne sont pas sérieuses est inefficace quand la mère prouve que l'enfant est à sa charge effective.

Cas pratique

Dans une affaire jugée par la Cour de cassation, le père demandait la suppression de la pension qu'il versait à son ex-femme au motif que les études de ses enfants manquaient de sérieux ou étaient fantaisistes. L'arrêt d'appel qui lui avait donné gain de cause a été cassé par la Cour de cassation : la seule chose que devaient vérifier les juges d'appel était que les enfants étaient bien à la charge à titre principal de leur mère (C. cass., civ. 2e, 11.12.1991, pourvoi n° 90-18877).

• Quelles sont les conséquences du comportement de l'enfant vis-à-vis du débiteur ?

L'article 207 du Code civil prévoit que lorsque le créancier de la pension alimentaire a gravement manqué à ses obligations envers le débiteur, le juge peut le décharger de tout ou partie de la dette alimentaire. Cet article trouve à s'appliquer en cas de demande de pension alimentaire par un ascendant à ses descendants : par exemple, l'enfant demandera à être déchargé de toute dette alimentaire à l'égard de son père ou de sa mère qui l'a abandonné à sa naissance.

Cas pratique

Mais cette possibilité de s'opposer à une demande de pension alimentaire s'applique-t-elle également quand c'est l'enfant qui demande une pension à son parent (ou le parent pour l'enfant) ? Peut-on invoquer un comportement de l'enfant et de façon générale des manquements graves ses obligations filiales pour éviter le paiement d'une pension ?

Pour les tribunaux, ce texte ne concerne que les obligations alimentaires réciproques (entre ascendants et descendants notamment) et non l'obligation d'entretien et d'éducation des parents vis-à-vis de leur enfant (C. cass., civ. 2e, 17.7.1985, pourvoi n° 83-13552, 17.5.1995).

Ainsi, selon que l'action en justice du jeune majeur se fonde sur la prolongation de l'obligation d'éducation et d'entretien après la majorité (hypothèse classique de la poursuite d'études) ou sur l'obligation alimentaire entre ascendant et descendant, le comportement de celui qui demande la pension alimentaire pourra être opposé ou non.

Cas pratique

Dans le cadre de l'après-divorce, une femme demande à son ex-mari une pension alimentaire pour leur fils majeur qui poursuit des études (art. 295, C. civ. ancien). La cour d'appel rejette sa demande : l'enfant a rompu de façon brutale toute relation avec son père en raison du divorce et ce fait constitue un manquement grave à ses obligations filiales. Cet arrêt est cassé par la Cour de cassation : des manquements de l'enfant ne peuvent être invoqués dans le cadre de l'obligation d'entretien et d'éducation (C. cass., civ. 2e, 17.7.1985, GP 87, 1, 175).

Cas pratique

Ma fille, à qui je verse une pension, vient de se marier. Dois-je continuer le versement ?

En principe, c'est au conjoint, au titre de l'article 212 du Code civil, d'aider son conjoint en difficulté, et ce prioritairement par rapport aux parents. Par conséquent, c'est à votre nouveau gendre d'aider son épouse, votre fille. Vous pouvez donc tenter d'obtenir du juge une suppression de la pension… qui ne vous sera pas forcément accordée si votre gendre est lui-même étudiant.

La fiscalité des pensions alimentaires

Voir *Les conséquences fiscales du divorce*, p. 293.

Les allocations familiales

Qui va toucher les allocations familiales après un divorce ? Quelle est l'incidence de la résidence alternée ? Voici quelques-unes des questions abordées dans ce chapitre.

Le droit aux allocations familiales après le divorce

Le parent à qui sont versées les prestations est la personne qui assume la charge effective et permanente de l'enfant (art. L. 513-1, C. séc. soc.). Avoir la charge effective et permanente signifie dans le langage courant en assumer les frais d'entretien et d'éducation, c'est lui fournir habillement, nourriture et éducation. Les allocations familiales sont en effet versées pour compenser (en partie) les charges supportées par un parent pour élever les enfants.

› Enfant résidant chez un parent

Le droit aux prestations ne peut être attribué qu'à une seule personne au titre d'un même enfant (sous réserve de la résidence alternée). En cas de divorce, et si chaque époux assume la charge effective et permanente de l'enfant, l'allocataire est celui au foyer duquel vit l'enfant (art. R. 513–1, C. séc. soc.). Sera donc bénéficiaire des allocations familiales le parent chez qui l'enfant a sa résidence habituelle en cas d'autorité parentale conjointe ou le parent qui a l'autorité parentale exclusive dans les autres cas.
La loi ne fait pas état de l'autorité parentale comme critère d'attribution des allocations familiales. Elle n'envisage que la situation concrète de savoir qui a la charge effective et permanente de l'enfant, et, si les deux parents ont cette charge, chez qui habite l'enfant.

Cas pratique

Un père est privé de ses enfants par la mère qui refusait de les lui rendre. La caisse d'allocations familiales demandait le remboursement du trop-payé pour cette période où il n'avait pas eu ses enfants du fait de l'infraction pénale (non-représentation d'enfant) de la mère. Le père soutenait que cet élément était inopérant puisqu'il avait été privé de ses enfants malgré lui, et surtout qu'il avait obtenu la garde des enfants. L'arrêt de la cour d'appel qui lui avait donné gain de cause a été cassé (C. cass., soc. 11.1.89). Il a donc dû rembourser le trop-perçu.

› Résidence alternée

En cas de résidence alternée de l'enfant au domicile de chacun des parents, mise en œuvre de manière effective, le bénéficiaire des allocations familiales est celui des deux parents qu'ils désignent d'un commun accord.

À défaut d'accord sur la désignation d'un allocataire unique, chacun des deux parents peut se voir reconnaître la qualité d'allocataire :
- lorsqu'ils en ont fait la demande conjointe ;
- lorsqu'ils n'ont ni désigné un allocataire unique, ni fait une demande conjointe de partage.
Lorsque les parents ont désigné un allocataire unique ou fait une demande conjointe de partage, ils ne peuvent remettre en cause les modalités ainsi choisies qu'au bout d'un an, sauf modification des modalités de résidence du ou des enfants (art. L. 521-2 et R. 521-2, C. séc. soc.).
Un formulaire obtenu auprès de sa caisse d'allocations familiales permet de faire ce choix. Un formulaire « Déclaration et choix des parents » relatif aux allocations familiales, enregistré sous le numéro CERFA 14000*01 est téléchargeable sur Internet.

À NOTER
Résidence alternée et prestations familiales Il a été jugé que seules les allocations familiales peuvent être partagées par moitié et non d'autres prestations (comme la PAGE) (C. cass., civ. 2e, 3.6.2010, pourvoi n° 09-66445).

Les textes précisent les modalités de calcul des prestations : la prestation due à chacun des parents est égale au montant des allocations familiales dues pour le total des enfants à charge, multiplié par un coefficient résultant du rapport entre le nombre moyen d'enfants et le nombre total d'enfants. Ce nombre moyen d'enfants, pour chaque foyer, est obtenu en faisant la somme du nombre d'enfants à charge dans les conditions suivantes :
- chaque enfant en résidence alternée compte pour 0,5 ;
- les autres enfants à charge comptent pour 1.
Le nombre total d'enfants, pour chaque foyer, est obtenu en faisant la somme du ou des enfants en résidence alternée et, le cas échéant, du ou des autres enfants à charge (art. R. 521-3, C. séc. soc.).
Autrement dit, si tous les enfants du foyer bénéficient de la résidence alternée, chaque parent bénéficie de la moitié du montant perçu avant la séparation.

Cas pratique
Prenons le cas d'un couple avec deux enfants en résidence alternée. Dans chaque cellule familiale, le droit est donc étudié sur la base des allocations familiales pour deux enfants. Puis, à ce montant, est appliqué le coefficient, chaque enfant comptant dans ce cas pour 0,5 soit 0,5/2 + 0,5/2 = 1
(Source : www.caf.fr)

Le montant versé à chaque parent est donc égal à la moitié du montant des allocations pour deux enfants.
Prenons maintenant le cas d'une famille recomposée. Entrent dans sa composition : deux enfants en résidence alternée et un enfant issu d'une autre union. Le montant est calculé sur la base de trois enfants. Ce montant est ensuite proratisé

en fonction de la part que représente chaque enfant. Les enfants en résidence alternée comptent pour 0,5 et l'autre enfant compte pour 1.

> **Cas pratique**
> Monsieur et Madame Dupont ont deux enfants. Ils se séparent avec deux enfants en résidence alternée. Pour ces deux enfants, madame Dupont lors de la séparation a droit à la moitié du montant des allocations familiales, soit 0,5/2 + 0,5/2 = 1
> Monsieur Dupont refait sa vie avec madame Durand qui a elle-même trois enfants d'une précédente union. Les droits de Monsieur Dupont et Madame Martin sont les suivants :
> 3/5 + 0,5/5 + 0,5 = 4 du montant des allocations familiales pour cinq enfants.
> (Source : www.caf.fr).

> **Cas pratique**
> **Mon mari et moi sommes fonctionnaires. Nous sommes divorcés. J'ai les deux enfants chez moi et, de son côté, mon ex-mari a refait sa vie et a un enfant. Comment se calcule le supplément familial de traitement ?**
> Ce supplément (SFT) est considéré comme un complément de rémunération versé au fonctionnaire ayant des enfants. Il n'est pas considéré comme une prestation familiale (CE 24.6.1991, Cariteau, Rec. p. 252 - art. 20 de la loi du 13.7.1983). Le Conseil d'État a estimé que, pour le calcul du supplément, il faut prendre en compte tous les enfants à la charge du fonctionnaire. En cas de divorce, il faut tenir compte des enfants issus du couple divorcé ainsi que de ceux issus d'une nouvelle union de ce fonctionnaire. S'agissant du versement, le supplément est versé au parent qui assume la charge effective et permanente des enfants. Le cas échéant, le supplément est partagé au prorata des enfants dont les parents assument la charge effective. Dans votre cas, il a été jugé que le supplément est calculé sur la tête du parent fonctionnaire désigné comme allocataire et dont l'ensemble des enfants, qu'ils soient à sa charge ou non, sont pris en compte. Le montant est ensuite réparti au prorata des enfants du fonctionnaire à la charge effective et permanente de chaque fonctionnaire de l'ancien couple (CE 24.10.2001, Noel, req. n° 215181, Dt administratif, Ed. Juris-Classeur, p. 26, note CM).

Ces textes permettant de déroger à la règle de l'allocataire unique s'appliquent-ils aux autres prestations servies par les caisses d'allocations familiales ? En l'état actuel des textes, ce n'est pas le cas. Comme le précise une réponse ministérielle : « *L'enfant doit en effet obligatoirement être rattaché à l'un ou à l'autre de ses parents, désigné comme allocataire, indépendamment du temps qu'il passe réellement auprès d'eux.* » Ce document précise qu'une réflexion est cependant engagée pour évaluer la pertinence de la révision de la règle de l'allocataire unique pour l'ensemble des prestations familiales en cas de résidence alternée. La commission d'action sociale de la Caisse nationale d'allocations familiales, le 18 décembre 2007, a décidé d'ouvrir le bénéfice des aides financières individuelles d'action sociale à chacun des deux parents d'un enfant faisant l'objet d'une mesure de résidence alternée, sous réserve que l'intéressé en remplisse les conditions d'attribution. Cette décision peut permettre d'aider un parent à financer une assistante maternelle pour la garde de son enfant (Rép. min. n° 01805, *JO* Sénat, 17.7.2008).

L'allocation de soutien familial (ASF)

› Le droit à l'ASF : allocation familiale ou avance sur pension en cas de condamnation judiciaire

Cette allocation familiale est versée au parent ayant la charge effective et permanente d'un enfant :
- quand un parent est hors d'état de faire face à ses obligations d'entretien ou au versement de la pension alimentaire (incarcération, chômage...) depuis au moins deux mois ;
- quand l'un des parents se soustrait à ses obligations de paiement depuis au moins deux mois.

L'organisme débiteur des prestations familiales contrôle alors la solvabilité du parent débiteur et vérifie s'il a un domicile connu. Si l'une ou l'autre de ces conditions n'est pas remplie, il est considéré comme étant hors d'état de faire face à son obligation d'entretien et le versement de l'ASF à l'autre parent se poursuit pendant 4 mois et au-delà de la quatrième mensualité. Si, en revanche, le parent débiteur remplit les conditions de solvabilité et de domicile mentionnées ci-dessus, les mensualités suivant celle du quatrième mois ne sont versées que si une décision de justice devenue exécutoire a fixé en faveur de ce parent le montant de l'obligation d'entretien, ou si ce dernier a engagé une action en justice en ce sens.

En présence d'une décision de condamnation judiciaire du débiteur de la pension, l'ASF est versée au bénéficiaire de la pension à titre d'avance sur pension. La caisse d'allocations familiales est subrogée dans les droits du parent bénéficiaire de la pension alimentaire dans la limite du montant de l'ASF, ou de la pension alimentaire si celle-ci est inférieure.

Dans le cas d'une condamnation judiciaire à une pension alimentaire (jugement, arrêt, ordonnance de non-conciliation ou ordonnance initiale), quand un parent se soustrait à ses obligations d'entretien ou au versement d'une pension alimentaire mise à sa charge par une décision de justice depuis au moins deux mois, la caisse d'allocations familiales peut être chargée par le bénéficiaire de recouvrer la pension alimentaire et, parallèlement, peut lui verser une avance sur pension.

Si le non-paiement n'est que partiel, il est versé au bénéficiaire de la pension une allocation différentielle qui complète le versement partiel effectué par le débiteur à hauteur de la pension alimentaire, sans toutefois pouvoir excéder le montant de l'ASF. La CAF est subrogée dans les droits du créancier, dans la limite du montant de l'allocation de soutien familial ou de la créance d'aliments si celle-ci est inférieure. Dans ce cas, le surplus de l'allocation demeure acquis au créancier.

La subrogation signifie que c'est la caisse d'allocations familiales qui va engager une procédure, à la place du bénéficiaire de la pension, contre le débiteur devant le juge pénal. En pratique, les caisses exigent une plainte pour abandon de famille.

Le recouvrement de ces sommes peut être confié aux comptables du Trésor public (art. L. 523-1 et s., L. 581-1 et s., R. 523-1 et s., C. séc. soc.).
La prestation est versée dans les conditions suivantes :
- il faut au moins deux mois d'impayés ;
- ou que, moins d'un an après la reprise des paiements entre les mains du créancier ou de la caisse d'allocations familiales, le parent se soustraie à nouveau à son obligation de paiement.

› Comment demander l'ASF ?

Le parent doit s'adresser à la caisse d'allocations familiales dont il dépend en remplissant un formulaire « demande de soutien familial » et en adressant les documents justifiant de ses droits au versement (jugement de divorce par exemple), la copie de l'acte prouvant qu'il a engagé une procédure de recouvrement le cas échéant.

› Quand prend fin le versement de l'ASF ?

Quand le parent se remarie ou vit maritalement (concubinage), l'allocation cesse d'être due à compter du premier jour du mois au cours de cet événement. Le versement peut d'ailleurs reprendre si le parent justifie de vivre à nouveau seul.

› Que peut faire le bénéficiaire de la pension alimentaire s'il ne remplit pas les conditions pour bénéficier de l'ASF ?

Il peut bénéficier de l'aide de la caisse d'allocations familiales pour recouvrer les termes échus dans la limite de deux ans et des termes à échoir, si une voie d'exécution engagée par ses soins n'a pas abouti (art. L. 581-6, C. séc. soc.).

Les parents isolés

Avant l'intervention des textes sur le revenu de solidarité active (RSA), les parents isolés pouvaient toucher, sous certaines conditions, l'allocation pour parent isolé (API).
Depuis le 1er juin 2009, ce dispositif a été intégré dans celui du RSA, les parents isolés touchant une majoration du forfait.
Il convient de s'adresser à sa caisse des allocations familiales dès la séparation.

Les adresses de vos interlocuteurs

Ces adresses étant susceptibles de changer entre deux éditions du guide, nous vous conseillons donc d'effectuer une vérification sur Internet avant tout envoi de courrier.

Chambre des huissiers

- La chambre nationale des huissiers de justice
  44, rue de Douai, 75009 Paris
  Tél. 01 49 70 12 90
  www.huissier-justice.fr

Information des époux

- CNIDFF (Centre national d'information sur les droits des femmes et des familles)
  7, rue du Jura, 75013 Paris
  Tél. 01 42 17 12 00
  www.infofemmes.com
  www.cnidff.fr
- SOS papa
  84, boulevard Garibaldi,
  75015 Paris
  Tél. 01 47 70 25 34
  www.sospapa.net

Médiation familiale

- APMF (Association pour la médiation familiale)
  11, rue Beccaria, 75012 Paris
  Tél. 01 43 40 29 32
  www.apmf.fr
- Association nationale des médiateurs
  62, rue Tiquetonne, 75002 Paris
  Tél. 01 42 33 81 03
  www.anm-mediation.com
- FENAMEF (Fédération nationale de la médiation et des espaces familiaux)
  11, rue Guyon de Guercheville,
  14204 Hérouville-Saint-Clair
  Tél. 02 31 46 87 87
  www.mediation-familiale.org

Enlèvement d'enfant

- Bureau de l'entraide judiciaire en matière civile et commerciale (ministère de la Justice)
  13, place Vendôme,
  75042 Paris Cedex 01
  www.diplomatie.gouv.fr

Violences intrafamiliales

www.stop-violences-femmes.gouv.fr
www.sosfemmes.com

Indexation de la pension alimentaire

- INSEE (Institut national de la statistique et des études économiques)
  Tél. 01 41 17 50 50 ou 08 36 68 07 60 (serveur vocal 24 h/24)
  www.insee.fr

Textes de loi

ARRÊTÉ DU 13 JANVIER 2011

DILIGENCES À ACCOMPLIR EN MATIÈRE D'ENQUÊTE SOCIALE

Arrêté du 13 janvier 2011 définissant le référentiel des diligences À accomplir en matière d'enquête sociale ordonnée par le juge aux affaires familiales et pris en application de l'article 12 du décret n° 2009-285 du 12 mars 2009 relatif aux enquêteurs sociaux et à la tarification des enquêtes sociales en matière civile

Le garde des sceaux, ministre de la justice et des libertés,
Vu le code civil, notamment son article 373-2-12 ;
Vu le code de procédure civile, notamment son article 1072 ;
Vu le décret n° 2009-285 du 12 mars 2009 relatif aux enquêteurs sociaux et à la tarification des enquêtes sociales en matière civile,
Arrête :

Article 1 - Une enquête sociale ordonnée par le juge aux affaires familiales comporte les diligences décrites dans l'annexe I du présent arrêté.

Article 2 - L'enquête sociale donne lieu à un rapport descriptif et analytique établi selon la trame figurant à l'annexe II du présent arrêté.

Article 3 - Le directeur des affaires civiles et du sceau est chargé de l'exécution du présent arrêté, qui sera publié au *Journal officiel* de la République française.

ANNEXE I

DILIGENCES ACCOMPLIES DANS LE CADRE D'UNE ENQUÊTE SOCIALE

Sauf circonstances exceptionnelles, une enquête sociale comporte les diligences suivantes :

I. - Deux entretiens avec chaque parent dont un se déroule à leur domicile et peut s'accompagner d'un entretien avec le tiers qui réside habituellement au domicile et, le cas échéant, avec les enfants du tiers qui vivent au domicile, au cours desquels sont évoqués les thèmes suivants :
– la présentation de la mesure ;
– la compréhension de la décision avant dire droit et son application ;
– la présentation de la famille, composition, recomposition ;
– le parcours individuel des parents, du couple ;
– la présentation du logement, des conditions d'accueil des enfants ;
– les éléments financiers limités à la compréhension de la dynamique familiale et du milieu dans lequel évoluent les enfants ;
– la description de la prise en charge de l'enfant, de la vie de l'enfant, de la disponibilité des parents ;
– l'évocation de la problématique avec chaque parent, et de leurs projets, attentes et souhaits ;
– la confrontation de leur position ;
– l'évolution de la situation depuis le premier entretien ;
– le discours des parents sur l'enfant.

II. - Une rencontre avec chaque enfant seul, puis en présence de chaque parent.

III. - Des contacts avec le milieu dans lequel évolue l'enfant.
Il s'agit notamment des contacts avec l'école, les services sociaux de secteur, la protection maternelle infantile, la crèche et, le cas échéant, le tiers ou membre de la famille chez lequel se déroule le droit de visite et, dans la mesure du possible, les médecins et thérapeutes.
Les renseignements peuvent être recueillis par téléphone ou par courrier, notamment à l'aide d'un questionnaire.

ANNEXE II

CONTENU DU RAPPORT D'ENQUÊTE SOCIALE

Le rapport d'enquête sociale contient les informations suivantes :
– un sommaire ;
– le rappel de la mission ;
– l'état civil, la présentation de la famille ;
– le déroulement de l'enquête sociale : dates et lieu des rencontres, difficultés rencontrées

et, le cas échéant, modalités du travail d'équipe... ;
– les conditions de vie et l'activité professionnelle des parents ;
– la présentation familiale actuelle (famille recomposée...) ;
– les éléments de biographie des parents et histoire judiciaire si nécessaire ;
– l'histoire du couple et de la famille ;
– les relations des parents après la séparation ;
– un compte rendu des entretiens avec les parents et les enfants et des éléments recueillis auprès des tiers ;
– une synthèse et une analyse approfondie de la situation ;
– une conclusion et des propositions.

Fait à Paris, le 13 janvier 2011.

BARÈME DES PENSIONS ALIMENTAIRES

TABLE DE RÉFÉRENCE 2015 POUR FIXER LES PENSIONS ALIMENTAIRES (MONTANT PAR ENFANT)

Consultable sur www.vos-droits.justice.gouv.fr

Le montant de la pension par enfant est calculé en proportion du revenu, net d'un minimum vital (514 €), du parent débiteur. Cette proportion est différente selon le nombre total d'enfants à la charge du parent débiteur (quelle que soit l'union dont ils sont nés) et l'amplitude du droit de visite et d'hébergement (réduit, classique, ou alterné sans partage spontané des frais).
Exemple : soit un parent débiteur ayant 1 000 € de revenu, 2 enfants à charge, qui exerce un droit d'hébergement classique pour ses deux enfants, le montant de la pension sera (sous réserve de l'appréciation du juge) :

Exemple : soit un parent débiteur ayant 1 600 € de revenu mensuel, 2 enfants à charge, qui exerce un droit d'hébergement classique pour ses deux enfants, le montant de la pension en application de la table de référence sera :

PA = (1 000 - 514) * 0,115 = 486 * 0,115 = 56 € par enfant (soit au total 112 € pour les deux enfants)

TEXTES DE LOI

Revenu du débiteur			1 enfant			2 enfants			3 enfants			4 enfants			5 enfants			6 enfants		
			Amplitude du droit de visite et d'hébergement																	
Montant total	Minimum vital	Après déduction	Réduit	Classique	Alterné	Réduit	Classique	Alterné	Réduit	Classique	Alterné	Réduit	Classique	Alterné	Réduit	Classique	Alterné	Réduit	Classique	Alterné
Proportion			18,0%	13,5%	9,0%	15,5%	11,5%	7,8%	13,3%	10,0%	6,7%	11,7%	8,8%	5,9%	10,6%	8,0%	5,3%	9,5%	7,2%	4,8%
700 €	514 €	186 €	33	25	17	29	21	15	25	19	12	22	16	11	20	15	10	18	13	9
800 €	514 €	286 €	51	39	26	44	33	22	38	29	19	33	25	17	30	23	15	27	21	14
900 €	514 €	386 €	69	52	35	60	44	30	51	39	26	45	34	23	41	31	20	37	28	19
1 000 €	514 €	486 €	87	66	44	75	56	38	65	49	33	57	43	28	52	39	26	46	35	23
1 100 €	514 €	586 €	105	79	53	91	67	46	78	59	39	69	52	34	62	47	31	56	42	28
1 200 €	514 €	686 €	123	93	62	106	79	54	91	69	46	80	60	40	73	55	36	65	49	33
1 300 €	514 €	786 €	141	106	71	122	90	61	105	79	53	92	69	46	83	63	42	75	57	38
1 400 €	514 €	886 €	159	120	80	137	102	69	118	89	59	104	78	52	94	71	47	84	64	43
1 500 €	514 €	986 €	177	133	89	153	113	77	131	99	66	115	87	58	105	79	52	94	71	47
1 600 €	514 €	1 086 €	195	147	98	168	125	85	144	109	73	127	96	64	115	87	58	103	78	52
1 700 €	514 €	1 186 €	213	160	107	184	136	93	158	119	79	139	104	69	126	95	63	113	85	57
1 800 €	514 €	1 286 €	231	174	116	199	148	100	171	129	86	150	113	75	136	103	68	122	93	62
1 900 €	514 €	1 386 €	249	187	125	215	159	108	184	139	93	162	122	81	147	111	73	132	100	67
2 000 €	514 €	1 486 €	267	201	134	230	171	116	198	149	100	174	131	87	158	119	79	141	107	71
2 100 €	514 €	1 586 €	285	214	143	246	182	124	211	159	106	186	140	93	168	127	84	151	114	76
2 200 €	514 €	1 686 €	303	228	152	261	194	132	224	169	113	197	148	99	179	135	89	160	121	81
2 300 €	514 €	1 786 €	321	241	161	277	205	139	238	179	120	209	157	104	189	143	95	170	129	86
2 400 €	514 €	1 886 €	339	255	170	292	217	147	251	189	126	221	166	110	200	151	100	179	136	91
2 500 €	514 €	1 986 €	357	268	179	308	228	155	264	199	133	232	175	116	211	159	105	189	143	95
2 600 €	514 €	2 086 €	375	282	188	323	240	163	277	209	140	244	184	122	221	167	111	198	150	100
2 700 €	514 €	2 186 €	393	295	197	339	251	171	291	219	146	256	192	128	232	175	116	208	157	105
2 800 €	514 €	2 286 €	411	309	206	354	263	178	304	229	153	267	201	134	242	183	121	217	165	110

Revenu du débiteur			1 enfant			2 enfants			3 enfants			4 enfants			5 enfants			6 enfants		
			Amplitude du droit de visite et d'hébergement																	
Montant total	Minimum vital	Après déduction	Réduit	Classique	Alterné	Réduit	Classique	Alterné	Réduit	Classique	Alterné	Réduit	Classique	Alterné	Réduit	Classique	Alterné	Réduit	Classique	Alterné
2 900 €	514 €	2 386 €	429	322	215	370	274	186	317	239	160	279	210	140	253	191	126	227	172	115
3 000 €	514 €	2 486 €	447	336	224	385	286	194	331	249	167	291	219	145	264	199	132	236	179	119
3 100 €	514 €	2 586 €	465	349	233	401	297	202	344	259	173	303	228	151	274	207	137	246	186	124
3 200 €	514 €	2 686 €	483	363	242	416	309	210	357	269	180	314	236	157	285	215	142	255	193	129
3 300 €	514 €	2 786 €	501	376	251	432	320	217	371	279	187	326	245	163	295	223	148	265	201	134
3 400 €	514 €	2 886 €	519	390	260	447	332	225	384	289	193	338	254	169	306	231	153	274	208	139
3 500 €	514 €	2 986 €	537	403	269	463	343	233	397	299	200	349	263	175	317	239	158	284	215	143
3 600 €	514 €	3 086 €	555	417	278	478	355	241	410	309	207	361	272	181	327	247	164	293	222	148
3 700 €	514 €	3 186 €	573	430	287	494	366	249	424	319	213	373	280	186	338	255	169	303	229	153
3 800 €	514 €	3 286 €	591	444	296	509	378	256	437	329	220	384	289	192	348	263	174	312	237	158
3 900 €	514 €	3 386 €	609	457	305	525	389	264	450	339	227	396	298	198	359	271	179	322	244	163
4 000 €	514 €	3 486 €	627	471	314	540	401	272	464	349	234	408	307	204	370	279	185	331	251	167
4 100 €	514 €	3 586 €	645	484	323	556	412	280	477	359	240	420	316	210	380	287	190	341	258	172
4 200 €	514 €	3 686 €	663	498	332	571	424	288	490	369	247	431	324	216	391	295	195	350	265	177
4 300 €	514 €	3 786 €	681	511	341	587	435	295	504	379	254	443	333	221	401	303	201	360	273	182
4 400 €	514 €	3 886 €	699	525	350	602	447	303	517	389	260	455	342	227	412	311	206	369	280	187
4 500 €	514 €	3 986 €	717	538	359	618	458	311	530	399	267	466	351	233	423	319	211	379	287	191
4 600 €	514 €	4 086 €	735	552	368	633	470	319	543	409	274	478	360	239	433	327	217	388	294	196
4 700 €	514 €	4 186 €	753	565	377	649	481	327	557	419	280	490	368	245	444	335	222	398	301	201
4 800 €	514 €	4 286 €	771	579	386	664	493	334	570	429	287	501	377	251	454	343	227	407	309	206
4 900 €	514 €	4 386 €	789	592	395	680	504	342	583	439	294	513	386	257	465	351	232	417	316	211
5 000 €	514 €	4 486 €	807	606	404	695	516	350	597	449	301	525	395	262	476	359	238	426	323	215

Index

A

B

C

D

E

INDEX

P

Q

R

INDEX